經學研究叢書・經學史研究叢刊

禹貢、經筵、科舉：
宋明《尚書》學新探

陳恆嵩　著

自序

　　經學為傳統中華文化的核心，《尚書》為《五經》之一，孔子所編次講說，平常教學也以之為教本。它的性質既是現存最古的史書，也是一部政書，並非一堆死材料的公文檔案，書裡面蘊含有「二帝三王之道」的思想義理，其功用可以「道事」、「疏通知遠」，與君王執政關係密切，歷來為執政者及讀書人所必讀。

　　筆者接觸《五經》之一的《尚書》，啟蒙於就讀大學時，嘗從業師賴明德先生修讀《尚書》，當時對經典的理解，可謂一知半解，懵懵懂懂。然研讀經學的興趣，由此受到啟發。進入研究所深造，蒙劉兆祐先生授以蒐集文史資料及治學的方法，並且強調從事學術研究，要懂得善用工具書。碩士班二年級時，蒙林慶彰師之邀，與李光筠、張廣慶、劉昭明三位學長學弟一起編纂《經學研究論著目錄》，透過各種期刊與圖書去蒐集資料，了解到「經學目錄是總結前人研究成績的總帳冊，也是探索傳統文化發展所必不可或缺的鎖鑰。」而後撰寫碩士論文《明人疑經改經考》，博士論文《五經大全纂修研究》，皆是從事明代經學史發展演變的研究，雖表面涉獵《五經》，實際對各經內容的了解仍相當膚淺。筆者深知自己學識的缺失，有鑑於此，請益慶彰師專精經學之法，慶彰師素來秉持隨興趣讓學生各就一經專研的想法，遂讓李光筠治《詩經》，張廣慶治《春秋》，筆者治《尚書》，以此之故，多年來執著於宋、明《尚書》學的探究。

　　《尚書》為政令典籍，乃樸實之學，漢代儒者治經學崇尚通經致用，而清代乾嘉學風，徵實不誣，講求「訓故明而後義理明」，崇尚考據，舉凡字詞名物制度，旁徵博引，訓釋雖精善，讀之終篇往往不

知意旨何在，因而試圖探求古代治《尚書》者如何透過通經以達到致用之目的，乃轉向探究宋、明儒者治《尚書》者在經筵、科舉等議題的實際內容。

本書分為上、下兩編，上編討論宋代《尚書》，下編探討明代《尚書》學。內容概分為〈禹貢〉、經筵、科舉三項議題。〈禹貢〉議題旨在探究明代學者如何透過讀〈禹貢〉以通地理、治天下。經筵旨在論述經筵講官如何講讀《尚書》，及藉機闡述經書要義以協助君王提升治國理政的能力。科舉議題在首探討明代《尚書》科舉用書的類別，科舉用書的編寫內容，次則考察明代科舉《尚書》的出題方式及考察《尚書》經義之目的所在。除緒論、結論外，全書共分為七章。

第一章〈張九成及其《尚書》學〉。張九成是南、北宋之間著名的經學家與思想家，人品操守氣節，均為世人稱道。詮解儒家經典，抉發經典奧義，著述流傳甚廣，當時在學界的聲望與影響力，天下學者靡然從之，家置其書。後遭朱熹、陳亮詆毀為禪者之解經，嚴厲批判，視同楊、墨，為禍甚於洪水猛獸，導致張九成學界影響力減退，《尚書》著作因而亡佚。幸而其《尚書詳說》大部分為黃倫《尚書精義》收入，今藉由該書所引，以探討張九成經學思想的資料。

第二章〈黃度及其《尚書》學〉。《尚書說》為黃度經學著作唯一留傳後世者，罕有人論及。《尚書說》訓詁方式，基本依循孔《傳》詮釋，或補孔《傳》不足，或訂正其謬誤，或以經傳史籍證經，或考辨名物制度，主旨重在闡明聖人之心，訓解方法雖與前人無多大差異，然其文辭多簡潔扼要，要言不繁，顯示宋儒偏愛經書的義理發揮，對名物典章制度等較不感興趣的學術特性。

第三章〈宋代《尚書》帝王學：徐鹿卿及其《尚書》經筵講義〉。探討宋代經筵制度進行的方式，採行的是講、問、答的方式，先由經筵講官講解，隨後皇帝提問質疑，再由主講經筵官回答。經筵講讀內容，主要為儒家《周易》、《尚書》、《毛詩》等經典，其次為《史記》、

《漢書》、《後漢書》等史書，再次則為《資治通鑑》、《三朝寶訓》、《祖宗聖政錄》、《五朝寶訓》等宋代當朝所編的史書和政書。徐鹿卿講讀《尚書》方式，內容為備皇帝顧問應對，不從事章句訓詁，而以闡釋經義，發揮經典要義，感格君心為主。並藉機議論朝政，希望君王改善施政闕失，擺脫士子經生解經注重字義訓解的方式。

第四章〈劉三吾編纂《書傳會選》及其相關問題探究〉。說明劉三吾奉朱元璋命令編纂《書傳會選》，其間有關編纂《書傳會選》的動機，及實際參與修纂官員人數記載，歷來有頗多差異，對此做詳細的討論。除此之外，也針對清代以來的學者皆依據書前〈凡例〉所說「有非蔡氏之舊者，別而出之，凡六十六條。」以為全書內容刪改只有六十六條的情形，本文旨在探討前人說法的真實性，透過實際以《書集傳》與《書傳會選》兩書的解說作詳細核對，發現全書除將〈召誥〉篇的註解幾乎全數予以刪改外，另外全書實際所刪改替換的蔡《傳》解說資料，實際有九十九條，糾正前人歷來沿襲的錯誤說法。

第五章〈通經以致用：明代〈禹貢〉學〉。黃河汜濫成災，歷朝皆有，宋人已有學者嘗試從〈禹貢〉尋求治水的方法，將〈禹貢〉從《尚書》抽出專門詮釋。晚明學者視〈禹貢〉為治天下之書，本篇藉由茅瑞徵《禹貢匯疏》、夏允彝《禹貢古今合註》分析，探討晚明學者鑒於內憂外患日亟，而河患頻仍，為求安治社稷，承襲宋代學風，將經書內容作為經世致用的教材，專門講究〈禹貢〉疆域山川地理，詮解內容義理，提供為政者治理水災的方案，更藉此謀求解決當時社會所面臨的漕運、賦稅、糧食種種問題與君國治民的方法。

第六章〈明代《尚書》帝王學：明代《尚書》經筵講章〉。經筵為皇帝御前講席，為唐宋以來特殊的教育制度與政治制度。選擇學術純正、持己端方、才識超卓、通達古今、明練治體之儒臣，為皇帝講授《四書》、《尚書》、《春秋》、《資治通鑑綱目》等經史典籍，詳述聖賢修己治人之要，懇切開告帝王端心出治之方。文章探討魏校、倪元

璐二人擔任經筵講官，《尚書》講義分析經文義理，更屢屢藉機提醒君王應知人安民，慎防遭臣下矇蔽，謹慎刑獄訴訟，減省百姓賦稅，才是天下安治之根本。

第七章〈明代科舉《尚書》學〉。明代是科舉考試發展成熟鼎盛時期，朝廷選拔官員的主要方式，當時卿相皆由科舉出，強調「中外文臣皆由科舉而進，非科舉者毋得與官」，士子為求通過艱難科考，獲得功名，紛紛借助考試用書。本篇分別探討明代《尚書》類科舉考試用書的種類，據其編輯內容，大略分為刪節類、講章類及擬題類三大類。其次探討《尚書》類考試用書，內容普遍著重在：隱括篇章旨意、分析《尚書》篇章的段落大意、指明科考命題重點及文法所在等方面，提醒應考士子擬題及該題應注意發明經旨的地方，以順利掌握考試要點所在。再次，討論科舉三場試士各有其目的，首場在「為經書義以觀理」，透過經義發揮之思想，以觀察士子思想所在。寫作考試文章時，需要闡發《尚書》經義，融會傳註以成文，文體應以醇正典雅明白通暢為主。

筆者從事教學研究多年，限於資質駑鈍，淺識寡聞，兼且生性疏懶，雖屢蒙恩師劉兆祐、林慶彰兩位先生的提攜教導，多年來研究成果有限，乏善可陳，實有負師恩。全書論文的寫作期間，承蒙中央研究院文哲所蔣秋華教授、楊晉龍教授、蔡長林教授，臺北市立大學張曉生教授，嘉義大學馮曉庭教授，臺灣師範大學金培懿教授，東吳大學連文萍教授等眾多師友及學弟妹的指導與切磋砥礪，謹此致上衷心的感謝。內人陳妍君多年來在忙碌的教學工作之餘，侍親育子，操持家務，默默支持與鼓勵，使無後顧之憂，始終銘感於心。書中錯謬不妥之處肯定甚多，敬祈博雅方家，不吝指正其缺失。

雲林陳恆嵩謹誌於外雙溪畔東吳大學中國文學系
二〇一八年十二月三十日

目次

緒論

第一節　宋明《尚書》學研究的意義

　　經學自漢武帝採取董仲舒「罷黜百家，獨尊儒術」的建議後，自漢代以來即成為為中國學術的核心所在。皮錫瑞就說：「前漢今文學能兼義理訓詁之長。武宣之間，經學大昌，家數未分，純正不雜，故其學極精而有用。以〈禹貢〉治河，以〈洪範〉察變，以《春秋》決獄，以三百五篇當諫書，治一經得一經之益也。……漢學所以有用者在精而不在博，將欲通經致用，先求大義微言。」[1]經學傳衍迄今已有二千六百餘年的歷史，為中國傳統學術的核心骨幹。

　　《四庫全書總目》在經部總序裡，敘述中國經學從漢代到清初二千餘年經學升降得失的歷史發展現象，可粗分為六個階段，最後將傳統經學歸納為「漢學」與「宋學」兩大類，「漢學具有根柢，講學者以淺陋輕之，不足服漢儒也；宋學具有精微，讀書者以空疏薄之，亦不足服宋儒也。」[2]漢學重名物訓詁，宋學重義理，兩者詮釋經典的方法不同，各有其優劣特色。

　　經學中的《尚書》為政書，重在講述古代政治的原理原則。孔子設科授徒，列為必讀重要科目。遭秦焚禁後，漢代首傳《尚書》的伏生，在其《尚書大傳略說》：「孔子曰：『丘常悉心盡志以入其中，則

1　（清）皮錫瑞撰，周予同注釋：《經學歷史》（北京：中華書局，2008年8月），頁90，「經學極盛時代」。

2　（清）紀昀等撰：《四庫全書總目》（臺北：臺灣商務印書館，1986年3月），卷1，頁2上。

前有高岸，後有大谿，填填正立而已。六誓可以觀義，五誥可以觀仁，〈甫刑〉可以觀誡，〈洪範〉可以觀度，〈禹貢〉可以觀事，〈皐陶謨〉可以觀治，〈堯典〉可以觀美。』」詳細說明《尚書》的閱讀方法。在清代以前，《尚書》記載上古時代的君主言行文獻，內容主要為「二帝三王嘉言要道」，往往被儒家奉為帝王之大經大法儒臣為皇帝講授經史的制度，西漢諸儒甚至曾經「以〈禹貢〉治河，以〈洪範〉察變，以《春秋》斷獄，以《詩》三百當諫書」的年代，將經書作為通經致用的典籍。後世學者常以「六經皆史」視之，視《尚書》為我國現存最早的史學典籍，僅為記錄夏商周三代之歷史史料，無經世之務。然歷代為政者均視為施政寶典，極為看重。清初大儒王夫之（1619-1692）說：

> 治道之極致，上稽《尚書》，折以孔子之言，而蔑以尚矣。其樞，則君心之敬肆也；其戒，則怠荒刻覈，不及者倦，過者欲速也；其大用，用賢而興教也；其施及於民，仁愛而錫以極也。以治唐虞，以治三代，以治秦漢而下，迄至於今，無不可以此理推而行也；以理銓選，以均賦役，以詰戎兵，以飭刑罰，以定典式，無不待此以得其其宜也。至於設為規畫，措之科條，《尚書》不言，孔子不言，豈遺其實而弗求詳哉？以古之制，治古之天下，而未可概之今日者，君子不以立事；以今之宜，治今之天下，而非可必之後日者，君子不以垂法。故封建、井田、朝會、征伐、建官、頒祿之制，《尚書》不言，孔子不言，豈德不如舜、禹、孔子者而敢以記誦所得者斷萬世之大經乎？[3]

3　（清）王夫之（1619-1692）撰：《讀通鑑論》（臺北：里仁書局，1985年2月），下冊卷末，〈敘論四〉，頁1112。

　　《尚書》的重要性，經由王夫之的詳明說解，將《尚書》的性質、價值及作用，說明的非常清楚。也就可以知道《尚書》一經為何在歷朝歷代受帝王及士大夫所重視，而研究《尚書》的學者，更將《尚書》視為「經國之鴻規」，《尚書》深深影響著古代的政治、教育、社會各層面。

　　〈禹貢〉本為《尚書》的一篇，被列在夏書，明代自萬曆中葉以來，政治腐敗，國勢衰弱，迭受外敵侵犯，催迫日亟，知識份子以天下為己任，亟思謀求濟世扶傾富強國力的良策，以拯國家之積弱危亡，經世致用思想於焉興起，學者鑒於《尚書》記載上古時代的檔案文獻，內容義理為「二帝三王嘉言要道」，可供後世君主作為君世理民之參考，又以為〈禹貢〉為聖人治天下之書，讀懂〈禹貢〉即可通地理，能夠通地理就可以治天下，遂紛紛從事於〈禹貢〉學的專門研究，研究〈禹貢〉學以達致用的風氣相當發達。探究明代〈禹貢〉學實際情況如何，可以瞭解明代政治、學術風潮影響下的各種學術反應，瞭解明代學者〈禹貢〉學的成果，清楚其所闡發的經書義理，及《尚書》學對經世致用教育的意義，也可用以彌補目前《尚書》學研究角度的不足，提供更完整的明代《尚書》學的真實面貌。

　　古代君主教育，可統稱為「帝王學」。帝王學的名義，根據高明士先生說：「狹義而言，指君主教育；廣義而言，指以君主為中心而對皇家所進行的教育。」對於如何培養「生活於深宮之中，長於婦人之手」的未來帝王繼承者，使其言語德行能合乎朝廷的禮儀規範，統治者確實煞費苦心。據現存有關《禮記・文王世子》、《大戴禮記》、賈誼《新書・保傳》等書文獻典籍的記載，周代已論及君主的教育，應當審慎選擇褓姆，且須安置保傳在身邊加以訓導。及長則須入國學接受教育，蒙受禮樂薰陶，以涵養其德行，增進其智能。諸書的載述，雖或為儒者託古之論，未盡屬實，然亦可看出古人已相當重視君主的教育。歷代的君主或儲君的教育，《尚書》都是作為帝王學的基

本教材內容，朝廷設立御前講席經筵，延請當世名儒或博聞飽學之士為皇帝講解《尚書》義理，提供治義理的精義所在。

研究《尚書》經筵講義，可瞭解經筵運作的方式，與《尚書》講義的實際講授內容。可知悉古代統治階層學習《尚書》的內容的篇章，以及經筵講官定期為皇帝講授《尚書》的義理與書中蘊涵的經國治民的道理為何？經筵講官為君王闡發經書義理，偏重在那些篇章段落？與一般士子學習《尚書》的根本差異有那些？凡此種種情況，若能深切探析清楚明白，《尚書》帝王學的真實面貌。

明代科舉考試採「分經取士」，鄉試、會試例分為三場試士，據洪武十七年《科舉程式》規定，初場試經義，分為「初場試《四書》義三道，經義四道。二場試論一道，判五道，詔、誥、表內科一道。三場試經史時務策五道。」《四書》義三道為考生共同必考，經義則由應試者於《五經》中各選一經應試，出題四道。明代登科錄就是記錄明代歷次科舉考試的原始資料，是科舉考試制度遺留下的最真實的物證。會試錄、鄉試錄的內容，詳載試題與舉人程文等資料，為研究經書流傳演變相當重要的文獻。

考察科舉制度登科錄與《尚書》的關係，瞭解明代科舉制度在施行的過程中，士子於考試中選考《尚書》的細部內容分析，以清楚科舉考試時，考官在《尚書》篇章中出題的意向及《尚書》一經偏重的篇目內容？士子答題闡發《尚書》義理有那些？與蔡沈《書集傳》間的關聯性為何？此種內容對經書教育產生何種效果？舉凡上述種種，不僅幫助瞭解明代《尚書》學對士子教育的深刻意義，釐清明代政治、學術風潮影響下的經學教育發展的具體情況，也可提供更完整的明代《尚書》學發展的真實面貌。

明代中葉以後，江南地區生產力發達，經濟繁榮，印刷業蓬勃發展，書坊林立的情況，彼此競爭相當激烈，書商謀求經營之道，為求能迎合顧客心理，書坊編寫很多舉業切要的八股文試集及科舉考試用書，種類繁多。

明代書坊刻印的《尚書》科舉用書，有提要、日記、別記、講意、便蒙、主意金丹等名稱。《尚書》義旨內容依循蔡沈《書集傳》內容去編寫，書名《尚書主意傳心錄》、《劉季子書經講意》、《書帷別記》、《書經主意綱目》、《尚書刪補》、《尚書副墨》、《書經便蒙詳節》、《彙輯諸名家書經主意寶珠》等名稱，長期以來受學者嚴厲批評，視為是「高頭講章」、「兔園冊子」，不足一觀。然卻深受考生喜愛，雖然朝廷禁令屢頒，依舊無法有效予以禁絕。然詳細分析科舉用書的內容普遍著重在：隱括篇章旨意、分析《尚書》篇章的段落大意、指明科考命題重點及文法所在等方面，提醒參加科舉應考的士子擬題及該題應注意發明經旨的地方，作為窮經之捷徑。探討科舉考試用書對明代的經學的發展影響究竟如何？明代科舉參考用書對當時出版業有何影響？《尚書》類科舉參考用書內容對經書教育產生何種效果？深入瞭解顧炎武及《四庫全書總目》等對科舉用書的批評緣由何在？我們今後當如何看待科舉用書？釐清前人所關心者皆為科舉制度外圍的相關問題，罕及經義考試之實質核心內容。

第二節　研究狀況的概述與研究方法

近數十年來，經濟發展快速，社會穩定，經筵與明科舉制度等議題普遍受到極大的關注，從事學術研究的積累也相對多，以下即針對《尚書》〈禹貢〉、經筵與明科舉制度的研究狀況分別予以說明，以清晰眉目。

一　〈禹貢〉研究概況

〈禹貢〉為古代最重要的地理學專著，記載內容涵蓋中國古代的政治疆域，並對疆域內各州之疆域、山水、土壤貢賦均有極詳細明確

的記載，保存我國古代社會、經濟、地理等重要文獻資料，成為研究
中國古代政治社會、經濟地理的重要依據。自宋明以來學者將〈禹
貢〉篇視為「古今地理志之祖」，受到普遍的關注與重視，歷來研究
者不下數十百家，茅瑞徵《禹貢匯疏》、艾南英《禹貢圖註》、夏允彝
撰《禹貢古今合註》等，清初朱鶴齡《禹貢長箋》、胡渭撰《禹貢錐
指》、徐文靖《禹貢會箋》、蔣廷錫撰《尚書地理今釋》、孫承澤撰
《九州山水考》等，注釋、疏證者數量不可勝數。援古證今，或考地
理變革，或釋名物制度，或明文字音義，研究〈禹貢〉學最後已衍成
一門專門之學。

民國以來，前人研究《尚書》〈禹貢〉學風氣不盛，僅有尹世積
《禹貢集解》、李長傅《禹貢釋地》、辛樹幟《禹貢新解》、高師第
《禹貢研究論集》等為數極少的幾本〈禹貢〉著作，且所論大都均針
對〈禹貢〉本文的名物內容作詳細考證研究，未嘗論及宋、明兩代
〈禹貢〉學相關問題。

根據周書燦、張洪生〈〈禹貢〉研究概論〉[4]，容天偉、汪前進
〈民國以來〈禹貢〉研究綜述〉[5]，牛淑貞〈近二十年來〈禹貢〉研
究綜述〉[6]等三篇總結性文章對民國以來研究〈禹貢〉文章的評論，
議題主要都集中〈禹貢〉的性質，〈禹貢〉的成書年代，及〈禹貢〉
內容的九州地域、導山導水與地名的考釋等相關研究。罕及宋、明
〈禹貢〉學研究。察考今人論著關涉宋代〈禹貢〉學的文章有：王小
紅博士論文《宋代〈禹貢〉學研究》[7]及其〈試論蘇軾的〈禹貢〉學

4　周書燦、張洪生撰：〈《禹貢》研究概論〉，《河北師範大學學報》（哲學社會科學
　　版）第24卷第2期（2001年4月），頁90-94。
5　容天偉、汪前進撰：〈民國以來《禹貢》研究綜述〉，《廣西民族大學學報》（自然科
　　學版）2010年第1期（第16卷第1期，2010年2月），頁30-39轉頁52。
6　牛淑貞〈近二十年來《禹貢》研究綜述〉，《雲南師範大學學報》（哲學社會科學
　　版）209年第3期（第41卷第31期，2009年5月），頁107-111。
7　王小紅撰：《宋代《禹貢》學研究》，（成都：四川大學歷史文化學院博士學位論
　　文，2007年）

成就〉[8]、〈試論程大昌的〈禹貢〉學成就〉[9]、〈從〈禹貢〉研究看宋人的天下觀和國家觀〉[10]等三篇文章均從其博士論文裁出單投的文章，分別討論蘇軾、程大昌的〈禹貢〉學成就，及就宋人研究〈禹貢〉的視野來看宋人眼中天下觀和國家觀。另外潘晟有撰〈宋代的〈禹貢〉之學：從經學傳註走向地理學〉[11]一文專門說明宋人受黃河經常氾濫成災所苦，試圖從〈禹貢〉裡尋找治水之方法，並將〈禹貢〉視為「水學」之經典書籍。

論及明代〈禹貢〉學的文章，僅有陳韋哲的〈明代〈禹貢〉學中的通經致思想——以茅瑞徵《禹貢匯疏》為主要考察對象〉一篇，討論晚明學者茅瑞徵《禹貢匯疏》的通經致思想，為至今對明代〈禹貢〉學作較為詳細的單篇論文，唯陳文著重在探討茅瑞徵《禹貢匯疏》書內涉及明代相關的通經思想，闡釋稍嫌不足，命題亦顯得不夠深入，有待持續作深入的研究。

宋明兩代，河患頻仍，為害甚烈，專門從事〈禹貢〉研究著作頗多。尤其晚明時代變亂紛紜，〈禹貢〉學的研究蓬勃發展著作更多，如鄭曉的《禹貢圖說》、《禹貢要註》、《禹貢說長箋》，王鑒的《禹貢山川郡邑考》，胡瓚的《禹貢備遺》，茅瑞徵的《禹貢匯疏》，艾南英《禹貢圖註》及夏允彝的《禹貢古今合註》等等。諸家講解〈禹貢〉疆域山川地理，詮解其內容義理，提供為政者理政治安的方策，也提供治理水災的方案。明代儒者研究〈禹貢〉不僅提供經書作為經世致

8　王小紅撰：〈試論蘇軾的〈禹貢〉學成就〉，《儒藏論壇》第2輯（2007年12月），頁91-104。

9　王小紅撰：〈試論程大昌的〈禹貢〉學成就〉，《宋代文化研究》第18輯（2007年12月），頁23-41。

10　王小紅撰：〈從〈禹貢〉研究看宋人的天下觀和國家觀〉，《宋代文化研究》第22輯（2016年7月），頁245-261。

11　潘晟有撰〈宋代的〈禹貢〉之學：從經學傳註走向地理學〉，《歷史研究》2009年第3期（2009年3月），頁39-57。

用的教材內容，更藉此謀求解決漕運、賦稅、糧食各種與君國治民的方法，值得進一步繼續對各書作分析，以瞭解晚明學博學於文以關懷國家社會的淑世精神。

二　經筵制度研究概況

經筵為古代儒臣為皇帝講授經史的制度，經筵制度的設計理念，特設君主教育的內涵與方式，為皇帝講授經史知識，供作君王施政時的借鏡，同時也培養歷代統治者治國君民的能力，期待能夠達到「德成而教尊，教尊而官正，官正而國治」的理想境地。

早年研究歷代帝王教育的著作，僅有朱鴻的〈君儲聖王，以道正俗：歷代的君主教育〉及高明士〈隋唐的帝王學〉等兩篇單篇論文及熊賢君的《皇子教育：雕龍刻鳳盼成器》[12]專著一種，為數可說相當少。朱鴻的〈君儲聖王，以道正俗：歷代的君主教育〉，是文從古代君主教育理論的提出，進一步敘述東宮組織的發展，東宮歷事與監國制度的實際情況，各朝國學教育的禮儀，以及侍講侍讀、經筵日講制度的演變等，偏重在歷代的君主教育制度的流變情形。高明士〈隋唐的帝王學〉一文，論述君主、太子、儲王等三種人物的教育方式，文中主要就隋唐時代帝王教育的師資、拜師禮儀、使用教材等。熊賢君的《皇子教育：雕龍刻鳳盼成器》，其內容從皇子教育的保傅制度、家教、學校，到皇子的自立、東宮的陶冶、公主的教育等方面，做全面的論述，只能當作歷代教育類書籍參考。

近二十幾年來，大陸研究經筵制度的風氣可謂蓬勃發展，範圍擴及宋元明清各朝代，如討論宋朝者有：朱瑞熙〈宋朝經筵制度〉，博士論文有鄒賀《宋朝經筵制度研究》（西安，陝西師範大學歷史學系

---

12 熊賢君撰《皇子教育：雕龍刻鳳盼成器》（臺北：文津出版社，1996年10月）。

博士論文，2010年10月），碩士論文有李莉萍《宋代經筵制度與經筵史研究》（北京，中國人民大學碩士論文，2002年）、馬元元《南宋經筵制度及其歷史作用》（石家莊，河北大學中國古代史碩士論文，2008年6月）。討論明朝的經筵制度者有：蕭宇青《明朝的經筵制度》（廣州，華南師範大學歷史文化學院碩士論文，2007年5月）、孟蓉《明代經筵日講制度述論》（上海，上海大學碩士學位論文，2005年5月）、唐華榮《明代皇帝的學習制度》（濟南，山東大學歷史文化學院碩士學位論文，2005年5月）、金敏志《明代經筵制度研究》（昆明，雲南大學碩士論文，2013年6月）、潘婧瑋《明英宗經筵制度研究》（重慶，西南民族大學彝學學院碩士論文，2017年6月）；討論清朝者有：陳東《清代經筵制度研究》（濟南，山東大學歷史學系博士論文，2006年11月），博碩士論文的數量已相當多，雖然側重面稍有不同，但都是詳細敘述各朝代經筵制度設立的形式、內容及講讀的教材等種種情況，基本上都大同小異。

由於經筵制度研究已無太多突破，近幾年研究視野開始轉向探論與學術發展的關係，姜鵬的《北宋經筵與宋學的興起》（上海，復旦大學歷史學系博士論文，2006年4月）、吳曉榮《兩宋經筵與學術》（南京，南京大學文學院碩士論文，2013年5月）兩篇博碩士論文主要都在探討經筵與宋代學術思潮興起之間關係。至於徐婷《明代經筵講史與帝王歷史教育研究》（曲阜，曲阜師範大學碩士論文，2013年4月）、宋家興《明代經筵日講中的聖王期待》（長春，東北師範大學碩士論文，2015年5月）、陳志婷《經筵與嘉靖大禮議》（長春，東北師範大學碩士論文，2016年6月）三篇碩士論文內容，嘗試論述經筵講讀經史對帝王人品施政的影響。

綜觀目前海內外研究經筵教育的研究成果，都在制度設計上作文章，未能針對經筵講讀的主要《尚書》講義，去做深入的研究，瞭解其對《尚書》學的關係，及其對帝王教育的深刻意義。

三　科舉制度研究概況

中國傳統的教育體系，主要是由：官學、私學、蒙學及帝王學等四大領域所組織而成。早年學術界從事中國教育學史研究的學者，大都出身於教育系或歷史系專業，所學專業的差異，視野及思考角度自然不同，往往使得學者對問題的關注面有所不同。他們普遍較注意從教育學的宏觀角度研究傳統中國教育，譬如中國教育史的發展、演變過程，以及教育學家的教育理念與思想，此類研究所出版的專門著作，如孫培青主編的《中國教育史》（修訂本）即是。有的則偏重教育制度或教育政策的考查，如高明士的《中國教育制度史論》、顧明遠主編的《歷代教育制度考》，顧宏義的《教育政策與宋代兩浙教育》、張建仁撰《明代教育管理制度研究》。或偏重教育思想的論述，王炳照、閻國華主編《中國教育思想通史》。或偏重科舉制度與教育兩者之間的關係，李弘祺的《宋代官學教育與科舉》、高明士的《隋唐貢舉制度》，李國鈞、王炳照主編的《中國教育制度通史》、毛禮銳、沈灌群主編《中國教育制度通史》。

科舉制度與其他學科相關涉的問論，傅璇宗開始注意唐代科舉與文學諸般問題，撰有《唐代科舉與文學》，其後祝尚書撰《宋代科舉與文學考論》、《宋代科舉與文學》，郭萬金《明代科舉與文學》等相繼出版，書中大都僅止於敘述科舉與文學的關係。然皆尚未能涉及科舉與《四書》、《五經》間的實際關係討論。最近方孝一撰《經學、科舉與宋代古文》，探討宋代古文在受到經學與科舉影響下所呈現出來的面貌與特徵，影響的方式和途徑。陳時龍則試圖從明代的科舉登科錄、文集及各地方志、家譜等文獻資料去搜尋勾勒出明代科舉中的地域專經的現象，進而通過對江西安福《春秋》、湖廣麻城《春秋》、黃岡《禮記》及南直隸無錫《尚書》等幾個地域專經具體個案的形成、分布、實際發展及衰微的全部過程，探討明代科舉化經學在經學中的地位。

　　近年來有關的科舉相關文獻，如《明代登科錄彙編》、《天一閣藏明代科舉選刊・登科錄》、《天一閣藏明代科舉選刊・會試錄》、《天一閣藏明代科舉選刊・鄉試錄》、《清代硃卷集成》、《中國考試史文獻集成》、《歷代科舉文獻整理與研究叢刊》、《歷代科舉文獻集成》、《中國考試通史》等大型叢書的相繼影印或整理出版，使得研究明代科舉制度時，資料的取得相較以往便利許多，影響所及，帶動學術界研究明代科舉制度的風氣盛行，對明代科舉考試制度的探討，逐漸受到學術界的重視，紛紛規劃長期而深入的研究，頗不乏其人。其成果相繼有：黃明光的《明代科舉制度研究》、陳長文的《明代進士登科錄研究》及《明代科舉文獻研究》、王凱旋的《明代科舉制度考論》、郭培貴的《明史選舉志箋正》、《明史選舉志考論》、《明代科舉史事編年考證》。趙子富的《明代學校與科舉制度研究》、田澍的《明代學校與科舉制度研究》等專著的出版，內容論述相當深入而清晰，可增進對明代教育及科舉典制的瞭解。

　　侯美珍則善加利用新出版的《明代登科錄彙編》、《天一閣藏明代科舉選刊・登科錄》、《天一閣藏明代科舉選刊・會試錄》、《天一閣藏明代科舉選刊・鄉試錄》等明代鄉、會試錄記載的資料，蒐集《詩經》、《禮記》、《尚書》義的各次科考試題，加以分析歸納，陸續發表〈明代會試《詩經》義出題研究〉、〈明代鄉、會試《詩經》義出題的考察〉、〈明代鄉、會試《禮記》義的出題及影響〉、〈科舉視角下的明清《禮記》學：《禮記》義考試之流弊、批評與影響〉、〈明代鄉、會試《尚書》義出題考察：以考官出題偏重為主的討論〉等單篇論文，條理清晰，資料蒐羅完備，成果相當豐碩。

　　伴隨著科舉考試而產生的參考用書，早年被學術界視為毫無價值，近年來，開始有學者關注到科舉考試用書的編纂與出版，臺灣方面，有沈俊平《舉業津梁：明中葉以後坊刻制舉用書的生產與流通》，專門討論明代中葉以後坊刻編纂與出版，制舉用書的生產與流

通科舉考試用書的出版。而大陸方面，有學者張獻忠的〈明中後期科舉考試用書的出版〉、〈袁黃與科舉考試用書的編纂：兼談明代科舉考試的兩個問題〉，劉海濤〈從《莊子狐白》的作偽看晚明科舉用書刻印的流弊〉討論臺灣國家圖書館所藏《莊子狐白》一書係書坊雜抄眾書拼湊而成，為晚明科舉考試用書編纂盛行風氣下，書坊為求銷售業績作偽之書。諸家文章皆偏重在科舉考試用書的編輯、出版生產與流通方面，未曾涉及科舉考試用書的內容形式，無法增進對明代《尚書》學的深入瞭解，因此從事於明代《尚書》類科舉用書的分析研究，仍有其必要性。

四　研究方法

　　本項研究試圖探討前人較為忽略的〈禹貢〉及經筵、科舉議題裡的《尚書》文獻資料，為求順利進行，研究方法主要採用歷史文獻蒐集法，從現存已出版之大套叢書如：《文淵閣四庫全書》、《續修四庫全書》、《四庫全書存目叢書》、《四庫全書未收書輯刊》、《四庫禁燬書叢刊》、《故宮珍本叢刊》、《百部叢書集成》、《叢書集成續編》、《叢書集成三編》、《叢書集成新編》、《叢書集成續編》、《叢書集成三編》等大套叢書，及《中國古籍善本書目》、《中央圖書館善本書目》、《中國叢書綜錄》等古籍善本書目中，蒐檢宋、明兩代〈禹貢〉、經筵、科舉《尚書》類資料，爾後將《尚書》資料進行分類、統計，對文獻資料進行精細閱讀分析，剖析探討其結果，釐清問題的緣由，說明對《尚書》學的教育功用及其價值所在。

上編
宋代《尚書》學

第一章
張九成及其《尚書》學

第一節　前言

　　張九成（1092-1159）是宋代著名的經學家與思想家，人品正大，操守堅毅，敦尚氣節，為世人稱道。耽精於儒家經典，抉發經典中之蘊奧，都有詮解，著述甚夥，流傳甚廣，當時「天下之學者靡然從之，家置其書，人習其法」[1]，對南宋初年的學術發展有極大的影響力。稍後，朱熹（1130-1200）自稱「不量輕弱而極力以排斥之，雖以得罪於當世而不敢辭也」，「凡張氏所論著，皆陽儒而陰釋。其離合出入之際，務在愚一世之耳目而使之恬不覺悟，以入乎釋氏之門。」[2]又說：「上蔡之說，一轉而為張子韶，子韶一轉而為陸子靜。上蔡所不敢衝突者，子韶盡衝突；子韶所不敢衝突者，子靜盡衝突。」[3]朱熹將其書「比之洪水猛獸之災」，傾盡全力予以排擊與嚴厲的批判，陳亮（1143-1194）亦批評其學說為害人心比於戰國之楊墨[4]，以朱、陳等人在學界的聲望與影響，導致張九成學說在學術界的影響力逐漸減退，其著作也因而逐漸亡佚失傳。

　　事實上，宋儒好發議論，亦喜譏議他人，論斷異學之士，往往好

1　（宋）陳亮撰、鄧廣銘點校：《陳亮集》（增訂本）（北京：中華書局，1987年8月）卷27，〈與應仲實〉，頁319。

2　（宋）朱熹撰、尹波點校：《朱熹集》（成都：四川教育出版社，1996年10月）卷72，〈張無垢中庸解〉，頁3770。

3　（清）黃宗羲原本、全祖望補撰：《宋元學案》（杭州：浙江古籍出版社，1992年1月）卷24，〈上蔡學案〉，頁179。

4　（宋）陳亮撰：《陳亮集》（增訂本），卷27，〈與應仲實〉，頁319。

以「為禪學所入」、「入禪學」等字眼批評他人，喜以孔孟正統者自居，或以發揚道統為號召，朱熹批張九成如此，黃震評謝良佐（1050-1103）之說亦然，[5]程朱與陸學兩派之後學因學說之差異，最後竟演變成「宗朱者詆陸為狂禪，宗陸者以朱為俗學，兩家之學各成門戶，幾如冰炭。」[6]可知宋儒的學術風氣。然後世儒者也不全然對張氏持否定的態度，明焦竑（1541-1620）就說：「橫浦先生少受學於龜山，以『未發之中』為宗，於聖人之密旨，業升其堂而入於室矣。其著述甚夥，發明載籍之韞奧甚析。晚宋詆為禪者而擯之，不得與訓故家並行。語云『至言不出，俗言勝也』，豈不然哉！」[7]全祖望（1705-1755）也以為張氏羽翼聖門的功勞，不可隨意泯滅[8]。張氏的學術思想，仍然值得從事經學史或宋明理學者重視。筆者發現近數十年來，學者研究張氏的專書或論文，各家所參考論述的資料，都僅有在今尚留存在《四庫全書》中的《孟子傳》、《橫浦集》少數幾種著作而已。筆者為發潛德之幽光，不揣譾陋，特別將張九成亡佚已久的《尚書詳說》佚文，從黃倫《尚書精義》中輯出，加以編輯，並詳加校刊句點，並嘗試張氏《尚書》學的思想特徵，為往後研究中國經學或宋明理學的學者，在今傳的《孟子傳》等著作以外，提供另一種可資參閱的經學資料。

5　黃震說：「（謝良佐）因天資之高，必欲不用其心，遂為禪學所入。雖自謂得伊川一語之救，不入禪學，而終身常以禪之說證儒，未見其不入也。然上蔡以禪證儒，是非判然，後世學者尚能辨之。上蔡既沒，往往羞於言禪，陰稽禪學之說，託名于儒，其術愈精，其弊又愈甚矣。」語見（清）黃宗羲原本、全祖望補撰：《宋元學案》（杭州：浙江古籍出版社，1992年1月）卷24，〈上蔡學案〉，頁180。

6　（清）黃宗羲撰：《宋元學案》，卷58，〈象山學案〉，頁277。

7　（明）焦竑撰：〈書張橫浦先生集〉，《澹園集》（北京：中華書局，1999年5月），附編一〈佚文輯錄〉，頁1185。

8　（清）黃宗羲撰：《宋元學案》，卷40，〈橫浦學案〉，頁596。

第二節　張九成生平及其著作

一　張九成生平

　　張九成（1092-1159），字子韶，自號無垢居士，又號橫浦居士，浙江錢塘人。生於宋哲宗元祐七年（1092），卒於宋高宗紹興二十九年（1159）。張九成祖先本世居開封，後徙居錢唐，遂為錢唐人。

　　張九成家素寒窘，六歲讀書。年輕時游學京師開封，曾問學於楊時，為二程的再傳弟子。宋高宗紹興二年（1132）參與朝廷舉辦的科舉考試，對策直言國政時弊，被主考官拔擢為第一名。其師楊時獲悉後曾讚譽：「廷對自中興以來未之有，非剛大之氣，不為得喪回屈，不能為也。」授予鎮東軍簽判，專心處理公務，官吏不能欺騙。招惹提刑張宗臣的生氣，張九成不願屈意奉承，即投檄歸田。歸返田里後，從之問學者日眾。紹興五年（1135）二月趙鼎任左丞相，向朝廷舉薦張九成，被任命為太常博士，張九成既至，又改授著作佐郎官。力辭，改任宗正少卿，權禮部侍郎兼侍講，兼權刑部侍郎。在刑部期間，詳細審閱案情。若審閱得其案情有誣者，則呈請覆勘實情，處處以恤刑為念。

　　紹興八年（1138），金人請求議和，當時趙鼎任左丞相，九成對趙鼎說：「（金）今日財殫民困，彼必意吾衰弱而求和，張虛聲以撼中國，而虜情實且厭兵，彼誠能從吾所言十事云云，則與之和，當使權在成廷也。」後趙鼎罷相，秦檜獨攬大權，欲張九成附和其說，九成不從，遂辭以病歸。紹興十年，為秦檜謫貶邵州。紹興十一年，父喪，百日後往徑山追薦其父，請大慧宗杲陞座說法，秦檜恐其批評自己，陰令司諫詹大方檢舉張九成與宗杲謗訕朝政，貶謫居南安軍。南安，古名橫浦，張九成在南安任職十四年，窮鄉僻壤之地，生活困乏，曾說：「吾居橫浦久，心實安之，不能望也。」因自號橫浦居

士，著作文集也取名《橫浦集》，作為紀念此段謫居的歲月。[9]張九成
居此環境裡，絲毫不以為苦，平日閉門讀書，以聖人之道自處。

紹興二十五年（1155）秦檜去世，始放還，臨行前，題書室柱
云：「予平生嗜讀，老來目病，執書就明於此者十四年矣。倚立積
久，雙趺隱然，可一笑也。」[10]隔年召復秘閣修撰，知溫州，在溫州
太守任內，致力於減輕賦稅，除水患[11]，廢除當地陋習，教化百姓。
戶部派遣官吏督促催討軍糧錢，百姓深苦之，張九成移書痛陳其弊，
戶部官員仍堅持原議。張九成知事不可為，遂以目疾辭歸，罷知溫州
守，離開之日，民挽車遮道，不得行，特地借小車以出始能返歸故里
鹽官。卒後朝廷贈太師，封崇國公，謚文忠。

二　張九成著作

張九成耽思經學，諸經均有訓解，《四庫全書總目》提要稱其：
「根柢精邃實，卓然不愧為大儒。」張九成生平著述甚豐，綜合史志
目錄所著錄，計有：《尚書詳說》五十卷、《論語解》十卷、《孟子
傳》二十九卷、《中庸說》一卷、《大學說》一卷、《孝經解》四卷、
《鄉黨少儀咸有一德論孟子拾遺》一卷、《橫浦文集》二十卷等。張
九成早年即與佛教徒往來，思想頗受其影響，遂遭到「議論多偏」之

9　參見鄧克銘（1955-）撰：《張九成思想之研究》（臺北：東初出版社，1990年10
　月），頁5。

10　（宋）李幼武纂：《宋名臣言行錄·別集》（臺北：臺灣商務印書館，影印文淵閣四
　庫全書本，1986年3月），下卷9，頁8上。

11　（宋）陳傅良〈跋陳求仁所藏章無垢帖〉：「無垢來為郡守，聞見鄉人父老數百人，
　以淫雨害稼訴郡，無垢若不省然，俄而馳足來索狀，而數百人皆以不滿解去，狀亦
　不知安在矣。旦日選鄉下，自城以南達瑞安，凡閘者堰者皆已決，捕魚蟹葦苕，凡
　可以梗水者，亦已徹去。不數日水落，是歲大熟。」見陳氏撰：《止齋文集》（臺
　北：臺灣商務印書館，影印文淵閣四庫全書本，1986年3月），卷42，〈跋陳求仁所
　藏張無垢帖〉，頁7下。

譏評，故自「晚宋詆為禪者而擯之，不得與訓故家並行」，著作頗多遭致散佚，現今尚存世者有《中庸說》三卷[12]、《孟子傳》二十九卷、《橫浦文集》二十卷、《橫浦語錄》（《說郛》卷98之1）等。[13]

　　張九成有關《尚書》學的著作，可知者僅有《尚書詳說》、《書傳統論》二種。《書傳統論》今尚存於《橫浦文集》卷六至卷十一中，而《尚書詳說》則亡佚已久，其失傳年代實無法確知。張九成的《尚書詳說》在史志中的著錄情形，陳振孫《直齋書錄解題》作：「《無垢尚書詳說》五十卷」[14]，《宋史‧藝文志》經部書類作：「《尚書詳說》五十卷」[15]，馬端臨《文獻通考‧經籍考》則題作：「《無垢尚書詳說》五十卷」，其書清初《一齋書目》尚有著錄，然而朱彝尊《經義考》已著云：「未見」，《四庫全書》編纂時亦未著其書。《四庫全書》館臣從《永樂大典》各韻中，採掇輯錄宋儒黃倫《尚書精義》一書，其書薈萃眾說，每條皆首列張九成之說。編者頗疑其出於無垢《尚書詳說》。清代錢儀吉（1783-1850）在刊刻《尚書精義》的書前〈識後〉就說：

> 此本為長洲畢氏靈巖山館所藏，秋帆尚書在翰林時從館中傳寫者。其書首列張氏九成之說。張氏譔《尚書詳說》及《書傳統論》，今《統論》猶見于《橫浦集》，而《詳說》五十卷全佚久矣，彝卿（黃倫）蓋悉錄其文以之為本，更取諸家埤益

---

12 張九成《中庸說》一書原有六卷，今僅存三卷，後三卷已亡佚，係張元濟得自日本京都東福寺所藏宋刊本，張元濟得書經過詳載書末〈中庸說跋〉，今收入《續古逸叢書》中。

13 參見尹波、朱天撰：〈張九成著述考〉，《宋代文化研究》第六輯（1996年12月），頁197-204。

14 （宋）陳振孫：《直齋書錄解題》（上海：上海古籍出版社，2005年8月），卷2，頁31。

15 （元）脫脫編：《宋史》（臺北：鼎文書局，1987年　月），卷202，〈藝文志〉，頁5043。

之。……諸賢之遺文大義，多賴以不墜，豈不甚可貴。[16]

說錢儀吉刊刻《經苑》時，收錄黃倫《尚書精義》的本子，係畢沅自《四庫全書》館鈔錄而出者，而今《尚書精義》傳世者有《四庫全書》、《經苑》兩種。[17]筆者試圖自其書中將張九成的《尚書詳說》輯錄而出，且加以點校，以期能在《孟子傳》之外，增加可資參閱的經書訓解本子。

第三節　《尚書詳說》解經的方法

　　張九成身處北宋、南宋易代之際，又正值宋代的理學興盛的時期，當時經學的發展，受到理學的影響，經學家普遍在解說經書時，有傾向義理化的現象。張九成曾游學於楊時之門，為二程的再傳弟子，程頤曾說過：「經，所以載道也。誦其言辭，解其訓詁，而不及道，乃無用之糟粕耳。」[18]將六經視為載道之書，講說闡論時，應注重書中所蘊藏的儒家義理，予以抉發，而不應專注在字辭名物的訓詁，否則即是無用之書。張九成深受理學治學精神態度的影響，在詮釋儒家經書典籍，也是不重視經書中篇章字句的考證和訓解，而選擇書中潛藏的義理去加以發揮闡釋，直接闡述經書中聖人的真正意旨。

　　朱熹曾將宋代儒者詮解經書的方式，總括歸納評論說：「後世之解經者有三：一、儒者之經，一、文人之經，東坡、陳少南是也；

16　（宋）黃倫撰：《尚書精義》，《經苑》（臺北：大通書局，影印清同治七年刻本，1970年6月），識後，頁1上-1下。

17　張九成《尚書詳說》的學術思想，有今人蔡根祥撰：〈張九成《尚書》學研究〉，《高雄師大學報》第22期（2007年6月），頁1-22。本文部分觀點曾參考蔡先生文章，謹此申明。

18　（宋）程顥、程頤撰，王孝魚點校：《二程集》（北京：中華書局，2004年2月），遺文，〈與方元寀手帖〉，頁671。

一、禪者之經，張子韶輩是也。」[19]朱熹「儒者之經」未舉例說明，揆其意係自居儒者解經，為正統的詮解經典方法。將蘇軾、陳鵬飛等人解經的方式視為「文人之經」，而將張九成視為「禪者之經」，其意恐怕都將他們視為旁門左道的釋經方法。張九成與佛教徒來往，並有拜僧、敬佛之舉，且與之講經論道的經歷[20]，難免會受到將佛教思想觀念的影響，無形中進而將禪宗的思辨理路引入儒家經典中，使所詮釋的儒家經典義理牽扯到禪乘，朱熹指陳張九成的釋經係陷溺於邪徑，「此禍甚酷，不在洪水夷狄猛獸之下」，詞氣實嫌過於嚴苛。實際上，宋代的理學家，入門大都與禪脫離不了關係，只是程度上有深淺的差異而已。葉國良（1949-）就認為宋代儒者在詮釋儒家經典時，與前代相較有其極大的特殊性，形成此種現象，主要是吸收釋、道二家的學說所造成，他說：

> 宋代經學家一方面吸收佛道能夠吸引人的某些長處，加以改造，使之成為經學的新內涵。另一方面則改良舊有的解經方式，而以闡釋義理為其重心，一取一棄，遂成就了宋代的新經學。學者多稱宋代新經學為理學（道學、心學），但理學雖然有異於前代經學，畢竟仍是透過經學而產生的，它的主要依據仍是經書。[21]

古代的經學家往往透過注解經書去發表他個人對人生、宇宙本體、政

19 （宋）黎德靖編、王星賢點校：《朱子語類》（北京：中華書局，1986年3月），卷11，〈讀書法下〉，頁193-194。

20 有關張九成與佛教徒來往，及其佛教觀的內容，可參閱鄧克銘撰：《張九成思想之研究》（臺北：東初出版社，1990年10月），頁16-32；及李承貴撰：〈張九成佛教觀論析〉（《中山大學學報》2005年第5期）一文。

21 葉國良撰：〈宋代經學的特殊性及其成因之探討〉，《經學側論》（新竹：國立清華大學出版社，2005年11月），頁247。

治等的看法，宋代理學家也是採用相同的方式，經書是他主要依據媒介。張九成的解經即是「吸收佛道能夠吸引人的某些長處，加以改造，使之成為經學的新內涵」，借鏡消融佛道長處為己有，形成其說經義理化的形式，從《尚書詳說》可充分瞭解其借助注解《尚書》，去闡釋所體悟的儒家義理，從解經模式已很難看出受佛教影響的面貌。如卷四十六〈顧命〉：「皇后憑玉几，道揚末命，命汝嗣訓，臨君周邦；率循大卞，燮和天下，用答揚文武之光訓。」張九成《尚書詳說》疏解此段經文時說曰：

> 凡百所為，率循文武，以燮調和平天下。大卞，大法也。文、武大法，何法也？即文、武宣前後哲王之光明，見於安民教民，使民習教，聽用上之號令者，是大法也。其發於言語也，謂之大訓；其布之典也，謂之大卞。謂之大訓，何以能臨君周邦？謂之大卞，何以能燮和天下？大訓言其大體，大卞言其大用，臨君者，大體也；燮和者，大用也。能如此，然後可以答揚文、武之光訓矣。（卷46，頁17下-18上）

張氏並未針對全段文句作詮釋，反而選擇文中關鍵的「大卞」一詞作闡釋，以為文、武大法就是「文、武宣前後哲王之光明，見於安民教民，使民習教，聽用上之號令者是大法也」，大法發於言語為大訓，若形諸文字就是大卞。兩者是體用關係，掌握體用相配合，充分運用就能「答揚文、武之光訓」。又如卷七〈皋陶謨〉：「無教逸欲有邦。兢兢業業，一日二日萬幾。」張九成疏解此段文字時說曰：

> 天下之事，無一事不出於天者。有是事必有是官，官所以代天治事也。一官曠則一事闕，一事闕則天事有不舉者，人君代天君天下，不舉可乎？夫天事之舉，以官得其人，官得其人，以

人君之允迪厥德。允迪厥德，以戒懼於隱微，此皋陶所以言「兢兢業業，一日二日萬幾」也。幾者，動之微也。戒懼正當在此，於微稍怠則為逸，於微稍忽則為欲。逸欲之微，兆於方寸，潛行於天下，是教天下以逸欲矣。天下逸欲，其可望九德之人乎？如此，則治天事者無其人，治天事無其人則大亂矣。皋陶言此，所以深言為人君者，不可以不允迪厥德，以感移天下也。（8下-9上）

張九成闡論「逸」、「欲」兩字為「微稍怠」、「微稍忽」之區別，實甚微小，然影響治國大道甚鉅，全段幾乎不訓解字辭，而發揮經文中所未及的義蘊，發掘治國平天下的深層道理。張氏此種解釋經文的方式，不僅訓解文中關鍵的字辭，還發掘補充《尚書》經文背後蘊涵的意義。陳振孫《直齋書錄解題》就說：

無垢諸經解，大抵援引詳博，文義瀾翻，似乎少簡嚴，而務欲開廣後學之見聞，使不墮於淺狹，故讀之者亦往往有得焉。[22]

時瀾在〈尚書詳解序〉也說：

嗚呼！《書》說之行於世，自二孔而下，無慮數十家，而卓然顯著者，不過河南程氏（頤）、眉山蘇氏（軾），與夫陳氏少南（鵬飛）、林氏少穎（之奇）、張氏子韶（九成）而已。程氏溫而邃，蘇氏奇而當，陳氏簡而明，林氏博而贍，張氏該而華，皆近世學者之所酷嗜。[23]

22　（宋）陳振孫撰，徐小蠻、顧美華點校：《直齋書錄解題》（上海：上海古籍出版社，2005年8月），卷2，頁31。
23　參見（宋）夏僎撰：《尚書詳解》（臺北：臺灣商務印書館，影印文淵閣四庫全書本，1986年3月），頁2上。

張九成說解《尚書》這種「援引詳博，文義瀾翻」，「務欲開廣後學之見聞，使不墮於淺狹」的「該而華」作法，因讀書者容易有所得，在當時普遍受到士子重視，著書立說時均加採用，張九成的《尚書》學說對經學的發展，發掘經書內涵與政教意義，仍有其值得肯定的貢獻。

第四節　張九成《尚書詳說》內容述要

南宋黃倫的《尚書精義》，纂錄宋代諸家有關《尚書》學著作，幾乎每條經文皆首先錄入張九成《尚書詳說》，黃氏僅抄撮匯集眾說而成，未有隻字片語之議論綜述，雖然就獨抒個人心得而言，該書屬編輯而非著作，然而時移世異，大部分宋儒著作亡佚泰半以上，而九成之書反「藉是書以傳」，可說意外之喜。以下即就《尚書精義》中抄錄之《尚書詳說》，略為析論其《尚書》學的內容與心得，分項敘述：

一　心為一切之根本

清初錢謙益（1582-1664）評論宋人之經學時說：「宋之學者，自謂得不傳之學于遺經，掃除章句，而胥歸之于身心性命」[24]，宋儒的心性之學，熊十力（1884-1968）將其視為「明天人之故，究造化之原，彰道德之廣崇，通治亂之條貫」的「高深學術」[25]，流風所及，幾乎所有經學家都會去探討身心性命之學。心性之學源起先秦，儒家學者中，以孟子最注重心性修養的問題，教人要存心、養心，求其放心，而宋儒批評漢、唐諸儒雖努力注經，闡釋經義，其實皆不能傳聖人之道。自稱「得不傳之學於遺經」，因此能得聖人之道，得「聖學

---

24 參見（清）錢謙益撰：《牧齋初學集》（上海：上海古籍出版社，1985年9月），卷28，〈新刻十三經注疏序〉，頁851。
25 參見熊十力撰：《讀經示要》（臺北：明文書局，1984年7月），頁452。

之傳」。[26]宋人說經好言天道性命的風氣，張九成亦深受影響，近代論
述宋代哲學思想的書籍都認為他的思想與陸九淵（1139-1193）比較
相近，因而被後人歸類為心學派。[27]

　　張九成認為「學有要處，學而不知其要，雖終日孜孜，終年矻
矻，至老且死，竟亦何所得哉？」[28]學要知其要，但是什麼是學之
要？張九成在《孟子傳・告子上》說：「夫明經術，所以窮聖賢之
心，以證吾心也。」[29]又說：「六經之書，焚燒無遺，而出於人心者常
在，則經非紙上語，乃人心中理耳。」[30]經書雖然遭秦火之厄，焚燒
無遺，然聖人經書所說的道理，乃是眾人心中之理，讀書時若能，以
吾心去印證聖賢之心，自然能明經書義理，明聖賢之心。張九成《尚
書詳說・太甲下》：

　　　夫人可欺也，心不可欺也。一人之心，天下之心也。不喜逆心
　　　之言，樂聞遜志之言，是自欺其心也。借是逆心之言，杳然不
　　　聞，而遜志之言，洋洋盈耳。不知其於暗室之中，屋漏之下，
　　　端居之時，夢寐之內，其心安乎？儻有分毫之愧，則元良之性
　　　為之障蔽矣。[31]

張九成與其他宋代理學家一樣，提倡理、心，但其他「心學家不把理

---

26 有關漢宋學之爭論問題，可參閱林慶彰先生〈明代的漢宋學問題〉，收入《明代經
　　學研究論集》（臺北：文史哲出版社，1994年5月），頁3-12。

27 如大陸近年出版的石訓等人所撰寫的：《中國宋代哲學》（鄭州：河南人民出版社，
　　1992年12月）一書即將他歸入心學篇。

28 見張九成撰：《孟子傳》（臺北：臺灣商務印書館，影印文淵閣四庫全書本，1986年
　　3月），卷27，〈告子章句上〉，頁20下。

29 參見張九成撰：《孟子傳》，卷27，〈告子章句上〉，頁15下-16上。

30 （清）黃宗羲撰：《宋元學案》，卷40，〈橫浦學案〉，頁598-599。

31 見（宋）黃倫撰：《尚書精義》，卷18，頁4下-5上。

視作世界的本原」[32]，而張九成則「理」的思想歸入心之中，主張要「窮一心之理，以通天下之理」，又說：

> 學問之道無他，求其放心而已矣，非止於務博洽、工文章也。內自琢磨外，更切磋以求此心，心通則六經皆我心中物也，學問之道無過於此。[33]

其《孟子傳‧告子上》也說：

> 夫天下萬事皆自心中來，……論其大體則天地陰陽皆自此範圍燮理，論其大用則造化之功，幽渺之巧，皆自此而運動。[34]

說明天地間一切事物皆歸源於心。而人心即人欲，道心即天理，欲心不為外物所誘，則需使心精專不二。張九成說：

> 惟聖人知天下四方萬里、若事若物之本，執而綏之，所以天下四方萬里事物之情，無不灼然布于几席之上，而發號施令，靡然自當於天下四方萬里事物之心，使無冤苦失職之嘆者，則以得其本也。夫所謂天下四方萬里事物之本，何物也？曰中而已矣。蓋天下此心也，四方萬里此心也，若事若物此心也，此心即中也，中之難識也久矣，吾將即人心以求中乎？人心，人欲也。人欲無過而不危，何足以求中？又將即道心以求中乎？道心，天理也。天理至微而難見，何事而求中？曰天理雖微而難

---

32 參見石訓等撰：《中國宋代哲學》（鄭州：河南人民出版社，1992年12月），第39章，〈張九成的哲學思想〉，頁1073。

33 見張九成撰：《橫浦集》（臺北：臺灣商務印書館，影印文淵閣四庫全書本，1986年3月），卷27，〈答李樗書〉，頁18下。

34 張九成撰：《孟子傳》，卷27，〈告子章句上〉，頁20下。

見，惟精一者得之。精一者何也？曰精則心專，入而不已。一
則心專致而不二，如此用心則戒謹不睹，恐懼不聞，久而不
變，天理自明，中其見矣。既得此中，則天下在此也，四方萬
里在此也，若事若物在此也。信而執之，以應天下四方萬里事
物之變，蓋綽綽有餘裕矣。[35]

他認為萬物之本在中，為政者若能執持中道，則無人欲過多遭難之
危，任事就不會有失職之嘆。張氏又以為「心即中」，「中即和」，若
能「作事合理，人情自不乖」，就是得中。[36]

　　張九成又以為吾人讀六經，要「直取聖人之意而用之」，因為
「六經即聖人之心」，依經書之道理行事，自然能切合事理。[37]若能學
之至深，精誠專一，即使天地都會受其感動，〈金縢論〉：

夫天人一心，本無彼此，自是學之不精，不能盡識流蕩人欲，
故此心不見爾。惟學問之深者，人欲不行；驚憂之迫者，人欲
暫散。故此心發見焉，此心既見，則天理在我耳。欲代武王，
欲天反風，惟吾所造如何耳。周公作冊而武王疾瘳，此學問之
深者也。成王出郊而天乃雨反風，此驚憂之迫者也。所以皆足
以動造化焉，造化何在？吾心而已矣。吾心如此其大，而或者
以人欲而狹之，殊可悲也。孟子深識此理，故曰盡其心者知其
性也，知其性則知天矣。存其心，養其性，所以事天也。夫知
天在盡心，而事天在存心，則人之於心其可不謹乎，此余所以
表而出之。[38]

---

35 見（宋）黃倫撰：《尚書精義》，卷6，〈大禹謨〉，頁3上-3下。
36 （清）黃宗羲撰：《宋元學案》，卷40，〈橫浦學案〉，頁598。
37 參見（清）黃宗羲撰：《宋元學案》，卷40，〈橫浦學案〉，頁613。
38 見（宋）張九成撰：《橫浦集》，卷9，頁5下。

〈金縢〉篇講述成王生重病，國家初始建立，誠存續之關鍵時期，周公為國家社稷著想，決定作冊上祭祖先，以己身代武王之死，最後周公忠忱之心志感動上蒼，武王疾瘳。其後成王受武庚等流言所中傷，懷疑周公欲篡位，後出金縢冊命辭文，赫見周公赤忱之心，幡然悔悟，改正過失，出郊迎接周公，上天乃止雨反風。此事悖於常理，時遭後世儒家學者懷疑其真實性。張九成認為「天人一心，本無彼此」之別，存其心，養其性，所以事天也。夫知天在盡心，而事天在存心，則人之於心其可不謹。以後世淺薄之心觀之，豈有此理哉？

二 論為政之道

張九成在科舉考試的功名雖名列前茅，卻因個性耿直，「正色立朝，敦尚氣節」[39]，導致他在政治上的官職地位不高。他為官任職，處處以省刑恤民為念，關心民瘼，盡力解決人民的困難，政績顯著，深獲百姓稱讚。《尚書詳說》中的文字到處流露出民胞物與的情懷，深切反思為政之道，提出的言論，堪為有牧民之責者參考。

（一）為政以德

孔子說：「道之以政，齊之以刑，民免而無恥。道之以德，齊之以禮，有恥且格。」[40]執政者為政應以德，而不應以刑，是孔子早就講過的。張九成承繼其說，進一步加以申述：「天道非他，禮與德而已。欲識天道，當自禮與德觀之。惟由禮則理而為善行，惟有德則得而為聖賢，此正天道也。」[41]人君為政當秉天道以行事，天道即是禮與德，然禮與德究竟指什麼？他在〈皋陶謨〉篇解釋說：

---

39 參見張元濟撰：〈中庸說識語〉，《中庸說》（臺北：中國子學名著集成編印基金會，1980年），頁1上。

40 見（宋）朱熹撰：《四書章句集注》（北京：中華書局，2001年11月），卷1，頁54。

41 見（宋）黃倫撰：《尚書精義》，卷48，〈畢命〉，頁1上。

德者，得也。心有所得，凡外之富貴貧賤死生患難，不足以動之者，是所謂德也。[42]

〈五子之歌〉也說：

夫德者，民之心也。人君有德，則民心悅；無德，則民心離。太康首先即位，見逸豫而不見德，是德為逸豫所滅也。德滅則民心滅，民心滅則天下亦滅亡矣。[43]

德就是得，也是人民之心，張氏認為人君能行德則有得，有德就能得人民之心，無德則民心背離，國家社稷將會滅亡。〈咸有一德〉又說：

蓋德即天也，夫一德之所在，天之所在也，非一德之外別有所謂天，而天之外別有所謂德也。[44]
無心于求天，而天佑之；無心于求民，而民歸之，天非私我也。以天心在此，天雖欲外吾心，不可得也。我非求民也，以民心在此，民雖欲外吾心，亦不可得也。是一德者，乃天與民歸之機也。……蓋此心即天心，非此心之外別有天也。此心即民心，非此心之外別有民也。[45]

為天下國家者，它的根本在民，欲得民心就須修德，德之所在，即天之所在，不須於外求天心，亦不須外求民心，只要能「一德」，就是「天與民歸之機」，民心就會喜悅，擁愛戴君主。綜合上面所述，張

---

42 參見（宋）黃倫撰：《尚書精義》，卷6，〈皋陶謨〉，頁12下。
43 參見（宋）黃倫撰：《尚書精義》，卷13，〈五子之歌〉，頁5下-6上。
44 參見（宋）黃倫撰：《尚書精義》卷18，〈咸有一德〉，頁11上。
45 參見（宋）黃倫撰：《尚書精義》卷18，〈咸有一德〉，頁13下-14上。

九成即使論述君主政治的操作方法，仍將其歸本於心，無怪乎前人將其劃為心學派。

（二）民為邦本，得民心者得天下

為人君者應當要愛民養民，能愛民養民自然能得民眾的擁護，「天無心也，以民為心」[46]，能得到民心，也才能得到天下。張九成在書中屢屢闡述此種民為邦本的觀念，以為得民心則可得天下為天子，他說：

> 夫千萬人之心，一人之心是也。勿謂一愚夫婦之心與千萬人之心不同，此幾也。失一愚夫婦之心，是千萬人之心皆失矣。得民心則為天子，失民心則為匹夫，一能勝予，豈欺我哉？且一人之微而三失，民心積怨如此，平居無事，君君臣臣，豈敢明言怨上乎？其怨也不在語言嗟呼處，乃在思慮包藏處，此聖人所以圖於不見之處而不敢忘也。[47]

張九成認為「千萬人之心」與「一人之心」，兩者間並無不同，民心積怨係由微怨日積月累所造成，積微成眾，影響所及必至「千萬人之心皆失」，民心之向背，關係政權的能否維繫，如此之鉅，豈可隨意輕忽？然則君主應當如何做才能不失民心？張九成說：

> 為人上者，其道如何？曰敬而已矣。敬則無私欲，一皆天理之所在，而不見天子之為貴，亦不見四海之為富。不見賞罰利害之在我，亦不見百官有司之服役，第循天下之公理而行之。民

---

46 參見（宋）黃倫撰：《尚書精義》，卷15，〈仲虺之誥〉，頁18下-19上。
47 參見（宋）黃倫撰：《尚書精義》，卷13，頁9下。

心欲飽，我思所以豐其穀粟；民心欲暖，我思所以充其布帛；民心欲安，我思所以薄其征役。如百畝之田以飽之，牆下之桑以暖之，五畝之宅以安之，不敢以我私己，有一毫害民之生理也。審如是，民視我如父母，欲揮之而不去，又何六馬朽索之足云乎，奈何不敬之言，其意深矣。[48]

召公歷陳夏、商興亡，止在敬與不敬而已。故不敬則墜厥命，敬德則惟有歷年。敬之一字，其行甚要，其功甚搏。何謂敬？妄慮不起，百邪不生是敬也。[49]

張九成認為在上位的君主，若想得民心以維持君臣的關係，方法只在「敬與不敬」，敬就是「妄慮不起，百邪不生」，無私欲，凡事以民為中心，以民作為施政的重心，「民心欲飽，我思所以豐其穀粟；民心欲暖，我思所以充其布帛；民心欲安，我思所以薄其征役」，不要以個人私欲干擾妨害人民，人民自然「視我如父母」，竭誠擁戴，國家自然平治興盛，國祚久遠。若凡事以一己之私欲作考慮，享樂淫逸，則會「思慮紛亂，私邪橫生」，去天命愈遠，國家自然會「早墜厥命」，是不足為奇的。張九成又說：

祖宗社稷，以何為本？以民為本耳，民安則祖宗社稷安。今視民草芥蚍蜉之不如，則祖宗社稷亦若草芥蚍蜉之不如矣。本固邦寧，夫豈虛言？[50]

余觀周、召之於成王，所陳在敬，所戒在逸。蓋敬則不逸，逸則不敬。以敬為心，則為恭為畏，為不暇為克，已尊先王之典彝，而享國至於長久。以逸為心，則為傲慢為耽樂，好田獵，

---

48 參見（宋）黃倫撰：《尚書經義》，卷10，頁2上-2下。

49 見張九成撰：《橫浦集》，卷9，〈召誥論〉，頁11上-11下。

50 參見（宋）黃倫撰：《尚書精義》，卷13，頁9上。

峻威刑，聽小人之邪說，而享國不克長久，此理之自然者也。[51]
天命殛之，豈諄諄然命之乎？蓋天以天下之心為心，古之論天
者，多以民心卜之。[52]

張九成在疏解《尚書》經文義理時，反覆申論周公他們諄諄諮教成王
祖宗社稷「以民為本」，民安則社稷安，反之則「草芥蚍蜉之不如」。
殷殷囑咐，「所陳在敬，所戒在逸」。能敬則不逸，能逸則不敬，民眾
歸心，天命自然歸與，享國即能長久。張九成又說：

> 夫人不可無所畏，庶民畏父母，家相畏大夫，三卿畏諸侯，百
> 官六卿宰相畏天子。惟有所畏，則有所不敢，而義理明矣。若
> 夫天子何所畏哉？所畏者上天而已。使人主不畏天，則亦何所
> 不敢哉？桀謂伊尹曰：「吾之有天下，如天之有日也。日有亡
> 乎？日亡，吾亦亡矣。」觀桀此言，則亦何所畏哉？惟無所
> 畏，故無所不敢，玩弄上天，借以為從欲之舉，晏然以謂豈我
> 之外別有天乎？
> 天無心也，以民為心。民心煩冤，至有「時日遏喪，予及汝皆
> 亡」之言，則帝用不臧之實，可以民心卜之矣。東征西怨，南
> 征北怨，此天式商受命之實也。蓋民徯望如此，而諸侯又皆歸
> 湯，乃天命湯以有天下。[53]

張氏認為人應有所畏懼，則不敢肆欲而行。人君權勢至高，若無所畏
懼，容易為人欲所駕御，必至荒淫逸樂，胡作非為，湯得以取夏桀而

---

51 見張九成撰：《橫浦集》卷9，〈召誥論〉，頁11上-11下。
52 見（清）王頊齡等奉敕撰：《欽定書經傳說彙纂》（臺北：臺灣商務印書館，影印文
　　淵閣四庫全書本，1986年3月），卷7，〈湯誓〉，頁2下。
53 見（宋）黃倫撰：《尚書精義》卷15，〈仲虺之誥〉，頁19下。

代之，擁有天下，即因夏桀無所畏，故無所不敢，天乃將其天命轉移至商湯。因此，君主若能「與有德之人，是與治同道也，雖亂必興。與無德之人，是與亂同事也，雖治必亡。」[54]

三　對傳子不傳賢制度的批評

《尚書》的〈堯典〉篇講述我國上古時代的政權傳承制度，是後世所熟悉的傳子不傳賢禪讓制度，等到夏禹傳子啟後開啟後世傳子家天下世襲制。後代學者習於孟子謳歌啟賢而能敬承繼禹之道[55]，因而將家天下的世襲制視為理所當然，值得注意的是，張九成卻對此種傳子不傳賢的政治制度有相當深刻的評論，他在《書傳統論‧甘誓論》說：

> 堯禪舜，舜禪禹，其俗成矣。大道之行，天下為公，選賢與能，至禹乃傳其子，雖曰天命，而德自此衰矣。是大道既隱，天下為家，大人世及以為禮之時也。然謳歌訟獄朝覲者，不之益而之啟，曰「吾君之子也。」其間豈無不平之人乎？《史記》云：「有扈氏，禹之後。」又曰「啟立，有扈氏不服，故伐之。」此所謂不平之人也。啟乃親至其國，以兵臨之。又至於大戰，比堯舜揖遜而治，大相遠矣。[56]

---

54 見（宋）黃倫撰：《尚書精義》卷18，〈太甲下〉，頁1上。

55 《孟子‧萬章上》：「禹薦益於天，七年，禹崩。三年之喪畢，益避禹之子於箕山之陰。朝覲訟獄者不之益而之啟，曰：『吾君之子也。』謳歌者不謳歌益而謳歌啟，曰：『吾君之子也。』……啟賢，能敬承繼禹之道。益之相禹也，歷年少，施澤於民未久。」見朱熹注：《四書章句集注》（北京：中華書局，2001年11月）卷9，頁308。

56 （宋）張九成撰：《橫浦集》，卷6，〈甘誓論〉，頁7下-8上。

《書傳統論‧湯誓論》：

> 余讀堯、舜二典以還，初見〈甘誓〉而悵然，曰：「去堯、舜未遠而有此舉，堯、舜之風不復有矣。」既又讀〈胤征〉則又異焉，去堯、舜未遠，已有篡弒挾天子令諸侯之事，使章懷讀之必不忍聞，使賈誼讀之必至於痛哭流涕。尚有說者曰羿凶人也，安知義理，今讀〈湯誓〉，乃公然以臣伐君，取天下而有之，其驚駭耳目，震動心志，益又甚矣。伊尹、成湯皆聖人也，聖人而為此舉，此所以愈可怪駭也。嗚呼！使啟知太康不肖，擇聖賢而授之，使堯、舜之風相踵不絕，安得有〈胤征〉、〈湯誓〉之事乎？此余所以深悲也。[57]

《書傳統論‧太甲論上》：

> 嗚呼！傳子之弊，乃至是哉！禹再傳而得太康，太康以畋遊失邦；湯一傳而得太甲，太甲以縱欲被放，使啟與湯復舉堯、舜故事，擇天下大聖賢而授之，安得有此危事哉？[58]

上述三段《尚書》的材料，〈甘誓論〉講述中國上古時代，堯將帝位禪讓給舜，舜也將帝位禪讓給禪禹，二聖相沿成俗，係秉天下為公，選賢與能之原則，至禹竟將帝位傳給其子啟，堯、舜受禪相承，啟獨繼父，遭致有扈氏反對，啟的作法，不是「修德以來之」，反而親率大軍，出兵以伐之，張九成認為夏啟遇他人心有不服者，就應當修德以服之，使其真心歸順，相較於堯舜揖讓而治，已相去甚遠。〈湯誓論〉感歎商湯、伊尹以臣伐君，取天下而有之，作法驚世駭俗，風俗

57　（宋）張九成撰：《橫浦集》，卷6，〈湯誓論〉，頁11上-11下。
58　（宋）張九成撰：《橫浦集》，卷7，〈太甲論上〉，頁2下。

日趨下。〈太甲論〉述湯奪取天下傳位太甲，太甲縱欲淫樂遭放逐，探究其因，皆起因於家天下的「傳子之弊」，且啟發後世亂臣賊子之心，致臣下放君、篡弑不絕。若能「擇聖賢而授之」，使堯、舜禪讓風氣承襲不絕，國家自然不會危險事端。

四　進諫之法

中國在清代以前，政治上是傳統的君權至上時代，君主掌握著絕對至高的權力，處理國家大政，雖有大臣幕僚輔佐，仍難免會有決策錯誤之際，此時為人臣者，依理當勸諫國君以改正他的過失，而進諫是有風險的，君主也並非皆能聽得進真話。遇到英明賢君，如禹拜昌言，聞過則喜，自然皆大歡喜，圓滿達成目的。但若不幸遇到昏君殘暴之主，直言進諫，很容易遭遇到不測，輕則降罪貶謫，重則喪身亡命。因此，綜觀二千餘年的我國歷史，國君聽諫者少，拒諫者多。而為臣者為全軀保妻子，顧全身家性命，逢君者多，進諫者少。歷史上能像唐太宗、魏徵君臣相得，留下傳留千古的諫諍故事者，可說少之又少。張九成在《書傳統論》中闡述〈高宗肜日〉篇的經義時就說：

> 嗚呼！余讀〈高宗肜日〉，乃知古之諫爭之法，如此其優緩也。夫祖己之意，正以高宗典祀厚於近廟，至有雊雉之異，故作此書為戒，而其書之所言，乃言民之中絕厥命者，亦不知理義也。不若德，不聽罪，則孚命以天。若德聽罪，則孚命以永，其意在民，初若不切於高宗，其終乃言王當以敬民為主，無或媚神以求福，至典祀厚於近廟也，其意優緩如此，是言之者無罪，聞之者足以戒。下既無失言之責，上又無拒諫之名，此三代諫爭之法也，學者不可不熟思。[59]

59　（宋）張九成撰：《橫浦集》，卷8，頁10下-11上。

〈高宗肜日〉篇中所記事件，《書序》以為是「高宗祭成湯，有飛雉升鼎耳而雊，祖己訓諸王而作」，而《史記》則認為「祖己嘉武丁之以祥雉為德，立其廟為高宗」，二說不同。張九成並不考辨二說之異同，而從祖己之進言觀其諫爭優緩，建言「民之中絕厥命」，殷高宗「當以敬民為主，無或媚神以求福」，既非切諫，亦非伯諫，近於孔子所說的諷諫，在上位者無拒諫之惡名，臣下也無失言之責，如此則兩全其美，實為學者當深思學習者。

五　感慨時政，寓政於奏疏

宋代初年，趙匡胤鑒於唐末朝廷因藩鎮割據，導致政局動亂，終遭滅亡之歷史經驗的教訓，採取強幹弱枝的政策，集權中央朝廷。如此作法，卻導致國家積弱不振，遂因而迭受異族的欺凌，徽、欽二帝被金人所俘，高宗避居江南，簽署和議協定以求和，忍辱苟且，卑躬屈膝以事異族，成為士大夫心中的隱痛，經常文字紓發內心深層的沉痛。

張九成認為：「士不務深造自得，乃以口舌之工作標目，宜其捕風捉影，無益於用也。」[60]「蓋士大夫之學必欲有用，而所謂用者，用於天下國家也。」[61]張九成執著士大夫之學應有用於天下國家，因此立朝朝廷，敦尚氣節，又屢屢於文字間殷勤叮囑宋高宗勿忘記國仇家恨，張九成在〈君牙〉篇說：

> 君牙賢否，于經史無所見。觀穆王稱其祖父忠正勤勞，紀在太常，至使之在六卿高選，想亦賢者矣。使穆王誠能取文、武、成、康為法於上，君牙取其祖父為法於下，則周之中興，亦不

60　（宋）張九成撰：《心傳錄》（臺北：臺灣商務印書館，1986年3月），卷中，頁5下。

61　（宋）張九成撰：《孟子傳》，卷2，〈梁惠王章句上〉，頁19下。

難矣。然而穆王無聞焉，豈穆王之無志耶？抑豈君牙之忝祖父
耶？以此知太平之世，君臣並受其福；衰亂之世，君臣具受其
辱，可不戒哉？

張氏認為穆王若能效法祖先文武成康遺緒，君牙取法其祖父，奮發向
上，策勵朝政，周朝的中興，應是指日可待的，然而穆王在歷史上卻
默默無聞，恐怕是君臣皆無中興國家的宏志所致。〈文侯之命〉：

平王言我嗣位，正當天大禍患，絕資用惠澤於下民，無以自
振，而犬戎侵伐我國家為大患難時，其何以自支乎？然禍難之
作，天所以開聖人也。商道不衰，何以見高宗；四夷不叛，何
以見宣王；漢無昌邑之變，則無以啟宣帝；唐無宮闈之變，則
無以啟明皇。患平王無志耳，苟惟有志，則呼名如夫差，嘗膽
如句踐，輕徭薄賦以收民心，尊賢使能以慰民望，選兵鍊將以
報國讎，仗大義，攄宿憤，與天下共誅弒天子者，豈非臣子之
職乎？[62]

天下之理，有當謙者，有不當謙者。承祖宗之業不謙，則不足
以持盈；當禍患之後不任，則不足以成功。且以成湯觀之，得
一伊尹，其為言曰：「思天下之民，匹夫匹婦，有不與被堯舜
之澤者，如己推而納之溝中。」又曰：「予罔弗克俾厥后為堯
舜，其心愧恥，若撻于市」，其任如此，所以能佑佐成湯。自
諸侯而為天子，自七十里而有天下，今平王君父，為犬戎所
弒，乃曰「予則罔克」，此豈謙退時耶？[63]

平王有辛苦之言，而無發憤之意。有求助之言，而無自立之

62　（宋）黃倫撰：《尚書精義》，卷49，〈文侯之命〉，頁18上-18下。
63　（宋）黃倫撰：《尚書精義》，卷49，〈文侯之命〉，頁18下-19上。

意。豈有如此而能中興者乎？用伐鬼方，高宗所以能中興；如
震如怒，宣王所以能中興。明明廟謨，糾糾雄斷者，光武之中
興也。予不能事事，其何以見于郊廟，憲宗之中興也。豈有如
平王資質而能有為乎？[64]

張九成認為禍難的產生，是上天特地要開導聖人，應視為磨練心志的
最佳機會。周平王「有辛苦之言，而無發憤之意。有求助之言，而無
自立之意」，意志消沉，絲毫無努力奮發的志氣與勇氣。應該學習春
秋時代的句踐，「輕徭薄賦以收民心，尊賢使能以慰民望，選兵鍊將
以報國讎」，抒發義憤之氣，與天下人共誅弒天子之仇。難怪後學評
其文「峻厲激發，讀之使人憤慨，其有感於靖康之變乎！」[65]

第五節　結論

綜合上面幾節的論述，有關張九成《尚書詳說》及其內容，可得
到下列結論：

其一，張九成受學於程門高弟楊時門下，係二程再傳弟子，以未
發之中為宗旨，詮解的經書在當時流傳甚廣，「家置其書，人習其
法」，對當時學術頗有影響力。長久以來，因受到朱熹等後學的強烈
批判，詆毀為禪者之解經，為禍甚於洪水猛獸，導致其著作亡佚甚
多。今傳世者僅剩《孟子傳》，研究張九成學術思想者，全部取材於
是書，罕及《尚書詳說》。幸運的是《尚書詳說》被黃倫收入《尚書
精義》中，今自該書輯出，是張氏經學詮解的另一著作，可作為探討
張九成經學思想的資料。

---

64 （宋）黃倫撰：《尚書精義》，卷49，〈文侯之命〉，頁19上。
65 （宋）王應麟撰：《困學紀聞》（瀋陽：遼寧教育出版社，1998年3月），卷2，頁
44。

其二，歷代學者研究《尚書》時，大都將重點放在文字語詞的校勘訓釋，或考辨文中故實，疏解文義，較少去闡釋義理，發掘文字深層意蘊。從張九成現存《尚書詳說》的文字看，其解經方法，無訂正前人謬誤，著重發揮《尚書》的義理，且經常引證史實去證經，陳振孫稱其「援引詳博，文義瀾翻」、「務欲開廣後學之見聞」，對後學研讀《尚書》有極大的幫助。

其三，張九成的哲學思想，強調「窮一心之理以通天下之理」，他認為明經術，目的在窮聖賢之心以證吾心，將「心」作為一切的根本，視天下萬事皆自吾心中來。以此觀點去闡論《尚書》的義理，認為天道應從禮與德去體察，而德就是民心，能得民心者得天下，是否得天下從其是否一德觀之，能一德就是天與民歸之機。將政治的興衰治亂與心相結合，充分呈現宋明理學家崇尚心性之學的傾向。

其四，張九成的政治理論，從歷史上的放逐、篡弒事件層出不窮，體悟出《尚書‧堯典》篇所述的堯舜傳賢不傳子的禪讓制度，是防止政治亂亡比較好的政治制度。「《書》以道事」，《尚書》本是傳述歷史上重要政治事務、人事經驗，以作為後鑑戒之用。因此，張九成在詮釋《尚書》時，往往會結合經文情境，闡述古代人臣諫諍的方法，以及感慨時政，寓論政於疏解，鼓勵高宗勿忘徽、欽二帝被擄之事，將國家禍患，視為上天對人的考驗與開悟，發奮圖強，以期洗刷國家之恥辱。凡此諸點，都對現代研究《尚書》學者有學習參考的價值。

第二章
黃度及其《尚書》學

第一節　前言

　　《尚書》是我國虞、夏、商、周流傳至今的一部歷史文獻資料匯編，是「孔子把整部《書》中的人與事加以消化，吸其精英，明其義蘊，由此以抽出政治上最高的若干原則及最大的鑒戒。」[1]以供給後世君王及政治領導者作為施政時之參考準則與方法。書中蘊涵的義理思想與秦朝統治思想相違異，致遭到秦始皇的焚燬禁止。漢儒蒐尋收拾於灰燼之餘，始能留存而未致佚失。然自漢代伏生傳授《尚書》伊始，迄至宋代，千餘年間，《尚書》學的發展，可謂幾經波折，數度遭遇塞運。永嘉之亂，變動繁劇，政權更易，《尚書》之命運隨之起伏，今文歐陽、大小夏侯之學及《古文尚書》俱皆失傳，後雖有孔《傳》復出，然亦因而造成《尚書》真偽難辨，齟齬爭辯的現象，此風至清末而未息，命運之曲折坎坷，實令人不勝感嘆。

　　宋代的經學，初期的學風，仍係承繼唐代而來，「守訓故而不鑿」，謹嚴而樸實。然從宋仁宗慶曆年間，學術界的風氣逐漸轉變，興起一股擺落漢、唐注疏，試圖重新建立新經學的疑經潮流[2]，使得宋代經學發展，呈現出與漢代經學大相逕庭的新面貌。《尚書》學在

1　參見徐復觀（1903-1982）撰：《中國經學史的基礎》（臺北：臺灣學生書局，1982年5月），頁9。

2　有關宋儒疑經改經風氣的論述情形，參見屈萬里先生（1907-1979）撰：〈宋人疑經的風氣〉，收入《書傭論學集》（臺北：臺灣開明書店，1969年3月），236-244。葉國良撰：《宋人疑經改經考》（臺北：臺灣大學中國文學研究所碩士論文，1978年）。

宋代，因政治環境的因素，呈現極度蓬勃發展的現象。大體主要呈現三種方面的發展，一是懷疑《古文尚書》的真偽問題，次為懷疑《尚書》經文的錯簡訛字，三是闡發書中的經世思想，以切合宋代的政治環境。

《尚書》的功用可以「道事」、「疏通知遠」，與君王執政關係相當密切，歷來為讀書人所必讀。但在諸經籍中，不但文字艱澀難懂，文句「詰屈聱牙」，連帶使全書義理難解。楊樹達就曾對清儒訓解《尚書》的著作有所批評說：「《尚書》一經，以詰屈聱牙為病者二千年矣。……往往讀一篇竟，有如聞異邦人語，但見其唇動，聞其聲響，不知其意旨終何在也。」[3]所以造成此情形的原因，清人喜重考據、繁訓詁，連篇累牘徵引資料，使人不易尋繹其義理主旨。宋儒詮釋《尚書》重在義理的提煉闡揚，不易出現清儒的毛病。然亦慨歎其書難讀，陳亮（1143-1194）述張載（1020-1077）之言：「《尚書》最難看，蓋難得胸臆如此之大，若祇解文義則不難。自孔安國以下，為之解者殆百餘家，隨文釋義，人有取焉。凡帝王之所以綱理世變者，蓋未知其何如也。」[4]黃度平生志在經世，其胸臆雖不如此之大，《尚書》學著作則發明義理頗為精切，為當世所重，仍有足多者。

無論就名氣或重要性而言，在宋代《尚書》學史上的地位，黃度均遠不及蘇軾《東坡書傳》、林之奇《尚書全解》、呂祖謙《東萊書傳》、蔡沈《書集傳》等書對當世及後代《尚書》學來得重要而有影響力。然從文獻資料保存觀點來看，隋、唐以前的經學典籍，因戰亂、人為毀損等因素影響，以致能流傳到今天的經籍，可謂寥寥可數。宋代距今雖僅千餘年，當時經說亦因科舉考試等而乏人閱讀，逐

---

3 楊樹達撰：〈曾運乾尚書正讀序〉，《尚書正讀》（臺北：華正書局，1982年5月），頁303。

4 陳亮撰：〈鄭景望書說序〉，鄧廣銘點校：《陳亮集》（臺北：漢京文化事業公司，1983年12月），卷14，頁165。

漸湮沒失傳。宋代《尚書》學著作，見諸史籍書目著錄者逾二百部以上，而如今從《四庫全書》所錄存的宋代《尚書》學著作卻僅有二十二部，已無單刻本，由編修館臣特地從《永樂大典》輯錄而來的就佔一半，可見宋代《尚書》學著作銷亡存佚情形之一斑。在這種情況之下，典籍能夠留存，可謂都是難得而寶貴的資料。筆者基於此種觀點，選定罕有人論及，幾乎沒有學者願意研究的黃度《尚書說》作為研究對象[5]，探討他在《尚書》學方面的見解及思想特色，以期能發潛德之幽光。

第二節　黃度生平及其相關問題

一　生平資料

　　黃度，字文叔，號遂初，浙江省新昌縣人。生於南宋高宗紹興八年（1138），卒於宋寧宗嘉定六年（1213）十月辛巳，享年七十六，諡宣獻。父親黃仁靜（1119-1205）。度好學喜讀書，又善屬文，秘書郎張淵見到他的文章，以為其才華近似曾鞏（1019-1083）。他於宋孝宗隆興元年（1163年），登木待問榜進士，被朝廷派任為溫州瑞安縣尉、處州州學教授。後知嘉興縣。光宗紹熙四年（1193）守監察御史。蜀將吳挺死，黃度上言吳挺之子吳曦必定納賂求襲位，不可授與他，否則恐為他日之患，遭宰相為難，朝廷不聽，後果如黃氏所料。光宗以疾不過重華宮，度上書切諫，極陳父子相親之義，後因進諫不聽，託言父年老，無法親侍飲食，乞求罷官而去，希望藉此以感悟光宗孝親之心。

5　至今僅見者為今人蔡根祥在所撰論文之中利用一節論述黃度《尚書說》。蔡氏之說，見蔡氏撰：《宋代尚書學案》（臺北：臺灣師範大學國文研究所博士論文，1994年6月），第二章〈艮齋學案〉第二節，頁407-427。

　　宋寧宗即位，被聘為御史，改右正言。是時宰相留正（1129-
1206）去職，韓侂冑（1151-1202）當政，知道黃度與宰相留正平日
論事不合，遂暗示黃度利用其去職的機會，進一步落井下石，排擠留
正。但是黃度認為：「宰相已去，擠之易耳，然長小人聲焰，可
乎？」他恐怕因此增加小人朋比結黨，鑽營謀私的氣勢，堅決不肯作
不利國家的事情。而後他見韓侂冑驟竊政權，卻專意以個人的喜怒好
惡為政，作威作福。黃度將上疏論其奸，事為韓侂冑察覺，先行下
手，假借皇帝之命，將黃度降調為顯謨閣學士、知平江府。黃度以
為：「蔡京擅權，天下所由以亂。今侂冑假御筆逐諫臣，使俛首去，
不得效一言，非為國家之利也。」於是辭官而去。其後朝廷綱紀大
權，盡出韓侂冑之手。然韓氏平素畏憚黃度的正直，乃不敢加害。[6]

　　黃度生性好讀書，平時刻苦奮勵，「篤學窮經，老而不倦。晚年制
閫江淮，著述不輟。時得新意，往往晨夜叩書塾，為友朋道之。」[7]
這種勤奮好學之精神，深為陳振孫（1179-1262）所稱許。清代紀昀
等編纂《四庫全書》時，將黃度《尚書說》收錄進去，在《四庫全書
總目》評論黃度為學說：

　　　　度篤學窮經，老而不倦，于《易》、《詩》、《周禮》俱有撰述，
　　　　是編其尤著者也。……可見其學之勤矣。平日與朱子、葉適、

6　有關黃度的傳記資料，主要參考元脫脫等撰：《宋史・黃度傳》（臺北：鼎文書局，
　　1986年3月），卷393，頁12009-12012。葉適撰：〈故禮部尚書龍圖閣學士黃公墓誌
　　銘〉，《葉適集》（臺北：河洛圖書出版社，1974年5月），卷20，頁393-397。宋袁燮
　　撰：〈龍圖閣學士通奉大夫黃公行狀〉，《絜齋集》（臺北：臺灣商務印書館影印文淵
　　閣《四庫全書》本，1986年3月），卷13，頁1-36。明田琯纂：《萬曆新昌縣志》（臺
　　北：新文豐出版公司影印《天一閣藏明代方志選刊》，1985年7月），卷11，〈鄉賢
　　志〉，頁1上-3上。

7　見（宋）陳振孫撰：《直齋書錄解題》（臺北：廣文書局，1968年3月），卷2，頁9
　　上。

陳傅良等相善。《周禮》、《詩說》皆為適所稱許。是編雖但因
孔《傳》而發明之，然指論三代興衰治亂之跡，與推明執中、
建極等旨，皆深得理要，非徒治章句之學者也。[8]

可知黃度治學之勤篤，每有心得悟解，樂與友朋相分享，實能得學習
之樂者。經常以推轂人物為己任，不遺餘力。其讀書以學為本，志在
經世，能推明所學，務求引君以當道。著作有：《書說》、《詩說》、
《周禮說》五卷，皆義理發明精切，有先儒所不及者，《歷代邊防》
六卷、《藝祖憲監》三卷、《仁皇從諫錄》三卷、奏議雜著若干卷。晚
年一度想纂輯《易傳》，但最後齎志以終，未能完成書。黃度平生著
作雖頗豐，然大都皆亡佚不存，今僅有《尚書說》傳世，殊為可惜。

二　相關問題

（一）書名及卷數、版本問題

根據《宋史》本傳記載，黃度在經學著作方面，有《詩說》、《書
說》、《周禮說》三書刊刻完成。《詩說》、《周禮說》二書後都亡佚不
傳，今僅有《尚書說》七卷行世。然根據其好友葉適（1150-1223）
所撰寫的〈故禮部尚書龍圖閣學士黃公墓誌銘〉記載，黃氏有
「《詩》、《書》五十卷，《周禮》五卷。」[9]葉適的〈黃文叔詩說序〉
也說：「始得其《詩說》三十卷」。[10]就葉氏之言來看，則《書說》應
有二十卷。而袁燮〈龍圖閣學士通奉大夫尚書黃公行狀〉卻說：「《書

8　（宋）黃度撰：《尚書說》（臺北：臺灣商務印書館，影印文淵閣《四庫全書》本，
　　1986年3月），「書前提要」，頁1。

9　（宋）葉適撰：〈故禮部尚書龍圖閣學士黃公墓誌銘〉，《葉適集》（臺北：河洛圖書
　　出版社，1974年5月），卷20，頁393。

10　（宋）葉適撰：〈故禮部尚書龍圖閣學士黃公墓誌銘〉，《葉適集》，卷12，頁215。

說》二十卷、《詩說》二十卷、《周禮》五卷。」[11]《詩》、《書》二書
卷數又與葉氏所言不合。清代納蘭成德（1654-1685）在《通志堂經
解》本《尚書說》前的序言說：

> 著《詩說》三十卷、《周禮》五卷，其《易傳》未成而歿，今
> 惟《尚書說》七卷僅存。[12]

綜合諸家說法，《尚書說》原本應有二十卷。然而《宋史‧藝文志》、
《直齋書錄解題》、《文獻通考‧經籍考》、朱彝尊《經義考》等書目
皆著錄為「《書說》七卷」。與葉氏、袁氏二人所說卷數相出入甚大。
或許誠如葉、袁二人之說，黃氏原稿本分作二十卷，等到正式刊刻出
版時，才併改為七卷。由於《尚書說》在宋代的流傳情況，不甚清
楚。宋代刻本都已亡佚不存，無法獲得幫助瞭解版本的真相，僅能做
如是推測。

　　黃度之書流傳至明代，為呂光洵所得，呂氏在刊刻序中論述宋代
《尚書》學流傳的概況，由於蔡沈《書集傳》為世所宗，導致各家
《尚書》學著作的淪亡不存，《尚書》解釋權幾定於一尊，讀書人遂
無博通切磋的機會，因而深致感嘆。呂光洵說：

> 宋儒治《尚書》者言人人殊，蓋數十餘家，吳氏、王氏、呂
> 氏、蘇氏最著，九峰蔡氏得紫陽朱子之學，作《集傳》，學者
> 尤宗之。於是諸家言《尚書》者不復行於世，好學之士，無所
> 參互，以求自得，而《書》亦難言矣。宋禮部尚書宣獻公遂初

---

11 （宋）袁燮撰：〈龍圖閣學士通奉大夫黃公行狀〉，《絜齋集》（臺北：臺灣商務印書
　　館，影印文淵閣《四庫全書》本，1986年3月），卷13，頁36上。

12 （清）納蘭成德撰：〈新昌黃氏尚書說〉，《通志堂經解》（臺北：大通書局，1972年
　　9月），頁1上。

黃先生與紫陽朱子、止齋陳子、水心葉氏相友善，著《詩》、
《書》、《周禮說》諸書共百餘卷。《周禮》、《詩說》，水心葉子
序而行之。其餘或不復存，幸而存者《尚書說》，其訓詁多取
諸孔氏。[13]

呂氏有感於前賢心血結晶，不應任其湮棄，基於保存傳揚學術的心
理，「得黃氏《尚書說》七卷于武部呂江峰氏，與太史唐荊川氏校其
訛謬，以授黃氏子孫，刻諸家塾」，且將書名首度改題為「《尚書
說》」。

　　清初納蘭成德編纂《通志堂經解》，將黃度《尚書說》收入。乾
隆年間編纂的《四庫全書》，再根據《通志堂經解》本輯入摛藻堂
《四庫全書薈要》及《四庫全書》之中，此即為現今最通行的本子。

　　近人傅增湘（1872-1949）曾在所撰《藏園群書經眼錄》談到
《通志堂經解》本《尚書說》有甚多脫文缺字，實非善本，他說：

昔人謂此書通志堂所刊，乃依千頃堂黃氏鈔本付刻，脫文缺
字，難以枚舉，不及茲本之善，暇時當取而勘正之。[14]

傅氏文中所指稱的「昔人」，據筆者知見所及，當是指清乾嘉年間的
藏書家張金吾（1781-1829）而言。張氏著有《愛日精廬藏書志》，其
中述及黃度《尚書說》的題跋時，增補數條黃氏的小注，張氏曰：

是書經注俱作大字，意有未盡，則以雙行小字附注于下，如
〈堯典〉注：「遜，遁也。〈微子〉『吾家耄遜于荒』、《春秋》

13　（清）朱彝尊撰、林慶彰等點校：《點校補正經義考》，卷81，頁332-333。
14　傅增湘撰：《藏園群書經眼錄》（北京：中華書局，2009年4月），卷1，經部一，頁
　　29。

『夫人遜于齊』，皆遁也。」下附注云：「遜位，通上下之辭，漢、晉間猶稱之『王遜位于家』、『劉實以老遜位』是也。」又「歷法其來久矣，至堯始大備。」下附注云：「推算雖有數，天與日月皆動，物不可以一定之數求之也。故占候之遲速先後，稍有不齊，則進退其數，以合于天行，故其失不甚遠而歷準。」⋯⋯皆可驗古人足跡遍天下，見聞始博又識精，故議論不妄發，其說俱可補注所未及。通志堂本改注為小字，而刪其注中之注，致度書不得為完書。至若脫文闕字，更難枚舉，書貴舊本，良有以也。[15]

稍後，晚清四大藏書家之一的瞿鏞（1794-1875）在《鐵琴銅劍樓藏書目錄》也持續補充說明：

舊藏黃俞邰家。注用大字，注中間有疏語，則用雙行夾注。明呂氏光洵與荊川唐氏校刊。是書改注為細字，盡刪小注。通志堂據以傳刻，遂鮮完書。此本曾著錄《愛日精廬藏書志》，已摘錄數條，以見其梗概。[16]

《鐵琴銅劍樓藏書目錄》所說的黃俞邰，即黃虞稷（1629-1691）的字。黃虞稷為明末清初著名的藏書家，從小受其父黃居中（1562-1644）薰陶，嗜書成癖，廣搜典籍，建「千頃堂」藏書樓。刪除黃度書中小注者，張金吾以為是通志堂本開始，瞿鏞則認為是明呂光洵與唐順之校刊該書時所刪除，張、瞿皆就所藏《書說》舊抄本推論，由於呂氏萬曆三年刻本台灣圖書館均未收藏，大陸也僅有遼寧省圖書館

---

15 （清）張金吾編纂：《愛日精廬藏書志》（臺北：廣文書局，1967年8月），卷2，頁1上-2下。

16 參見（清）瞿鏞編纂、瞿果行標點：《鐵琴銅劍樓藏書目錄》（上海：上海古籍出版社，2000年9月），卷2，頁47。

藏有六卷殘本，無法取以比對，祇有俟諸異日。

　　黃度的《尚書》學著作，今傳有明萬曆三年呂光洵刻本、明抄本、清初抄本、清抄本、《通志堂經解》本、文淵閣《四庫全書》本及摛藻堂《四庫全書薈要》本等。本文行文時，採用較普遍通行的文淵閣《四庫全書》本為依據。

（二）作者問題

　　《尚書說》的作者，歷來並無問題，根據《宋史‧藝文志》以下各家史志書目的記載，俱題為宋人黃度，未聞有異說者。直到清末瞿鏞纂輯《鐵琴銅劍樓藏書目錄》時，根據他所收藏舊鈔本《書說》七卷而將該書作者著錄為「宋王度撰」，並且說：

> 明人錄本，舊藏黃俞邰家。注用大字，注中間有疏語，則用雙行夾注。明呂光洵與荊川唐氏校刊。是書改注為細字，盡刪小注。通志堂據以傳刻，遂鮮完書，此本曾著錄《愛日精廬藏書志》，已摘錄數條，以見其梗概。[17]

這本瞿鏞所收藏的《書說》係明人鈔錄本而非刻本，是由黃虞稷家散出者。民國初年，劉思生為《續修四庫全書總目提要》撰寫提要時，幾乎是全部照抄瞿鏞的題跋，僅將明人的「舊鈔本」改成「宋刻本」，兩者都將這本書的作者改題「王度」，不知其說法究何所據？為求弄清瞿氏、劉氏兩人說法之對錯，我們擬先從王度的資料追查起。

　　王度之生平資料，《宋史》未見記載，現存可見的有葉適《水心集》中的〈太學博士王君墓誌銘〉及《宋元學案》中的資料。《宋元學案》的資料較葉適所撰簡潔扼要，茲引錄如下：

---

17 參見（清）瞿鏞編纂、瞿果行標點：《鐵琴銅劍樓藏書目錄》（上海：上海古籍出版社，2000年9月），卷2，頁47。

> 王度，字君玉，會稽人也。學于水心。以太學上舍入對，問同
> 舍時事所宜言，則皆搖首曰：「草茅諸生，何預時事乎？」曰：
> 「不然，罷賢良，策進士，當世要務，無不畢陳，自熙寧行之
> 矣，且更待何日！」于是暢所欲言，而竟以此失上第。教授舒
> 州，戶外之屨恆滿。侍從薦之，用為太舍令，遷太學博士。將
> 召對，益欲發舒，以疾卒。[18]

從上引資料可知，王度係落第舉子，後由教授升遷為太學博士，生平
並無著作傳世，遑論有《尚書》學的著作流傳，故可斷言《尚書說》
為黃度之著作，瞿鏞、劉思生等人的說法係不實的訛傳誤說，實不足
採信。

第三節　《尚書說》的訓釋方法

　　黃度生當南宋初葉，與吳棫（？-1154）、朱熹（1130-1200）、薛季
宣（1134-1173）等人年歲約略相近，前後相及。黃度與朱熹、陳傅良
（1141-1203）、葉適相友善，彼此認識，對吳、朱等人《尚書》學的
主張應當有所認識才對。然而黃度註解《尚書》時，其觀點並未受他
們的影響，基本上仍是以偽孔安國《傳》的訓詁為主進行詮解工作，
故《四庫全書總目》評論他「因孔《傳》而發明之」是不錯的。

　　黃氏研究《尚書》學，其詮釋經文的方法原則，據其自稱是「大
抵說經當有據，《詩》、《書》、〈王制〉、《孟子》、《左氏傳》、《國語》
可據，《史記》已有不可據者，其他傳記，苟不可考實，則必難據
也。」[19]黃氏從事《尚書》訓解工作，基本上祇按照他所認定《詩》、

18　（清）黃宗羲編纂、全祖望補修，陳金生、梁運華標點：《宋元學案》（北京：中華
　　書局，2007年1月），卷55，〈水心學案下〉，頁1817。
19　見（宋）黃度撰：《尚書說》（臺北：臺灣商務印書館，影印文淵閣《四庫全書》
　　本，1986年3月），卷5，〈洛誥〉，頁31下。

《書》、〈王制〉、《孟子》、《左氏傳》、《國語》等可信的典籍資料，
《史記》中記載的資料，有可信者，有不可信者，主要以先秦傳流下
來者為主。綜合研讀《尚書說》所見，以下茲依其訓釋的原則方法，
舉例稍加說明之：

一　校訂經文中異文

　　黃度《尚書說》基本上雖以孔《傳》為本，進行疏解義理的工
作，但對於經書篇章文字的的疑誤或異文，依然會予以指明，如《尚
書・益稷》「日月星辰山龍華蟲作會」句：

> 鄭又以「會」為「繢」，恐當是。字當作「繪」，恐脫，或是古
> 文簡。[20]

又如《尚書・禹貢》「浮于淮泗，達于河」：

> 「河」之為「菏」，恐是古文傳寫誤。[21]

黃度於懷疑經書文字有脫漏或錯訛時，極少旁徵博引的排比資料，大
抵是三言兩語，簡潔扼要，說明其看法而已，相對於清代考據家那種
以資料翔實豐富取勝，連篇累牘的典籍引證，作繁瑣的論證箋釋，相
較之下，學術風格截然不同，從此點來看，顯現出宋人較不偏重於經
典的考據。

20　（宋）黃度撰：《尚書說》（臺北：臺灣商務印書館，影印文淵閣《四庫全書》本，
　　1986年3月），卷1，〈益稷〉，頁30上。
21　（宋）黃度撰：《尚書說》，卷2，〈禹貢〉，頁7下。

二　申釋經注之字詞

　　《尚書》文字艱澀歧異，語詞簡古質樸，詞義冷僻古奧，再加上時間久遠，致理解不易，未有註解，後世學者閱讀與理解都會產生極大的困擾。孔《傳》之注釋，相當簡要，仍有許多經文字詞有待申釋，黃氏疏解過程中，必要時都會隨時加上自己對經注的解釋。茲就其所述，略加舉例說明如下：

　　　一、〈益稷〉：「至于五千，州十有二師。」孔《傳》說：「一州用三萬人功，九州二十七萬庸。」未對「州」特別解釋，黃度註解說：「州猶丘也。丘之訓聚，於是置十二州師眾也，言各聚其眾也。」[22]

　　　二、〈禹貢〉：「厥貢惟金三品」，黃度加以解釋說：「金三品，金銀銅也。古者黃金為上幣，白金為中幣，赤金為下幣。金銀，重幣；銅，輕幣也。」[23]

　　　三、〈大誥〉：「今翼日，民獻有十夫。」孔《傳》未加解釋，黃氏補釋曰：「今翼日，今日與明日也。獻，賢也。」[24]

　　以上幾例說明孔《傳》未加註解之文字，黃度則補充訓解，使《尚書》文字的瞭解更容易，有助於全篇義理的掌握與解讀。

三　考證名物制度及山川地名

　　孔子曾勸學生學習《詩經》，為其有「多識於鳥獸草木之名」[25]的功用，聖人發言，後學紛從，因之歷來經典中的鳥獸草木蟲魚名稱，

22　（宋）黃度撰：《尚書說》，卷1，〈益稷〉，頁33上。
23　（宋）黃度撰：《尚書說》，卷2，〈禹貢〉，頁8下-9上。
24　（宋）黃度撰：《尚書說》，卷5，〈大誥〉，頁3上。
25　見晉何晏注、宋邢昺疏、朱漢民整理：《論語注疏》（北京：北京大學出版社，1999年12月），卷17，〈陽貨〉，頁237。

就成為學者研究討論的對象之一，甚至為此耗費心力研究且出版專著。《尚書》雖不若《詩經》般有那麼多鳥獸草木蟲魚等名物典制，仍有不少名物制度等專有名詞。漢人解經，通常較注重訓詁名物之解釋。宋儒研究經學，較偏尚經書中聖人義理之闡發，對名物制度比較不感興趣，較為忽略。黃度對於《尚書》經文中涉及名物制度的地方，往往稍作解釋，較少做長篇大論的考證分析，如〈舜典〉：「象以典刑，流宥五刑」，黃氏說：

> 象者，像也，像其事也。典，常也，刑有輕重，像其事而用之，是謂常刑。[26]

簡要解釋「典刑」後，接著馬上就說明：「肉刑，聖人之所甚不忍也，故寬之，其所不忍而不廢，禁暴詰姦為不可已也，而謂之常刑。肉刑之行於世久矣，不得已而存之，而使其民遷善遠罪，則有其道焉，禹、益、皋陶陳謨為可求也。」這是孔《傳》完全未對肉刑一事的起源、內容等問題，所作的詳細的考證說明。[27]

《尚書‧禹貢》：「厥篚織貝。」孔《傳》對於「織貝」的解釋：「織，細繒。貝，水物。」將「織貝」釋為二物。黃度修正孔《傳》說法，將他當作一個名詞詮釋，他說曰：「織貝，織色絲為錦，綺如貝，今猶稱透貝龜貝。《詩》曰：『萋兮篚兮，成是貝錦。』此殆類毾㲪之屬。」黃度之說從鄭玄而來，後世學者解釋〈禹貢〉，大都已改從此種說法。

黃度於書中，對於名物制度、山川地理等，舉凡涉及該註解之典制，皆是簡潔扼要，稍加訓解即止，遇到有需說明者則釋其義理，期使閱讀《尚書》者容易掌握文字與義理的解讀。

---

26 （宋）黃度撰：《尚書說》，卷1，〈舜典〉，頁9下。
27 參見李振興先生撰：〈堯典「象以典刑」辨〉，收入《尚書學述》下（臺北：東大圖書公司，1994年5月），頁425-436。

四 引經傳史實以印證經文

　　群經的性質，雖有所不同，但大義往往可以互通。西漢經師雖以遵守師法，傳習一經為原則，然到東漢中晚期的學者大都崇尚博通諸經，群經大義互通參證為習見情況。學者疏解經書義理，若能引證經史資料彼此印證，就能收到旁通互參之效。例如《尚書・立政》：「乃用三有宅，克即宅；曰三有俊，克即俊。嚴惟丕式，克用三宅三俊。」黃度說：

> 即，就也，就其所宅而皆得人也。曰，辯論也。「曰三有俊」，辯論後來之俊可居此三宅者也。克即俊，就其所論定，無不可登用也。既用三宅，又辯三俊者，〈文王〉之詩：「思皇多士，生此王國。王國克生，維周之楨」。人材惟層出間見，用之不盡，而後國家之興為未艾也。[28]

經文中有「既用三宅，又辯三俊」，其故安在？頗令人疑惑，黃度就採用以經證經方法，引《詩經・文王》篇的文字來作旁證，說明〈立政〉篇此句經文係指人材輩出，用之不盡的涵義。又如《尚書・咸有一德》：「德無常師，主善為師。善無常主，協于克一。」孔《傳》說：「德非一方，以善為主，乃可師。言以合于能一為常德。」黃度說解：

> 德不可以小成也，苟主於善，則可為師；善非一端而已也，有以協之，皆足以成德。《孟子》曰：「舜聞一善言，見一善行，沛然若決江河，莫之能禦也。」又曰：「大舜有大焉，樂取諸人以為善，自耕稼陶漁以至為帝，無非取諸人以為善者。」伊

28　（宋）黃度撰：《尚書說》，卷6，〈立政〉，頁25上。

尹懼太甲之小成也，故教之以取善之道如此。[29]

此為黃氏引《孟子・盡心上》及〈公孫丑上〉的文義以證《尚書》的義理。

　　根據上面敘述，歸納分析黃度書內對《尚書》全書經文的疏解，與其詮釋方式作簡要說明，有助於讀者瞭解《尚書說》的性質與內容。

第四節　《尚書說》內容述要

　　由於黃度生平著作，至今可見除《尚書說》外，全部亡佚殆盡，以下即就所詮釋的《尚書說》分析論述其《尚書》學方面的要點與心得。

一　訂正孔說之缺失

　　所謂的孔安國《尚書傳》雖然遲至東晉始由梅賾所獻，然「梅賾當東晉之初，去古未遠，先儒舊義，往往而存。注《尚書》者，要於諸家為最古。」[30]為南北朝之前《尚書》註解能完整傳流於世者，黃度的《尚書說》能以孔《傳》為主，「依據其文，究勝後來之臆解」。然遇到孔《傳》解說有不甚妥當之處，黃度就會根據綜合訓解，予以糾正，重新解釋。

　　一、〈大禹謨〉：「正月朔旦，受命于神宗。」孔《傳》：「受舜終事之命。神宗，文祖之宗廟，言神尊之。」將「神宗」釋為「文祖之宗廟」，至於「文祖」究竟是何人的宗廟，未有明言。孔穎達疏解時

29　（宋）黃度撰：《尚書說》，卷3，〈咸有一德〉，頁15下。

30　參見（清）紀昀等纂：《欽定四庫全書總目》（臺北：藝文印書館，1979年12月），卷11，「尚書說」條，頁17下。

認為「神宗當舜之始祖」[31]，對於孔氏此句的解釋，黃度並不同意，他說：

> 孔氏曰：「神宗，文祖之宗廟」，非也。舜祖顓頊而宗堯，蓋堯廟也。率百官攝行天子之事也。舜攝曰受終，堯雖在位，不復為政也。禹攝曰受命，命使攝也。[32]

可知黃氏以「舜祖顓頊而宗堯」，所以認為應該是「堯廟」比較合理。

二、〈高宗肜日〉：「典祀無豐于昵。」昵，孔《傳》解釋曰：「近也。」黃度對孔《傳》的解釋不表同意，他說：

> 王者祭天地，祭山川，祭社稷、宗廟，無非為民者。昵猶褻也。不用常典則為褻，傅說曰黷，祖己曰昵，一義。孔氏曰：「近廟。」非。[33]

祖庚祭祀高宗當日（金履祥《尚書表注》之說），發生山雉飛來停在鼎耳鳴叫的景象，祖己於是藉機進諫，傳統說法，太史公釋「惟常祀無禮于棄道」，馬融解為「昵，考也，禰廟」，皆與孔《傳》相異，黃氏從禮制角度去看，「王者祭天地，祭山川，祭社稷、宗廟」，舉措本屬正當合宜，無需過分褻黷輕慢，提出「昵」當作「褻黷」的新解釋，以取代孔《傳》之說。

---

31 見（唐）孔穎達疏，廖名春、陳明整理：《尚書正義》（北京：北京大學出版社，1999年12月），卷4，頁97。

32 （宋）黃度撰：《尚書說》，卷1，〈大禹謨〉，頁22下。

33 （宋）黃度撰：《尚書說》，卷3，〈高宗肜日〉，頁35上。

二　補充孔說，闡釋經書義理

　　孔安國《尚書傳》雖經前代儒者斷定為偽撰，偽撰者究竟是何人，則思緒紛雜，爭論不休，始終未有定論。然該書自唐代孔穎達等人選作《尚書》一經註解的標準本，加以詳細疏解，頒行天下，列為士子讀經必考的教科書，南宋蔡沈《書集傳》未出之前，其在《尚書》學的地位，可說如日中天。「本出依託，循文衍義，無大發明，亦無大瑕纇」，故宋儒在「說《書》則不甚排孔氏」。[34]黃度對於孔《傳》說法，大多持贊同意見，於其說有不足處，才引論補充，闡發其義理。

　　一、〈盤庚上〉：「若網在綱，有條而不紊；若農服田力穡，乃亦有秋。」孔《傳》曰：「紊，亂也。穡，耕稼也。下之順上，當如網在綱，各有條理而不亂也。農勤穡則有秋，下承上則有福。」對於盤庚的「若網在綱」、「若農服田力穡」兩個比喻，孔氏用「下之順上」、「下承上」來作說明，黃度認為不足，乃進一步補充說明其義蘊，曰：

> 舉網而條不亂，言事必有其序也。農夫力穡而有秋，言事無有幸而致也。盤庚興商，規模自遷都始，故以舉網言之。遷則可以紹復大業，一勞永逸。不遷則委靡頹敗，將不能為一日之安，故以服田言之。[35]

他補充說明盤庚的兩個比喻各有其意義，「舉網而條不亂」旨在述明處理事情時，應該要注意先後本末的順序原則。「農夫力穡而有秋」，

---

34 參見（清）紀昀等纂：《欽定四庫全書總目》，卷11，「尚書要義」條，頁27下-28上。

35 （宋）黃度撰：《尚書說》，卷3，〈盤庚〉，頁19下。

則是申明凡事都需要經過艱苦努力，奮勉工作，才能有豐碩的收穫，不可能平空而得。而遷都大業，艱辛難成，曠日費時，需要有步驟與毅力，方能完成。其成敗則更關係到商朝未來的國運發展，故用農夫耕田力穡才能有收穫為譬喻，黃氏的闡釋，讓人更容易瞭解盤庚遷都之舉，其苦心孤詣，謀國之用心。

二、〈多方〉：「乃惟以爾多方之義民，不克永于多享。」孔《傳》對於「義民」一詞未加解釋，黃氏則進一步補充說明：

> 義民，賢人也。舉而加諸萬民之上，尊之以爵，崇之以位，天下皆以為當然，則以其賢也，以其能乂民也，夫是謂之義，反是則非義矣。[36]

黃氏首先解釋「義民」之意義，進而闡釋稱為義民的意義所在，是因為義民被「舉而加諸萬民之上，尊之以爵，崇之以位」，擁有如此崇高的身分地位，是期望「義民」們能對國家的長治久安、治理百姓有所幫助。反過來說，若僅是尸位素餐、養尊處優，毫無輔助君王治理國家的能力者，就不夠資格被稱為義民。

三 闡釋治國為政之思想

《尚書》本為三代聖賢君王的檔案誥書的匯編，故內容大都以教導後世君王為君治國之道為主。換言之，《尚書》是古代聖人留供後代帝王或政治領導者必讀的教科書。黃度依循《尚書》的這個特質去「指論三代興衰治亂之跡，與推明執中建極等旨，皆深得理要」，可謂深得《尚書》為闡發治國理念的要旨，以下就其書中所陳述的要點，敘述說明：

---

36 （宋）黃度撰：《尚書說》，卷6，〈多方〉，頁19上。

（一）治國君民當以修身敬天為本

　　君王之位，是政權的象徵，亦是「天下重器，王者大統」之所在，唯有德者始能居之。君王的賢明或昏庸，往往會影響整個國家的興衰治亂，甚至存亡繼絕。因此，歷代學者紛紛強調修德敬天的重要性。黃度亦不例外，強調治亂興廢之關鍵「在人不在天」，在人即修身敬天，他說：

> 修身，本也；知人，要也；安民，體也。皋陶，刑官，推明君德，刑期無刑，其事必當有本也。知人安民，亦本於修身而已。《詩》曰：「爾德不明，以無陪無卿。」此知人之本。孔子曰：「修己以敬，修己以安百姓。」此安民之本。身修矣而民不被其澤者，不知其體要也。[37]

君主能夠注重修身，就能掌握為人根本，進而做到知人安民的工作，百姓自然也能廣被其德澤。黃氏在詮釋〈益稷〉時也談到類似的話，他說：

> 事必有體，君舉其綱，臣治其紀。若使君廢大體而親小事，自以為明，則君任其勞而臣居其逸，其體不順，雖有良臣，無所效之。君苛臣惰，庶事必墮矣。大抵好安常失之惰，喜事常失之苛也。[38]

為君者當政，要掌握君臣分際，秉持「君綱臣紀」原則，不宜「好安」、「喜事」，否則容易流於苛刻或怠惰的情形。分際掌握不準，也

37　（宋）黃度撰：《尚書說》，卷1，〈皋陶謨〉，頁24上-24下。
38　（宋）黃度撰：《尚書說》，卷1，〈益稷〉，頁36上。

易造成君勞臣逸的情況。

　　黃氏論〈梓材〉篇時也說：

> 其為善為惡，固相慕尚，然無不由其君身率之者。紂為天下逋
> 逃主，其民好草竊姦宄，凡有辜罪，乃罔恆獲，其遺俗宜有存
> 者。故周公特舉此虐厲殺人與縱容姦宄，使為民患，民之情或
> 不得達，皆亂之道也。[39]

孔子曾說：「君子之德風，小人之德草。草上之風，必偃。」[40]又說：
「政者，正也。子帥以正，孰敢不正？」[41]又說：「其身正，不令而
行；其身不正，雖令不從」[42]，殷切叮嚀，再三勸說，說明政治領導
人物若能一切先從己身做起，帶頭起示範作用，凡事為民表率，人民
自然會隨風影從，如此則易於管理，反之亦然。聖賢的理論雖完善，
但往往因君主內心欲望太多，導致實際政治運作中，為君者仍然不時
有許多荒淫亂德、昏庸失智的情形發生，對此種情形，黃氏認為：

> 政事醇疵，一二而治之，則弊弊然矣。端本澄源，惟其所居何
> 如耳。禹曰「安汝止」，汲黯謂武帝曰：「陛下內多欲而外行仁
> 義，奈何欲效唐、虞之治。」[43]

又說：

39　（宋）黃度撰：《尚書說》，卷5，〈梓材〉，頁23下。

40　見（宋）朱熹撰：《論語集注》（北京：中華書局，年月），卷6，〈顏淵第十二〉，頁
　　138。

41　見（宋）朱熹撰：《論語集注》，卷6，〈顏淵第十二〉，頁137。

42　見（宋）朱熹撰：《論語集注》，卷7，〈子路第十三〉，頁143。

43　（宋）黃度撰：《尚書說》，卷3，〈說命中〉，頁30上。

> 民皆有欲，無主則各求遂而亂矣。聰明，君德也。人無欲，則
> 志定氣清而耳目聰明。桀聰明非必不若人也，縱欲而昏，昏故
> 不能聽德視遠，豈惟不能乂民，反塗炭之。人主，天下之表
> 也，表正則影從。君不作德而縱欲，以競其民，豈得不亂？[44]

人君本當「志定氣清」、「耳目聰明」，以作為天下百姓之表率。但因
無法控制內心的欲望，導致內心無主而隨欲之所往，遂有敗德亂行，
塗炭百姓的行為發生。因此，為政者首要端本澄源，即「格君心之
非」，試圖做到「君仁莫不仁，君義莫不義，君正莫不正，一正君而
國定矣，此之謂首務。」[45]想要達到此種境地，並不容易。黃氏以為
應當從「以義制事，以禮制心」做起：

> 此書皆言桀縱欲，故昏不能乂民。湯無欲故聰明，民奉之以為
> 主，而終篇制事、制心，實為舉要之語，大抵人主之欲為難制
> 也。[46]

黃氏又說：

> 大抵〈康誥〉論德刑之敘，推其極必使人君正心以正朝廷，正
> 朝廷以正百官，正百官以正萬民，本末先後，昭然可觀，其言
> 蓋與三謨相表裡。[47]

當政者能夠敬天修德，無欲修心，「凡民之痛苦疾疴，皆於乃身察

44　（宋）黃度撰：《尚書說》，卷3，〈仲虺之誥〉，頁3下。
45　（宋）黃度撰：《尚書說》，卷3，〈說命下〉，頁33上。
46　（宋）黃度撰：《尚書說》，卷3，〈仲虺之誥〉，頁5下。
47　（宋）黃度撰：《尚書說》，卷5，〈康誥〉，頁15上。

之」，「怨不在大，亦不在小，怨大怨小，皆為失人心」，「無自安好逸豫，其專務治民」，[48]凡事能從己身設想起，就能獲得百姓民心的支持，長保政權的和平穩固。

（二）因能器使，識賢命官

用人需慎選賢能人才出任，最早由周公在《尚書・立政》提出：「皇天無親，惟德是輔」，強調執政者任用官員應當擯棄貪利奸佞的「憸人」，而要任用善良德美的「吉士」、「常人」，唯有如此才能「用邁相我國家」，方能「以覲文王之耿光，以揚武王之大烈」。用人得當，政治就容易清明上軌道。用人不得當，易導致舉措失宜，政策紊亂，陷國家於動盪不安之境。黃度生當南宋，乃北方外患頻仍的年代，深感政治興廢之關鍵在人才的選用，他認為「典之治亂，禮之興廢，在人不在天也」[49]，因能任官，「官無小大，一官廢則一事不治，遂害大體。官私昵爵惡德，咈天違理，人心不服，邪惡得志，亂必及民」。[50]因而在疏解《尚書》義理時，就特別對於君王因能器使、識賢命官的用人理論方面三致意焉。黃氏說：

> 官刑雖設，苟無哲輔，果何益哉？恆舞酣歌，近于巫覡。貨色遊畋，淫蕩不反。侮聖言則無所忌憚，逆忠直則無所降屈；遠者德則廢典刑，比頑童則所趨必下，逆倫害理亂之道也，人主至此益難救。食其祿，居其位，而不憂其敗，非人臣也，故有不匡之刑。[51]

---

48 （宋）黃度撰：《尚書說》，卷5，〈康誥〉，頁11下。

49 （宋）黃度撰：《尚書說》，卷1，〈皋陶謨〉，頁27上。

50 （宋）黃度撰：《尚書說》，卷3，〈說命中〉，頁29下。

51 （宋）黃度撰：《尚書說》，卷3，〈伊訓〉，頁9上。

宰輔的設置，用意本在匡輔君主的缺失，人臣若只是「食其祿，居其位，而不憂其敗」，就是尸位素餐，國家之大蠹蟲，應當予以剷除，故古人有「不匡之刑」的設立。人臣宰輔如此重要，然人心不同，各如其面，才能心性的賢否，亦極難分辨，人君究竟應如何去區別呢？黃氏除著重〈皋陶謨〉所提出的「行有九德」的以事考言的方法外，又說：

> 箕子曰：「鯀堙洪水，汩陳其五行，帝乃震怒，不畀洪範九疇，彝倫攸斁。」水失其性，而五行皆亂，彝倫由是而斁，是之謂毀其類。堯見微知著，眾人固不識也。夫有材而不知道，逆而施之，鮮不敗其類者，异已。鯀世稱其材，故四岳欲堯姑自沮止而試之，共工靜言庸違，驩兜猶保任之而得不廢。鯀方命圮族，四岳僉舉而遂試之，聖人不敢以獨智高天下也。丹朱嚚訟，共工象恭，鯀方命，聖人觀人之法，詳其心而略其事，非有聰明天德，不能如是。[52]

黃度又云：

> 小大長短，各當其任，故為能官人。飢食寒衣，無一夫不獲其所惠也，故黎民懷之。明生於止善，惠推於不忍之固有，堯舜安之而為仁，湯武身之而為德，五霸假之而為力，下此雖假，不能直情徑行，何難之有？[53]

黃度舉鯀為例，當世之人都亟稱其才幹，最後鯀卻「堙洪水，汩陳其五行」，導致生靈塗炭，他認為聖人觀察人的方法，在「詳其心而略

52　（宋）黃度撰：《尚書說》，卷1，〈堯典〉，頁5下。
53　（宋）黃度撰：《尚書說》，卷1，〈皋陶謨〉，頁24下。

其事」，就能獲致「小大長短，各當其任」的效果。唯一需要注意的，是不可「以其所不可見者深文坐之」，否則就會產生像「公孫弘假《春秋》誅心之法以殺人」的慘況。[54]

另外那些專門巧言詭辯，擾亂是非的官員，更是政治領導者在任免官吏時，應特別注意避免者，黃度說：

> 利口即辨口，讒說也。變亂是非，眩易名實，皆利口者之為也。利口能亂官，張釋之所以諫文帝也。是非不能決，皆藏之於心，是謂蓄疑。蓄疑取舍不定必敗謀，蓄疑不明，怠荒不敬，皆不學之咎。不學豈但蓄疑、怠荒而已？必且闇然不睹牆之裡，滋事徒紛紛焉耳，此庶官之戒也。[55]

黃氏以為讒佞之人，利辨巧言，舌粲蓮花，經常「變亂是非，眩易名實」。而遇事蓄疑不明、是非不決者，容易敗壞政務謀略。兩者都是不學無術的人，君主皆應切記避免任用利口、蓄疑之人為官，以免造成怠荒政務情事的發生。

（三）得天命者得天下

朝代的治亂盛衰，有許多偶然或必然的因素蘊藏其中，造成歷史解釋的差異。黃度對於朝代的興革，喜歡以天命歸趨作為解釋的答案。他以為國家治亂興衰與天命是否存在有絕大的關係，但天命是什麼？黃氏說：

> 大抵合理義，順人心，時至幾得則為天命。雖合理義，順人心，而無時無幾，猶不可以言天命，而況理義、人心之皆失

---

54 （宋）黃度撰：《尚書說》，卷1，〈皋陶謨〉，頁25上。

55 （宋）黃度撰：《尚書說》，卷6，〈周官〉，頁32下。

乎？[56]

黃氏以為「天命」的認定，需要有三個必要條件：合理義、順人心、時至幾得。具備這三個條件才算擁有天命。若僅具備其中一項或二項，都不能說是擁有天命，更不用談「理義、人心」皆失者。黃氏依照此標準去衡量歷代革命者得天命與否的例子，他在詮釋〈多方〉「爾乃不大宅天命」一句時說：

> 夏、商革命，一也。鳴條天下歸商無後患，牧野天下歸周矣，而殷民數動，蓋久而後定，何也？天命為難知也。人主淫暴，失民必當亡，要必有湯、武盛德，乃能簡代，是誠有天命焉。太康失天下矣，而羿不足與也，故少康興。厲王失天下矣，戎狄不足與也，故宣王興。幽王亦失天下，天下固無可與者，平王亦不足以興，由是周號名僅在，而天下分離，凡此皆天也。是故殷民欲私留天命而屢動，惟天不畀純，豈可復反哉？……或曰殷民感殷德澤不服周，非周公善應，殷必復興，非也。此以漢事言之也。王莽篡漢，暴虐失民，猶羿、浞、戎狄也。光武有濟世之才，因民心思漢而復興，猶少康、宣王也。文、武有盛德受天命，以大義誅紂取天下，武庚受周爵，嗣殷而稱兵，鄙周正名，定罪為叛，其助之者皆嘗與紂為惡。周克殷，赦其罪不殺，今復反周，蓋皆叛黨也。豈有以叛為名而能興者，此與漢事為不同。……故論三代事而參以後世成敗，則豈能當理，殷亡去就之際，惟箕子為識天命。論殷、周取天下，惟孟子為知天命者。[57]

56　（宋）黃度撰：《尚書說》，卷6，〈多方〉，頁21下-21上。
57　（宋）黃度撰：《尚書說》，卷6，〈多方〉，頁20下-21下。

湯武革命，黃氏強調他是「合理義，順人心」，且「時至幾得」，完全是得天命眷顧者的順天應人之舉，而後人往往不明事理，任意拿漢代王莽篡漢、光武中興等後世成敗的事例去比擬三代之事，既不當理，又不知天命。

（四）明德慎刑

周武王興兵伐紂，滅掉殷商，為安撫殷遺民的反抗心理，周誥中普遍充滿修德慎罰的文句及觀念，黃度為民父母官多年，對此有深刻體會，知明德慎刑對治理民眾的重要，因而在疏解書中文字時，特別加以闡發論述。於〈多方〉：「乃惟成湯」至「享天之命」句下，黃度疏解云：

> 麗刑皆慎德事，殄戮多罪，絕惡亦能勸；開釋無辜，以屬自新亦能勸。刑賞利器，人主所以運動天下也。刑之釋之而不能使人勸，則其道窮矣，是故明德之為尚。[58]

黃氏這段話強調刑賞為君主統一天下的重要工具，當一個人用刑罰處罰都無法使其改過自新時，表示其有時而窮，應改採明德慎刑的待民方法。黃度又在〈呂刑〉「王曰嗚呼敬之哉」至「庶民有令政在于天下」句下說：

> 〈呂刑〉首戒典獄，次戒王之宗屬，次戒邦國都邑，次戒官伯族姓，皆有次序，有德則為天討，無德則為民賊，安敢不懼且敬乎！[59]

---

58 （宋）黃度撰：《尚書說》，卷6，〈多方〉，頁19下。
59 （宋）黃度撰：《尚書說》，卷7，〈呂刑〉，頁27上。

〈呂刑〉篇殷殷告戒典獄、王之宗屬、邦國都邑及官伯族姓，對民眾施刑的要點。有德則天討，無德就會變成民賊，故施刑罰時應懷抱著戒慎恐懼的心理。黃度論刑獄基本上都不尚苛虐百姓，而崇尚明德慎刑，以期能達到「刑期于無刑」。

（五）治理夷狄之道

　　中國四周圍繞著各種民族，四方的異族，經常為求獲得較好的生存環境，而不時發生侵擾中原情事。四方夷狄的經常叛變，往往導致中原漢族國家社會的動盪不安，百姓無法安居生活，成為堯、舜以降各朝代帝王的困惱問題。帝舜時期，為解決擾攘不休的異族問題，斷然採取行動，流放四凶，而使「四罪而天下咸服」，徹底解決問題。黃氏深入探研《尚書》中留存治理夷狄的方法，提出他個人對蠻夷問題的根本見解：

> 蓋嘗觀舜、禹、皋陶之謨訓，而得其所以治夷狄者三焉，其道甚平易明白，而後世有夷狄之患者，則皆反其道者也。舜之咨十二牧，曰：「食哉惟時，柔遠能邇，惇德允元，而難任人，蠻夷率服。」一也。益之戒舜曰：「儆戒無虞，罔失法度，罔遊于逸，罔淫于樂。任賢勿貳，去邪勿疑。疑謀勿成，百志惟熙。罔違道以干百姓之譽，罔咈百姓以從己之欲。無怠無荒，四夷來王。」二也。其頌堯曰：「帝德廣運，乃聖乃神，乃武乃文。皇天眷命，奄有四海，為天下君。」「四方肇域，苟無大德，何以遍覆，萬國共尊；苟無天命，何能昭受。」三也。[60]

黃氏從今傳的〈堯典〉、〈皋陶謨〉、〈大禹謨〉中找到三種治理夷狄的

60　（宋）黃度撰：《尚書說》，卷2，〈禹貢〉，頁19上-19下。

方法，認為君王當政，若能注意民眾糧食問題，不違農時，使其食物充足，懷柔遠近百姓。能任用賢人，罷黜邪佞之人，不要怠荒，自然達到「蠻夷率服」、「四夷來王」，如此才是「帝王制中外之上策」。[61]

四　闡釋道心人心理命之理

宋儒研究經學，從〈大禹謨〉：「天之歷數在汝躬，汝終陟元后。人心惟危，道心惟微，惟精惟一，允執厥中。」一段文字中，摘錄出所堯、舜、禹聖賢相傳的「十六心訣」。黃度與朱熹、陸九淵等同時，難免受當時學術風氣喜談理氣學說的影響，《尚書說》中亦有就心、性、理作分疏解說。黃氏云：

> 人心，應緣接物，與民同患者也。易流故危，典禮興行，人紀攸立，故曰「人心」。道心，冥漠虛寂，不可名象者也。無跡故微，卓乎獨立，道體斯在，故曰「道心」。道心，體也；人心，用也。用之而危則害道，不用則偏體孤德，墮於荒茫，不可以同乎人，精純一曰熟一、致一。〈大雅〉曰：「無然歆羨，無然畔援。」歆羨、畔援皆二也。武王牧野，無貳爾心。孟子不動心有道，皆致一之學。寂然不動，感而遂通天下之故，雖本末未嘗動也，故曰：「允執厥中。」舜執兩端，而用其中於民，機熟而力全也。不墮於無，不沒於有，然則有無皆跡也，故謂之「兩端」。[62]

黃氏此段話，解釋「人心、道心」之分別，他認為人心是表現在外

---

61 見（宋）袁燮撰：〈龍圖閣學士通奉大夫尚書黃公行狀〉，《絜齋集》（臺北：臺灣商務印書館影印文淵閣《四庫全書》本，1986年3月），卷13，頁32下。

62 （宋）黃度撰：《尚書說》，卷1，〈大禹謨〉，頁21上-21下。

面，專門「應緣接物，與民同患」。不應世就無法同於人，但應世與人接觸，容易為外物影響而流動不安。而道心則涵藏於心，是「冥漠虛寂，不可名象」，毫無形跡，卻能充塞於天地之間。蔡沈以為「人心易私而難公，故危。道心難明而易昧，故微。」[63]人心、道心兩者是互為一體的體用兩面，不可截然畫分為二。黃度又說：

> 周公行有不合於三王者，仰而思之，坐以待旦，皆勞其心者，而皆享上壽，世或以思病其心，何也？《孟子》曰：「心之官則思。」《中庸》曰：「思誠者人之道。」心非頹墮腐敗無用之物也。聖人之思所為異於人者，有思必誠而已。是故不邪則不惑，不膠則不困，不蔽則不憊，不驚則不誕，不陂則不危，不曲則不迂，不得則思，思而得則悅，故曰理義之悅我心。是故盡心知性則知天矣，理性命同出一源。[64]

聖人之思慮，異於常人，主因在「有思必誠」。用心思慮必誠篤，能夠做到「不邪、不膠、不蔽、不驚、不陂、不曲、不得」七點，就能夠達到「不惑、不困、不憊、不誕、不危、不迂、不思」的境地。天命之性，外界物理具存；若能窮理盡性，以至於命，盡心知性則知天，讓理義充悅我心中，就能達到「理性命同出一源」。

五　闡釋孔子纂輯《尚書》篇章之用意

　　《尚書》歷代儒者多相傳為孔子所纂輯而成，並同《詩經》一起作為教授學生的教本。當中存有思想義理，才能被採用作高級政治教

---

63 參見（宋）蔡沈撰，王豐先點校：《書集傳》（北京：中華書局，1994年4月），卷1，〈大禹謨〉，頁31。

64 （宋）黃度撰：《尚書說》，卷6，〈無逸〉，頁7上。

材。至於全書篇章的編排次序，是否蘊含孔子編書的特殊意義，後人頗有爭論。今傳孔安國所傳的《古文尚書》，將〈呂刑〉、〈君牙〉、〈伯冏〉三篇前後排在一起，黃氏認為是孔子刻意編排的，他說：

> 夫子定書，錄穆王三書，何也？〈呂刑〉制作沿革固當錄，周策命卿大夫多矣，何獨取於〈君牙〉、〈伯冏〉哉？曰：穆王三書，周之衰也。周衰何以錄其書？以為文、武、周公之法度紀綱猶在也。……夫子錄其書，著盛衰之變也。[65]

周穆王為西周衰微時代，周穆王策命的〈呂刑〉、〈君牙〉、〈伯冏〉三篇誥書卻被採入《尚書》，黃氏認為主要是孔子編纂《尚書》時想要保留「文、武、周公之法度紀綱」，以留做後世朝代「盛衰之變」的褒貶記錄。

此外，《尚書》特別將〈費誓〉、〈秦誓〉置於全書最末兩篇，究竟有何涵義？黃度對於此問題，也有別於前人的看法，他說：

> 《書》終於二誓，何也？〈費誓〉見周初牧伯職業，〈秦誓〉春秋霸國爭雄盛衰之變也。秦自穆公敗崤，終阨於晉兵，不復出函、雍，事業若無足言，而身修行美，權尊分嚴，教民耕戰，綏服西戎，子孫皆能奉其舊業。夫子知其終必得志於天下，推其效，則自穆公垂創之為可繼，故錄其書，使與〈費誓〉自為後先，見周室盛衰之節焉。且夫子何以知秦必得志於天下也？曰：見其禮而知其政，聞其樂而知其德，興亡之效，奚而不知也。[66]

---

65 （宋）黃度撰：《尚書說》，卷7，〈呂刑〉，頁28上。
66 （宋）黃度撰：《尚書說》，卷7，〈秦誓〉，頁34下-35上。

秦穆公不顧老臣蹇叔之諫，毅然出兵伐鄭，遭到晉襄公帥師敗諸崤。秦穆公深悔不聽蹇叔之諫，致遭敗績。由篇中「責人斯無難，惟受責俾如流，是惟艱哉」、「惟截截善諞言，俾君子易辭」、「以保我子孫黎民，亦職有利哉。」辭氣充滿悔意，可知秦穆公係真心悔過，亦深刻瞭解軍國大事須依賴老臣，政治之施行須親賢納善，方能永保子孫社稷。孔子見禮知政，聞樂知德，知道秦國秉持此種精神，異日必能得志，代周而有天下，故錄二誓為《尚書》最後二篇。此種先見前知的講法，近似巫覡，致引起後代學者的批評，認為還不如蔡沈《書集傳》將它「比於《詩》之錄〈魯頌〉、〈商頌〉」的說法來得平實。[67]

第五節　結論

有關《尚書說》的作者、卷數、版本及內容的情況，綜合以上幾節的論述，大約可以歸納得出幾點結論，茲敘述如下：

其一，《尚書說》為黃度諸多經學著作唯一留傳後世者。此書原名《書說》，應有二十卷。或許因後刊刻行世被改併為七卷，故《宋史・藝文志》等史籍目錄才皆著錄為「《書說》七卷」。傳至明代，呂光洵、唐順之校刊該書時，將書名改為《尚書說》，其後《通志堂經解》、《四庫全書》等大型叢書即依此編錄。

其二，《尚書說》在流傳過程裡，因刊刻者不解書內注中夾注之用意，以至於誤將小注下的雙行夾注全部刪除，使得黃氏具有深意而議論精闢的見解不存，使《尚書說》因而不完整，本意因語焉不詳而遭到誤解，殊為可惜。

其三，《尚書說》全書訓詁基本上依循孔《傳》詮釋，其方式或

補孔《傳》之不足，或訂正其謬誤，或以經傳史籍證經，或考辨名物制度，雖所訓解方法與前人並無多大差異，然其文辭多簡潔扼要，要言不繁，充分顯示宋儒對名物典章制度等較不感興趣的學術特性，而偏愛經書的義理發揮。

其四，黃度詮解《尚書》，基本上依照孔《傳》，主旨仍在闡明聖人之心，用以彰顯夏商周三代聖王之事功。為君者治國君民應當先求正君心而後修身敬天，處事要「制治于未形，保邦于未危」。選用官員方面，主張「小大長短，各當其任」，因能器使，讓「賢者在位，能者在職」，而忌用利口奸佞之人。實施政務要掌握大體，不可瑣碎繁雜。對於庶獄之事，他採傳統明德慎罰方法。外族的治理，應該「柔遠能邇，惇德允元，而難任人」，此乃最上政策，不宜貿然用武力解決。於政權的轉移，他相信天命思想，凡事須符合天命，不私心自用，任意妄為，「合理義，順人心，時至幾得」，才能獲天之助。凡此，可看出黃度《尚書》學宗旨，實以經世致用作為最高原則，其思想對當世及後代的政治領導者，應仍具有相當重要的學術價值。

第三章
宋代《尚書》帝王學：
徐鹿卿及其《尚書》經筵講義

第一節　前言

　　《尚書》由於所記載的史料內容時間久遠，文字古奧生澀，導致後人在文字意義或語法、詞彙的解讀上，與後世各種典籍相差甚大，造成解讀上的困擾，閱讀起來相當艱難。唐代的韓愈（768-824）都有「詰屈聱牙」之歎，可見其難讀之一斑。近代國學大家王國維（1877-1927）就說：「《詩》、《書》為人人誦習之書，然於六藝中最難讀。以弟之愚暗，於《書》所不能解者殆十之五。」[1]王氏以為《尚書》難解的原因在於文字有闕訛，古今語言的差異，古人書中使用成語，致通讀為艱。而知名學者楊樹達（1885-1956）也說：

> 《尚書》一經，以詰屈聱牙為病者二千年矣。……自如江艮庭（聲）、王西莊（鳴盛）、孫淵如（星衍）諸家，能說全經矣，訓釋之精，不逮王氏遠甚。往往讀一篇竟，有如聞異邦人語，但見其唇動，聞其聲響，不知其意旨終何在也。[2]

楊氏的批評對象雖然是清儒關於《尚書》的解經方式，但綜觀清儒

1　王國維撰：〈與友人論詩書成語書〉，《觀堂集林》（石家莊：河北教育出版社，2003年11月），卷2，頁32。

2　參見楊樹達撰：〈曾星笠尚書正讀序〉，《尚書正讀》（臺北：華正書局，1982年5月），頁303。

《尚書》學的著作雖多，泰半誠如楊樹達所揭示的弊病一般。蓋因諸家在疏證《尚書》經文時，只顧旁徵博引，牽連攪繞，舉凡一字相似，則援引以為佐證，雖不像漢儒秦近君解說〈堯典〉篇目兩字十餘萬言、說「曰若稽古」三萬言之類那般誇張，但動輒率引龐雜資料，連篇累牘的考證文獻，非但使人望而生畏，甚至產生如楊氏所言「見其唇動，聞其聲響，不知其意旨終何在」的弊病。

《尚書》內容記先王之事，可疏通知遠，故長於政事，因而受歷代君王及聖賢所重視，雖然生澀古奧，解讀惟艱，但因居五經之一，歷年來閱讀《尚書》者仍眾多而不輟。即使經筵制度也都是必備的講授經典，令人頗思瞭解為君王講讀《尚書》內容與世人有何差異。

歷代統治者為了謀求所辛苦建立的政權能穩固永久，必須培養皇帝及儲君治國君民的能力，因而特設經筵制度。這種君主教育的內涵與方式，期待能藉此使君王達到「德成而教尊，教尊而官正，官正而國治」的理想境地。君主教育的內涵，可統稱為「帝王學」。經筵講義即經筵官為皇帝講授經史時所留下的講稿。對於歷代帝王而言，除開國之君外，大都「生活於深宮之中，長於婦人之手」，如何培養帝王或帝王繼承者，使其言語德行能合乎朝廷的禮儀規範，學習統治技能與決策能力，確實煞費苦心去安排。長期以來，學者大都關注歷代科舉制度的發展與演變，及其對學術風氣的影響，而較不關注統治階層的教育內容與學術活動。本文主要針對宋代學者擔任皇帝的侍講官員時，定期受邀為皇帝講授《尚書》的經筵講章，分析文中的意義及所蘊涵的經國治民的道理，以瞭解宋代統治階層的《尚書》經筵講授，究竟學習的內容有那些？其所闡發的經書義理偏重在那些？與政事間又有何關係？凡此種種，若能藉由經筵講章分析，釐析清楚，不僅對於歷代《尚書》學發展、演變之研究，有莫大之助益，更可提供學界瞭解《尚書》學如何通經致用的真實面貌。

第二節　徐鹿卿之生平與著作

　　徐鹿卿（1189-1250），字德夫，號泉谷樵夫，江西隆興府豐城（今江西豐城）人。生於南宋孝宗淳熙十六年（1189）。徐氏出生時，家中有巨蛙入寢的異象。[3]徐鹿卿博通經史，以文學名於鄉，後進爭師宗之。南宋寧宗嘉定十六年（1223），廷試進士，主考官將他的對策評定排列第二，詳定官以其文章過於直露而貶抑為第十。調任南安軍學教授，任職期間，因張九成（1092-1159）曾經正直行事而遭到貶官，徐鹿卿就蒐集張九成的言行，將它刻在學校作為學生的訓誡。又因周敦頤（1017-1073）、程顥（1032-1085）、程頤（1033-1107）皆曾在此地講學過，徐鹿卿極力闡明他們的理義之學。

　　稍後遷為福建安撫司幹辦公事，當時適逢京城發生火災，徐鹿卿應詔上封事，申「言積陰之極，其徵為火，指言惑嬖寵、溺燕私、用小人三事尤切」。真德秀（1178-1235）稱讚他「氣平論正，有憂愛之誠心」。真德秀任泉州知州時，邀請擔任南安縣知縣，徐鹿卿以地方遙遠，不便於奉養父母推辭。真德秀答以「道同志合，可以拯民，何憚不來？」後徵求其母同意，欣然答應前往。到任後，徐鹿卿首先廢除無名目的賦稅，清查戶口，革除預借，裁決長期遭積壓的案件，伸張冤屈，縣政得到平治。遷國子監主簿，右史方大琮（1183-1247）、編修劉克莊（1187-1269）、正字王邁三人因論說朝廷政事而遭到貶黜，徐鹿卿就寫詩相贈，言官就一併彈劾他們四人，太學生作〈四賢詩〉稱頌他們。

　　徐鹿卿擔任右侍郎兼敕令刪修官，兼右司時。他又陳言丞相的缺失，宰相以好話誘勸徐鹿卿，他退下後，對別人說：「是牢籠也。吾

3　《徐鹿卿年譜》：「是夕有青蛙甚巨，出於甘夫人寢室，已而生公，紫衣覆體，人咸異之」。《徐鹿卿年譜》收入《清正存稿》中。徐鹿卿撰：《清正存稿》（臺北：臺灣商務印書館，影印文淵閣《四庫全書》本，1986年3月），附錄，頁1下。

不能為宰相私人。」言官遂以其他事情詆毀徐鹿卿，致遭貶主管華州雲臺觀。移浙東提刑時，「行法必自貴近始」，將宰相府之人依法論處。丞相史彌遠（1164-1233）之弟通判溫州，貪圖韓世忠（1089-1151）家的古董珍玩，藉機抄家籍沒，徐鹿卿不畏強權，上奏朝廷，削去其官職。淳祐五年（1245），兼崇政殿說書，入宮進講。八年兼侍講，再度入宮進講。最後於宋理宗淳祐十年（1250）逝世，享年六十二歲。

徐鹿卿一生經歷宋孝宗、光宗、寧宗、理宗，為人「居家孝友，喜怒不形」，與宗族鄉黨和睦相處，頗得其歡心。「居官廉約清峻，毫髮不妄取，一廬僅庇風雨。」[4]明儒徐即登評論徐氏說：「公之立朝，寧與逐客俱退，而不與讒子同進。其守制，寧違審察之旨，而不肯冒起復之名。此其平日之所得于學問者深，故其所契合于西山必有出於言語行事之上者也。」[5]《四庫全書》也在著錄《清正存稿》的書前提要說：「鹿卿博通經史，居官廉約清峻，多惠政。凡所建白，皆忠悃激發，不少隱諱。……純忠亮節，無愧古人，固非矯激以取名者所得而比擬矣。」[6]

徐鹿卿著有《泉谷文集》、《鹽楮議政稿》、《歷官對越集》、《徐清正公詞》。編纂有《漢唐文類》、《文苑菁華》等書。徐鹿卿的著作大都已亡佚失傳。其《泉谷文集》亦亡佚已久，今有明朝萬曆年間其裔孫徐鑑所輯刊的《宋宗伯徐清正公存稿》六卷，後被收入文淵閣《四庫全書》中，民國胡思敬（1869-1922）又根據明萬曆年間徐鑑刊本刻入《豫章叢書》。

4　《徐鹿卿年譜》，收入徐鹿卿撰：《清正存稿》中，附錄，頁1下。

5　（明）徐即登撰：〈清正存稿序〉，《清正存稿》（臺北：臺灣商務印書館，影印文淵閣《四庫全書》本，1986年3月），頁2下。

6　徐鹿卿撰：《清正存稿》（臺北：臺灣商務印書館，影印文淵閣《四庫全書》本，1986年3月），書前提要，頁1下。

第三節　宋朝之經筵講讀制度

　　程頤曾說：「天下重任，唯宰相與經筵：天下治亂繫宰相，君德成就責經筵。」[7]經筵關係到君王道德的養成，無怪乎古人對經筵的成效是如此重視。經筵是中國古代帝王為研讀經史而特別設立的一種御前講席，由皇帝召集博學諸儒講解經史的制度。

　　經筵制度的起源相當早，西漢時已有近似後代經筵講說形式的產生。漢昭帝八歲即位，大臣輔政，選擇名儒韋賢、蔡義、夏侯勝等入授於前。[8]漢成帝時，召集鄭寬中、張禹等人朝夕至金華殿講說《尚書》、《論語》。[9]到東漢時，凡是到宮中為皇帝講授經書義理，備顧問應對的官員，均被統稱為「侍講」，「侍講」之名開始出現。東漢明帝永平四年（西元61年），設置《五經》經師，張酺以《尚書》教授，數講於御前。張酺為人質樸耿直，恪守經義，每次均利用經筵侍講的間隙，屢次上書匡正漢明帝施政的過失，絲毫不留情面，因而以莊嚴為漢明帝所敬重。北魏設置侍讀官，侍從皇帝讀經。唐玄宗開元三年（西元715年）冬十月，因「聽政之暇，常覽史籍，事關理道，實所留心，中有闕疑，時須質問」，認為「宜選耆儒博學一人，每日入內侍讀」，於是下詔以左、右散遺騎常侍馬懷素、褚元量充任侍讀。並於開元十三年（西元725年），改集仙殿為集賢殿，設置集賢殿侍讀學士，每日一人侍讀，以備史籍疑義的質詢。[10]

7　（宋）程頤撰、王孝魚點校：〈論經筵第三劄子〉，《二程集·河南程氏文集》（北京：中華書局，2004年2月），卷6，頁540。此文的篇題，（宋）趙汝愚編的《宋朝諸臣奏議》題為〈上宣仁皇后進經筵三劄子〉。

8　（劉宋）范曄撰：《後漢書》（臺北：鼎文書局，1987年1月），卷37，〈桓郁傳〉，頁1255-1256。

9　（東漢）班固撰：《漢書》（臺北：宏業書局，1978年8月），卷100上，〈敘傳〉上，頁4198。

10　（後晉）劉昫等撰：《舊唐書》（臺北：鼎文書局，1985年3月），卷8，〈玄宗紀上〉，頁175、188。

　　經筵制度正式成為定制，始於宋代。宋太宗時，以著作佐郎呂文仲為侍讀。宋真宗時，設置翰林侍讀、侍講學士。宋仁宗時設置崇政殿說書。無論翰林侍讀、侍講學士或崇政殿說書，皆掌管講讀經史，闡釋經義，以備皇帝顧問應對。龔延明（1940-）解釋經筵制度說：

> 宋代為皇帝講課的官，總稱經筵官，包括翰林侍讀學士、翰林侍讀、侍讀、翰林侍講學士、翰林侍講、侍講（以上由侍從官以上文臣充），及崇政殿說書（資淺者，即庶官充）。定期定內容，講解經、史、詩、寶訓、時政記等，當代人所著的通史──《資治通鑑》也講。宋神宗請《資治通鑑》作者司馬光進宮，為他讀《通鑑》；高宗請講讀官為他講解《資治通鑑》。皇帝聽講之所，或稱說書所、講筵所、邇英閣、延義閣，不定一。[11]

宋代的經筵講官主要都以大學士、翰林侍讀學士、侍講學士、崇政殿說書等職銜官員擔任。

　　宋代經筵開講的時間，根據《宋會要輯稿‧職官志》的記載為「歲二月至端午日，秋八月至長至日，遇隻日，入侍邇英閣，輪官講讀。」[12]「為了避開嚴寒和酷暑，每年經筵分成兩個學期，第一學期從二月至五月初五日，第二學期從八月至冬至日。」[13]逢單日輪流講讀，唯宋代各個皇帝施行經筵講讀的日程安排，仍須取決於當時的政

---

11 龔延明編撰：《宋代官制辭典》（北京：中華書局，1997年4月），〈宋代官制總論〉，頁13

12 《宋會要輯稿》（臺北：新文豐出版公司，1976年10月），第63冊，〈職官〉6之57，頁2511。

13 朱瑞熙撰：〈宋朝經筵制度〉，《中華文史論叢》第55輯（上海：上海古籍出版社，1996年12月），頁13。

治環境與君王的健康狀況而定。[14]

　　經筵講讀進講的內容，主要為儒家《周易》、《尚書》、《毛詩》等經典，其次為《史記》、《漢書》、《後漢書》等史書，再次則宋代當朝所編的史書和政書，如《資治通鑑》、《三朝寶訓》、《祖宗聖政錄》、《五朝寶訓》等書。至於經筵講讀採行的是講、問、答的方式，即是先由經筵主講官講解，隨後皇帝提問質疑，再由主講經筵官回答。但如果皇帝在聽經筵講讀時，每每沉默不語，沒有任何互動回響，大臣就會提出異議，如宋英宗駕御邇英閣經筵聽講，然未曾發言有所詢問，侍講司馬光（1019-1086）遂於治平二年（1065）十月上疏：

> 臣聞《易》曰：「君子學以聚之，問以辨之。」《論語》曰：「疑思問。」《中庸》曰：「有弗問，問之弗知弗措也；有弗辨，辨之弗明弗措也。」以此言之，學非問辨，無由發明。今陛下若皆默而識之，不加詢訪，雖為臣等疏淺之幸，竊恐無以宣暢經旨，裨助聖性，望陛下自今講筵或有臣等講解未盡之處，乞賜詰問。或慮一時記憶不能詳備者，許令退歸討論，次日別具劄子敷奏，庶幾可以輔稽古之志，成日新之益。[15]

司馬光希望宋英宗能夠「自今講筵或有臣等講解未盡之處，乞賜詰問。或慮一時記憶不能詳備者，許令退歸討論，次日別具劄子敷奏」，達到認真學習，質疑問題，期望獲得充分的學習效果。

---

14 有關宋代各皇帝施行經筵進講的大略情形，可參閱朱瑞熙撰〈宋朝經筵制度〉一文，頁13-16。

15 （宋）范祖禹撰：《帝學》，卷7，頁5下-6上。

第四節　《尚書》經筵講義內容分析

　　帝王教育是為培養治理國政的君王而設，其成敗直接關係到整個國家的治亂興衰。君王教育與一般讀書人的教育最大的不同，就在於他們學習的目的有所差異，稷若就說：

> 歷代國君典學，目的主要兩個：一在啟沃聖智聖德，局限於汲取歷代統治經驗，提高國君理政的素質。二在崇學重教，禮敬師尊，昭示文治，以傳統倫理道德綱常迪化臣民。[16]

典學一詞出於《尚書·說命》[17]，典學首要在啟迪君王智慧，提升統治技巧，其次在崇學重教，禮敬師尊以作示範，達到潛移默化以教導百姓的功用，漢、唐以後代之以「經筵」和「日講」的形式。徐鹿卿的《尚書》經筵講義，就是在經筵進講時，事先所寫好講稿的遺存。為瞭解宋代儒者經筵《尚書》的實際內容，及如何透過講義去鑒戒帝王，今以徐鹿卿的經筵《尚書》講義為例，就其內容加以分析，可以呈現出幾點特點：

一　講讀方式與經生學士相異，不徒訓詁章句

　　經書是記錄傳統文化最重要的載體，也是吾人瞭解傳統文化最重要的典籍。平常人講讀經書，首要在明白經典文字及其意義何在，不懂經書的名物典章制度的確實意義，將不易理解經書的實際內容與蘊

---

16 稷若：〈清前中期皇帝典學述論〉，《故宮博物院院刊》1998年第2期（總第80期），頁62。

17 語出於《尚書·說命下》：「念終始典於學」，見偽孔安國傳、孔穎達疏：《尚書正義》（上海：上海古籍出版社，2007年12月），卷9，頁375。

涵的文化。清人戴震（1723-1777）就說：

> 誦〈堯典〉數行，至「乃命羲和」，不知恆星七政所以運行，
> 則掩卷不能卒業；誦〈周南〉、〈召南〉，自〈關雎〉而往，不
> 知古音，徒強以協韻，則齟齬失讀；誦古《禮經》，先〈士冠
> 禮〉，不知古者宮室、衣服等制，則迷於其方，莫辨其用；不
> 知古今地名沿革，則〈禹貢〉、〈職方〉失其處所；不知少廣、
> 旁要，則〈考工〉之器不能因文而推其制；不知鳥獸、蟲魚、
> 草木之狀類名號，則比興之意乖。[18]

戴震又說：

> 故訓明則古經明，古經明則賢人聖人之理義明，而我心之所同
> 然者乃因之而明。賢人聖人之理義非他，存乎典章制度者是
> 也。[19]

戴震教人讀書「以識字為讀書之始，以窮經為識義理之途」，如此一
來則「故訓明則古經明，古經明則賢人聖人之理義明」，聖人的義理
蘊涵在古書的典章制度之內，因此經書的名物典章制度關係極大，必
須先將它考證清楚，以免混淆不清。近人胡樸安（1878-1946）也論
及讀古書應瞭解其名稱制度之差異，不可混合無別。[20]

---

18 參見（清）戴震撰：〈與是仲明論學書〉，《東原文集》，收入《戴震全書》（合肥：
　　黃山書社，1995年10月）第六冊，卷9，頁369。
19 （清）戴震撰：〈題惠定宇先生授經圖〉，《戴氏雜錄》，收入《戴震全書》第六冊，
　　頁505。
20 胡樸安說：「吾人讀古書，于名物之考證，小之草木鳥獸之名稱，大之兵農禮樂之
　　制度。其稱名也，當知雅俗古今之不同；其制度也，當知因革變遷之時異。」見胡
　　氏撰：《古書校讀法》（臺北：西南書局，1979年10月），頁120-121。

　　戴震所說讀經書以識字明典為優先的讀書方式，係針對一般士子而言，徐鹿卿以為並不適合帝王，他說：

> 臣聞帝王之學與經生學士異，非區區從事於章句訓詁而已。讀〈禹貢〉一書，當知古人所以為民除患者如此其勞，疆理天下者如此其廣，立法取民者如此其審，尊所聞，行所知，不至於古不止也。[21]

又說：

> 臣聞人主之學與經生學士異，執經入侍者，必有以發明正理，開啟上心，然後可以無愧所學，訓詁云乎哉？抑誦說云乎哉。[22]

徐鹿卿認為經生讀書在「從事於章句訓詁」之考據，瞭解名物制度，考明經典內容，抉發其義理，明白讀書作文及為人之道，最終參加科舉考試，獲取功名利祿，以進取仕途達到兼善天下的目標。而帝王生長富貴之家，權勢名位本就具足，勤讀經籍，博覽子史之書，刻苦惕勵，目的並不是為參加科舉考試以獲取功名。帝王之學與經生、學士兩者讀書的取向截然不同，目的自然有所差異。范祖禹（1041-1098）就明白指出君王讀書的用意所在，他說：

> 人君讀書學堯、舜之道，務知其大指，必可舉而措之天下之民，此之謂學也。非若人析臣，章句、考異同、專記誦、備應對而已。[23]

---

21 徐鹿卿撰：《清正存稿》，卷4，〈八月戊寅進講尚書讀九朝通略通鑑綱目〉，頁1上。
22 徐鹿卿撰：《清正存稿》，卷4，〈辛酉進講〉，頁20上-20下。
23 （宋）范祖禹撰：《帝學》（臺北：臺灣商務印書館，影印文淵閣《四庫全書》本，1986年3月），卷3，頁3下。

范祖禹認為君主讀書只要能明白經書大義，可舉而施政於天下百姓就可以，不必像一般讀書人學習方式。蓋因君主為一國政治權力的樞紐所在，攸關國家政權的治亂興衰，故君王讀書最終目的在為「學堯、舜之道」，也就是主要在學習統治技巧和對政事的處理能力，君王讀書只要求能夠知典籍的大指，將道理實際運用在治理國家，統治天下百姓即可，根本不必要勞精費心在經生學士側重的「析章句、考異同、專記誦、備應對」上面。

二　以發揮經典要義，感格君心為主

經筵教育基本上以陶冶君德，成就帝學為主。故進講時重點在講明經史之要義，不重章句訓詁考證。清代夏之容曰：

> 經筵之設，所以發揮道要，感格君心，非德望夙著之醇儒，不足堪其職。至所敷陳，不徒訓詁章句，凡列代治亂興亡，堯、舜、禹、湯之所以得，桀、紂、幽、厲之所以失，皆宜隨事進規，罔避忌諱，庶弼成君德，臻國家於久安長治之盛。[24]

夏之容認為經筵教育，重在透過德望俱著的通儒敷陳經義，「發揮道要，感格君心」，且「隨事進規，罔避忌諱」，諸般用心，目的只有一個，即如何達到國家的長治久安。如宋真宗時，翰林侍讀學士邢昺（932-1010）講說《尚書》十三次，《論語》十次，《孝經》、《禮記》、《易經》各二次，《詩經》、《左氏春秋》各一次，邢昺都「據傳疏敷引之，多及時事為喻」，宋真宗甚嘉獎他。[25]而宋神宗熙寧三年四

---

24 （清）夏之容撰：〈上鄂相國論經筵書〉，《半舫齋古文八卷》（北京：北京出版社，《四庫未收書輯刊》第九輯影印清乾隆刻本，2000年1月），卷4，頁13上-13下。

25 （宋）王稱撰：《東都事略》（濟南：齊魯書社，2000年5月），卷46，〈邢昺傳〉，頁359。

月丁亥，司馬光講讀《資治通鑑》中漢代張釋之論嗇夫利口時，司馬光就評論說：

> 孔子稱惡利口覆邦家。夫利口何至覆邦家？蓋其人能以是為非，以非為是，以賢為不肖，以不肖為賢。人主苟以是為非，以非為是，以賢為不肖，以不肖為賢，則邦家之覆，誠不難矣。[26]

司馬光引孔子的話，說明利口之人容易「以是為非，以非為是，以賢為不肖，以不肖為賢」，如此會誤導國君對用人的判斷，有礙國家的發展，嚴重甚至會危害國家安危，應該予以避免。徐鹿卿在〈乙丑進講〉講論〈禹貢〉導水九條時說：

> 臣聞中國山水皆來自西北，故隨山始於岍岐，濬川始於弱水。隨山所以觀其勢，濬川所以導其歸。其實先隨山而後可以濬川也。疏導之功既於各州見之，至此又隨其流派而條列之，所以互相發也。其間山川地理之名，非親見目擊，不過誦師傳、按傳註，非可臆斷。至其大義之可以為法為則者，臣請得而詳言之。夫百川皆東，而弱水獨西，黑水獨南，其源又皆在塞外，禹隨其勢而先導之，欲西者西，欲南者南，然後併力於冀、兗諸州之水。自導河以下，大抵皆東流矣。人主觀之，則知為治之道，亦惟行其所無事而已也。礙者鑿之，壅者決之，當因者修之，當止者滙之，當分者播之，當合者同之，而一無容心焉。人主觀此，則知隨時弛張之道，有不容以執一也。川流浩渺，若不勝其用力然，或入於南海，或東入於海，或入河以至

於海，其得所歸則一爾。人主觀此，則知為善不必同，而歸於治則一也。雖然，是有本焉，程頤曰：「有〈關雎〉、〈麟趾〉之心，而後可以行《周官》之法度。」臣亦曰：有大禹思由己之心，而後可以考〈禹貢〉之法度。[27]

徐鹿卿認為「山川地理之名，非親見目擊，不過誦師傳、按傳註，非可臆斷」，而「大義之可以為法為則者」，則可詳細陳說。禹導河係採隨山濬川之法，徐鹿卿則借以闡明君主為政應效法禹治水之法，「行其所無事」，「礙者鑿之，壅者決之，當因者修之，當止者滙之，當分者播之，當合者同之」，要懂得「隨時弛張之道」，一無容心，不可執一以施政，方能將朝政歸於治。

徐鹿卿在經筵講讀時，常將全篇主旨重心，用最精簡的文字抉發表彰，以便於皇帝清楚掌握全篇要義所在，如〈十二月戊辰進講〉論〈五子之歌〉說：

臣觀此歌五章文義首尾相續，一章、二章雖止於詠述皇祖之訓，而太康之失不可掩矣。三章、四章若曰累朝都邑之盛如此，前人典章治具之懿如此，今以不守先訓之故，皆不能保，是誰之罪歟？五章則敘其顛沛無依之狀，若其過在己而無所自容者，一何溫厚感惻之深耶？因是論之，三聖相承，先後一意，曰「可畏非民」，曰「非眾罔與守邦」，曰「四海困窮，天祿永終」，而「欽哉」一語，乃其傳心之密旨，禹之所以訓子孫，即堯之所以告舜，舜之所以告禹者也。大凡敬心肆心，不能兩立，此長則彼消，此入則彼出，治亂之端，於是分焉。惟其敬，故真見民之可與守邦，真見民之為邦本，真見民之可畏

可近，真見民之不可虐，真見民之能勝。予雖兢兢業業，猶懼
不蔽，朅敢自暇逸以縱其欲乎？惟其肆，故以聲色遊田為可
樂，而民之勞擾不恤也；以飲食宮室為可侈，而民之寒餓不顧
也。方其未見也，民之怨氣滿腹而不知圖；及其既見也，覆宗
絕祀而悔無及。夫以累聖久安之天下，太康一溺逸遊之好，其
禍且如此，況事變轇輵、人情憂危之時乎？噫！為人上者奈何
不敬。臣請為明主再三誦之。[28]

〈五子之歌〉經清代閻若璩（1636-1704）考訂為二十五篇偽《古文
尚書》之一，講讀時大都將排除，不予說解。考據講求史料的真實性
價值，經筵講讀則著重在經史的思想價值，兩者實不相妨。徐鹿卿在
簡要說明闡述〈五子之歌〉五章歌辭的大義後，即摘出「可畏非
民」、「非眾罔與守邦」、「四海困窮，天祿永終」三句意蘊為堯、舜、
禹三聖相承一意，而「欽哉」一語為其傳心之密旨。「欽哉」即「敬
哉」，堯以告舜，舜以告禹，禹又持以訓子孫。徐鹿卿認為「敬心、
肆心」是政事治亂興衰的關鍵，「此長則彼消，此入則彼出」，不能同
時並存。君王若能無時無刻心存「敬心」，則能隨時兢兢業業，毋敢
暇逸縱欲，聲色遊田以為樂，事變轇輵，人情憂危，自然就能謹慎處
理，妥善解決。

徐鹿卿又在〈甲子進講〉講論〈仲虺〉後段說：

臣觀此篇前五節，皆釋湯自慊之心，後三節皆勉湯當為之事。
蓋人主一心，萬事之根本也，此心如明鏡、如止水，則虛靈澄
湛，軒豁恢廣，以之運量酬酢，無事不可為。一有繫累，則芥
蔕凝滯，如鏡之塵，如水之波，安能有所立哉？湯既勝夏，凡

---

28 （宋）徐鹿卿撰：《清正存稿》，卷4，〈十二月戊辰進講〉，頁2上-3上。

所以昌其國、懷萬邦、裕後昆、保天命者，皆在此時，皆在此心，任責重大，有無疆之休，亦有無疆之恤。今乃留一點慙忸於胸中，久而不化，以傷維新之治。始既不謹，終無可觀，此正咇之所深懼。故先有以釋其慙，後有以勉其進，自「佑賢」以下皆其事也。至於一篇之要旨，則全在「德日新」之一辭。蓋是德運而不息，則其用久而不窮。不然則慙已化矣，而滿心乘之慙，則此心慊而有所累，當為者不及為，滿則此心泰而有所止，可為者不復進。以湯之聖，固非自滿者，然臣子責難之言，備精粗，該本末，不得不如是也。盤銘曰：「德日新，日日新，又日新。」此湯因所得於咇者而推廣之也。能自得師者王，諒哉！後之明主，其可不以湯為師？[29]

徐鹿卿認為「人主一心，萬事之根本也」，若能常保「此心如明鏡、如止水，則虛靈澄湛，軒豁恢廣，以之運量酬酢，無事不可為」。若有「繫累」、「芥蔕凝滯」，自然「如鏡之塵，如水之波」，無法清明安立。然而應該如何保持此心如明鏡止水，他以為「全在德日新之一辭」。南宋袁燮（1144-1224）也同樣在經筵說過類似的言論，他說：

賢人眾多，繫乎人君之一身。人君者，化育之所自出也。德有所未至，教有所未孚，無以陶冶斯世，皆入于禮義之域，則歸其責于君，而人君亦不敢辭其責，故曰：「百姓有過，在予一人。」古之聖君知其然也，兢兢業業，不敢荒寧，惟人紀是修，惟民極是建。凡所以善其心者，無一日敢忘，要其效驗，必至于比屋可封，人人有士君子之行，始無愧于代天司牧之職。其或未然，亦惟反身修德而已矣。……臣聞之，教化之

29　（宋）徐鹿卿撰：《清正存稿》，卷4，〈甲子進講〉，頁15下-16上。

廢，推中人而墜于小人之域；教化之興，引小人而納于君子之
途。人心無常，惟上是聽，風行草偃，不約而從，后妃無妒忌
之行，其本正矣。「一家仁，一國興仁；一家讓，一國興
讓。」[30]

袁燮以為世上賢人雖多，「繫乎人君之一身」，人君是「化育之所自
出」，若是「德有所未至，教有所未孚」，就無法「陶冶斯世，皆入于
禮義之域」，無法達到風行草偃的功效。由徐鹿卿、袁燮二人經筵講
義所呈現的內容，可以很清晰看出經筵教育重在發揮經典要義，感格
君心，薰陶君主德性，培養成就堯舜聖君的帝學，但不重章句訓詁考
證，與世俗為參加科舉的經生讀經的態度有極大的差異。

三　藉機議論朝政，冀望君王改善施政闕失

經筵講官主要職責是進入宮庭，在皇帝面前講授經史典籍，因而
經常能藉進講的機會，伺機向皇帝奏陳對當時政事的觀點，或對大臣
的品評意見，以影響君王施政的決策。由於得陪侍皇帝身側，雖然經
筵講官的官職品秩不高，卻被儒臣視為無比榮寵之選，也是極清要顯
美的職位。宋史學者朱瑞熙就說：

經筵官的職責原來祇是替皇帝講讀經史和政書，並沒有議論當
朝政事的任務，更不需要替皇帝出謀獻策。但是，對於皇帝而
言，他們首先希望通過經筵講讀「每見前代興廢，以為鑑
戒」。但並不以此為滿足，他們還希望從經筵官瞭解朝廷和民

30　（宋）袁燮撰：《絜齋毛詩經筵講義》（臺北：臺灣商務印書館，影印文淵閣《四庫
全書》本，1986年3月）卷1，〈兔罝篇〉，頁10下-12上。

間的一些情況，並且在某些重要問題的處理上徵詢這些飽學之士的意見，真正發揮這些皇帝私人顧問的作用。對於經筵官而言，他們期望向皇帝宣講自己的思想理論和政治學說，反映朝廷和民間的各種情況，提出解決的種種辦法。[31]

由於經筵官具有提供皇帝諮詢政事的功能，以致宋代的經筵官經常藉機在皇帝面前議論朝廷政事的得失。孫逢吉即曾利用經筵代講的機會，為同任講筵官的朱熹（1130-1200）辨駁：

> 朱熹在經筵持論切直，小人共不便，潛激上怒，中批與祠。劉光祖與逢吉同在講筵，吏請曰：「今日某侍郎輪講，以疾告，孫侍郎居次，請代之。」逢吉曰：「常所講《論語》，今安得即有講義？」已而問某侍郎講義安在，取觀之，則講《詩·權輿篇》刺康公與賢者有始而無終，與逐朱熹事相類，逢吉欣然代之講。因於上前爭論甚苦，上曰：「朱熹言多不可用。」逢吉曰：「熹議祧廟與臣不合，他所言皆正，未見其不可用。」浸失上意。[32]

朱熹於經筵進講時，經常藉機愷切向皇帝議論政事，因而得罪當朝的權奸小人，遂紛紛造謠構陷朱熹，以致連皇帝都對朱熹失去應有的信任。此次經筵講讀適逢輪值講官告假，而經筵進講輪值也尚未輪到孫逢吉，以往孫氏常講的是《論語》，《詩經》非他所進講的典籍，本可推辭不講，但此次輪值者的講義《詩·權輿篇》的內容恰好談論諷刺康公與賢者有始而無終的事，與逐朱熹事相類似，孫氏就欣然代講，

---

31 朱瑞熙撰：〈宋朝經筵制度〉，《中華文史論叢》第55輯，頁36。

32 （元）脫脫等撰：《宋史》（臺北：鼎文書局，1980年5月），卷404，〈孫逢吉傳〉，頁12225-12226。

且藉機與皇帝激烈爭辯。可見經筵官藉機議論朝政，冀望君王改正，是常有的事。

徐鹿卿的經筵講義雖較少看到藉機發表意見評議政事，卻也可看見他利用進講陳說對政事的看法，他在〈十一月乙未進講〉講解〈禹貢〉「錫土姓」至「告厥成功」一段時說：

> 臣聞聖人一身，天地民物之宗主也。一事之未理，一害之未除，一物之未遂，皆聖人責也。方堯之時，洪水橫流，天不得其所以成，下民其咨，昏墊而不得其所以安，其為患何如哉？禹以身任胼胝之勞，大而山川鬼神莫不寧，小而鳥獸魚鱉莫不若，水土平矣，貢賦定矣，五服建矣，道化行矣，八九年間建如此大功業，去如此大菑患，定如此大經制，闢如此大風教，禹豈自以為有餘哉？僅足以塞宗主天地民物之責而已。陛下聖德高明不下大禹，然臨御二十二年，視禹告成之時，不翅過倍，而國本未建，邊境驛騷，財計空虛，人民離散，盜賊竊發，幾無一事卓然植立者，是必有其故也。讀聖人之書，當以聖人為法，臣願陛下謹思之，勉圖之。[33]

徐鹿卿藉講論〈禹貢〉經文意義之便，議論朝政，以為「臨御二十二年，視禹告成之時，不翅過倍，而國本未建，邊境驛騷，財計空虛，人民離散，盜賊竊發，幾無一事卓然植立者，是必有其故也」，直接挑明皇帝登基以來已經二十多年，無論內政外交、財政經濟等各個方面，幾乎都一事無成，因而苦口婆心勸導，冀望君王改善施政措施。

---

33 （宋）徐鹿卿撰：《清正存稿》，卷4，頁10上-10下。

第五節　結論

　　綜合前面幾節的論述，我們可以得到以下幾點的結論：

　　其一，經筵是中國古代帝王為研讀經史而特設的御前講席，由皇帝召集博學弘儒講解經史的內容要義。凡是包括翰林侍讀、侍講學士或崇政殿說書都可統稱為經筵講官，掌管為君王講讀經史，闡釋經義，以備皇帝顧問應對。經筵制度的起源相當早，西漢漢昭帝時已有似後代經筵講說形式的產生，歷代逐漸演變，迨至宋代始成定制，為君王學習統治技巧、處理政務能力及道德養成的教育制度，無怪乎古人對其極端重視。

　　其二，經生、學士兩者讀書的取向不同，前者參加科舉考試以獲取功名，讀書「以識字為讀書之始，以窮經為識義理之途」，讀書重「故訓明則古經明，古經明則賢人聖人之理義明」。而帝王生長富貴，擁有絕大的權勢名位，勤讀經籍，博覽子史，最終目的在「學堯、舜之道」，也就是主要在學習統治技巧和對政事的處理能力，讀書只求知典籍的旨意，將道理實際運用在治理國家，統治天下百姓即可，不從事勞神的「析章句、考異同、專記誦、講應對」等訓詁上面。

　　其三，經筵教育主要在透過朝廷上德望夙著之醇儒，為君王講解闡釋經書的道理要義，以達到感格君心的目的。故舉凡是歷朝歷代有關治亂興衰得失之故，都可以隨事進規，罔避忌諱，庶弼成君德，臻國家於久安長治之盛。如講解〈五子之歌〉，就闡述歌辭大義，拈出「欽哉」一語為古聖王傳心之密旨，殷切告教帝王堯、舜、禹三聖相承一意的關鍵，再三叮嚀「敬心、肆心」是政事治亂興衰的關鍵，「此長則彼消，此入則彼出」，不能同時並存。君王應時刻心存「敬心」，隨時兢兢業業，毋敢暇逸，縱欲聲色遊田以為樂，則事變輵轕，人情憂危，都能順利妥善的獲得解決。徐鹿卿又認為人主之心，為萬事之根本，若能「德日新」，常保「此心如明鏡、如止水，則虛

靈澄湛，軒豁恢廣，以之運量酬酢，無事不可為」。若有「繫累」、「芥蔕凝滯」，自然就「如鏡之塵，如水之波」，動盪不安，無法清明安立。

其四，經筵官之職責本在御前為皇帝講讀經史及政書內容大義，並無評議朝廷政事得失的任務，但因本於知識份子關懷國家興亡的襟懷，經常藉進講經史內容引申發揮，隨事發表意見，向皇帝奏陳對當時政事的得失觀點，或對大臣的品評意見，試圖影響君王施政的決策。徐鹿卿也不例外，藉講論〈禹貢〉經文意義之便，評議朝政，以為皇帝即位二十二年，然而「國本未建，邊境驛騷，財計空虛，人民離散，盜賊竊發，幾無一事卓然植立」者，明言皇帝登基掌政以來，無論內政外交、財政經濟等各個方面，幾乎都一事無成，君王身繫天下人民，「一事之未理，一害之未除，一物之未遂」，都是君王的責任。苦口婆心勸導，冀望君王能勵精圖治，改善施政的闕失。

下編
明代《尚書》學

第四章
劉三吾編纂《書傳會選》及其相關問題探究

第一節　前言

　　明代經學為中國經學發展史的一個環節，學風承襲自宋、元兩代，以注重經書的內涵義旨為主，崇尚實踐篤行的工夫，是經學發展由宋代理學經學轉變為清代乾嘉考據經學的重要關鍵時期。然自成祖（1360-1424）時命大臣胡廣（1370-1418）等奉敕編纂《四書大全》、《五經大全》等書，因陋就簡，傳註取材勦襲元人經說著作，致迭受後儒所詬病。[1]清初顧炎武（1613-1682）受到《五經大全》惡劣印象之影響，遂譏評明代經學自「弘治以後，經解之書，皆隱沒古人名字，將為己說者也。」、「若有明一代之人，其所著書，無非竊盜而已。」[2]《四庫全書總目》編者承襲顧氏之意見，論斷宋、元學術雖偶有譏議刺貶抑之詞，然大體上都持肯定稱許的態度，唯獨評論明代經學時，幾乎都持批判否定的態度，罕所稱許。後儒受清儒觀念影響，普遍以明代經學積衰，不值得研究，致比起其他朝代的學術研究成果的豐碩，相對衰微許多。

　　蔡沈（1167-1230）自南宋寧宗慶元五年（1199）受其師朱熹

1　參見林慶彰先生：〈五經大全之修纂及其相關問題探究〉，收入《明代經學研究論集》（臺北：文史哲出版社，1994年5月），頁45-50及筆者所撰《五經大全纂修研究》（臺北：東吳大學中國文學研究所博士論文，1998年6月）第四章至第八章。

2　參見（清）顧炎武（1613-1682）撰：《原抄本日知錄》（臺北：文史哲出版社，1979年4月），卷20，〈竊書〉條，頁542。

（1130-1200）之託囑，經十年沉潛，參考諸家精義，反覆尋繹研究，融會貫通，終在南宋寧宗嘉定三年（1209）完成其師生前所交託的《尚書》解說工作，撰成《書集傳》。蔡《傳》可謂集宋代《尚書》學之大成，編撰成書後，普遍受到稱頌與讚譽，以為「九峰蔡氏親授朱子指畫，作為集解，而諸家之說始有折衷，學者始有準則，二帝三王之道亦既廓然明矣。」[3]「祖述朱子之遺規，斟酌群言，而斷以義理，洗滌支離，而一於簡潔。」[4]該書雖然如此受到推崇，批評其書者亦復時有所聞，宋、元之際，即有許多學者因不滿蔡《傳》而紛紛為書訂正其疑誤，如張葆舒作《尚書蔡傳訂誤》，黃景昌《尚書蔡氏傳正誤》，程直方作《蔡傳正誤》，余苞舒作《讀蔡傳疑》，陳櫟（1252-1334）作《書傳折衷》，王充耘作《讀書管見》均交相提出疑難，批駁論斷蔡《傳》的缺失。[5]然自該書在元仁宗延祐年間被列為科舉考試的模範定本後，批評之論隨即消聲匿跡，駁議著作也佚而不傳。

明代所實行的科舉功令，基本沿襲元代，《尚書》學亦主蔡沈《書集傳》。劉三吾等奉詔編纂的《書傳會選》，目的在糾正蔡沈《書集傳》的缺失，在明代《尚書》學研究史上，是相當重要而具有意義的一部著作，顧炎武就稱讚編纂者及該書是「宋、元以來諸儒之規模猶在，而其為此書者皆自幼為務本之學，非由八股發身之人。故所著之書雖不及先儒，而尚有功於後學。」[6]《四庫全書總目》也說：「以炎武之淹博絕倫，罕所許可，而其論如此，則是書之足貴，可略見

---

3 參見（清）朱彝尊（1629-1709）撰、林慶彰等點校：《經義考》（臺北：中央研究院中國文哲研究所，1985年9月），卷87，書16，頁445。

4 參見（宋）王柏（1197-1274）撰：《書疑序》《通志堂經解》（臺北：大通書局，1972年9月），頁1。

5 詳見《書傳會選》卷首提要，影印文淵閣《四庫全書》本（臺北：臺灣商務印書館，1986年3月），頁3上。

6 見（清）顧炎武撰：《原抄本日知錄》，卷20，〈書傳會選〉條，頁526。

矣。」[7]是少數被鈔錄進入《四庫全書》而頗受肯定的經著，然而該書卻長期受到冷落，不被世人所重視，令人深為惋惜。

近數十年來，明代的《尚書》學的研究比起以往雖有顯著的進步，研究成果仍然相當有限，僅有戴君仁〈第一個蒐集證據證明偽古文尚書的人——梅鷟〉、劉文起〈梅鷟《尚書考異》述略〉、傅兆寬《明梅鷟、郝敬尚書古文辨之異同》及《梅鷟辨偽略說及尚書考異證補》、林慶彰先生的〈梅鷟〉（《明代考據學研究》第四章）、〈梅鷟《尚書譜》研究〉及筆者《五經大全纂修研究》第五章〈書傳大全研究〉等寥寥數篇，且大都集中在梅鷟《尚書考異》、《尚書譜》、郝敬《尚書辨解》及《書傳大全》四部著作上，對《書傳會選》仍未有人加以重視。筆者為求對《書傳會選》作較深入的分析，擬將全文分為：《書傳會選》的編纂動機、《書傳會選》的修纂人問題、〈凡例〉所稱刪改六十六條蔡《傳》之商榷、〈召誥〉篇刪改情形、《書傳會選》對蔡沈《書集傳》的增補、結論等章節，分析討論，以檢證顧炎武、《四庫全書總目》等前代儒者說法的詳細情形。

第二節　《書傳會選》的編纂動機

明太祖朱元璋（1328-1398）出身低微，在元末群雄競起逐鹿之際，憑藉著本身的努力及善於任人用賢，驅除元人，定鼎中原，建立有明一朝。朱元璋雖然貧苦出身，卻深諳奪取天下與統治天下之道。他深切瞭解儒家學術對幫助他統治國家穩定天下有極大功用，而儒家學術記載在《四書》、《五經》等經籍之中，大力提倡程朱理學，強調「《五經》、《四書》如五穀，家家不可缺」[8]，他自己也每每於「宮中

7　見《書傳會選》卷首提要，頁3上。

8　參見（明）黃溥撰：《閒中今古錄摘抄》，《叢書集成新編》本（臺北：新文豐出版公司，1989年8月），卷1，頁15-16。

無事，輒取孔子之言觀之」[9]。洪武十七年（1384），他下令頒定科舉
程式，將《四書》、《五經》作為考試科目，註解大都採用宋儒程朱學
派的解說[10]，尤以朱子的註解為主。明末高攀龍（1562-1626）論述明
初興學時的情況說：「我太祖高皇帝即位之初，首立太學，命許存仁
為祭酒，一宗朱氏之學，令學者非《五經》孔、孟之書不讀，非濂洛
關閩之學不講。」[11]《明史・儒林傳》論述明代學術：「皆朱子門人之
支流餘裔，師承有自，矩矱秩然。」清初顧景星（1621-1687）也
說：「高皇帝既定海內，恐士不醇一，悉置諸家傳注，以程、朱之
《易》、《詩》，蔡沈之《書》，陳澔（1260-1341）之《禮》，胡安國
（1074-1138）之《春秋》立學宮，非是則不名正學。」[12]由此可見其
對程朱學術的推崇與重視。

　　明太祖既然對朱子學術思想如此推崇，何以還要特地命令大臣劉
三吾等刪改蔡沈《書集傳》的註解，另行編纂《書傳會選》一書呢？
其纂修動機為何？根據《明太祖實錄》在明太祖洪武十年（1377）丁
未條說：

　　　　洪武十年三月，上與群臣論天與日月五星之行，翰林應奉傅
　　　　藻、典籍黃麟、考功監臣郭傳皆以蔡氏左旋之說為對。上曰：
　　　　「天左旋，日月五星皆右旋。二十八宿，經也，附天體而不

9　（清）谷應泰撰：《明史紀事本末》（臺北：三民書局，1985年9月），卷14，〈開國
　　規模〉，頁133。

10　明太祖在洪武十七年（1384）詔頒定科舉程式，「《四書》主朱子《集註》，《易》主
　　程《傳》、朱子《本義》，《書》主蔡沈《集傳》，《詩》主朱子《集傳》，《春秋》主
　　《左氏》、《公羊》、《穀梁》及胡安國、張洽《傳》，《禮記》主古註疏。」（《明史・
　　選舉志》，卷70，頁1694）。

11　參見（清）陳鼎撰，《東林列傳》整理委員會整理：《東林列傳》（揚州：廣陵書
　　社，1986年3月），卷2，〈高攀龍傳〉，頁38。

12　（清）顧景星撰：《白茅堂全集》（清康熙間刻本），卷27，〈復經學議〉，頁9上。

動；日月五星，緯乎天者也。朕自起兵以來，與善推步者仰觀
天象二十有三年矣。嘗於天氣清爽之夜，指一宿為主，太陰居
是宿之西，相去丈許，盡一夜則太陰漸過而東矣。由此觀之，
則是右旋，曆家亦嘗論之。蔡氏謂為左旋，此則儒家之說，爾
等不晰而論之，豈所謂格物致知之學乎？」

《明太祖實錄》在明太祖洪武二十七年四月丙戌條說：

詔徵儒臣定正宋儒蔡氏《書傳》。上觀蔡氏《書傳》日月五星
運行與朱子《詩傳》不同，及其他注說與鄱陽鄒季友所論，間
有未安者，遂詔天下儒臣定正之。

明祝允明（1460-1526）《野記》、黃光昇（1506-1586）編輯《昭代典
則》等書亦有相類似的記載[13]，從《明太祖實錄》的記載，可以很清
楚知道明太祖要修訂蔡《傳》註解，純粹係起因於朱元璋在與大臣討
論天體日月五星運行方式時，朱元璋以親身觀測天象的經驗，主張右
旋，大臣卻與之相異，多偏主蔡《傳》左旋說，兩者遂產生爭論。其
後明太祖在閱讀蔡沈《書集傳》時，又發現蔡氏書中所論日月五星運
行的方式，與朱子《詩集傳》所說並不相同，其他注解也偶與元儒鄒
季友《尚書音釋》所論，互有出入。蔡沈《書集傳》雖係受朱子之
託，歷經十年的沈潛，融貫諸家說法而撰成，然尚有可議者，乃在洪
武二十四年（1391）召集群臣，商議修正蔡沈《書集傳》的缺失。而
於二十七年（1394）夏四月正式開局翰林院。[14]劉三吾在〈書傳會選

---

13 （明）祝允明：《野記》，收入鄧士龍輯，許大齡、王天有點校：《國朝典故》（北
　　京：北京大學出版社，1993年4月），卷31，頁496-497。黃光昇編輯：《昭代典則》
　　（北京：北京大學出版社，1993年8月），卷11，頁24上-24下。
14 朱彝尊〈書傳會選跋〉曰：「《書傳會選》六卷，明孝陵命儒臣考正九峰蔡氏《書

序〉中，也談到編纂緣起及對蔡沈《書集傳》所做的訂正工作：

> 今天下車同軌，書同文，行同倫，當大德聖人在天子位之日，
> 舉議禮制度考文之典，謂六經莫古於《書》，帝王治天下之大
> 法，莫備於《書》。今所存者僅五十八篇，諸儒訓註，又各異
> 同。至宋九峰蔡氏，本其師朱子之命，作為《集傳》，發明殆
> 盡矣。然其書成於朱子既歿之後，有不能無可議者，如〈堯
> 典〉天與日月皆左旋，〈洪範〉「相協厥居」為「天之陰騭下
> 民」。有未當者，宜考正其說，開示方來。臣三吾備員翰林，
> 屢嘗以其說上聞，皇上允請，乃召天下儒士，倣石渠、虎觀故
> 事，與臣等同校定之。凡蔡氏之得者存之，失者正之，旁采諸
> 家之說，足其所未備。書成，賜名曰《書傳會選》。[15]

從劉氏的〈序〉文中，可知朱元璋命大臣纂書修訂蔡沈《書集傳》之
錯誤，係基於蔡《傳》成書於朱子逝世之後，未曾經過朱子審定，不
可能毫無錯誤，他並舉書中〈堯典〉、〈洪範〉兩篇註解為例，說明他
們奉旨所要做的工作是「凡蔡氏之得者存之，失者正之，旁采諸家之
說，足其所未備」，目的在使蔡《傳》能更臻於完美無缺。

傳》成書。稽今所存《實錄》紀載不詳。按其本末，自洪武十年春，帝與翰林應奉
傅藻、典籍黃鄰、考功監丞郭傳論及天體左旋、日月五星右旋，鄰、傳咸主蔡氏之
說，帝乃作〈七曜天體循環論〉喻之。二十四年冬，禮部右侍郎張智奉命同學士劉
三吾等會議改定蔡《傳》。二十七年夏四月，詔徵致仕編修張美和、國子博士錢宰
等二十七人。既至，開局翰林院，命三吾總其事，朝士偕入書局者：國子祭酒胡季
安，左右贊善門克新、王俊華，修撰許觀、張信，編修馬京、盧原質、齊麟、張顯
宗、景清、戴德彝，國子助教高耀、王英、定公靜。次年春正月書成。」見朱氏
撰：《曝書亭集》，收入文淵閣《四庫全書》中（臺北：臺灣商務印書館，1986年3
月），卷42，頁6上-6下）。

15 朱彝尊撰：《書傳會選》，卷首，頁1上-1下

第三節　《書傳會選》的修纂人問題

　　《書傳會選》的纂修係由翰林學士劉三吾總其事，開局於翰林院，在明太祖洪武二十七年九月編纂完成呈上後，命禮部刊行天下。然而當初最早由禮部刊刻印行的《書傳會選》原始刻本，目前已完全看不到，今可見者主要有明初刻本、趙府味經堂刻本及清乾隆間的文淵閣《四庫全書》本。[16]

　　當時實際參與編纂的修纂人員究竟有多少人，《明史》並未記載，而是詳細記錄在《書傳會選》卷前和《明太祖實錄》之中。根據國家圖書館典藏的趙府味經堂刻本《書傳會選》的記載，書前有〈書傳會選發端〉，總共包括：劉三吾的〈書傳會選序〉、「凡例」、「所引先儒姓氏」及「會選今儒姓氏」等四項。其中「會選今儒姓氏」所列的，即是當時實際參與纂修工作的儒臣名單，合計有四十人。他們的名字如下：

> 翰林學士：劉三吾
> 國子祭酒：胡季安
> 左春坊左贊善：門克新
> 右春坊右贊善：王俊華
> 翰林致仕編修：張美和
> 國子致仕博士：錢宰
> 翰林修撰：許觀、張信
> 翰林編修：馬京、盧原質、齊麟、張顯宗、景清、戴德彝
> 國子助教：高耀、王英、定公靜

---

16 本文所徵引《書傳會選》文字，係採用臺灣商務印書館所影印的文淵閣《四庫全書》本，《四庫全書》本《書傳會選》則係採用朱彝尊家曝書亭的藏本，唯所引文字並持與國家圖書館收藏的明初刻本及趙府味經堂刻本相校。

　　教授：高讓

　　學正：王子謙

　　教諭：張仕諤、何原銘、傅子裕、周惟善、俞友仁

　　訓導：趙信、謝子方、周寬、洪初、王廷賓、萬鈞、唐棐

　　儒士：熊釗、蕭尚仁、揭軌、靳權、張文翰、王允升、張師
　　　　　哲、蕭子尚、解震

刻本記載的這四十個修纂人員名單，與文淵閣《四庫全書》本卷前
〈凡例〉所載錄的纂修名單完全相同。而《明太祖實錄》洪武二十七
年四月丙戌條，在詳細敘述修纂《書傳會選》經過時，同樣詳載有由
太子少保唐鐸舉薦的纂修人員名單，茲將其詳列如下：

　　翰林院編修致仕：張美和

　　國子監博士致仕：錢宰

　　助教致仕：靳觀

　　教授：高讓

　　學正：王子謙

　　教諭：張士諤、俞友仁、何原銘、傅子裕、周惟善

　　訓導：唐棐、周寬、趙信、洪初、萬鈞、王賓、謝子方、吳子
　　　　　恭

　　儒士：解震生、熊釗、揭軌、蕭尚仁、蕭子尚、王允昇、張文
　　　　　翰、張思哲、宋麟

將上述兩種名單相較，可發現纂修人員名字寫法有些並不相同，如
《書傳會選》的「王廷賓」《實錄》題作「王賓」，「王允升」《實錄》
作「王允昇」，「張師哲」《實錄》作「張思哲」，「解震」《實錄》作
「解震生」。而纂修人員數目也有相當大的出入，如《書傳會選》列

載的纂修人員無「靳觀、吳子恭、宋麟」三人，而有「胡季安、門克新、王俊華、許觀、張信、馬京、盧原質、齊麟、張顯宗、景清、戴德彝、高耀、王英、定公靜、靳權」等十五人。同一本書的編纂人員，《書傳會選》的〈凡例〉登載四十位，《明太祖實錄》所列載的修纂人員卻僅有二十七人，何以兩處所記載的名單相差那麼大，兩書的記載何者較可信，當以何書所載為準，其故安在？朱彝尊曾在《經義考・書傳會選》條後的按語中，對此種差異現象提出他個人的看法，他說：

> 《書傳會選》載纂修諸人無靳觀、吳子恭、宋麟，而有國子祭酒胡季安，左春坊左贊善門克新，右春坊右贊善王俊華，翰林修撰許觀、張信，編修馬京、盧原質、齊麟、張顯宗、景清、戴德彝，國子助教高耀、王英、定公靜，儒士靳權，凡一十五人。蓋永樂中修《實錄》，以許觀、景清等皆坐逆黨，因連類而刪去之也。[17]

朱彝尊另外在〈書傳會選跋〉一文中，對此續有所申論，他說：

> 以予所傳聞若是，實錄書法，凡著書開局，必具書纂修官姓名，以垂後世。而《明祖實錄》，其初修自建文即位之初，領其事者：太常少卿高遜志、僉都御史程本立等。假是編在，則開國之政治必粲然可觀。迨永樂中再修、三修，要不外楊士奇一手所改削，避禍益巧，逢君益工，而是非之心無復存焉。跡其于考正《書傳》諸儒，僅先期書徵召姓名。若朝士入選者，概從削去。原其故，則許、盧、景、戴四公先後咸死于難，去

之惟恐不盡，遂并入局之朝士悉削之也。[18]

朱氏認為明成祖朱棣不滿建文帝削藩政策，假借靖難之舉，篡位成功，大肆殺戮不肯迎附之大臣。而參與纂修官員中，許觀、盧原質、景清、戴德彝等人，即因反對明成祖朱棣篡位，以致在靖難之變時，被誣為奸臣逆黨而遭難。永樂年間，楊士奇奉成祖之命重修《明太祖實錄》，以彌縫掩飾其得位之不正，許、盧、景、戴四人皆死于靖難之役，遂將四人姓名刪除。至於胡季安、門克新、王俊華、張信、馬京、齊麟、張顯宗、高耀、王英、定公靜、靳權等十一人則係連帶關係而遭一併被刪除。唯《四庫全書總目》編者對朱彝尊的說法卻並不完全贊同：

> 惟《實錄》所載纂修諸臣姓名，與此本卷首所列不符。朱彝尊《經義考》謂許觀、景清、盧原質、戴德彝等皆以死建文之難刪去，其說是已。然胡季安、門克新、王俊華等十一人何以併刪？且靳觀、吳子恭、宋麟三人，此書所不載，又何以增入？蓋永樂中重修《太祖實錄》，其意主於誣惠宗君臣以罪，明靖難之非得已耳。其餘草草，非所注意，故舛謬百出，不足為據。此書為當時舊本，當以所列姓名為定可也。[19]

《四庫全書總目》則認為其中關鍵出於永樂年間《明太祖實錄》的重修工作之上，主要原因是明成祖以武力篡位成功，為掩飾靖難之役係出於不得已，又要「誣惠宗君臣以罪」，遂假借重修《實錄》名目，

---

18 （清）朱彝尊撰：《曝書亭集》，卷42，頁6上-7下。

19 （清）紀昀等撰：《四庫全書總目》（臺北：藝文印書館，1979年12月），卷12，「經部書二‧書傳會選條」，頁13下-14上。

塗飾相關資料，態度草率，以致《明太祖實錄》中的資料，「舛謬百出」，實在不足以作為依據。

綜合上述所論，《書傳會選》的修纂人員，書前〈凡例〉所列人數與《明太祖實錄》記載者並不同，朱彝尊與《四庫全書總目》兩家說法，皆以為出於《明太祖實錄》經過楊士奇等兩次的重修塗改，資料已非原本舊貌，內容造成許多舛謬，不足採信。至於是因連類而被刪去，抑或是修纂草草，不注意而被刪，由於兩家說法均係推測論斷，並無實據證明，在缺乏佐證資料情形下，修纂人的問題，仍以現傳明代趙府味經堂刻本所列較為可據。

第四節　〈凡例〉所稱刪改蔡《傳》六十六條問題

蔡沈《書集傳》雖秉承朱子之意而修撰，其中蔡氏自己的意見也不少，後世批評者已多有異論，等到宋、元朝代更替之際，有許多學者因不滿蔡《傳》而紛紛為書訂正其疑誤，如張葆舒作《尚書蔡傳訂誤》，黃景昌作《尚書蔡氏傳正誤》，程直方作《蔡傳正誤》，余苞舒作《讀蔡傳疑》，陳櫟作《書傳折衷》，交相提出疑難，論斷蔡氏的缺失。

劉三吾等奉朱元璋之命修訂蔡沈《書集傳》的解說，劉氏〈書傳會選序〉中曾談到他們在編纂過程中，對蔡沈《書集傳》所做訂正工作的原則是：

> 凡蔡氏之得者存之，失者正之，旁采諸家之說，足其所未備。

而《書傳會選》的編纂〈凡例〉也提到修訂蔡沈《書集傳》解說的更易數目：

五十八篇之傳，有非蔡氏之舊者，別而出之，凡六十六條。

綜合劉氏〈序〉言及〈凡例〉所說，可知《書傳會選》訂正蔡《傳》
解說的方式有兩種：一種是刪除蔡《傳》解說而改以前儒說法替代，
一種是在蔡《傳》之外再增補前代儒者的經說。經編者刪除改訂蔡沈
《書集傳》的註解者，總數合計有六十六條。爾後不論是《四庫全書
總目》或各家經學史著作，在談論《書傳會選》對蔡沈《書集傳》的
修訂增補時，都採用〈凡例〉中的說法作為論斷的根據。

　　欲徹底釐清《書傳會選》修訂更易蔡沈《書集傳》的註解，是否
誠如卷首〈凡例〉中所言僅「六十六條」？筆者首先將《書傳會選》
與《書集傳》中的蔡沈註解兩書逐一詳細比對，記錄其刪改移易數
目。發現若不計〈召誥〉篇的刪改他說情形，則統計全書更易他家解
說的次數，總共有九十八條，與〈凡例〉所言並不相同。以下試將編
纂者所引用的更易他家解說姓氏名稱及其引用次數，列成表格，以清
眉目：

引用稱號	姓名	引用次數	引用稱號	姓名	引用次數
陳氏大猷	陳大猷	22	夏侯氏	夏侯勝	1
孔　氏	孔安國	10	程　氏	程伯圭	1
仁山金氏	金履祥	9	陳　經	陳　經	1
呂　氏	呂祖謙	7	三山陳氏	陳　普	1
林　氏	林之奇	5	葉　氏	葉夢得	1
唐孔氏	孔穎達	4	孫　氏	孫　覺	1
新安陳氏	陳　櫟	4	陳傅良	陳傅良	1
新安王氏	王　炎	4	毅齋沈氏	沈貴寶	1
王　氏	王安石	3	董　鼎	董　鼎	1
張　氏	張　氏	3	夏　氏	夏　僎	1

引用稱號	姓名	引用次數	引用稱號	姓名	引用次數
蘇　　氏	蘇　軾	3	說　　文	說　文	1
朱　　子	朱　熹	1	未註名姓名		13

《書傳會選》係集合眾人之手纂輯而成者，故註明出處的體例並不完全統一，如「新安王氏」或題作「王炎」（卷1，頁31下），「陳大猷」或題為「陳氏」（卷1，頁38下），「仁山金氏（履祥）」或題為「金氏」（卷3，頁15上；卷5，頁40上），「新安陳氏」或題為「陳櫟」（卷5，頁15下、17上），另外尚有十三條更易蔡《傳》解說的註解未能注明出處，此種情形顯示該書因纂修者不同，體例亦有前後相異的狀況出現，與顧炎武所說「其傳中用古人姓字，古書名目，必具出處」的論斷[20]，實際上是並不完全符合的。

上述所列書中實際出現者二十二人，徵引八十五條。引用書籍名稱者有《說文》一條，另外有徵引資料卻未註明出處來源者十三條。合計全書總共引用刪改資料九十九條。

根據書前〈所引先儒姓氏〉所列引用儒者計有：漢孔安國氏、夏侯勝氏、晉王輔嗣氏（弼）、郭景純氏（璞）、唐孔穎達氏、宋張橫渠氏（載）、東坡蘇氏（軾）、東萊呂氏（祖謙）、新安王氏（炎）、伯圭程氏（琰）、五峰胡氏（宏）、月卿許氏、之奇林氏、大猷陳氏、應麟王氏、補之鄒氏、新安陳氏（櫟）、陳氏（經）、仁山金氏（履祥）、董氏（鼎）、胡氏（旦）等二十一人。分析其朝代，漢代二人，晉代二人，唐代一人，宋代十六人（編者將鄒補之、陳櫟、陳經、金履祥、董鼎、胡旦等生於宋末元初者亦視為宋人）。分析其朝代，漢代二人，晉代二人，唐代一人，宋二十二人。

若將實際引用資料的儒者名單與書前名單相核對，會發現實際有資料被徵引，但未被列入引用名單的有：陳普、葉夢得、孫覺、陳傅

20　（清）顧炎武撰：《原抄本日知錄》，卷20，〈書傳會選〉條，頁526。

良、沈貴寶、王安石、張氏、夏僎、朱子等九人，共引用十三條。而列名被引用的前代儒者有：王弼、郭璞、張載、胡宏、許月卿、陳大猷、王應麟、鄒補之、胡旦等九人，刪改資料部份實際被引用。其中王弼、郭璞、張載、胡宏、鄒補之等五人，甚至在增補資料部份亦未被引用，為何會列入書前〈所引先儒姓氏〉名單之中，恐怕係編纂者疏忽所造成。

為徹底釐清《書傳會選》刪削更易蔡沈《書集傳》註解的詳細情況，是否誠如卷首〈凡例〉及《四庫總目》所言僅僅糾正「六十六條」？筆者將《書傳會選》與《書集傳》兩書中的蔡沈註解逐一詳細核對，記錄其刪改移易數目。發現若不計算《召誥》篇的刪改他說情形，則統計全書更易他家解說的次數，總共有九十九條，與〈凡例〉所言並不相同。

根據筆者的核對的結果，劉三吾等人纂輯《書傳會選》時所改正的蔡沈《書集傳》註解的方式，大概有：刪除蔡《傳》，易以他說、刪除蔡《傳》文字，不改易他說，亦不增補；刪除蔡《傳》文字，另引他說，但不注明出處者三種情形。以下試將刪改更易情形，依上所述，分別舉例敘述：

一　刪除蔡《傳》，易以他說

劉三吾等編者若認為蔡沈《書集傳》的解說有明顯的錯誤，就會將它刪除，而另外採錄前代先儒的註解來取代蔡氏的說法：

一、〈堯典〉：「厥民因，鳥獸希革」句下，蔡沈《書集傳》對該句的解說：「因，析而又析，以氣愈熱，而民愈散處也。希革，鳥獸毛希而革易也」一段文字，《書傳會選》編者在編錄時將其全部刪除，另外改用宋儒陳大猷的說法來替代，陳氏說：

因者，因春之事以致其力。希，毛羽少而疏。革，易也。[21]

蔡沈之前釋「厥民析」之「析」為「分散也。先時冬寒，民聚於隩，至是則以民之散處，而驗其氣之溫也。」承前面解釋，遂將「因」字解為「析而又析，以氣愈熱，而民愈散處也」，編者認為「因」無「析」義，蔡氏的解說不適當，乃改採陳大猷「因春之事以致其力」的解說來取代。

　　二、〈大禹謨〉：「禹曰：於！帝念哉，德惟善政，政在養民，水火金木土穀，惟修。正德利用厚生，惟和」一段文字，其中「水火金木土穀，惟修」一句，蔡沈《書集傳》解為：

> 水火金木土穀，惟修者，水克火，火克金，金克木，木克土，而生五穀。或相制以洩其過，或相助以補其不足，而六者無不修矣！[22]

蔡氏採用五行相生相克的理論說解六府「水火金木土穀」，此說法《書傳會選》編纂者將其刪除，另外改採宋儒王炎的說法來替代，王氏說：

> 溝澮之導，瀦之蓄，井之汲，水之修也。鑽燧有變，焚菜有禁，火之修也。產於地，取之有時，鎔範而成之，金之修也。植於山林，斬之有時，掄材而取之，木之修也。辨肥瘠，相高下，以植百物，土之修也。播種有宜，耨穫有節，穀之修也。水以制火，火以煉金，金以治木，木以墾土，土以生穀，此六

21　（明）劉三吾撰：《書傳會選》，卷1，頁4上。
22　（明）劉三吾撰：《書傳會選》，卷1，頁31下。

府之序也。[23]

王炎認為「政之大要，莫切於養民。六府，養民之具也。」要想使百姓養生之具齊備，六府就需依序修整，能如此百姓就可以富足，而後才能教育百姓。[24]《書傳會選》編者認為王氏之說較蔡《傳》平實可信，於是轉而採錄王氏之說來替代蔡《傳》的解說。

　　三、〈甘誓〉：「有扈氏威侮五行，怠棄三正，天用勦絕其命，今予惟恭行天之罰。」其中「怠棄三正」一句，蔡沈《書集傳》的解說為：

> 三正，子丑寅之正也。夏正建寅。怠棄者，不用其正也。……
> 今按此章，則三正迭建，其來久矣。舜協時月正日，亦所以一
> 正朔也。子、丑之建，唐、虞之前，當已有之。[25]

蔡沈將「三正」解釋成「子丑寅」之正，係採用漢代馬融的說法，而劉三吾等編《書傳會選》時卻將蔡氏的說法予以刪除，另外改引孔安國及林之奇的說法來替代：

> 三正，孔氏曰：「天、地、人之正道，怠惰棄厭，言亂常
> 也。」林氏曰：「舊以為子丑寅之正。然商方有改正朔之事，
> 夏以前未聞也，此但言其廢三綱五常耳。」[26]

孔氏認為有扈氏是擾亂天、地、人三正道，而林之奇以為改正朔之事乃商朝以後才有，不可能出現在夏代，舊說將此句經文釋為「夏正建

---

23 （明）劉三吾撰：《書傳會選》，卷1，頁31下。

24 參見（元）董鼎撰：《書蔡傳輯錄纂註》，《通志堂經解》本（臺北：大通書局，1972年9月）卷1，頁34下。

25 （明）劉三吾撰：《書傳會選》，卷2，頁42下。

26 （明）劉三吾撰：《書傳會選》，卷2，頁42下。

寅」的說法，實不可採信。

四、〈西伯戡黎〉篇名之下，《書集傳》釋義時原有西伯「文王」
與「武王」二說，而將文王說置於前，是蔡氏主張文王說，但仍兼存
另外一種解說。而《書傳會選》編者則將蔡《傳》前面的西伯是文王
說的一段文字全部予以刪除。蔡《傳》：

> 西伯，文王也，名昌，姓姬氏。戡，勝也。黎，國名，在上黨
> 壺關之地。按《史記》文王脫羑里之囚，獻洛西之地，紂賜弓
> 矢鐵鉞，使得專征伐，為西伯。文王既受命，黎為不道，於是
> 舉兵伐而勝之。祖伊知周德日盛，既已戡黎，紂惡不悛，勢必
> 及殷，故恐懼奔告於王，庶幾王之改之也。史錄其言以為此
> 篇，誥體也。[27]

西伯，宋代以前舊說皆指係周文王，宋儒好倡行新義，始提出西伯為
武王的新說。蔡沈採信《史記》說法，主西伯為文王，唯對宋儒的新
說採保留兼存的作法。劉三吾等編纂《書傳會選》時採宋儒新說，而
將蔡《傳》所主的舊說刪除，另外改取宋儒金履祥、王應麟之說：

> 仁山金氏（履祥）曰：「西伯，武王也。武王襲爵以後，未克
> 商以前，商人稱之曰周西伯也。故胡五峰《大紀》、呂成公、
> 陳少南、薛季龍皆謂武王，舊說文王，失之矣。又曰受朝歌，
> 今衛州黎，今潞洲黎城，然衛亦有黎陽，則戡黎之師於受都已
> 迫。吳才老謂是武王伐紂時，蓋以祖伊辭氣為甚迫也，然亦當
> 在觀兵時。」浚儀王氏曰：「西伯既戡黎，祖伊恐。商都朝歌，
> 黎在上黨壺關，乃河朔險要之地，朝歌之西境，密邇王畿，黎

亡則商震矣。故武王渡孟津，莫之或禦。周以商墟封衛，狄人
迫逐黎侯，衛為方伯，連率不能救，而〈式微〉、〈旄丘〉之詩
作，唇亡齒寒，衛終為狄所滅。衛之亡，猶商之亡也。秦拔上
黨而韓趙危，唐平澤潞而三鎮服，形勢其可忽哉！」[28]

金履祥認為武王在襲爵後、克商前，商人稱為周西伯。吳才老（棫）
則以祖伊奔告時辭氣甚為急迫來看，應當是武王伐紂觀兵時。王應麟
則以為黎國在上黨壺關，位置在朝歌西境，接近商朝都城，為扼守商
都城的兵家險要地理所在，黎亡則商震，所以祖伊才會恐急奔告。
《會選》編者選錄金氏之言說明宋力主西伯即周武王之故，而引王氏
之言則在解釋何以西伯既戡黎，祖伊驚恐奔告的原因。

　　五、〈微子〉：「自靖，人自獻于先王，我不顧行遯。」句，蔡沈
《書集傳》的註解在「如我則不復顧行遯也」之後，原來尚有兩段按
語：

> 按此篇，微子謀于箕子、比干，箕子答如上文，而比干獨無所
> 言者，得非比干安於義之當死而無復言歟？孔子曰：「殷有三
> 仁焉。」三仁之行雖不同，而皆出乎天理之正，各得其心之所
> 安，故孔子皆許之以仁，而所謂自靖者即此也。又按《左
> 傳》：「楚克許，許男面縛、銜璧、衰絰、輿櫬以見楚子。楚子
> 問諸逢伯，逢伯曰：『昔武王克商，微子啟如是，武王親釋其
> 縛，受其璧而祓之，焚其櫬，禮而命之。』」然則微子適周，
> 乃在克商之後。而此所謂去者，特去其位而逃遯於外耳。論微
> 子之去者，當詳於是。[29]

28　（明）劉三吾撰：《書傳會選》，卷3，頁49上-49下。

29　（明）劉三吾撰：《書傳會選》，卷3，頁53下。

蔡沈採用《左傳》的說法，以為微子在周武王克商以後，才「去其位而逃遯於外」。《書傳會選》編者不同意蔡氏的說法，將此兩段按語全部刪除，另外改採朱熹及金履祥兩家的說法來取代：

> 唐孔氏（穎達）曰：「微子告二人而獨箕子答者，比干與箕子意同，經省文也。」《語錄》答嚴時亨曰：「所解三仁事，《史記》、《左傳》互有不同，但《論語》只言微子去之，初無面縛銜璧之說，今乃舍孔子而從左氏，史遷已難自信，又不得已而曲為之說，以為微子之去，乃去紂而適封國，則猶無所據矣。」仁山金氏（履祥）曰：「自靖，謂各行其分之所宜，而即其心之所安也。孔子所謂三仁是人各行其所安，有以告於先王而無愧於神明，可矣。王子有可去之意，蓋不可使受有殺兄之名，而元子在外，萬一有維持宗社之計，若我則無可去之義，故曰我不顧行遯，是亦將以死救也。詳此辭意，則箕子、比干同以死諫，比干見殺，箕子偶不見殺而囚耳。說者遂以箕子有言，而比干獨無言者，去就之義難明，而死節之義易見，殊不知箕子豈有去意，而比干之無答，亦以箕子意同，故不復有異辭耳。微子之去，遯于荒野而已，舊說抱祭器以歸周者，殊失之。」[30]

微子去周之事，《論語》僅只提及「去之」，並無「面縛銜璧」的說法，朱子批評《左傳》、《史記》的記載，毫無根據，且令人難以相信。而蔡沈反倒採信《左傳》之說，可見明顯違背師說。

六、〈牧誓〉：「王曰：嗟！我友邦冢君，御事、司徒、司馬、司空、亞旅、師氏、千夫長、百夫長。」下，蔡沈《書集傳》對「司徒、司馬、司空」三卿的註解是：

30　（明）劉三吾撰：《書傳會選》，卷3，頁53下-54上。

　　司徒、司馬、司空，三卿也。武王是時尚為諸侯，故未備六卿。

蔡氏以為「司徒、司馬、司空」是武王的三卿，《書傳會選》編者不僅引宋儒陳大猷之說補充蔡《傳》未解釋的「友邦冢君」係「指所會之諸侯」外，刪除蔡氏對三卿之釋義，而改易以宋儒陳氏之說取代：

　　三山陳氏曰：「御事、司徒、司馬、司空，即諸侯之三卿也。」[31]

編者引陳普說法，認為「御事、司徒、司馬、司空」是「諸侯之三卿」，而非周武王的三卿，且在蔡《傳》註解最後補上「傳以為武王之三帥，非是」十個字，以批駁蔡沈此條解釋的錯誤。

　　七、〈洛誥〉篇末：「惟周公誕保文武受命惟七年」經文之下，蔡沈《書集傳》對此句的註解是：

　　吳氏曰：「周公自留洛之後，凡七年而薨也。」成王之留公也，言誕保文武受民。公之復成王也，亦言承保乃文祖受命民，越乃光烈考武王。故史臣於其終計其年日，惟周公誕保文武受命，惟七年，蓋始終公之辭云。[32]

《書傳會選》編者將蔡《傳》的此段註解全部刪除，另外改易以張氏及陳櫟的解說：

　　張氏曰：「公輔成王，大保文武，所定天命，至此為七年。」

31　（明）劉三吾撰：《書傳會選》，卷4，頁11上。

32　（明）劉三吾撰：《書傳會選》，卷5，頁155上。

陳氏櫟曰：「此三節史臣記王在洛以留公在後治洛之事，祭告
文武及命公也。戊辰，先儒謂七年十二月晦日。唐孔氏推之，
謂此歲三月丙午胐，閏九月辛未朔小，則十二月三十日戊辰
晦。周十二月，建亥之月也。其言良是，上言逸祝冊，告文武
之冊也。下言作冊逸誥，告命周公之冊也。重其事，故既廟祭
而冊祝先王，又因廟祭而冊命周公也。前言戊辰而結以在十有
二月，明戊辰為十二月之戊辰，言十二月而繼以『惟周公誕保
文武受命，惟七年』，明十二月為此七年之十二月也。此乃古
史紀載倒文法也。惟七年有二說，今從張氏者，按《禮記》
云：『七年致政於成王』，王肅於〈金縢〉篇末云武王年九十
三，冬十一月崩，其明年稱元年。周公攝政遭流言，東征三年
而歸，制禮作樂，出入四年，六年而成，七年營洛邑，歸政成
王。武王崩時，成王年已十三矣，至是年二十，王肅此說與
《記》合。七年始終，鑿鑿可考，葉、吳七年而後公薨之說，
未見所據，何苦捨有據之舊說而從此乎？」[33]

蔡沈的註解採用宋代吳棫之說，認為周公自留居洛邑之後，至此已七
年而逝世。〈洛誥篇〉篇末所記的「惟七年」，實際上是指周公自始至
終居住在洛邑的全部時間。而劉三吾等修纂者則並不同意蔡氏的意
見，將蔡《傳》註解全部刪除，改採用《禮記》及張氏、陳櫟的解
說，以為係指周公從攝政到還政於成王，前後總共七年的時間。此種
說法已廣為學術界所採用，近代王國維撰〈洛誥解〉即採信是說。

　　八、〈呂刑〉：「鴟義姦宄，奪攘矯虔」一句，其中「矯虔」一詞，
蔡沈《書集傳》釋為「矯虔者，矯詐虔劉也。」《書傳會選》編者認為
蔡的解釋並不正確，因而將它予以刪除，另外改引宋儒金履祥的說法：

矯，正也；虔，劉也。謂姦惡寇攘者，須制刑以矯正虔劉之
也。[34]

蔡沈的註解，實際上是襲用自韋昭「凡稱詐為矯」[35]的解說，編者認
為蔡氏釋義不確，故改採金氏的說法。

二 刪除蔡《傳》文字，另引他說，但未注明出處者

劉三吾等人在纂輯《書傳會選》之時，除針對蔡沈解說「得者存
之，失者正之」外，也有一些蔡《傳》的註解，劉三吾等編纂者認為
解釋有不甚妥當，而將它刪除，徵引他家說法取代，卻不注明出處
者，全書計有十三條，茲舉例如下：

一、〈禹貢〉：「導渭自鳥鼠同穴，東會於灃，又東會于涇，又東
過漆沮，入于河涇。」經文敘述疏導渭至漆沮間的第八條水系，蔡沈
《書集傳》對於「鳥鼠同穴」的現象，以為是「其說怪誕不經，不足
信也。」《書傳會選》編者將十字刪除，而另外改訂為：

蔡氏以為其說怪誕不經，而鄉人乃謂誠有此事，蓋蔡氏之所未
見也。[36]

劉三吾等以為根據當地人所言，鳥鼠同穴，確實真有其事，蔡氏對於
平常罕見或未曾經見之事，即率爾批評為「其說怪誕不經」，態度不
甚謹嚴。此段文字，劉氏未注名來歷出處，使人較難論斷是編者的按

---

34 （明）劉三吾撰：《書傳會選》，卷6，頁34下。
35 參見（漢）班固撰：《漢書・武帝紀》（臺北：鼎文書局，1981年2月），卷6，頁
   181，顏師古所引韋昭註。
36 （明）劉三吾撰：《書傳會選》，卷2，頁36上。

語，抑或徵引他人之說。

　　二、〈洪範〉：「曰王省惟歲，卿士惟月，師尹惟日。」三句經文，蔡沈《書集傳》在註解後面原本尚有「蓋雨、暘、燠、寒、風，五者之休咎，有繫一歲之利害，有繫一月之利害，有繫一日之利害，各以其大小言也」等三十九字，《書傳會選》編者將它刪除，而另外改易以他說，然卻未具名指出該段文字係何人之言：

　　　　王與卿士、師尹，所職有繁簡，故所驗有遠近也。王者總其大
　　　　綱，不親庶務，故其得失必周一歲而後可見；若卿士之職，百
　　　　責所萃，其感應甚速，故其省驗在於一月；師尹職小事繁，去
　　　　民為近，其感應尤易，故其省驗在於一日。若一月一日之間，
　　　　天氣不順，而歲事無傷，則卿士師尹近民者之責，而非王者之
　　　　所憂矣。[37]

蔡《傳》解釋經文意義時，以為「王者之失得，其徵以歲；卿士之失得，其徵以月；師尹之失得，其徵以日」，即馬上說明係因「雨暘燠寒風，五者之休咎」所繫之利害導致，未能完全解釋經文所說何以需「王歲、卿士月、師尹日」的緣故，《書傳會選》編者增補之言，進一步補充說明王與卿士、師尹三者，因所執掌職有繁簡輕重的關係，所以徵驗時間就有長短遠近的分別。纂修者所增補疏釋文字，恰能補充說明蔡《傳》所不足之處。

　　三、〈旅獒〉：「允迪茲，生民保厥居，惟乃世王」三句經文之下，《書傳會選》編者在蔡沈《書集傳》的註解「即遺生民無窮之害」句下，先行刪除「而非創業垂統可繼之道矣。以武王之聖，召公所以警戒之者如此」等二十六字，而後在最後面徵引未注明來源出處：

37　（明）劉三吾撰：《書傳會選》，卷4，頁31下-32上。

按此蔡氏以謹德為一篇之綱領，而仁山金氏又推明慎德一章為貢物之制，昭德一章為受貢所以示諸侯。而其下文又推玩人以及玩物，因玩物以戒喪志，因喪志而言定志之道，因道寧而及知言之故，語雖偶而意相生也。既又因玩物而上推玩人之失，以防其原。因寶物而歸重寶賢之意，以易其好。而終之以不矜細行，終累大德，為山九仞，功虧一簣之戒。末又結之以「允迪茲，生民保厥居，惟乃世王」之辭，其發明太保訓成王之意，可謂曲盡其旨矣。[38]

劉三吾等採信胡五峰《皇王大紀》之說，主〈旅獒〉篇係成王時所作，為保持全篇的主張說法一致，故刪除蔡氏註解中召公告誡武王的文字。後面補充申釋經文大義，抉發全篇的精義所在，使後人更容易經書文字的意蘊。

三　刪除蔡《傳》文字，不改易他說，亦不增補

《書傳會選》的編纂者在修訂蔡《傳》解說時，並非只有除刪除蔡《傳》註解而直接更易前代儒者的註解一種情況，另外還有一種只刪除蔡《傳》的解釋文字，卻不改易他家說法，亦不增補者，此種情形全書合計有三十六條之多，茲舉例說明如下：

一、〈禹貢〉：「浮於積石，至於龍門西河，會於渭汭」之下，蔡沈《書集傳》在解釋此三句話時，本來尚有一大段說明文字：

按邢恕奏乞下熙河路打造船五百隻，於黃河順流而放下，至會州西小河內藏放。熙河路漕使李復奏：「竊知邢恕欲用此船載兵，順流而下，去取興州契勘會州之西小河鹹水，其闊不及一

丈，深止於一二尺，豈能藏船？黃河過會州入韋精山，石峽險
窄，自上垂流直下，高數十丈，船豈可過？至西安州之東，大
河分為六七道，散流渭之南山，逆流數十里方再合。逆溜水
淺，灘磧不勝舟載，此聲若出，必為夏國侮笑。」事遂寢。邢
恕之策，如李復之言，可謂謬矣。然此言貢賦之路，亦曰浮於
積石，至於龍門西河，則古來此處河道，固通舟楫矣。而復之
言乃如此，何也？姑錄之以備參考云。[39]

蔡氏引邢恕、李復奏章的一段文字，旨在說明積石至龍門西河之間，
河道自古以來通行船隻，然與〈禹貢〉此段經文的疏釋並無多大關
係，故編者將它全部予以刪除。

　　二、〈高宗肜日〉篇首「祖己曰惟先格王，正厥事」經文之下，
蔡《傳》註解，在「豐於昵，失禮之正」前面原有：

格，正也，猶格其非心之格，詳下文。高宗祀豐於昵，昵者，
禰廟也。[40]

劉三吾等採金履祥之言，相信《史記》此篇係作於祖庚時，與蔡氏意
見相左，遂將「格正也」以下二十四字全部刪除，以保持其解釋能夠
前後一致，也不再另外補充其他說法。

　　三、〈金縢〉：「王執書以泣，曰其勿穆卜。昔公勤勞王家，惟予沖
人弗及知。今天動威，以彰周公之德。惟朕小子其新迎，我國家禮亦
宜之。」下，《書傳會選》的編者刪除蔡沈《書集傳》的一段解說：

按鄭氏《詩傳》，成王既得金縢之書，親迎周公。鄭氏學出於

39　（明）劉三吾撰：《書傳會選》，卷2，頁26上。
40　（明）劉三吾撰：《書傳會選》，卷3，頁48上。

伏生，而此篇則伏生所傳，當以親為正。親誤作新，正猶〈大學〉新誤作親也。蔡氏在本段經文註解之後，引鄭玄《詩傳》註解之文，證明鄭氏所見的〈金縢〉篇原文「逆」字當作「親」字，編者則將引文全部刪除，卻說明其原由為何。[41]

四、〈洛誥〉：「周公拜手稽手曰朕復子明辟」一句經文下，蔡沈《書集傳》在註解的最後面原本尚引用蘇軾釐訂〈洛誥〉篇首錯簡在〈康誥〉之首的主張：

> 蘇氏（軾）曰：「此上有脫簡在〈康誥〉。自『惟三月哉生魄』至『洪大誥治』四十八字。」

蔡氏引用蘇軾釐正〈洛誥〉字句有簡篇錯亂的說法，《書傳會選》的編纂者並不同意，所以在纂修時將蔡《傳》所徵引的蘇氏錯簡言論予以刪除，不予抄錄。（《書傳會選》，卷5，頁7下）

第五節　《書傳會選》對蔡沈《書集傳》的增補

《四庫全書總目》的編撰者，鑒於歷代經籍浩博，在撰寫提要時，無法對每一本書作詳細精審的考訂，往往只根據的序跋或凡例、目錄去做評論，以致在論斷時常會發生許多偏差與錯誤。評斷劉三吾等所編纂《書傳會選》的情形也相類似。從書前提要的敘述中，我們可以很輕易的看出對《書傳會選》的評價，其意見大都是從《書傳會選》的〈凡例〉勦襲而來，提要撰寫者實際上可能並未將《書傳會選》全書詳盡閱覽後才加以論斷。故在提要中斷然認為劉三吾等人對

41　（明）劉三吾撰：《書傳會選》，卷4，頁41上。

《書集傳》的修訂工作，僅有「糾正凡六十六條」蔡《傳》而已。除此之外，則隻字未曾道及。

　　其實，劉三吾等在編纂修訂《書集傳》時，除對「失者正之」外，也曾「旁採諸家之說，足其所未備」，以增補《書集傳》解說方面的不足，筆者將兩書逐一核對後，將《書傳會選》所增補的資料，逐條統計，為使下文的敘述說明更清晰明白，茲將編纂者所增補資料的姓氏名稱及其引用次數，製成表格如下：

引用稱號	姓　名	引用次數	引用稱號	姓　名	引用次數
陳氏大猷	陳大猷	76	無垢張氏	張九成	2
仁山金氏	金履祥	66	胡　氏	胡　旦	2
新安陳氏	陳　櫟	64	蔡氏元度	蔡元度	2
呂　氏	呂祖謙	32	薛　氏	薛肇明	2
林　氏	林之奇	16	劉氏安世	劉安世	1
新安王氏	王　炎	12	胡氏一桂	胡一桂	1
唐孔氏	孔穎達	11	金氏燧	金　燧	1
三山陳氏	陳　普	8	陳氏祥道	陳祥道	1
真　氏	真德秀	8	范　氏	范　氏	1
陳　氏	陳　經	8	曾　氏	曾　旼	1
王　氏	王安石	7	馬　氏	馬廷鸞	1
朱　子	朱　熹	6	賈　逵	賈　逵	1
夏　氏	夏　僎	6	程伯圭	程伯圭	1
董　鼎	董　鼎	5	許氏月卿	許月卿	1
復齋董氏	董　琮	4	劉　氏	劉　卣	1
張　氏	張　涘	4	王氏日休	王日休	1
浚儀王氏	王應麟	3	葉　氏	葉夢得	1
孫　氏	孫　覺	3	史氏漸	史　漸	1

引用稱號	姓　名	引用次數	引用稱號	姓　名	引用次數
朱　氏	朱　氏	3	李氏謹思	李謹思	1
鄒　氏	鄒補之	2	上　官　氏	上官公裕	1
鄒季友	鄒季友	2	未註明姓名出處者		34
蘇　氏	蘇軾	2			

引用書名	引用次數	引用書名	引用次數
史　記	2	唐　志	1
朱子語錄	1		

以上所徵引的先儒總共四十二人，增補引用的資料合計有三七二條。
再者，還有被編者所徵引而未註明出處者有三十四條。另外，文中也
出現引用《史記》、《唐志》、《朱子語錄》三部書籍名稱的資料四條。
若將《書傳會選》編者所徵引的疏解資料合併計算，則全書總共引用
四一○條增補的資料。

　　在所增補的先儒資料當中，陳大猷七十六條最多，金履祥六十六
條次之，陳櫟六十四條，呂祖謙三十二條，林之奇十六條、王炎十二
條、孔穎達十一條等七人解說資料被徵引較多。歸納《書傳會選》對
蔡沈《書集傳》註解的增補情形，大概可分為：申釋字句之義、考訂
篇章字句之誤、申釋篇章段落大義、增補他家說法，卻不注明出處者
等四類，以下分別舉例敘述如下：

一　申釋字句之義

　　蔡沈註解《尚書》，比較著重義理方面的闡釋，全書說解通暢簡
明，故普受世人所接受，然因其注重義理疏解，文字方面的解釋，就
難免會偶有遺漏，劉三吾編纂《書傳會選》時，對於較關鍵的字辭或

生難單字，就會徵引諸儒解說加以申釋，茲舉例如下：

一、〈禹貢〉篇敘述疏導青州時，言及：「萊夷作牧」，蔡沈對該句僅籠統地說「作牧者，言可牧放，夷人以畜牧為生也。」《書傳會選》編者則增引宋儒陳大猷之說來補充：

> 作謂耕作，牧謂芻牧。夷人以畜牧為業，見禹之功及走獸也。[42]

陳大猷「作牧」一詞逐字解釋，單字意義清楚明白，並進一步疏解經文此句文字，旨在表現大禹疏濬山川之功勞的偉大，且能遍及於飛禽走獸。

二、〈康誥〉篇末：「王曰嗚呼，肆予小子封」，句中「肆」字，蔡沈《書集傳》僅解釋為：「肆，未詳。」顯示蔡沈尚有不知闕疑的精神，《書傳會選》則另外徵引董琮之言補充：

> 肆，語辭，如「肆徂」、「肆往」皆語辭也。[43]

《書傳會選》編者徵引董琮的解釋，恰好可補充蔡氏的不足之處。

三、〈顧命〉篇首：「甲子，王乃洮頮水，相被冕服，憑玉几。」蔡沈《書集傳》僅解釋成王病危將崩之際，齋戒沐浴，憑靠在玉几之上發號施令的全部大意，而未針對該句頗為關鍵之字作解釋，劉三吾等編者則補引宋儒之言以補充解釋：

> 新安王氏曰：「盥手曰洮，沃面曰頮。」三山陳氏（普）曰：「古人臨死之際，猶不忘敬如此。」[44]

---

42 （明）劉三吾撰：《書傳會選》，卷2，頁10下。
43 （明）劉三吾撰：《書傳會選》，卷4，頁61下。
44 （明）劉三吾撰：《書傳會選》，卷6，頁10下。

劉氏增引宋儒王炎、陳普的解說，使學者閱讀之際對文中生難字有一
簡明的解釋，以幫助後人更容易瞭解《尚書》文中的大意。

四、〈顧命〉篇：「茲殷庶士，席寵惟舊。」蔡沈的《書集傳》對
「席寵惟舊」一句未作單字解釋，劉三吾等則補引宋儒陳大猷之言以
補充解釋其意義：

> 席猶藉也。席寵惟舊，言世祿之家也。[45]

陳大猷釋席為藉，即憑藉之義，並進而解釋「席寵惟舊」一句，實際
就是文中所指的那些憑藉光寵，驕奢淫逸，矜誇無禮的「世祿之家」。

二　考訂篇章字句之誤

《尚書》本為上古時代政府的公文檔案資料，本來就詰屈聱牙，
加上歷經戰亂兵燹，傳抄訛誤等因素，致使《尚書》篇章文字，難免
有簡編錯誤更易情形發生，劉三吾等編纂《書傳會選》時，即根據前
代儒者的意見來考訂篇章字句之誤，茲舉例如下：

一、〈西伯戡黎〉：「殷之即喪，指乃功，不無戮于爾邦」一段經
文之下，《書傳會選》編者在蔡《傳》的最後面補充元儒鄒季友的考
訂意見：

> 按此篇祖伊之言，危迫之極，必在周師既渡河之後。若文王
> 時，必無「殷之既喪，不無戮于爾邦」之語，篇次不當在微子
> 之前。[46]

---

45 （明）劉三吾撰：《書傳會選》，卷6，頁26下。

46 （明）劉三吾撰：《書傳會選》，卷3，頁51上。

鄒季友從祖伊奔告勸諫商紂王時，語氣不勝驚恐急迫情狀，又有斷言殷商即將喪亡，能免於會遭到殺戮的災禍來看，〈微子〉篇所記載事情的時代在〈西伯戡黎〉之前，因而推論〈西伯戡黎〉的篇次實在不應當置於〈微子〉篇之前。

二、〈泰誓上〉：「同力度德，同德度義，受有臣億萬，惟億萬心；予有臣三千，惟一心。」一段經文之下，《書傳會選》編者在蔡《傳》註解的最後面補充一段考訂文字：

> 此章傳文俗本「有得於心」多作「自有得於身」，「十萬曰億」多誤寫作「百萬曰億」，今正之。[47]

《會選》編者補入此段考訂俗本文字訛誤的話，卻未注明出處，使人不清楚此段文字究竟係引自他家之說，抑或為編者自加的按語。

三、〈君奭〉：「公曰君奭，在昔上帝割申勸寧王之德，其集大命于厥躬。」一段經文之下，《書傳會選》編者在蔡《傳》註解的最後面補充金履祥考訂文字之說：

> 金氏曰：「『割申勸』，傳記引此作『周田觀』，按周字蒙文割似害，從害而多刀、聲亦近似，此當作害，而音曷。曷，何也。言上帝何為而申勸武王之德集大命於其身哉！」[48]

金氏以為《禮記・緇衣》篇引「割申勸」作「周田觀」，「周」字是「害」字之誤，「割」當借為「害」，「害」音讀為「曷」，「曷」義即「何」，金氏從經文義難通，嘗試比勘上下文以考訂文字之訛誤。

四、〈大誥〉：「予不敢閉于天降威用。」一句經文之下，《書傳會

---

47 （明）劉三吾撰：《書傳會選》，卷4，頁4下-5上。
48 （明）劉三吾撰：《書傳會選》，卷5，頁34下-35上。

選》編者在蔡《傳》註解的最後面補充蔡氏之師朱子對此句斷句的看
法：

> 朱子曰：「『用』字當屬下句」今從之。[49]

劉三吾補引朱子對此句經文的句讀，認為「用」字應屬下讀，以糾正
蔡沈經讀之缺失。

　　五、〈大誥〉：「寧王遺我大寶龜，紹天明」一句經文之下，《書傳
會選》編者在蔡《傳》註解的最後面補充呂氏之說：

> 「寧王遺我大寶龜」，此一篇之綱領也，自始至終皆以卜為
> 言。按金氏以「用寧王遺我大寶龜紹天明」作一句讀，「即命
> 曰」以下述命龜之辭。[50]

前代學者多將「用」字屬上讀，又將「寧王遺我大寶龜，紹天明」斷
為兩句，《書傳會選》編者徵引金履祥的意見，「用寧王遺我大寶龜紹
天明」當作一句讀，不可分讀，係〈大誥〉篇的綱領主旨所在，「即
命曰」以下皆是龜祝述卜之辭。

三　申釋篇章段落大義

　　劉三吾在編修《書傳會選》時，若覺得蔡沈《書集傳》對各篇篇
章或段落的解說尚有未盡之處，而諸儒解說有足供補充者，就會採錄
先儒的釋義資料，補充增釋在該篇章段落之後，以使蔡《傳》的釋義
更加完整，茲舉例如下：

49　（明）劉三吾撰：《書傳會選》，卷4，頁42下。
50　（明）劉三吾撰：《書傳會選》，卷4，頁43上。

一、〈舜典〉篇末「舜生三十，徵用三十，在位五十載，陟方乃死」之下，《書傳會選》編者在蔡沈《書集傳》註解的最後面增補元儒董鼎的疏解：

> 自「慎徽五典」至「汝陟帝位」，是堯試舜三年內事，為司徒百揆四岳，未為君時也。自「受終」至「過密」，是攝位二十八年內事，不過以百揆代堯行天子事，亦未為君也。曰「格文祖」，然後即帝位，始稱帝，舜之君道，乃可見耳。方攝位時，巡四岳，朝諸侯，封山濬川，考禮正刑，汲汲不少暇。至即位後，惟責成於岳牧九官，舜不過執黜陟之權以激勵之，外此不復以身親焉。五十年間，有天下而若不與，非得為君之道而然歟？攝政以前，可見君道之勞；即位之後，可見君道之逸；乾知大始，坤作成物，君臣之道，一乾坤也。夫子以君哉稱之，宜也。[51]

董鼎總論〈舜典〉大意，從舜被四岳推薦，堯測試其才能，使掌五常之較，使其擔任各種官職，迎接四方諸侯，歷試諸般艱難之事，舜皆能主事而事治，驗之於人事而人協，薦之於天而天受之，舜之承繼君位大統，是順天應人之事。及其即位之後，僅執掌考績黜陟之權力以督責激勵百官，不復親身操持庶事政務，五十年間，有天下而若無，天下反因而大治。董氏總括全篇意旨，闡釋舜為君之道及〈舜典〉篇所隱藏的政治至道義蘊，論述君臣職分之道當如《易經》的乾坤之道。

二、〈皋陶謨〉首段「曰若稽古皋陶」至「在茲，禹拜昌言曰俞」之下，《書傳會選》編者在蔡沈《書集傳》的解說後面補充宋儒王炎及真德秀的解說：

51　（明）劉三吾撰：《書傳會選》，卷1，頁28上-28下。

> 王氏炎曰：「皋陶之謨有三：脩身也，知人也，安民也，而脩身為本。」真氏曰：「皋陶陳謨，首以謹脩其身為言。蓋人君一身，天下國家之本，慎之一言，又脩身之本也。思永欲其悠久不息，常思所以致謹，然後謂之永。慎則敬而不忽。思永則久而不忘，脩身之道備矣。然後以親親、尊賢二者繼之，身為之本，而二者又各盡其道，則自家可推之國，自國可推之天下，其道在此而已。〈中庸〉九經之序蓋祖於此。」[52]

王氏指出皋陶所陳之謨，人君首要在於脩身、知人、安民三者，而以脩身為最根本。真氏則進一步闡釋三者義涵，他認為皋陶陳謨，首先標舉「謹脩其身為言」，就是因人君為天下國家之本，一言一行，動見觀瞻，均深深影響天下人民的言行風俗，故君王為人需修身謹慎，作為天下表率。繼而親親尊賢，如此則能潛移默化，達到教化天下百姓的功用。這也就是蔡《傳》所說的「身修則無言行之失，思永則非淺近之謀。惇敘九族，則親親恩篤而家齊矣；庶明勵翼，則群哲勉輔而國治矣」的道理。皋陶之謨，蘊涵齊家治國平天下的政治至高哲理，經王炎、真德秀二人的申釋，使得《尚書》艱澀難懂的經義顯得簡明通暢。

三、〈禹貢〉：「淮沂其乂，蒙羽其藝」兩句經文，《書傳會選》編者在蔡沈《書集傳》的解說後面又增補宋儒王炎之言：

> 先淮後沂，先大而後小也；先蒙後藝，先高而後低也；淮沂乂而後蒙羽可藝，事之相因也。[53]

此條是劉氏增引王炎之言，說明「淮沂其乂，蒙羽其藝」兩句經文敘

52　（明）劉三吾撰：《書傳會選》，卷1，頁40上。
53　（明）劉三吾撰：《書傳會選》，卷2，頁11下。

述的先後相承的關係。

四、〈泰誓上〉篇名之下，《書傳會選》編修者未刪蔡《傳》的註解，並在蔡沈註解後面增補一段宋代學者金履祥的意見：

> 上篇誓諸侯，因及御事庶士；中篇誓諸侯之師；下篇自誓其師。[54]

金氏說明〈泰誓〉篇區分為三篇之緣故，並論述上中下三篇所誓告的對象，幫助學者能提綱挈領的去瞭解〈泰誓〉各篇文章的大概要旨。

五、〈洪範〉：「三、八政：一曰食，二曰貨，三曰祀，四曰司空，五曰司徒，六曰司寇，七曰賓，八曰師。」下，蔡沈《書集傳》對該句的解說：

> 食者，民之所急；貨者，民之所資，故食為首而貨次之。食貨，所以養生也。祭祀，所以報本也。司空，掌土，所以安其居也。司徒，掌教，所以成其性也。司寇，掌禁，所以治其姦也。賓者，禮諸侯遠人，所以往來交際也。師者，除殘去暴也，兵非聖人之得已，故居末也。[55]

蔡氏僅擇要解說八政的功用，未深入詳細說明其緣由，劉三吾等編纂時，就在蔡沈《書集傳》的解說之後再補充朱氏的說法：

> 八政以急緩為次序，食謂君授民以時，使民用天之道，因地之利，慎不失時，盡力畎畝，則食足矣，食足則民命立矣。貨，民用諸物，日用不可缺者，使之懋遷有無，農末相資，則貨財

54　（明）劉三吾撰：《書傳會選》，卷4，頁1下。

55　（明）劉三吾撰：《書傳會選》，卷4，頁23下。

相通矣。祭祀所以報本也，國有大祀、中祀、群小祀，無不主
于報本，故誠不可懈，禮不可紊，祀不可瀆，故先聖王所重為
此故也。能者養之以福，不能者敗以取禍，其敢少有毫髮慢易
之心乎？邦有空土，司徒掌之，所以居四民時地利也。若後世
徙狹鄉居空荒以實其地之類。司徒掌邦教，民生理散居君之五
教，恐民有所忘失，故每歲孟春則木鐸以聲之，使人知及時趨
事，掌其職曰司，為其事而屬乎所掌者曰徒，此之為司徒也。
司徒掌邦禁，其諸上亂國政，下殃良民，諸姦邪不正，是為寇
賊姦宄，斯等之為，乘人之際，窺人之愚，侮善陷良，盡在治
下，是其司寇也。[56]

朱氏進一步補充解釋八政排列先後之關係，係完全按照百姓民生需求
的急緩程度為序，食為養生之所必需，貨為日用所不缺，故居先。祭
祀為報本追遠，屬於國家大事之。司空、司徒、司寇三者，執掌居
住、教育、法律。以上六項均為內治之事。賓、師二者，掌管邦國往
來交際及軍事整備，屬於治外之事。朱氏將八政的功能及性質解說得
相當清晰明暢，實能彌補《書集傳》解釋稍嫌精簡的的缺點。

　　六、〈牧誓〉篇名之下，蔡沈《書集傳》已有簡明的註解，《書傳
會選》的編者認為不夠詳細，又在蔡《傳》的註解之後，另外補充宋
儒金履祥的意見：

〈泰誓〉上以誓諸侯為主，中誓諸侯之師，其辭止於「尚弼永
清，定功永世。」下篇自誓其眾始，有「不迪顯戮」之戒。至
於〈牧誓〉，則商郊之誓，臨戰之時，一人不戒，易以敗事，
故均戒誓之，不免有戮，不可以貴賤異法也。[57]

---

56 （明）劉三吾撰：《書傳會選》，卷4，頁23下-24上。
57 （明）劉三吾撰：《書傳會選》，卷4，頁10下。

蔡沈《書集傳》僅解釋〈牧誓〉篇名所在地及該篇是「武王軍於牧野，臨戰誓眾，前既有〈泰誓〉三篇，因以地名別之。」並未詳細說明兩篇誓辭之間究竟有何區別，《書傳會選》的編者則在蔡《傳》的註解之後，補充宋儒金履祥的說法，進一步解釋〈泰誓〉篇因誓師對象不同，誓辭告誡意向亦隨之不同，而〈牧誓〉因係「臨戰之時」的誓辭，不詳細嚴厲告戒，軍士容易壞事，所以不分上下貴賤，一律戒誓之。如此，讀者對兩篇誓辭內容因性質、對象不同而有所差異，則比較容易有清楚的瞭解。

七、〈旅獒〉篇名之下，蔡沈《書集傳》對此篇名的解釋以為：

> 西旅貢獒，召公以為非所當受，作書以戒武王，亦訓體也，因以旅獒名篇。[58]

蔡《傳》採用傳統說法，將此篇視為召公告戒武王之書，《書傳會選》編者未刪蔡《傳》的註解，卻在其後面補充一段編者所加的按語意見：

> 按此篇舊以為戒武王之書。《朱子語錄》云：「旅獒之作，武王已八十餘歲，而太保諄諄告之，與教小兒相似，若自後世言之，為非所宜言，不尊君矣。」按五峰胡氏《皇王大紀》謂〈旅獒〉為成王時書，後人見篇首有「惟克商通道」之語，遂以為告武王，不思武王之克商僅六年而崩，如越裳肅慎之來貢，皆在成王時，則西旅之貢亦必在成王時無疑矣。[59]

朱熹認為從〈旅獒〉寫作時間來看，當時周武王已年紀經八十餘歲，

58　（明）劉三吾撰：《書傳會選》，卷4，頁33下。

59　（明）劉三吾撰：《書傳會選》，卷4，頁33下。

而文章中太保諄諄告誡語氣卻好像教導小孩子般，對君王如此不敬，不似大臣應該有的態度。胡宏則以為武王伐紂，滅商六年後就崩逝，以越裳肅慎來進貢之事在周成王時觀之，則西旅貢獒之事，也應該在成王之時才對。〈旅獒〉篇屬於偽古文《尚書》二十五篇之一，為魏晉間人所偽作，內容矛盾，事理溷亂，在宋儒普遍尚不知《古文尚書》二十五篇為後人所偽作的年代，朱熹、胡宏兩家能從〈旅獒〉篇內容語氣及寫作年代，懷疑舊說之不合理，實有真知灼見者，而《書傳會選》編者能不為蔡《傳》所囿，詳實考訂典籍，而非肆意刪削，敷衍畢事者。

八、〈秦誓〉：「邦之杌隉，曰由一人；邦之榮懷，亦尚一人之慶。」蔡沈《書集傳》對此段經文僅作簡單的解釋，且說「是申繳上二章意」。劉三吾等編者對蔡《傳》的註解未加任何刪改，反而在其後另外補充宋儒張氏、陳大猷等四人的解說：

> 張氏曰：「杌如木之動搖，隉如阜之圮壞。」陳氏大猷曰：「穆公深悔前日用人之失，故思得有容之士以輔相之也。」張氏九成曰：「孔子深意若曰平王錫文侯，而言不及復讎，王道不可望矣。天下之讎莫大於弒君父，天下之惡莫大乎安於為弒逆者所立，事至於此，王道絕矣。夫子之意謂使平王用兵得如伯禽，申侯犬戎可誅乎？悔過得如秦穆，懲創用賢，周庶幾其中興乎。今皆無之，故痛憤而以伯禽、穆公繼其後也。」李氏謹思曰：「或謂周書終於〈文侯之命〉，而以〈秦誓〉附焉。蓋世變往來之會，王伯升降之機，《書》終〈文侯之命〉而王跡熄，《書》附〈秦誓〉而伯圖興。周遷洛邑而周日弱，秦得鎬京而秦日強。讀〈文侯之命〉，見平王忘君父、忘讎恥也如此；讀〈秦誓〉，見穆公之改過遷善、任賢去邪也如此。周欲不弱、秦欲不強得乎？平王之詩下儕列國，而秦〈車鄰〉附見

焉；平王之書續以列國，而〈秦誓〉附見焉。進秦於《詩》、
《書》之末，以徵周也；《春秋》之筆，於秦每人之，又且狄
之，又以尊周也。天下之勢駸駸而趨於秦，夫子得不見其幾微
於定《書》刪《詩》作《春秋》之際乎？」[60]

陳大猷論述秦穆公深自懺悔之用意，在以謙卑態度期待有容之士來相
輔佐。張九成則申論孔子編輯《尚書》止於〈秦誓〉，深意在痛憤周
平王面對弒君父之申侯、犬戎，非但隻字不提及復讎之事，且安於為
弒君父逆賊所立，王道滅絕，莫此為甚。故夫子特著秦穆之真切悔
過，懲創用賢，乃能稱霸西戎。李謹思之言，在闡揚孔子編書之際，
〈周書〉終於〈文侯之命〉及附載〈秦誓〉之微意，在彰顯「世變往
來之會，王伯升降之機，《書》終〈文侯之命〉而王跡熄，《書》附
〈秦誓〉而伯圖興」。孔子見平王忘君父之讎恥，見穆公之改過遷
善，任賢去邪，憫周道日衰，秦勢日強，傷心悲憤，怨望理想之難
成，遂於編纂《詩》、《書》之際，進退筆削，以暗寓徵周之微言大
義。此篇蔡《傳》註解時，未能彰顯孔子定《書》之深心密旨，劉三
吾透過增補方式，深層闡發孔子的幾微義蘊，使後人深刻體認《尚
書》為二帝三王之治道心法所在。

四　增補他家說法，卻不注明出處者

《書傳會選》因出於眾人之手，難免有體例前後不完全統一的情
況發生，上述刪改蔡《傳》註解部份有此種情形，增補諸家疏解部
份，亦同樣有此情況產生，為明所言真實，茲舉要例如下：
一、〈盤庚〉下篇：「古我先王，將多于前功，適于山，用降我凶

60　（明）劉三吾撰：《書傳會選》，卷6，頁51上-51下。

德，嘉績于朕邦。」蔡沈《書集傳》註解說：「成湯欲多於前人之功，故復往居亳。按〈立政〉三亳，鄭氏曰『東成皋，南轘轅，西降谷』。」《書傳會選》編者則在蔡《傳》註解後面另外作補充說明：

> 按成皋，《漢志》：河南郡成縣皋即虎牢也。轘轅，在河南緱氏縣東南阪十二曲道，將去復還，故曰轘轅。降谷，未詳，當亦在河南。[61]

對於三亳，蔡《傳》雖引鄭玄注指出係「東成皋，南轘轅，西降谷」三地，但在今天何地？則未說明。劉三吾等編者則依據《漢志》記載，補充蔡《傳》地理資料的不足，確實指出「三亳」在後代詳細地點所在，使後人讀《尚書》時，能有清晰的古今地理位置觀念，唯此條補充資料未能註明來源出處，殊為令人遺憾。

二、〈酒誥〉：「惟曰我民迪小子，惟土物愛，厥心臧。聰聽祖考之彝訓，越小大德，小子惟一。」下，《書傳會選》編者對於蔡沈《書集傳》的註解全部保留，未予刪除，且又在後面補充一段不知是何人的意見：

> 蓋縱酒者多不事稼穡，勤稼者必不暇縱酒，此文王訓迪小子，惟土物愛，則能全吾身之善，聽祖父之訓，庶幾知任稼穡。此心用臧，其於老成之彝訓，必不至於侮慢，而能用心聰聽，不以謹酒為小德，而不致其謹也。德無巨細，惟一視之。[62]

編者增引補充疏解蔡《傳》，以為當聰聽祖父、老成人的彝訓，不可因謹酒為小德而不守，縱性飲酒，因「縱酒者多不事稼穡，勤稼者必

---

61 （明）劉三吾撰：《書傳會選》，卷3，頁36下。
62 （明）劉三吾撰：《書傳會選》，卷4，頁63下。

不暇縱酒」，最後必至侮慢荒淫，傷德敗性。德不可有小大之別，當一體視之。

第六節　〈召誥〉篇刪改情形

　　劉三吾等奉詔考正蔡沈《書集傳》書中註解的缺失，在纂修過程中，對於蔡沈《書集傳》的註解若覺得有不甚正確者，大都會具名徵引先儒之說予以更易，或旁採宋元諸儒說解以增補其不足，此點劉三吾在〈書傳會選序〉已有所說明，亦即《四庫全書總目》所指陳而世人所熟知的修正情形。然而實際情形是否僅止於此呢？經筆者逐一核對全書的註解發現，尚有〈召誥〉篇幾乎全篇被刪改的情況，劉三吾不論在序言或〈凡例〉中均未提及，是劉氏故意隱匿不講？抑或根本不知該篇情形？再者，〈召誥〉篇的蔡《傳》註解幾乎被編者刪除而另易他家的解說，但所更易的解說卻全部未注明來源出處，筆者遍檢現存宋、元諸儒有關《尚書》學著作，亦未其更易資料的出處，使人無法清楚所引資料究竟係自前代儒者的說法？抑或纂修者的修訂意見，在在均頗令人疑惑不解，因學淺識寡，益以缺乏其他佐證資料，故不敢妄加臆測。

　　〈召誥〉篇除篇名下及篇首「惟二月既望」至「厥既得卜則經營」的註解未被刪除外，可說幾乎全被刪除更易殆盡。在此種情況下，實在無從知道劉三吾對於註解更易數目的計算方式為何？係以字或詞為計數單位？抑或以整句經文計數？因無法確知，亦無從計算，故不將其更易註解的條數計算在內。〈召誥〉篇因〈書序〉、《尚書大傳》、《史記》諸書所記載事情的年代及內容，互有不同，歷代以來，學者即爭論不休，蔡沈所註解，《書傳會選》的編者並不滿意，故幾乎將全篇註解刪除更易，唯所更易者大都著重在解說經文大意，較未能申釋其義蘊，以下茲舉數例敘述如下：

一、〈召誥〉：「太保乃以庶邦冢君出取，幣乃復入錫周公」至
「嗚呼！曷其奈何弗敬」一段經文，蔡沈的《書集傳》將它視為完整
的一大段。《書傳會選》編者將它分為兩段，自「太保乃以庶邦冢君
出取，幣乃復入錫周公」二句為單獨的一段。「曰拜手稽首」至「嗚
呼！曷其奈何弗敬」為另外一段。並且將兩斷經文下的蔡《傳》註解
全部刪除，另易他說。在「太保乃以庶邦冢君出取，幣乃復入錫周
公」一段下說：

> 已上自「惟二月既望」至此，乃史臣敘召公營洛邑會庶殷陳祀
> 事之辭。初周公至洛，恆疑庶殷之反側，而懷貳于周。然庶殷
> 之與侯甸男邦伯，盡心竭力，奔走服事乎周者，皆召公之所知
> 而信之者也。故於此乃庶邦冢君出取其幣，乃復入錫周公，為
> 贄見之禮，所以陳庶殷之情，以釋周公之疑也。[63]

蔡《傳》本引呂祖謙之言，將此段解釋為「洛邑事畢，周公將歸宗
周，召公因陳戒成王，乃取諸侯贄見幣物以與周公。」而《會選》則
將篇首「惟二月既望」至此段，皆是「史臣敘召公營洛邑會庶殷陳祀
事之辭」。周公一直認為庶殷有反叛心理，故時常懷疑他們的忠誠
度，召公長久與其相處，知道庶殷與侯甸男邦伯是盡心竭力服事周朝
者，為釋周公心中之疑慮，所以命庶邦冢君出取其幣入錫周公，作為
贄見之禮，以期能當面向周公表達庶殷的忠誠。另外「曰拜手稽首，
旅王若曰」至「嗚呼！曷其奈何弗敬」一段下，更易他說：

> 拜手稽首者，召公敘摯見周公之禮，而將欲有言以動周公之聽
> 也。旅王若公者，所以陳摯見之誠以見王與周公事同一體，言

之於公，即所以言之於王也。今誥告庶殷及治事之臣，而上之
命下，下之告上，相語如此，則庶殷豈不知所自哉？故歎息而
言，曰皇天上帝既改其元子及此大國殷之命，庶殷復何所恃
也。我周王既受天命固有無疆之美矣，亦有無疆之憂，故又歎
息而言庶殷其曷敢弗敬而不臣服於我周焉，此召公所以釋周公
之疑者如此也。[64]

此段則是召公在旁邊幫忙庶殷講話，說明周對待庶殷之寬容，庶殷自
然會明白，而且商朝天命已絕，庶殷已無所依恃，懼其反側叛變的疑
慮，實無必要。

　　二、〈召誥〉：篇末「拜手稽首曰」至「能祈天永命」一段經文
下，《書傳會選》編者將蔡《傳》的註解全部刪除，另外改易他說：

　　此召公聞周公之言，心亦有未然，而復以此答之，乃拜手稽首
　　致意以言曰：「我小臣敢以殷之頑民及庶士御事及我周友順之民
　　作此新邑，以保受王威命明德，王當終有成命以顯于後世，我
　　非敢以此為勤，惟恭奉幣帛用供於王，以祈天永命而已。」[65]

《書傳會選》此段註解僅敘述經文的大義，並未對經文詞句作詳細解
釋。全段論述召公聽聞周公之言後，心中並不全然同意，因而回答周
公，洛邑之建造，係「殷之頑民及庶士御事及我周友順之民」所作，
謙稱自己無才無德，不敢擔任重大職事，只願意在祭祀時恭敬捧著璧
帛供給君王，以祈求國運能長遠。

　　〈召誥〉篇歷來爭論不休，較難有確切不移的定論，因此，《書

傳會選》編者雖然刪除蔡《傳》泰半的解釋，但其對〈召誥〉篇的刪改補正，也僅旨在疏解經文的意義，使全篇的經文文義能通暢明白而已。

第七節　結論

劉三吾的《書傳會選》是在元、明朱學開始興盛之際，由明太祖朱元璋親自下令編纂的作品，此書的出現，其所呈現特殊的時代意義，大約有以下幾點：

其一，就修纂動機而言，是因明太祖朱元璋與大臣討論日月五星運行時，發現與蔡氏之說與其師朱子《詩傳》的說法不同，與其他儒者所論，亦間有未安者，有感於《蔡傳》仍有釋義不妥的地方，基於追求真理之故，詔諸儒正定其缺失。

其二，就修纂人員而言，《太祖實錄》的修纂官員人數與《書傳會選》書前記載頗多相異。朱彝尊與《四庫全書總目》兩家皆認為係《太祖實錄》經過兩次重修，塗改許多靖難相關資料，造成內容舛謬，資料頗多不足採信。修纂人數差異，究係因連類而被刪去？抑或修纂草草而被刪？不論緣由為何，仍當以現傳明代刻本所列較為可據。

其三，就刪改資料而言，清代以來的學者，大都未能將《書集傳》與《書傳會選》的解說詳細核對，而只根據《書傳會選》書前〈凡例〉所說，以為僅僅糾正六十六條。實際上，《書傳會選》扣除〈召誥〉篇不算外，全書共刪改資料九十九條。

其四，就增補資料而言，《書傳會選》全書徵引先儒凡四十二人，引用資料有三七二條，若連同未註明出處的三十四條，及書籍名稱被引用的四條合計，全書總共徵引的疏解資料四一○條。增補先儒資料的方式，大別可分為：申釋字句之義、考訂篇章字句之誤、申釋篇章段落大義、增補他家說法，卻不注明出處者等四類情況。

　　其五，就〈召誥〉刪改情形而言，《書傳會選》編者將〈召誥〉篇註解幾乎全篇刪改，劉三吾在〈書傳會選序〉未提及，致使後人皆被〈凡例〉之「五十八篇之傳，有非蔡氏之舊者，別而出之，凡六十六條」所誤導，以為刪改解說僅止於所言的六十六條。實際上，〈召誥〉篇因理解不同，歷來爭論不休，劉三吾等編者雖幾乎將蔡《傳》註解刪除殆盡，所改易的解說，大多著重在疏解經文大意，且全未註明來源出處，亦未列入更易數目之中。

第五章
通經以致用：明代〈禹貢〉學

第一節　茅瑞徵及其《禹貢匯疏》

一　前言

　　〈禹貢〉為《尚書・虞夏書》中的一篇，內容記錄「禹別九州，定其山川，分其坼界，條其物產，辨其貢賦」[1]，述禹平治九州水土相關情形，被後人稱為「古今地理志之祖」[2]，為中國古代最古老最重要的地理學專著，所記載的內容涵蓋古代中國的政治疆域，並對疆域內各州之疆域、山水、土壤貢賦均有極詳細明確的記載。內容包羅宏富，保存我國古代社會、經濟、地理等重要文獻資料，成為研究中國古代政治社會、經濟地理的重要依據。皮錫瑞（1850-1908））以為「〈禹貢〉一書為後世山經水紀之祖」[3]，影響著後代地理類圖籍的寫作方向與內容。

　　《尚書》的特色重在講述古代政治的原理原則，歷代為政者均將其視為施政的寶典，極度看重。其中〈洪範〉篇歷來被認為是箕子所陳治國之大法：「上稽天文，下察地理，中參人物古今之變，窮義理之精微，究興亡之徵兆，微顯闡幽，彝倫所敘，秩然有天地萬物各得

1　（唐）魏徵（西元580-643年）等撰：《隋書》（臺北：洪氏出版社，1974年7月），卷33，〈經籍志二〉，頁987。

2　（明）艾南英（1583-1646）撰：《禹貢圖說》（臺南縣：莊嚴文化事業公司，1997年2月），〈禹貢圖說序〉，頁1上。

3　（清）皮錫瑞撰：《經學通論》（北京：中華書局，2017年5月），〈論禹貢山川當據經文解之，據漢人古義解之，不得從後起之說〉，頁88。

其所之妙。」[4]為古代探究政治思想者所看重。而〈禹貢〉篇則被研究《尚書》的學者視為是「經國之鴻規」。〈禹貢〉與〈洪範〉兩篇自宋代以來同樣深受關注。然〈禹貢〉的內容，因「川澤之消長不常，郡縣之廢置無定。或一山而更數名，或一水而分數道。九河之跡，至漢已湮；三江之稱，迄明未定。泥古則廢今，信今則疑古。」[5]導致詮釋者各抒所見，紛歧聚訟，致形成眾說言殊的情形，清代《四庫全書總目》就曾歸納歷代學者研究《尚書》的特點說「書以道政事，儒者不能異說」[6]，「諸家聚訟，猶有四端：曰今文古文，曰錯簡，曰〈禹貢〉山水，曰〈洪範〉疇數」[7]，又《日講書經解義提要》也說云：「《尚書》一經，漢以來所聚訟者，莫過於〈洪範〉之五行。宋以來所聚訟者，莫過於〈禹貢〉之山川。明以來所聚訟者，莫過今文、古文之真偽。」[8]可見〈禹貢〉一篇的山川水澤，自古即為學者探討的重點所在。

宋代自立國以來，定都汴京開封，黃河於汴京雖為北方之天然屏障，然河患之劇烈，亦為世人所熟知。河決水患頻仍，成為歷朝君主之隱憂，故宋人已有學者試圖從〈禹貢〉尋求治水的方法，將它從《尚書》中單獨抽出，進行專門詮釋。明代學風承襲宋代而來，〈禹貢〉學的發展愈加成熟發達，研究者逐漸增加，相關著作也更多，如鄭曉的《禹貢圖說》、《禹貢要註》、《禹貢說長箋》，王鑒的《禹貢山

4　此為元人陳師凱之言，轉引自（清）王頊齡（1642-1725）等纂：《欽定書經傳說彙纂》（臺北：臺灣商務印書館，1986年3月），卷11，〈洪範〉，頁2上。

5　（清）李振裕撰：〈禹貢錐指序〉，見（清）胡渭撰，鄒逸麟點校：《禹貢錐指》（上海：上海古籍出版社，1996年12月），頁712-713。

6　（清）紀昀等纂：《四庫全書總目》（臺北：臺灣商務印書館，1979年12月），卷11，頁1上。

7　（清）紀昀等纂：《四庫全書總目》（臺北：臺灣商務印書館，1979年12月），卷11，頁1上。

8　（清）紀昀等纂：《四庫全書總目》（臺北：臺灣商務印書館，1979年12月），卷12，頁21下。

川郡邑考》，胡瓚的《禹貢備遺》，茅瑞徵的《禹貢匯疏》，艾南英
（1583-1646）《禹貢圖註》及夏允彝（1596-1645）的《禹貢古今合
註》等等。諸家講解〈禹貢〉疆域山川地理，詮解其內容義理，提供
為政者理政治安的方策，也提供治理水災的方案。明代儒者研究〈禹
貢〉，不僅僅是將經書內容提供作為執政者經世致用的教材，更藉此
謀求解決當時社會所面臨的漕運、賦稅、糧食種種問題與君國治民的
方法。

　　近年以來，大陸學術界已逐漸擺脫以往將經學視為封建遺毒的偏
頗觀念，開始展現對傳統文化的重視，對傳統經學的研究風氣逐漸盛
行，然綜觀兩岸學者的研究成果，主要偏重在宋代及清代較多，對於
研究明代經學的風氣，受到前人對明代經學空疏不學的評價影響，相
對的薄弱許多，就現行明代《尚書》學的研究成果來看，學者主要都
將重心放在對梅鷟《尚書考異》、《尚書譜》二書考辨偽《古文尚書》
的真偽問題及其辨偽方法上，或偏向於對《尚書》經文時代的考辨，
或是《尚書》學史專家的研究。缺乏全面性的探討，尤其對《尚書》
通經致用思想的運用更缺乏深入的研究。晚明時代變亂紛紜，〈禹
貢〉學的研究蓬勃發展，影響清初學者甚大，本篇試圖透過對明代
《尚書・禹貢》學的研究，廣泛掌握明代〈禹貢〉學的文獻研究的基
礎之上，針對茅瑞徵的〈禹貢〉學相關著作進行研究，分析其〈禹
貢〉學著作中的義理與書中蘊涵的經國治民的道理，瞭解茅瑞徵如何
運作〈禹貢〉學知識，以達成其欲解決明代當世政治經濟遭遇到各種
問題的解決方式，進而抉發其通經致用思想的內容，提供學界對古人
藉經書以經世的義理所在。

二　〈禹貢〉在歷代的流傳

　　儒家的六經典籍，自從漢武帝（西元前157-前87年）採納董仲舒

（西元前179-前104）在對策「諸不在六藝之科孔子之術者，皆絕其道，勿使並進。」[9]的建議，主張「罷黜百家，表章六經」後[10]，儒家經典的地位正式確定，成為中華民族傳統的核心思想。經學對中國傳統學術文化的影響甚鉅，歷代學者論其功能者極眾，近代經學大家程元敏（1931-）先生以為「經學者，修己治人之學也，旨在經世致用，為政治社會經濟文學史學道德教育之基本教材，是吾中國二千六百年來學術骨幹。」[11]「無論漢、宋經學，通經致用為其治經唯一目的，唯治之之方不一、輕重步驟異趣而已。」[12] 簡要清楚的指明經學的功用不在純經學義理理論的探討，而在通經致用。

《尚書》為孔子設科授徒之重要科目，原為朝廷政令之書籍，記載虞夏商周四代君臣的話語，史官記錄以宣示天下者。經過孔子纂集，編次其事，成為孔門傳習誦讀之本。漢人論學多倡言書中蘊涵孔子編輯時的微言大義。秦始皇焚書，《尚書》被焚乃事屬必然，秦《書》學博士伏生將書藏於壁中，漢定後《尚書》方得以首傳。《尚書大傳》為伏生講授《尚書》大義，張生、歐陽生等生徒所記伏生遺說。《尚書大傳》載孔子論《尚書》大義之言：

> 〈堯典〉可以觀美，〈禹貢〉可以觀事，〈咎繇〉可以觀治，
> 〈鴻範〉可以觀度，〈六誓〉可以觀義，〈五誥〉可以觀仁，
> 〈甫刑〉可以觀戒。通斯七觀，《書》之大義舉矣。[13]

9　（漢）班固（西元32-92年）撰：《漢書》（臺北：宏業書局，2010年6月），卷56，〈董仲舒傳〉，頁2523。

10　（漢）班固撰：《漢書》（臺北：宏業書局，2010年6月），卷6，〈武帝紀贊〉，頁212。

11　程元敏先生撰：《先秦經學史》（臺北：臺灣商務印書館，2013年11月），〈孔子前之經學〉，頁4。

12　程元敏先生撰：《先秦經學史》（臺北：臺灣商務印書館，2013年11月），〈孔子前之經學〉，頁3。

13　（宋）王應麟（1223-1296）撰：《困學紀聞》（上海：上海古籍出版社，2008年12月），卷2，〈書〉，頁262。

清人陳澧（1810-1882）說：

> 聖人刪定《尚書》，存盛治之文以為法，存衰敝之文以為鑒，
> 學者皆當熟玩也，凡讀經皆當如是也。[14]

伏生於秦火之後首傳《尚書》，指陳閱讀《尚書》要旨的方法，陳澧
更進一步說明孔子編定《尚書》的目的在「存盛治之文以為法，存衰
敝之文以為鑒」，使世人知道《尚書》篇章裡同時保存「盛治之文」
與「衰敝之文」的緣由。

清初王夫之（1619-1692）說：

> 治道之極致，上稽《尚書》，折以孔子之言，而蔑以尚矣。其
> 樞，則君心之敬肆也；其戒，則怠荒刻覈，不及者倦，過者欲
> 速也；其大用，用賢而興教也；其施及於民，仁愛而錫以極
> 也。以治唐虞，以治三代，以治秦漢而下，迄至於今，無不可
> 以此理推而行也；以理銓選，以均賦役，以詰戎兵，以飭刑
> 罰，以定典式，無不待此以得其其宜也。至於設為規畫，措之
> 科條，《尚書》不言，孔子不言，豈遺其實而弗求詳哉？以古
> 之制，治古之天下，而未可概之今日者，君子不以立事；以今
> 之宜，治今之天下，而非可必之後日者，君子不以垂法。故封
> 建、井田、朝會、征伐、建官、頒祿之制，《尚書》不言，孔
> 子不言，豈德不如舜、禹、孔子者而敢以記誦所得者斷萬世之
> 大經乎？[15]

14　（清）陳澧撰，魏旭元、魏達純點校：《東塾讀書記》（上海：上海古籍出版社，
　　2012年7月），卷5，〈尚書〉，頁84。

15　（清）王夫之（1619-1692）撰：《讀通鑑論》（臺北：里仁書局，1985年2月），下冊
　　卷末，〈敘論四〉，頁1112。

王夫之將《尚書》的性質、價值及作用，說明的非常清楚。透過王氏的話，可以知道《尚書》一經何以受到歷代執政者及學者所重視，傳流不息。

伏生講述《尚書》大義，說「〈禹貢〉可以觀事」，然漢代運用《尚書》義理以治國，始於漢武帝時兒寬援引古法義以議獄政。[16]由於漢代黃河經常氾濫成災，據《史記》、《漢書》所記載，武帝元光年間前重大者即有「河決酸棗」[17]、「河決濮陽」[18]、「河決瓠子」[19]三次，均造成百姓生命的重大傷亡，財產嚴重損失。在漢代首先倡導用「以〈禹貢〉治河」者，首見於漢哀帝年間的平當[20]，顯見〈禹貢〉已受到儒者的重視。至晉代則有裴秀作〈禹貢地域圖〉十八篇，可間專門研究〈禹貢〉學的專著已出現。[21]唯研究的著作僅偶見於史籍，未能全面化。等到宋代立朝，受到黃河河道頻仍氾濫的困擾，為尋求河患解決之道，李垂（965-1033）、徐積（1028-1103）等人從經義出發探尋治河策略，爾後相繼有王安石（1021-1086）、曾鞏（1019-1083）、蘇軾（1037-1101）等人開始尋找〈禹貢〉中所提示及啟發的治水方法，〈禹貢〉學開始普遍受到重視。至南宋專門研究〈禹貢〉學的風氣已形成，導致專門注解〈禹貢〉學的著作紛紛出現，其中最

---

16 漢人以書義治刑獄，參見程元敏先生撰：《尚書學史》（臺北：五南圖書出版公司，2008年6月），拾五〈漢尚書學（丙）〉，頁822-824。

17 （漢）司馬遷（西元前145年-？）撰：《史記》（臺北：宏業書局，1995年4月），卷29，〈河渠書〉第七，頁1409。

18 （漢）班固（西元32-92年）撰，（唐）顏師古（581-645）注：《漢書》（臺北：宏業書局，1978年8月），卷6，〈武帝紀〉第六，頁163。

19 （漢）司馬遷（西元前145年-？）撰：《史記》（臺北：宏業書局，1995年4月），卷29，〈河渠書〉第七，頁1412。

20 （漢）班固撰，（唐）顏師古注：《漢書》（臺北：宏業書局，1978年8月），卷71，〈平當傳〉第四十一，頁3050。

21 參見陳韋哲撰：〈明代〈禹貢〉學中的通經致用思想——以茅瑞徵《禹貢匯疏》為主要考察對象〉，《中國文學研究》第31期（100年1月），頁6。

著名的有程大昌（1101-1167）《禹貢論》、《禹貢後論》、《禹貢山川地理圖》，毛晃（紹興二十一年〔1151〕進士）《禹貢指南》，傅寅（1148-1215）《禹貢集解》等書，各家著作，或依循經文逐句解釋，或考證古今山水地名原委，或將經文分類以作專題討論，《四庫全書總目》：「宋以來所聚訟者，莫過於〈禹貢〉之山川。」即是針對此種現象而說的。[22]

三　茅瑞徵生平及其時代

茅瑞徵（生卒年不詳），字伯符，自號澹樸居士，清遠居士、浣花居主人，浙江歸安（今浙江吳興）人。萬曆二十五年（1597）舉人，萬曆二十九年（1601）進士，天啟元年（1621）擢兵部職方主事，升郎中。官至南京光祿寺卿。

茅瑞徵在《明史》無傳，據今可知他為胡瓚（字伯玉，萬曆二十三年〔1595〕進士）的學生，是《武備志》著者茅元儀（1594-1640）堂弟。茅瑞徵家世頗為富裕，不必為生計擔憂，生性喜歡吟詩，嘗有〈彭城寒懷古〉：「望彭城，彭城面面水，環匝與城平。君不見，馬中赤兔人中布，引水灌城走無路」，「鹿門孜孜治生，大理耽情吟詠」[23]。茅瑞徵於天啟元年（1621）所寫〈自傳〉，自稱其「人謂公炙手不知炎，下石不知險，脂膏不知潤，且并軒冕不知榮。胸無機械，意無好醜，此殆天下至愚人也。公亦自謂名我以愚固當，然雅能以無私自許，人亦久而以是許之，因共號曰苫上愚公。」[24]

---

22 有關宋代〈禹貢〉學的發展情況，可參見潘晟撰：〈宋代〈禹貢〉之學──從經學傳注走向地理學〉，《歷史研究》2009年3期（2009年3月），頁39-58。及王小紅撰：《宋代〈禹貢〉之學研究》（四川大學博士學位論文，2007年10月）。

23 （清）朱彝尊（1629-1709）撰：《靜志居詩話》（臺北：明文書局，1991年1月），卷16，頁34。

24 （明）茅瑞徵撰：《東事答問》，收入《四庫禁燬書叢刊補編》（北京：北京出版

　　茅瑞徵著有《禹貢匯疏》十五卷、《虞書箋》二卷、《象胥錄》八
卷、《萬曆三大征考》五卷、《東夷考略》二卷、《澹樸齋集》十五
卷、《五芝紀事》、《明末啟禎遺事》、《楚游稿》一卷、《金陵稿》一
卷、《閩游稿》一卷等書。[25]茅氏之書現尚有《禹貢匯疏》十五卷、
《虞書箋》二卷、《象胥錄》八卷、《萬曆三大征考》五卷幾種傳世，
今被收入《續修四庫全書》。

　　茅瑞徵嘗主兵部主事，對軍事用兵素所用心，曾撰《萬曆三大征
考》，末附《東夷考略》一卷。《東夷考略》包括：女真通考，海西女
真考、建州女真考以及遼東全圖、瀋陽圖、東事問答、笤上愚公傳
等。而《萬曆三大征考》記錄明神宗萬曆二十年至廿八年三次對邊疆
民族的戰役。書中記載的三次戰役分別為平定鎮壓蒙古人哱拜叛亂的
寧夏之役，其次是平定貴州土司楊應龍叛亂的播州之役，第三次是平
定日本豐臣秀吉入侵朝鮮以驅逐倭寇（日本）的戰役。據《明史》
載：「（萬曆）二十年，寧夏用兵，費帑金二百餘萬。其冬，朝鮮用
兵，首尾八年，費帑金七百餘萬。二十七年，播州用兵，又費帑金二
三百萬。三大征踵接，國用大匱。」三次戰役明朝雖皆獲得最後勝，
卻造成明朝人力、物力的巨大損失，元氣大傷，成為探討明朝衰敗的
關鍵。

　　明代萬曆中葉以來，黨爭不斷，政治腐敗，國勢衰弱，加以迭受
外敵侵犯，內憂外患頻仍，催迫日亟。朝廷外，北有女真虎視眈眈，
南有海盜肆虐，南寇北奴，日益滋大侵擾，明朝所面臨的情況，極為
危殆。明代知識份子長久以來蒙受儒家兼善天下以行道、以天下為己

　　社，2005年8月，《四庫禁燬書叢刊補編》影印明天啟刻本）第17冊，末附〈自
　　傳〉，頁18上-18下。

25　（清）周學濬（1810-1858）、陸心源（1838-1894）纂：《同治湖州府志》（南京：江
　　蘇古籍出版社，2010年6月，影印清同治十三年愛山書院刻本），卷75，〈人物傳・
　　文學二〉，頁18下。

任思想的薰陶，亟思謀求濟世扶傾富強國力的良策，以拯國家之積弱危亡，經世致用思想於焉興起，學者鑒於《尚書》記載上古時代的檔案文獻，內容義理為「二帝三王嘉言要道」，可供後世君主作為君世理民之參考，又以為〈禹貢〉為聖人治天下之書，讀懂〈禹貢〉即可通地理，能夠通地理就可以治天下。明代歸有光（1507-1571）的曾孫歸莊（1613-1673）說：

> 儒者讀書，苟欲究經世之務，通古今之變，則必自唐虞三代而春秋而秦漢，以下至於唐宋，先古而後今，然後知制作之源流，得其因革損益之故，唯地理之學不然。[26]

學習漢儒通經致用的方法，遂爭相研究〈禹貢〉以通地理、治天下，如：鄭曉（1499-1566）、茅瑞徵、夏允彞（1596-1645）、艾南英（1583-1646）、許胥臣、胡瓚等人〈禹貢〉學的著作，及清初顧祖禹（1631-1692）《讀史方輿紀要》、胡渭（1633-1714）《禹貢錐指》等名著，紛紛出版，基本上都是當時經世致用的心理的呈現。研究〈禹貢〉學以達致用的風氣相當發達，諸家講解〈禹貢〉疆域山川地理，詮解其內容義理，提供為政者理政治安的方策及治理水災的方案。明代儒者研究〈禹貢〉不僅提供經書作為經世致用的教材內容，更藉此謀求解決漕運、賦稅、糧食各種與君國治民的方法，志在民生世道，追求舉措安天下，以求能潤澤黎民。遂使〈禹貢〉的研究，最後竟發展擴衍成一門專門之學術。清初魏禧（1624-1681）曾說云：

> 三百餘年來以八股取士，所求非所教，所用非所習，士子耳目無聞見，迂疏庸陋，不識當世之務，不知民之疾苦。其有志

---

26 （明）歸莊撰：《歸莊集》（上海：上海古籍出版社，1984年6月），卷3，〈西漢地理志注序〉，頁168。

者，則每於釋褐後始盡棄所為舉業，講經世之學。學之不精，習之不久，以遽當民社之寄，馭積滑之吏，其不克勝也固宜。然方其為諸生，無絕人之資，而求通古今之務，則舉業不專不精，督學之法繩其後，而身之榮辱分。故經世之學，為諸生，則不敢為；既舉進士，則苦于無及。[27]

清初學者習慣於批評明人受王學末流影響，人人皆空疏不學，將之視為理所當然。魏氏批評當時士大夫「所求非所教，所用非所習，士子耳目無聞見，迂疏庸陋，不識當世之務，不知民之疾苦。」其說雖符合部分客觀事實。但其觀點即是承襲清初「王學末流，空疏不學」此種觀點而來。若檢視《四庫全書總目》的「存目」所列〈禹貢〉類書籍數量之多，及陳子龍等編纂《明經世文編》，就可以知道晚明時期的士子研究〈禹貢〉學的風氣及其有志世務之用心所在。陳寅恪（1890-1969）在為馮友蘭（1895-1990）《中國哲學史》上冊作審查報告時說「應具瞭解之同情」說：

凡著中國古代哲學史者，其對於古人之學說，應具瞭解之同情，方可下筆。蓋古人著書立說，皆有所為而發。故其所處之環境，所受之背景，非完全明瞭，則其學說不易評論。而古代哲學家去今數千年，其時代之真相，極難推知，吾人今日可依據之材料，僅為當時所遺存最小之一部，欲藉此殘餘斷片，以窺測其全部結構，必須備藝術家欣賞古代繪畫雕刻之眼光及精神，然後古人立說之用意與對象，始可以真瞭解。所謂真瞭解者，必神遊冥想，與立說之古人，處於同一境界，而對於其持

---

27 （清）魏禧撰，胡守仁等校點：《魏叔子文集》（北京：中華書局，2003年6月），卷10，〈送新城黃生會試序〉，頁500。

論所以不得不如是之苦心孤詣，表一種之同情，始能批評其學
說之是非得失，而無隔閡膚廓之論。否則數千年前之陳言舊
說，與今日之情勢迴殊，何一不可以可笑可怪目之乎。[28]

陳氏所說「對於古人之學說，應具瞭解之同情」，雖是針對中國哲學而
言，同理而言，移以論述經學著作應該也是可以的，張之洞（1837-
1909）說：「世運之明晦，人才之盛衰，其表在政，其裡在學。」〈勸
學篇序〉晚明儒者研究〈禹貢〉學，不僅提供經書作為經世致用的教
材內容，更藉此謀求解決漕運、賦稅、糧食等種問題，以及君國治民
的方法，卻長期遭到冷落而未受到重視，有待後人作更深入細致的研
究。

四　茅瑞徵寫作《禹貢匯疏》的動機所在

　　明末清初朱鶴齡（1606-1683）曾說：「六經之學，非訓詁不明。
然有訓詁不能無異同，有異同不能無蹖駁，他經皆然，《尚書》為
甚。」[29]《尚書》原為上古時代政府的公文檔案編輯而成的典籍，文
字古奧艱澀，時移勢異，後人閱讀時常感艱澀難懂而畏避。然歷代聖
君賢相卻依舊將其列為為政者所必讀的經典之一。蓋因「六經者，經
世致用之典」[30]，且「《書》以道事」[31]，《史記‧太史公自序》說

---

28 陳寅恪撰：〈馮友蘭中國哲學史上冊審查報告〉，《金明館叢稿二編》（北京：生活‧
　　讀書‧新知三聯書局，2015年7月），頁279。

29 （清）朱鶴齡（1606-1683）撰：《愚菴小集》（上海：華東師範大學出版社，2010年
　　6月），卷7，〈禹貢長箋序〉，頁133-134。

30 程元敏先生撰：《尚書學史》（臺北：五南圖書出版公司，2008年6月），頁818。

31 （漢）司馬遷撰：撰：《史記》（臺北：宏業書局，1995年4月），卷126，〈滑稽列
　　傳〉，頁3197。

「《書》記先王之事，故長於政」[32]，故古人均認為「《尚書》者，帝王之心法，治法所總而萃也。後世大典章大政事，儒者朝堂集議多引《尚書》之文為斷據。」[33]從政者從書中可以汲取古聖賢處理國家政事的睿智與方向。

明代自中期以來，由於皇帝的荒淫怠墮，不理朝政，使得國家的情勢已處於風雨飄搖之中。當時無論朝野的有識之士，對此種情形均抱持著深沈的憂懼，明世宗嘉靖年間，御史大夫楊爵（1493-1549）就上疏說：

> 方今天下大勢，如人衰病之極。內而腹心，外而百骸，莫不受病。即欲拯之，無措手之地。以臣觀之，其危亂之形將成，目前之憂甚大也。大抵因仍苟且，兵戎廢弛，奢侈妄費，公私困竭，奔競成俗，賄賂通行，遇災變而不憂，非祥瑞而稱賀，讒諂面諛，公肆欺罔，士風民俗，于此大壞，而國之所恃以為國者，掃地盡矣。[34]

楊爵對當時社會上流行的「因仍苟且，兵戎廢弛，奢侈妄費，公私困竭，奔競成俗，賄賂通行」，「讒諂面諛，公肆欺罔，士風民俗」種種日趨光怪陸離的惡質現象，感到憂心忡忡。而自明神宗萬曆荒怠政務後，政治腐敗，宦官亂政禍國，黨爭不斷，經濟貧窮，造成國勢衰弱。加以迭受外敵侵犯，內憂外患頻仍，催迫日亟，知識份子長久以來蒙受儒家兼善天下以行道、以天下為己任思想的薰陶，亟思謀求濟

---

32 （漢）司馬遷撰：撰：《史記》（臺北：宏業書局，1995年4月），卷130，〈太史公自序〉，頁3297。

33 （清）朱鶴齡撰：《愚菴小集》（上海：華東師範大學出版社，2010年6月），卷7，〈尚書埤傳序〉，頁135。

34 （明）楊爵撰：《楊忠介集》（臺北：臺灣商務印書館，1986年3月，影印文淵閣《四庫全書》本），卷1，〈隆治道疏〉，頁4下。

世扶傾富強國力的良策，以拯國家之積弱危亡，許譽卿（崇禎年間在世）就批評當時的讀書人及學風：

> 予惟學士大夫半生窮經，一旦逢年，名利嬰情，入則問舍求田，出則養交持祿，其於經濟一途蔑如也，國家卒有緩急，安所恃哉！[35]

許氏對當時士大夫往往在科舉登第後，不關心經世濟民的事務，大多數只專注於個人之求田問舍，而遇到國家社稷有緊急危難時，卻往往置國家安危於無所謂，就深表不滿。

茅瑞徵的《禹貢匯疏》一書的刊行時間，根據書前的〈禹貢匯疏序〉，雖標明是崇禎壬申五年（1632），但實際的寫作的時間應該遠遠早於崇禎之前，當為茅瑞徵解組歸田後，誦讀〈禹貢〉之餘，有感於當時世局的紛煩而作，他說：

> 今海內非有九年之鴻水，而瀕河流離，穿渠轉漕無寧歲。頃者邊鄙時警，戈矛竊發，窮鄉方苦加派，繼以水旱間作，三空四匱，每來廟堂蒿目之憂，使神禹持籌，則壞定賦，不知當若何底慎，而尚忍以無名之箕欲重困吾民乎？[36]

又說：

> 讀〈禹貢〉者，詳九州之山川，則可供聚米之畫；習漕渠之岐

---

35 （明）吳興祚（1632-1697）撰：〈讀史方輿紀要序〉，收入（清）顧祖禹（1631-1692）撰，賀次君、施和金點校：《讀史方輿紀要》（北京：中華書局，2006年8月），〈讀史方輿紀要序〉，頁9。

36 （明）茅瑞徵撰：《禹貢匯疏》（上海：上海古籍出版社，2002年3月，《續修四庫全書》影印明崇禎刻本）經部第54冊，〈禹貢匯疏序〉，頁4上-4下。

路，則可商飛輓之宜；察東南之物力，則當念杼軸之空；考甸
服之遺制，則當興樹藝之利。而挈要於「底慎財賦」一語。疏
解浩繁，可一言以蔽之。如必字比句櫛，執今圖誌，疑古山
川，索碣石左右之端，滋黑水梁雍之辯，三條四列，地脈臚
分，兩漢九河，源流靡訂，此不離經生之耳食，亦何益孔、蔡
之舊聞。[37]

茅瑞徵有感於天啟、崇禎年間，水旱間作，雖未有大洪水淹漫為患，
卻河患頻仍發生，造成百姓流離失所，財產的嚴重損失，以致終年需
要不停的穿渠轉漕。再加上外患屢次侵擾邊境，朝廷為抵禦外敵，連
年加派，重繁征歛糧餉，造成國匱民困的窘迫局面。茅瑞徵因而於閱
讀經史典籍時，只要有關涉到經濟，都不怕被批評浮濫博采，只要
「與經文相涉者」，「爰採群碎，彙為全書」。茅瑞徵對於用兵險要、
水利屯田、城池賦稅、邊防漕運之處，特別詳加解說，無不旁徵博
引，推其源流，斟酌其利害，以作為讀其書或執政者參考。

五　熟讀〈禹貢〉山川漕渠以求致用拯危

茅瑞徵生逢國家衰亂之際，平時即懷抱經世濟民的胸懷，讀書時
留意經世理民的要務，凡是典籍資料有涉及到經濟、軍事、水利、屯
田、城池、賦稅、邊防、漕運者，無嫌瑣碎，均廣事博采，信手摘
錄。茲就其《禹貢匯疏》書中所特意詳述之要旨作為稽考，嘗試說明
其文章所蘊涵之經世時務思想。

37　（明）茅瑞徵撰：《禹貢匯疏》（上海：上海古籍出版社，2002年3月，《續修四庫全
書》影印明崇禎刻本）經部第54冊，〈禹貢匯疏序〉，頁5上。

（一）治河以治漕為優先考慮

　　黃河流域為我國民族的發源地，然因其流經黃土高原，往往挾泥沙俱下，導致黃河下游淤塞潰決，成為其常態，綜觀歷代史籍載錄，可見其大小河患接連不斷，史不勝載，造成嚴重的災害。漢代開始河患漸多，「自宋以來，大河未有十年無事者，金及元患且與其國祚相始終」[38]，而明代黃河河患與前代同樣頻繁，從洪武至崇禎二百七十六年間，據今人的統計，有明總共發生大小河患一百一十二次，幾乎可說每隔二至三年即發生一次[39]，期間或改道，或決隄，河道的遷徙擺動，每次均造成嚴重的災害，田地家園損毀，人民流離失所，景況淒慘。換言之，整個明代，可說始終與河患為伍，實不為過。明初宋濂（1310-1381）的〈治河議〉已認為「河源起自西北，去中國為甚遠，其勢湍悍難制，非多為之委以殺其流，未可以力勝也。」因此主張治理黃河首要在分其流，流分則其勢自平。[40]徐有貞（1407-1472）主張「置水閘、分支流、濬運河」，目的在「引水分流」。稍後潘季馴（1521-1595）認為分流是造成黃河河身淤塞潰堤的原因，主張疏濬舊河故道，改採「築堤束水，以水攻沙」的治水方式。[41]而正德年間治水專家劉天和（1485-1545）著有《問水集》六卷，書中論及「今

38　（清）閻若璩撰：《尚書古文疏證》（上海：上海古籍出版社，1987年12月），卷6下，〈第九十三言蔡傳瀦沮二水解不屬兗州〉，頁43下。

39　今人鄒逸麟（1935-）說：「據黃委會所編《黃河水利史述要》統計，從洪武至宣德年間（1368-1431）的63年中，共發生河患27次，平均2.3年一次。正統至弘治年間（1436-1505）的69年中，共發生河患32次，平均2.1年一次。正德至隆慶年間（1508-1571）的63年中，共發生河患21次，平均3年一次。萬曆至崇禎年間（1573-1642）的69年中，共發生河患32次，平均3.1年一次。」見鄒逸麟撰：〈明代治理黃運思想的變遷及其背景——讀明代三部治河書體會〉，《陝西師範大學學報》（哲學社會科學版）第33卷5期（2004年9月），頁21。

40　〈治河議〉見（明）陳子龍（1608-1647）編：《明經世文編》（北京：中華書局，1997年6月），卷2，頁1上-4上。

41　見潘季馴撰：《宸斷大工錄・治河節解》，《明經世文編》，卷377，頁9上-9下。

之治河也，以漕焉耳」，治河就是治漕，他說：

> 惟運河國計所繫，凡宗廟軍國之需，營建宴賞之費，與夫四夷
> 薄海之朝貢，京師萬姓之仰給，舉由是以達，而所慮為運河之
> 患，則惟黃河而已。[42]

劉氏指出治河的根源原因在治漕，怕黃河潰決影響運河的漕運作業。

茅瑞徵對於黃河問題的理解，他先徵引宋儒程大昌（1123-1195）的話來說明黃河的流向：

> 黃河自鹽澤西來，暨達潼關，其面勢所向凡四大折，或與北狄
> 分境，或當北狄來路。其初一折由積石而逕湟中，則鄯蘭也，
> 是一折也。及至靈州西南遂轉北而行，凡千餘里，比河西岸即
> 為涼肅甘沙四郡，是又一折也。迨其北流千里而遙至九原豐
> 州，則又轉而東流，故豐州北面止挂大河，是又一折也。豐州
> 之東，為榆林北境，固抵大河，而河從此州之東，又轉而南，
> 故勝州北東兩面，皆抵大河也。自此而往直至潼關，皆是河南
> 矣，此又一折也。[43]

緊接著茅氏徵引宋人歐陽修（1007-1072）、蘇轍（1039-1112）、元人
歐陽玄（1283-1357）及漢人賈讓、李垂〈導河形勝書〉三篇、宋濂
〈治河議〉、潘季馴、李維楨（1547-1626）等各家有關於整治河患的
意見。最後引李化龍〈開洳議〉以為「河自開歸而下合運入海，其路

---

42 （明）劉天和撰：《問水集》（臺南縣：莊嚴文化事業公司，《四庫全書存目叢書》影
   印明刻本，1997年2月），史部第221冊，卷5，〈治河功成奉劾疏〉，頁5上。
43 （明）茅瑞徵撰：《禹貢匯疏》（上海：上海古籍出版社，2002年3月，《續修四庫全
   書》影印明崇禎刻本）經部第54冊，卷11，頁18下-19上。

有三：……南路雖近陵，然有隋隄障其上，有九岡十八窪隔其中，有歸仁隄護其下，於陵無害。……且全河下宿遷徐邳，運道不免告涸，則南路者，利不勝害者也。……北路者利害正等者也。惟中路則不南不北，既遠於陵，亦濟於運，有利無害。」[44]純然著眼於對朱元璋祖陵、皇陵的利害與否。最後更提出「黃河者，運道之賊也。用之一里則有一里之害，避之一里則有一里之利。以二百六十里之迦河，避三百三十里之黃河，當不勞費治之。」[45]可見茅氏對於黃河河患的治理見解，傾向以「不治治之」，採行賈讓「不與水爭尺寸之利也。」[46]宋代蘇軾在其《禹之所以求通水之法》所論治河之言論：

> 治河之要，宜推其理，而酌之以人情。河水湍悍，雖亦其性，然非堤防激而作之，其勢不至如此。古者，河之側無居民，棄其地以為水委。今也，堤之而廬民其上，所謂愛尺寸而忘千里也。故曰「堤防省而水患衰」，其理然也。[47]

實即東漢賈讓的上策。然而黃河河患，歷代皆有，不獨明代為然，何以有明之難治甚於前代，實際上除慮漕之外，尚有護陵的任務，近人鄒逸麟就清楚指明原因所在，他說：

> 明代治河必須遵循兩個原則：一是明代黃河走徐、沛入淮，從

---

44 （明）茅瑞徵撰：《禹貢匯疏》（上海：上海古籍出版社，2002年3月，《續修四庫全書》影印明崇禎刻本）經部第54冊，卷11，頁45下-46上。

45 （明）茅瑞徵撰：《禹貢匯疏》（上海：上海古籍出版社，2002年3月，《續修四庫全書》影印明崇禎刻本）經部第54冊，卷11，頁46下。

46 （明）茅瑞徵撰：《禹貢匯疏》（上海：上海古籍出版社，2002年3月，《續修四庫全書》影印明崇禎刻本）經部第54冊，卷11，頁44上。

47 （宋）蘇軾撰，孔凡禮點校：《蘇軾文集》（北京：中華書局，1996年2月），卷7，〈禹之所以求通水之法〉，頁221。

徐州至淮陰一段黃河即運河，治河即治運。明代建都北京，每
年從東南運漕糧四百萬石至京師，運河通塞，事關政權大計，
故治河著眼在治運。二是要保護在泗州的祖陵和在鳳陽的皇
陵。故黃河不能南決，南決會危及兩陵。黃河也不能北決，北
決會在張秋沖潰山東運河，阻斷漕運。最後歸結出來的治河方
針，即千方百計要將黃河河道維持在徐淮一線上。[48]

治河的目的在維持運河航道的順暢，以免漕運阻礙影響京師糧餉軍需
的供給。又要保護在泗州的祖陵和在鳳陽的皇陵，導致治河官員必須
拼命維持黃河不能南決與北決，有這兩重困難，造成明代河患災害接
連不斷，治河工程比起前代相對來得更艱難。

（二）漕運仰給東南，宜海運與漕運並重，以防運道中梗 之危

漕運為中國古代歷史上特有的經濟現象，為「古代各王朝通過水
道將各地的糧食運至京師（或其他地點），以滿足官俸、軍餉和宮廷
的消費。」[49]可見漕運的興衰通暢，與中國古代政治、經濟、軍事、
文化、社會具有相當緊密的關係，影響到國家盛衰的命脈。

明太祖定都南京，「漕粟所都，給官府廩實」，「四方貢賦，由江
以達京師，道近而易。」[50]首都所需糧食運送相當便利而快速。然而
明成祖朱隸於靖難成功後，登上帝位，卻將首都遷往北京後，導致政
府的政治中心北移，數目龐大的皇室宗族、文武百官及維繫首都安危

---

48 鄒逸麟撰：〈明代治理黃運思想的變遷及其背景——讀明代三部治河書體會〉，《陝
   西師範大學學報》（哲學社會科學版）第33卷5期（2004年9月），頁21-22。
49 參見吳琦撰：《漕運・群體・社會：明清史論集》（武漢：湖北人民出版社，2007年
   12月），頁1。
50 （清）張廷玉（1672-1755）等纂：《明史》（臺北：鼎文書局，1979年12月），卷
   79，〈食貨志〉，頁1519。

的六軍俸餉及開支，所需之物資與糧食幾乎全仰賴江南地區的供應，維持南北漕運的平順通暢，成為當時政府極重要的工作。明人甚至有盛言「漕為國家命脈所關，三月不至則君相憂，六月不至則都人啼，一歲不至則國有不可言者。」[51]漕運通路的維繫成為國家命脈的攸關所在。

茅瑞徵在徵引丘濬「國家都燕，極北之地，而財賦之八皆自東南」、「專役軍夫長運而加以兌之之耗，歲歲常運，積糧雖多，戍卒日少，請尋元人故道，別通海運與河漕並行」[52]的意見後，就針對明代首都所需糧食運送問題，提出他的看法：

> 自堯都平陽，歷舜、禹，並在冀方，即今山西河東道所轄，國家定鼎幽燕，亦冀州境，則近黃帝涿鹿之阿矣。元學士郝經云：燕都東控遼碣，西連三晉，背負關嶺，瞰臨河朔，南面以臨天下，誠為海內形勝要區。乃今日漕運全仰給東南，以會通河為咽喉，萬一運道中梗，危證立現。先年併通海運有遮洋一總遺意尚存，似宜及時講究以佐緩亟，而西北水田向議開墾，旋行旋罷，終鮮實心任事者。若能多方設法耕治彌望田疇，不特可漸省轉漕，兼得增脩地險，以限戎馬之足，固帝都萬世永利也。[53]

明成祖遷都北京後，北京雖然誠如元人郝經（1223-1275）所說「東

51　（清）傅維麟（1608-1667）撰：《明書》（臺南縣柳營鄉：莊嚴文化事業公司，《四庫全書存目叢書》影印清康熙三十四年本誠堂刻本，1997年2月），卷69，〈河漕志〉，頁2。

52　（明）茅瑞徵撰：《禹貢匯疏》（上海：上海古籍出版社，《續修四庫全書》影印明崇禎刻本，2002年3月），經部第54冊，卷1，頁47下。

53　（明）茅瑞徵撰：《禹貢匯疏》（上海：上海古籍出版社，《續修四庫全書》影印明崇禎刻本，2002年3月），經部第54冊，卷1，頁49上-49下。

控遼碣，西連三晉，背負關嶺，瞰臨河朔，南面以臨天下」，是為海內形勝之要區，然而卻會形成政治中心在北，經濟中心在南，兩地距離，相隔千里，首先必須面臨的難題就是京師糧食如何順暢平穩的供應，茅瑞徵針對此問題，贊同丘濬的意見，採用海運與河漕並行的方案，不僅可解決萬一河漕運道被阻的危險，也可省去轉漕軍夫長運兌支耗損之缺失，也才是「古今都燕者防患之明鑑也」。[54]

六　結論

明代學術風氣蒙受宋代影響者甚多深，宋儒不滿漢唐注疏之學枯燥繁瑣，艱深難讀，重新審視漢唐所傳經書與經說，撥棄傳注，引發影響後世深遠的疑經改經風氣，明儒學術承襲宋儒疑經改經風氣，也產生大規模的疑經改經風氣。宋代深受河患劇烈的困擾，從經典尋求解決治水患之法則，同樣明代自中葉以後也深受河患所苦，士大夫紛紛鑽研〈禹貢〉以尋找經世濟民之道，茅瑞徵《禹貢匯疏》即是較早將經典與社會實際問題相結合以尋求解決之道者。綜合前面幾節研究的論述，可得到以下幾點結論：

其一，明代讀書長期深受程朱理學的薰陶，立身行世，秉持君子應志在民生世道，追求言行舉措應該安天下，以求能潤澤黎民。當晚明朝廷內部黨派分立鬥爭時，朝廷外，北有女真虎視眈眈，南有海盜肆虐，南寇北奴，日益滋大侵擾，明朝所面臨的情況，極為危殆。晚明的許多知識份子，眼見明末國家亂亡頻澈，災害頻仍，時思如何拯弊救世，以扶危定傾。為謀拯救內憂外患之局，紛從經典找尋救燃眉之急的辦法，學習漢儒通經致用的方法，遂爭相研究〈禹貢〉以通地

54　（明）茅瑞徵撰：《禹貢匯疏》（上海：上海古籍出版社，《續修四庫全書》影印明崇禎刻本，2002年3月），經部第54冊，卷1，頁52下。

理、治天下，茅瑞徵運用其學術以期經世，有益世局治理，撰寫《禹貢匯疏》。蒐集資料宏富，針對晚明的貢賦問題，提出「有土斯有財，而斂財以賦，經制稍一濫觴，將流毒民生，國計何所底止」，主張千古理財在「底慎」，其要則在「物土之宜」。以致於影響晚明學者紛紛傲傚研究〈禹貢〉，如艾南英《禹貢圖註》、夏允彝撰《禹貢古今合註》等，此風持續影響清代學者關涉〈禹貢〉及歷史地理學，清初朱鶴齡撰《禹貢長箋》、胡渭撰《禹貢錐指》、徐文靖撰《禹貢會箋》、蔣廷錫撰《尚書地理今釋》、邵璸撰《禹貢通解》、孫承澤撰《九州山水考》、楊陸榮撰《禹貢臆參》、王澍撰《禹貢譜》，對其注釋、疏證者數量繁多，不計其數，援古證今，或考地理變革，或釋名物制度，或明文字音義。

其二，茅瑞徵生當天啟、崇禎年間，當時國家局勢動盪不安，內則河患頻仍發生，財產的嚴重損害。再加上旱災間斷發生，造成農作物歉收，糧食生產不足，百姓流離失所。外有流寇及東北女真擾亂，朝廷為抵禦外敵，連年加派征餉，重繁征斂糧餉，造成國匱民困的窘迫局面。茅瑞徵深憂國家社稷安危，平日閱讀經籍時，舉凡有關乎經濟發展，軍事用兵險要之地，屯田水利，城池賦稅及邊防漕運之處，只要與經文相關涉者，都特別著意去蒐羅，旁徵博引，詳加解說，彙為全書，以作為讀其書或執政者參考。

其三，由於明代治河需兼負有保護在泗州的祖陵和在鳳陽的皇陵的任務。以致茅瑞徵對於治理黃河意見，著眼於對朱元璋祖陵、皇陵的利害與否為優先考量。更提出「黃河者，運道之賊也。用之一里則有一里之害，避之一里則有一里之利。以二百六十里之泇河，避三百三十里之黃河，當不勞費治之。」可見茅氏對於黃河河患的治理見解，傾向以「不治治之」，採行賈讓「不與水爭尺寸之利也。

其四，明成祖遷都北京後，北京雖然「東控遼碣，西連三晉，背負關嶺，瞰臨河朔，南面以臨天下」，為海內形勝之要區，卻會形成

政治中心在北，經濟中心在南，兩地距離，相隔千里。其糧食物資仰
賴東南漁米富庶省分漕運運補，而黃河水患問題衝擊漕運水系，首先
必須面臨的難題就是京師糧食如何順暢平穩的供應，茅瑞徵針對此問
題，贊同丘濬的意見，採用海運與河漕並行的方案，不僅可解決萬一
河漕運道被阻的危險，也可省去轉漕軍夫長運兌支耗損之缺失，也才
是「古今都燕者防患之明鑑也」。

第二節　夏允彝及其《禹貢古今合註》

一　前言

　　中國傳統學術以經學為核心，經學自漢武帝「獨尊儒術，罷黜百
家」以來，傳衍已歷兩千餘年，其間曾經過幾次大的轉變。[55]近代以
來，評論明、清學術者成就極眾，然大都盛稱清人學術卓著，而鄙薄
明人，以為學風空疏不學，衰頹已極。近代知名學者張舜徽（1011-
1992）先生在讀完《皇明經世文編》後，曾對明、清兩代的學術風格
差異作過如下的評論，他說：

---

55 《四庫全書總目·經部總敘》：「自漢京以後垂二千年，儒者沿波，學凡六變。其初
　專門授受，遞稟師承，非惟詁訓相傳，莫敢同異，即篇章字句，亦恪守所聞，其學
　篤實謹嚴，及其弊也拘；王弼、王肅稍持異議，流風所扇，或信或疑，越孔、賈、
　啖、趙以及北宋孫復、劉敞等，各自論說，不相統攝，及其弊也雜；洛、閩繼起，
　道學大昌，擺落漢、唐，獨研義理，凡經師舊說，俱排斥以為不足信，其學務別是
　非，及其弊也悍；學脈旁分，攀緣日眾，驅除異已，務定一尊，自宋末以迄明初，
　其學見異不遷，及其弊也黨；主持太過，勢有所偏，才辨聰明，激而橫決，自明正
　德、嘉靖以後，其學各抒心得，及其弊也肆；空談臆斷，考證必疏，於是博雅之儒
　引古義以抵其隙，國初諸家，其學徵實不誣，及其弊也瑣。要其歸宿，則不過漢
　學、宋學兩家，互為勝負。」（清）紀昀撰：〈四庫全書總目序〉，《四庫全書總目》
　（臺北：臺灣商務印書館，1983年10月），卷1，頁1上-1下。

間嘗推尋古今士大夫識議之崇庳，以為漢儒得其粗，宋儒得其
精。明人識其大，清人識其小。精粗之辨，於說經知之；小大
之殊，於論政知之也。平生服膺明人政治之學，非清人所敢
望，亦即以此。清儒論學，事事鄙薄宋賢，獨於論政，乃多蹈
宋人惡習，好以空言張皇耳目，以至浮議多而成功少，終於喪
權辱國而莫之悟。[56]

張舜徽先生博涉四部典籍，治學尚博雅通達，極推崇明儒於政治學方
面，見解獨到，論議恢宏，能掌握關鍵要務，識其大處，非清人所能
企及。其實明、清學術風氣並不相同，各有其特色，後人習於清儒學
風，故常持與明儒相比較，頗較論其短長。清儒丁晏（1794-1876）
生於乾隆末年，成長於嘉慶考據學興盛時期。早年學習時濡染乾、嘉
漢學之風，埋首簡冊，精研古代典籍，考證名物，研思義理，於諸經
皆有箋注疏釋，中年歷經鴉片戰爭、洪楊之亂後，晚年有感於所學無
補於家國離亂，深刻感歎說：「余少好章句之學，然訓詁瑣碎，義理
空虛，二者皆無益實用」[57]，又說：「夫學之不講久矣，肆章句者其學
浮，考訓故者其學瑣，二者皆無用之學也。」[58]蓋因丁氏「身處擾攘
衰亂之世，深感『空疏』的明學，其經世實用價值反遠過于『篤實』
的清人漢學」[59]。

　　《尚書》篇章內容記錄上古時代的公文檔案文獻，前人公認是我

---

56 張舜徽撰：《舊學輯存》（武漢：華中師範大學出版社，2008年12月），下冊，頁945-
　　946。

57 （清）丁晏撰：〈吳仲先大令讀詩一得序〉，《頤志齋文集》（上海：上海古籍出版
　　社，2008年3月），卷5，頁6下。

58 （清）丁晏撰：〈重刻韓樂吾先生遺稿序〉，《頤志齋文集》（上海：上海古籍出版
　　社，2008年3月），卷5，頁2上。

59 嚴壽澂撰：〈嘉道以降漢學家思想轉變一例──讀丁晏《頤志齋文集》〉，收入嚴氏
　　撰：《近世中國學術思想抉隱》（上海：上海人民出版社，2008年12月），頁264。

國現存最古的史書，講述二帝三王治國道理的一部政書。《四庫全書總目》就說：「宋以來說五經者，《易》、《詩》、《春秋》各有門戶。惟三《禮》則名物度數不可辨論以空言，故無大異同。《書》則帝王之大經大法，共聞共見，故自古文、今文互有疑信外，義理亦無大異同。」[60]〈禹貢〉為《尚書》夏書中的一篇，記錄大禹治理水土，敘事「始終本末，綱紀秩然」，簡核有法[61]，古今學者推尊為地理學書之祖，受到歷代學者普遍重視。宋代迭受河患頻仍之苦，儒者試圖從經典中求取治水方法，《尚書‧禹貢》一篇記錄大禹治水過程及功績，對〈禹貢〉經義的理解，有助於宋代水患的防治與解決，紛紛著想於〈禹貢〉對現實價值的闡述，造成〈禹貢〉學在宋代的興盛發展，對後世產生相當大的影響。明代的〈禹貢〉學，初期頗受宋人的影響，以詮釋經文地理要義為主，迨及晚明國勢衰微，內憂外患，紛至沓來，生存迭遭困阨，鑒於社稷安危，士大夫實責無旁貸，紛紛思索解決之道，通經以求致用，〈禹貢〉之學可通地理，即可據以治理天下。〈禹貢〉學成為當世的顯學，知名學者相繼投入對〈禹貢〉學的研討，《四庫全書總目》曾說：「《尚書》一經，……宋以來所聚訟者，莫過〈禹貢〉之山川。」[62]而「〈禹貢〉自宋元以來，註釋者不下數十家」[63]如：鄭曉（1499-1566）《禹貢圖說》《禹貢要註》、茅瑞徵

---

60 （清）紀昀等撰：《欽定四庫全書總目》（臺北：臺灣商務印書館，1983年10月），卷12，〈經部‧書類二〉「《欽定書經傳說彙纂》二十四卷」條，頁22下。

61 明代薛瑄以為「古人敘事之文極有法，如〈禹貢〉篇首以敷土奠高山大川為一書之綱，次冀州，以王畿為九州之首；次八州，次導山，次導水，以見經理之先後。次九州四隩九川九澤四海，以結經理之效。次制貢賦立宗法，祗台德先，分五服以述經理之政事，而終之以聲教，訖於四海執圭以告厥成功，始終本末，綱紀秩然，非聖經其能然乎？」見《欽定書經傳說彙纂》（臺北：臺灣商務印書館，1986年3月），卷首下，頁29下-30上。

62 （清）紀昀等撰：《欽定四庫全書總目》（臺北：臺灣商務印書館，1983年10月），卷12，〈經部‧書類二〉「《日講書經解義》十三卷」條，頁21下。

63 （清）紀昀等撰：《欽定四庫全書總目》（臺北：臺灣商務印書館，1983年10月），卷12，〈經部‧書類二〉「《禹貢長箋》十二卷」條，頁32下。

《禹貢匯疏》、夏允彝《禹貢古今合註》、艾南英《禹貢圖註》、孫承澤《禹貢九州山川考》、朱鶴齡《禹貢長箋》等著作紛紛出現。

　　研究中國經學史的學者，已往大都將焦點放在宋、清兩代，對於明代學術思想皆視為「浮偽虛妄」、「荒疏鄙陋」、「經學至此而極陋」[64]，罕有願意轉移焦點去研究明代學術的成果。反而是研究史學及文學的學者，較無情緒性抒發語言，而較能平心靜氣看待明代史學、文學的發展，探析明代在史學及文學方面的成就，多而討論。民國以來學術界探討明代學術發展的專著，雖有大量增加的趨勢，但大都偏重在歷史、思想或文學之上，較少涉及明代經學著作。此種學風近年來經中央研究院中國文哲研究所舉辦「明代經學國際研討會」提倡後，研究明代經學的情況已有所改善，然相較於其他朝代，明代經學的探究仍嫌不足。

　　近年來專門探究歷代〈禹貢〉學發展的文章，於宋代〈禹貢〉學的專著已有王小紅的《宋代〈禹貢〉學研究》博士論文[65]，及潘晟〈宋代〈禹貢〉之學——從經學傳註走向地理學〉[66]兩篇文章，而討論明代〈禹貢〉學專著的論文，至今則僅有陳韋哲的〈明代〈禹貢〉學中的通經致用思想——以茅瑞徵《禹貢匯疏》為主要考察對象〉一篇[67]，該文主要探討茅瑞徵的《禹貢匯疏》書中蘊涵的通經致用思想為主，至於其他學者的〈禹貢〉書籍，在學術界仍遭到忽視，筆者試圖論述夏允彝《禹貢古今合註》，對其內容作分析研究，以求彰顯其書的價值及意義所在。

64　（清）紀昀等撰：《欽定四庫全書總目》（臺北：臺灣商務印書館，1983年10月），卷13，〈經部・書類存目〉「《尚書旁註》六卷」條，頁9下。

65　此為四川大學歷史文化學院二〇〇七年十月完成的博士論文。

66　詳見潘晟撰：〈宋代〈禹貢〉之學——從經學傳註走向地理學〉，《歷史研究》2009年3期（2009年3月），頁39-58。

67　探究明代〈禹貢〉學的論文，僅有陳韋哲〈明代〈禹貢〉學中的通經致用思想——以茅瑞徵《禹貢匯疏》為主要考察對象〉，《中國文學研究》第三十一期（100年1月），頁113-154。

二　夏允彝及其《禹貢古今合註》

夏允彝（1596-1645），字彝仲，號瑗公，南直隸松江華亭人（今上海市松江區）。生於明萬曆二十四年，卒於清順治二年，為明末知名的政治人物及詩人，係夏完淳（1631-1647）之父，夏之旭為其兄長。

晚明的文人喜歡與同好者締結詩社、文社，當時蘇州高才生張溥（1602-1641）、楊廷樞（1595-1647）等仰慕顧憲成（1550-1612）創立東林書院提倡實學風氣，合組復社。崇禎初年，陳子龍（1608-1647）、夏允彝、徐孚遠（1600-1665）、彭賓（約1644前後在世）、杜麟徵（1595-1633）、周立勳（1598-1640）等六人共組文學社團——幾社，夏允彝等六人，世人稱為幾社六子。

夏允彝在萬曆四十六年（1618）中舉人，之後一直到四十二歲，始登崇禎十年（1637年）丁丑科進士，任福建長樂縣知縣。後以母喪，回家守喪，居家期間，夏允彝閉門讀書，精研儒家經典中蘊涵之要義，探究經籍義理的致用之道。

夏允彝為人光明磊落，胸襟闊達，樂於提攜後進，不遺餘力，侯玄涵（1620-1664）在〈夏允彝傳〉中就稱讚說：「時則有東林諸賢，飭氣節以屬於上。而公以弱冠賢科，才名傾天下，實與太倉張溥、同郡陳子龍、長洲楊廷樞等，以文章鳴於下，其勢相應和。東林諸賢，或詘或伸，而公等伏處郡邑，與天下同憂樂，抵激汙流，指訶失政，視窮達蔑如也。歷三朝二十餘年，游籍遍中國。二都十三州之士，爭希其風，修飾振拔，士氣一變，而公所援引導率之功為尤多。」[68]晚明之際，黨爭傾軋，朝政紛擾，夏允彝與張溥、陳子龍、楊廷樞等人

---

[68] 侯玄涵〈吏部夏瑗公傳〉一文，轉引自（明）夏完淳撰，白堅箋校：《夏完淳集箋校》（上海：上海古籍出版社，2016年3月），〈附錄二．夏允彝完淳父子傳記事略輯存〉，頁637。

彼此以文章相唱和，氣節相尚，激濁揚清，對晚明萎靡不振的士氣有
提振改變為之一震。

　　明朝滅亡後，夏允彝避居曹溪。不久起兵抗清，夏允彝說服其門
生江南總兵吳志葵（崇禎六年武舉人）起兵抗清，吳志葵派先鋒攻打
蘇州。吳志葵臨陣退怯不敢戰，幕僚又皆文士不知兵，最後被清軍所
殲滅。夏允彝在曹溪家中得知好友侯峒曾（1591-1645）、黃淳耀（1605-
1645）等皆殉難，後來又得知吳志葵等全遭到消滅，清兵主帥李成棟
派人勸說召降。夏允彝見大勢已去，決心殉國，便回答說：「譬有貞
婦，或欲嫁之；婦不可，則語之曰：『爾即無從，姑出其面。』婦將
搴帷以出乎？抑以死自蔽乎？」於是就作〈絕命詞〉以示志：

> 少受父訓，長荷國恩，以身殉國，無愧忠貞。南都既沒，猶望
> 中興。中興望杳，安忍長存？卓哉我友，虞求、廣成，勿齋、
> 繩如，懇人、蘊生，願言從之，握手九京。人誰無死，不泯者
> 心。修身俟命，警勵後人！[69]

於是在弘光元年（1645年）九月十七日告別家人，自沈於松塘（今華
田涇支流居地）以死。[70]屍浮於水面，衣帶不濡。越三日，黃道周奉
唐王朱聿鍵檄，以翰林侍讀兼給事中徵召，至則方殯殮，使者傷心大
哭而去。[71]墳墓葬在今昆岡鄉蕩灣村。南明隆武朝贈左春坊左庶子，
謚號文忠。著有《禹貢古今合註》五卷、《夏文忠公集》、《私制策》、

---

69 此處之「虞求」指徐石麒，「廣成」即侯峒曾，「子才」即盛王贊，「蘊生」指黃淳
　　耀。

70 此據（清）徐鼒撰：《小腆紀傳》卷第十七所記，而《明史》卷277〈夏允彝〉則以
　　為係「自投深淵以死」，兩書記載有所出入，徐鼒謂係兵荒馬亂之際，傳聞異辭使
　　然。

71 （清）徐鼒撰、王崇武點校：《小腆紀傳附考》（北京：中華書局，2006年11月），
　　卷第11，〈清世祖順治二年九月〉，頁433。

《幸存錄》等書。[72]夏允彝有關《尚書》學的著作，除《禹貢古今合註》外，尚有《(刻夏先生)書經》六卷，現藏內閣文庫，而《(夏彝仲先生)書經聽月》十一卷，現藏尊經閣文庫[73]，兩部書均典藏於日本，觀其書名含義，應當是為當時士子參加科舉考試而編撰的科舉考試用書。

夏允彝生當晚明國家衰頹之世，時思如何拯弊救世，扶危定傾，故學務經世，舉凡「歷朝制度暨昭代典章，無所不諳習」[74]，所撰之《禹貢古今合註》，為明末〈禹貢〉學的專著，書中「凡水泉之曲折，塗徑之分歧，必明晰而後已」、「於用兵險要、水利屯田、城池賦役，尤加詳焉」、「至水利、屯田、邊防、漕運尤詳其說，旁及鹽法、賦役，無不推其源流，酌其利害」，再三強調說明書中所刻意著眼所在，是夏氏「意所獨存」，書中廣採群籍，「凡與經傳相翼者皆採拾靡遺」，因而「語不厭詳」，陳子龍就稱譽其書：

> 今夏子之書，引伸觸類，窮覽史傳，博訪公卿，山水之經，郡
> 國之誌，無不採；險要之區，泉澤之利，無不載；探奇攬勝之
> 跡，物產方俗之異，無不記；皆附見於經文之下，可謂宏博而
> 核矣。[75]

夏允彝對於「山水之經，郡國之誌，無不採；險要之區，泉澤之利，無不載；探奇攬勝之跡，物產方俗之異，無不記」，可知他對於所蒐

---

72 有關夏允彝傳記資料，係參考：（清）張廷玉等撰：《明史》（臺北：鼎文書局，1982年11月），卷277，〈夏允彝傳〉，頁7098-7099。及（明）張岱撰：《石匱書》，收入《明史（臺北：鼎文書局，1982年11月），卷34，〈江南死義列傳〉，頁200。

73 見於今人嚴紹璗編《日藏漢籍善本書目》（北京：中華書局，2007年3月），頁55。

74 （清）王鴻緒撰：《明史稿》（臺北：文海出版社，1962年11月），〈橫雲山人集‧史稿列傳〉153，頁14上。

75 （明）陳子龍撰：〈禹貢古今合註序〉，《禹貢古今合註》（上海：上海古籍出版社，《續修四庫全書》影印明末刻本，2002年3月），經部第55冊，頁9上-9下。

集到的典籍文獻不厭詳博，儘量予以徵引，此種寫作風格卻頗受乾嘉考證盛行的清儒的批評，《四庫全書總目》雖稱其書「多證合時務，指言得失」，然又評其「雜取《水經注》及諸家小說，旁載山水形狀及諸奇異，似乎博贍，實于經義無關也。」[76]紀昀等編纂《四庫全書》時並未著錄該書，而將其歸入存目之中，主要原因實與清儒學風不合所致，其所以然者，實與晚明學風崇尚博學考證的風氣有關。蓋因明代士人喜歡好奇復古，至以奇書奇事相矜尚，久而學界蔚為風潮，紛以好奇炫博為高。[77]夏允彝生長在晚明人人好奇炫博的學術風氣之中，薰染此種風格，在詮解〈禹貢〉經文時，蒐羅相關資料之際，也盡量將相關的地理史料與山川奇怪之談，全部網羅在一起，書除供當世有識之士參照外，益可供增廣見聞。

三　晚明社會與〈禹貢〉學興盛的背景

明代初期，天下剛安定，百姓初脫離亂之苦，物質生活條件較差，衣食生活僅求基本的溫飽，生活並不富裕，尚無能力過奢侈的生活，水平也就相對較低，社會呈現較為樸素淳厚的風氣。而自明代中期弘治年間開始，社會長期的休養生息，安定日久，社會經濟逐漸發展。迨及明代後期，嘉靖、萬曆年間，經濟高度發展，商業行為活絡，無論農林業普遍發展，漁鹽業日漸興盛，沿海地區「漁鹽之利，多於羹稻」，達到「不賈而足，雖荒歲不飢」。[78]商業繁榮興盛，產品日益商品化市場化。隨著經濟發展，消費生活水平提高，社會風氣逐

76　（清）紀昀等撰：《欽定四庫全書總目》（臺北：臺灣商務印書館，1983年10月），卷14，經部《書》類存目二〈禹貢合註五卷〉提要，頁8下。

77　有關明人好奇炫博學風形成原因的探討，詳見林慶彰先生撰：《明代考據學研究》（臺北：臺灣學生書局，1986年10月），頁25-28。

78　（明）何喬遠撰、廈門大學古籍整理研究所及歷史系古籍整理研究室校點：《閩書》（福州：福建人民出版社，1994年8月），卷38，〈風俗志〉，頁947。

漸由儉入奢，無論在服飾、飲食等方面，皆兢尚奢華。嘉靖時上海人
陸楫《蒹葭堂稿‧雜著》崇奢黜儉理論：「今天下之財賦在吳越。吳
俗之奢莫盛於蘇，越俗之奢莫盛於杭。奢則宜其民之窮也，而今蘇杭
之民有不耕寸土而口食膏粱，不操一杼而身衣文繡者，不知其幾何
也，蓋俗奢而逐末者眾也。」[79]而萬曆年間顧起元（1565-1628）也在
《客座贅語》記載其外舅少冶公回憶明中葉正統年間（1436-1449）
在南京請吃飯的情形：「如六人、八人，止用大八仙棹一張，殽止四
大盤，四隅四小菜，不設果，酒用二大杯輪飲，棹中置一大碗，注水
滌杯，更斟送次客，曰汕碗，午後散席。其後十餘年……棹及殽如
前，但用四杯，有八杯者。再後十餘年……棹殽如前。再後十餘
年……始設開席，兩人一席，設果殽七八器，亦巳刻入席，申末即
去。至正德、嘉靖間，乃有設樂及勞廚人之事矣。」[80]可見在大都市
上層豪富社會的生活，宴會席面由儉樸逐漸演變至奢華，最後紛以相
爭，窮奢極侈。上層豪富，生活窮奢極侈，下層貧民，生活窘迫，備
受欺凌，無處申冤，導致流離失所。嘉靖及萬曆數十年不見群臣，不
理朝政。由於「繼世之主，率多生長深宮，于民間疾苦不能盡知，遂
使宸慮不經于四方，君門隔絕于萬里，冤痛結于民而上不恤，窮愁徧
于下而上不聞。」[81]王邦直（1513-1600）在〈陳愚衷以恤民窮以隆聖
治事〉一疏中，提出朝廷應「禁勢豪以除暴橫」時，描述嘉靖年間當
時社會的實際情況，他說：

　　民之窮困，不特緤于有司之侵漁，亦多迫于勢豪之暴橫。蓋官

---

79 （明）陸楫撰：《蒹葭堂稿》（上海：上海古籍出版社，《續修四庫全書》影印明嘉
　　靖四十五年陸郊刻本，2002年3月），集部第1354冊，卷6，〈雜著〉，頁3上-3下。

80 （明）顧起元撰，譚棣華、陳稼禾點校：《客座贅語》（北京：中華書局，1997年11
　　月），卷7，〈南都舊日宴集〉，頁225。

81 見（明）陳以勤：〈陳謹始之道以隆聖業疏〉，收入陳子龍等選輯：《明經世文編》
　　（北京：中華書局，1997年6月），卷310，頁5下（總頁3274）。

豪勢要之家，其堂宇連雲，樓閣沖霄，多奪民之居以為居也；
其田連阡陌，地盡膏腴，多奪民之田以為田也；至於子弟恃氣
陵人，受奸人之投獻，山林湖濼，奪民利而不敢言。當此之
時，天下財貨，皆聚於勢豪之家。[82]

明代由於里甲制度的破壞，地方士紳的力量愈來愈重，鄉紳社會的影
響力也愈大，勢豪之家時有「奪民之居、奪民之田、奪民利」諸般暴
橫斂財之舉，造成民眾流離失所，無田可耕，無屋可居，各種慘狀。
除勢豪之家侵凌外，尚有貪官覷覦侵奪民財以求致富，陳以勤在〈披
衷獻議少裨聖政疏〉中，對晚明貪贓官吏的心理有極詳盡的描繪，
他說：

臣竊見比來仕路雖稍稍改易流習，而窮鄉下邑，吏之縱恣自
若，其行如盜跖，其欲如饕餮，剝民之財，罄于錙銖。各撫按
官耳目委諸下寮，多為所欺蒙，不即摘發。即有敗露者，又以
寬紓容隱為良，曲意回護以樹私恩。……且贓吏之願，非在于
為名也。其始也，以井市狙獪之行，冒膺名秩，即垂涎民之所
有，欲以自潤及其囊橐既充，溪壑已滿，不幸而致敗罷官，乃
其所甘心者，方且覓良田美宅，揚揚自謂得計，而人亦以其居
官致富，目為雄傑矣。[83]

諸般貪官的行為簡直像盜跖，欲望如饕餮，錙銖必較的苛剝民眾之
財，罄于錙銖。即使有事發敗露，也會官員曲意回護。加上萬曆朝的
礦監稅使的搜括，以致產生如謝肇淛（1567-1624）所說：

82　（明）陳子龍等選輯：《明經世文編》（北京：中華書局，1997年6月），卷251，頁4
　　上-下（總頁2636）。

83　（明）陳子龍等選輯：《明經世文編》，卷310，頁17下-18下（總頁3286）。

> 三吳賦稅之重甲於天下，一縣可敵江北一大郡，破家亡身者往
> 往有之，而閭閻不困者何也？蓋其山海之利，所入不貲，而人
> 之射利，無微不至。[84]

不斷攤派的賦稅，勢豪「閭閻不困」，卻使得民間「破家亡身者往往
有之」，此時北方邊關又有女真努爾哈赤興起侵擾，當此吏治敗壞，
處內憂外患之際，有志的士大夫紛紛尋求針對政治社會的積弊，謀求
改革方案，東林書院創始人顧憲成曰：

> 官輦轂，志不在君父；官封疆，志不在民生；居水邊林下，志
> 不在世道，君子無取焉。[85]

君子處世應當志在民生世道。儒學宗旨在追求舉措安天下，以求能潤
澤黎民。顧氏於講學之餘，諷議朝政，裁量人物，天下士子頗慕其風
者紛起應和。王畿（1498-1583）曰：

> 儒者之學，務於經世，然經世之術，約有二端：有主於事者，
> 有主於道者。主於事者，以有為利，必有所待而後能寓諸庸；
> 主於道者，以無為用，無所待而無不足。[86]

王畿曾受業於王陽明，為王陽明的得意學生，認為儒者經世有主事與
主道兩大類，偏重點各有不同。明儒申時行（1535-1614）：

---

84 （明）謝肇淛撰：《五雜俎》（上海：上海書店出版社，2001年8月），卷3，〈地部
　　一〉，頁50。

85 （清）張廷玉等纂：《明史》（臺北：鼎文書局，1979年12月），卷231，〈顧憲成
　　傳〉頁6032。

86 （明）王畿撰、吳震編校整理：《王畿集》（南京：鳳凰出版社，2007年3月），卷
　　14，〈贈梅宛溪擢山東憲副序〉，頁374。

讀經不明，不如歸耕。今之士子，居恆埋首四子，於經義直垺
為遽廬，試叩之，百不得一，甚有經年不一潤經義之枯者，以
稱經生，何當也？曷思國家春秋二試，四子義三，經義居四，
乃數之少者，窮膏晷以習之，而數多者，反猝時捏就，若是而
獲鹵莽之報，分固應耳，豈真當事者之頭烘也哉？[87]

王畿、申時行二人分從不同方面論述為學應以經世為務的道理。王畿
以為儒者經世之術，或主事務，或主治道，兩者實事情的一體兩面，
體用兼具。申時行則認為明代科舉三場取士制度，初場試經義，中分
為「初場試《四書》義三道，經義四道。」[88]《五經》經義由應試者
選一經應試，不必兼通，所出試題全又須出自蘊含「大道理、大制
度，關係人倫治道」的篇章，此類篇章僅三十幾篇，且限定吉祥文句，
致考官所出的鄉、會試題目，經常有重複或相似的地方，在明代考生
競爭激烈的情況下，考生為求中式容易造成考生為求儘快考中進士取
得功名，難免會投機的嘗試猜題或擬題，導致當時學子讀書以「苟且
速成」為考量，當時士子缺乏「讀聖賢書，學做聖賢」的崇高理想，
士子僅埋首於《四書》《五經》，而不能「通道理、明世務，經旨通
暢」，因而申時行批評「讀經不明，不如歸耕」崇高理想，「讀聖賢
書，學做聖賢」的崇高理想，長久以往，致學術衰微，虛浮不實。[89]
稍早於申氏的何良俊（1506-1573）同樣批評當世學術衰微，虛浮不

---

87 國立中央圖書館編：《國立中央圖書館善本序跋集錄》（臺北：國立中央圖書館，
　　1992年6月），經部書類，〈重訂書經講義會編・贅言〉，頁148。

88 （清）張廷玉等撰：《明史》（臺北：鼎文書局，1979年12月），卷70，〈選舉志
　　二〉，頁1694。

89 參見筆者所撰：〈明代科舉與《尚書》題目——以《明代登科錄彙編》為考察中
　　心〉，《第一屆中國古典文獻學國際學術研討會論文集》（臺北：聖環圖書公司，
　　2010年1月），頁248-270。

實。[90]艾南英（1583-1646）也說：「學者窮經將以經世，則仰觀俯察，莫非分內事，胡可皓首一經，聽其汶汶已也。」[91]

及至明末時，整個社會形成「門戶立，朋黨分，名實淆」，導致天下士大夫的人品學術文章，都「似盛而實衰，日兢而益壞」。[92]歸有光的孫子歸莊（1613-1673）更強烈批評當時士大夫的學術荒疏，不務實際，進而造成自誤誤國的現象，他說：

> 抑今日所急者經濟，經濟之尤要者兵農，古云學而後入政。今之書生，目不睹壁壘之形，口不計錢穀之數，所賴博涉古今，略知經畫，而又多不究心。一日離草茅，或內管機密，外掌會計，以禦侮而生財，無怪乎其自誤而誤國也。[93]

又曰：

> 今日江南州縣之官，皆不可為，惟儒官可為。為長吏，則賦稅

---

90 何良俊撰：「太祖時，士子經義皆用註疏，而參以程、朱傳註。成祖既修《五經、四書大全》之後，遂去漢儒之說，而專以程、朱傳註為主。夫漢儒去聖人未遠，學有專精，其傳授豈無所據？況聖人之言廣大淵微，豈後世之人單辭片語之所能盡。……自程、朱之說出，將聖人之言死死說定，學者但據此略加敷演，湊成八股，便取科第，而不知孔、孟之書為何物矣。以此取士，而欲得天下之真才，其可得乎？嗚呼！朝廷求士之心，其切如此，而有司取士之術，其乖如彼，余恐由今之日以盡今之世，但用此輩布列有位，而欲致隆古之治，是猶以酖毒愈疾，日就羸憊，必至於不可救藥而後已耳。嗚呼！惜哉！」見何氏撰：《四友齋叢說》（北京：中華書局，1997年11月），卷3，〈經三〉，頁1上-2上。

91 （明）艾南英撰：《禹貢圖註》（臺南縣柳營鄉：莊嚴文化事業公司，《四庫全書存目叢書》影印清道光十一年晁氏木活字學海類編本，1997年2月），〈禹貢圖註序〉，頁1上。

92 （清）歸莊撰：《歸莊集》（上海：上海古籍出版社，1884年6月），卷3，〈送黃蘊生會試序〉，頁223。

93 （清）歸莊撰：《歸莊集》，卷3，〈送黃蘊生會試序〉，頁224。

極重之地，又皆荒殘之餘，既不易完，而大吏之眈眈於我者，尤當有以應之。於是非斂怨於下，則得罪於上，無一可為。[94]

歸莊目睹晚明國家衰弱，社會民生凋弊，經濟貧窮困厄的狀況，以為欲拯救當世經濟凋弊困厄，首要在重視兵農。書生雖博涉古今典籍，然不通地理形勢，不解會計錢穀，無以禦侮又無法掌理國財政，僅可當個儒官，以免無法應付官場複雜的上下關係。顧炎武（1613-1682）以為：「引古籌今，亦吾儒經世之用。」[95]王夫之（1619-1692）也有類似的言論，他說：

設身於古之時勢，為己之所躬逢；研慮於古之謀為，為己之所身任；取古人宗社之安危，代為之憂患，而己之去危以即安者在矣；取古昔民情之利病，代為之斟酌，而今之興利以除害者在矣。[96]

研讀古籍，設身處地，揣摩古之時勢安危，代為斟酌謀慮，以作今世興利除害的借鏡。陳子龍（1608-1647）在〈皇明經世文編序〉中也說：

俗儒是古而非今，文士擷華而舍實。夫保殘守缺，則訓詁之文充棟不厭；尋聲設色，則雕繪之作永日以思。至於時王所尚，世務所急，是非得失之際，未之用心，苟能訪求其書者蓋寡，

94　（清）歸莊撰：《歸莊集》，卷3，〈送張耐菴先生之任太倉序〉，頁239。

95　（清）顧炎武撰：《顧亭林詩文集》（臺北：漢京文化事業公司，1984年3月），卷4·〈與友人書八〉，頁93。

96　（清）王夫之撰：《讀通鑑論》，《船山全書》（長沙：嶽麓書社，1996年2月）第10冊，卷末，〈釋資治通鑑論〉，頁1182。

宜天下才智日以絀，故曰士無實學。[97]

陳子龍批評當時俗儒一味保殘守缺，是古非今，而文士則作品專注於尋聲雕繪，擷華舍實，皆脫離現實面，所學無資世用，無法應付晚明劇烈變動的社會。於是糾集志同道合的文士，共同編輯一部從實際出發，蒐集前人有關典章制度和朝臣奏疏及相關社會經濟議題的史料，以攸關國家治亂救世的《皇明經世文編》[98]。明末朝政亂如絲麻，又感於「今河患孔亟，濱河之民為魚者眾」[99]，河患影響民生經濟，以為〈禹貢〉是「古今地理志之祖」，宋代王炎（1137-1218）嘗說：

> 為治有定法，天下無定時，時異則法異，雖堯舜禹相授一道，
> 法亦不能無損益。分割九州，堯之制也，然舜則析為十有二
> 州。分命羲和，堯之制也，至夏則羲和合為一官。聖人順人
> 情，觀世變，立法經治，雖不可變古，亦不可泥古也。[100]

明代末有志的知識份子，以為後世職方、地理、河渠、田賦諸書，其文皆祖述〈禹貢〉而來，為治有定法而定時，時移世異，只要能把握順人情，觀世變，既不變古亦不泥古的原則，即可從〈禹貢〉

97　（明）陳子龍撰：〈皇明經世文編序〉，《明經世文編》，頁4下-5下。

98　吳晗：「《明經世文編》是一部從歷史實際出發，總結明朝兩百幾十年統治經驗，企圖從中得出教訓，用以改變當研現實、經世實用的書。……這部書編輯的時候，正是明朝內部階級鬥爭極為激烈的時代，對建州的民族矛盾極為尖銳的時代。黃澍序文所說：『南寇北奴，日益滋大。』正說明了明朝統治階級所面臨的情況。」參見吳氏撰：〈影印明經世文編序〉，收入（明）陳子龍等選輯：《明經世文編》，頁1-2。

99　（清）魏禧（1624-1681）撰、胡守仁等校點：《魏叔子文集》（北京：中華書局，2003年6月），外篇，卷8，〈童氏禹貢遺書敘〉，頁417。

100　參見《欽定書經傳說彙纂》（臺北：臺灣商務印書館，1986年3月），卷首下，頁16下-17上。

中找到解決國家遭逢危難的各種策略方案。明代有關〈禹貢〉學的著作，如：韓邦奇（1479-1556）撰《禹貢詳略》，鄭曉《禹貢圖說》、茅瑞徵《禹貢匯疏》、夏允彝《禹貢古今合註》、艾南英《禹貢圖註》、許胥臣《夏書禹貢廣覽》、王鑒《禹貢山川郡邑考》、胡瓚《禹貢備遺》、俞鯤《禹貢元珠》、劉椿《禹貢山水清音》等紛紛出版，林慶彰先生就針對這種現象解釋，他說：

> 經世致用的方法既寄託在經書，則經書中的每一個部分自應熟讀，但明末的內憂外患日亟，為救燃眉之急，讀經自以能救急者為先。當時學者以為讀〈禹貢〉可以通地理，通地理即可治天下，所以陳子龍曰：「〈禹貢〉則聖人治天下之書也。」〈禹貢〉既可通地理、治天下，遂成為學者爭相研究的對象。[101]

晚明及清初顧祖禹（1631-1692）《讀史方輿紀要》、胡渭（1633-1714）《禹貢錐指》等名著的出現，基本上都是與當時企求經世致用的心理有關係。

四　通〈禹貢〉致用以拯國家危亡

明太祖朱元璋定鼎天下，建都南京，即積極命大臣教授諸皇子及功臣子弟經籍[102]，實行八股取士的科舉制度，務求博古通今之士，要

---

101 林慶彰撰：〈明末清初經學研究的回歸原典運動〉，收入《明代經學研究論集》（臺北：文史哲出版社，1994年5月），頁343。

102 《明史・孔克仁傳》云：「洪武二年四月，命克仁等授諸子經，功臣子弟亦令入學。」又據明人余繼登的記載，當時明太祖朱元璋就說：「人有積金，必求良冶而範之；有美玉，必求良工而琢之。至於子弟有美質，不求明師而教之，豈愛子弟不如金玉也？蓋師所以模範學者，使之成器，因其材力，各俾造就。朕諸子將有天下國家之責，功臣子弟將有職任之寄。教之之道，當以正心為本，心正則萬事

求大臣章奏能「通道理、明世務，經旨通暢」，不須雕飾辭藻。明成祖為提倡程朱理學，更敕纂《五經大全》、《四書大全》、《性理大全》，集宋、元諸家傳注大成，以作為科舉考試的標準範本，士子熟讀《四書五經大全》，咸於科舉制度中討生活，生長於斯，學習於斯，達到「興教化，正人心」、「家不異政，國不異俗」的地步，使當時社會顯得有俗安樸素的風氣。[103]

明代自中期以後，因吏治敗壞，國家衰弱，民生凋敝，以致民亂時起，社會已不復洪武至正德明代前期的儉樸淳厚，當此之時，如何拯救國家衰敝，成為當世有志知識份子的首要責任。當世學者普遍認為唯有窮究經書要義才可以扶危救世，爭相致力於經書的專研，〈禹貢〉是古聖賢人大禹治理天下之書，士大夫將其視為是可以通世務經理天下之書，變成爭相研究的對象，從鄭曉、胡瓚、茅瑞徵、艾南英、夏允彝、許胥臣等人的〈禹貢〉學書籍作均出版於萬曆、崇禎年間就可知其端倪。明代〈禹貢〉學的發展，研究的方向主要集中兩個方面，一為解釋地理名稱，一為重在通經以致用，洞明事物利病之情，窮究古今治亂根源，明於成敗得失之故。《續修四庫全書總目提要》評許胥臣《夏書禹貢廣覽》三卷時說：

> 然其頗留心時務，於「浮於淮泗達於河」下，云「自河南徙，而今之泗道，皆為河所奪而居，歸德而東，彭城而南，非復昔

皆理矣。苟道之不以其正，為眾欲所攻，其害不可勝言。卿等宜輔以實學，毋徒效文士記誦辭章而已。」參見（明）余繼登撰：《典故紀聞》（北京：中華書局，1997年12月），卷2，頁30-31。

103 有關《四書五經大全》的編修及相關問題，可參閱林慶彰先生：〈《五經大全》之修纂及其相關問題〉，收入《明代經學研究論集》（臺北：文史哲出版社，1994年5月），頁33-59。及楊晉龍撰：〈《詩傳大全》來源問題探究〉，收入《明代經學國際研討會論文集》（臺北：中央研究院中國文哲研究所籌備處，1996年6月）以及筆者所撰：《《五經大全》纂修研究》（臺北：東吳大學中國文學研究所博士論文，1998年6月）。

之泗矣。以一淮為之委，而河強淮弱，治河者又不師禹而師
鯀，繕完故隄，增高倍薄，勞費無已，數逢其害，出賈讓之下
策，而不一圖其中上，河患何時已也。」又「導洴及歧」一
節，載魏莊渠說，謂莊渠欲復轉巖五倉，與甸服粟米輸將制
合，是尚能通經致用，非泥守章句者流也。[104]

明儒茅瑞徵在崇禎五年（1632）的〈禹貢匯疏・自序〉說明：

> 讀〈禹貢〉者，詳九州之山川，則可供聚米之畫；習漕渠之歧
> 路，則可商飛輓之宜；察東南之物力，則當念杼軸之空；考甸
> 服之遺制，則當興樹藝之利。而挈要於「底慎財賦」一語，疏
> 解浩繁，可一言以蔽之，如必字比句櫛，執今圖誌，疑古山
> 川，索碣石左右之端，滋黑水梁雍之辯，三條四列，地脈臚
> 分，兩漢九河，源流靡訂，此不離經生之耳食，亦何益孔、蔡
> 之舊聞。[105]

明末艾南英（1583-1646）也說：「學者窮經將以經世，則仰觀俯察，
莫非分內事，胡可皓首一經，聽其汶汶已也。……若乃疆域之下，形
勝表裡之獨詳，古今都會之孰優，以至河道之遷徙，轉運之難易猶加
意焉者非贅也。形勝要害，守國之所重，而河淮汶濟之間，又今國家
蒿目之秋，吾黨所不可不講也。」[106]至清初的朱鶴齡（1606-1883）

104　中國科學院圖書館整理：《續修四庫全書總目提要》（北京：中華書局，1993年7
　　月），上冊，經部書類，頁274。
105　（明）茅瑞徵撰：《禹貢匯疏》（上海：上海古籍出版社，《續修四庫全書》影印明
　　崇禎刻本，2002年3月），〈自序〉，頁5上-6上。
106　（明）艾南英撰：《禹貢圖註》（臺南縣柳營鄉：莊嚴文化事業公司，《四庫全書存
　　目叢書》影印清道光十一年晁氏木活字學海類編本，1997年2月），〈禹貢圖註
　　序〉，頁1上。

仍持同樣的看法，他說：

> 今夫天下之大患，孰有過于漕渠咀咽閼殫為河疏濬塞但成空談
> 者乎？又孰有過于中原土曠彌望蒿萊、竭東南一隅以養西北者
> 乎？又孰有過于小民骨折髓枯梯航萬里而司農輒告匱者乎？又
> 孰有過于賦役無準吏緣為姦額日廣而蠹日叢者乎？凡此皆禹經
> 畫所及，一一深憂熟計於千載之上者也。[107]

學者窮經以經世，不可淪為空談，夏允彝有鑒於茅瑞徵撰《禹貢匯
疏》，「網羅備具，可為一代鴻典」，但是茅氏之書「意在博綜，便于
稽考，不便于誦讀」，而且書中內容又難免有「重複渙散」之處，遂
「融貫其意，使前後成章」，在〈凡例〉中說：

> 少侗愚，每行道路，輒迷往來。長偕陳臥子出入，見其留意博
> 詢，凡水泉知曲折，塗徑之分歧，必明晰而後已。因念即此是
> 學，欲作地里圖，訪朱思本意為之，益增其所未備，兼為之
> 說，而于用兵險要、水利屯田、城池賦稅，尤加詳焉。[108]

夏允彝「憤國家之貧弱，思有以大振之」，遂處處留意詢問，對於
「用兵險要、水利屯田、城池賦稅、邊防漕運」，特別詳加解說，甚
至於「鹽法賦役」，也「無不推其源流，酌其利害」，以作為執政者
「用世之助」，以下就其文中所特意詳述之要旨作稽考，嘗試就其所
蘊之經世時務思想作簡要說明。

---

107 （清）朱鶴齡撰、虞思徵點校：《愚菴小集》（上海：華東師範大學出版社，2010
年6月），卷7，〈禹貢長箋序〉，頁133-134。

108 （明）夏允彝撰：《禹貢古今合註》（上海：上海古籍出版社，《續修四庫全書》影
印明末刻本，2002年3月），經部書類第55冊，〈凡例〉，頁1上。

（一）治運必先治河

人類生存皆須仰賴水源，水源穩定與否，成為執政者常須共同面對的棘手問題。中華民族發源於黃河流域，黃河滋養歷朝億萬百姓，自古被視為母親河，黃河淤塞潰決，為其常態，歷代大小河患接連不斷，造成嚴重的災害。漢代開始河患漸多，「自宋以來，大河未有十年無事者，金及元患且與其國祚相始終」[109]，而明代黃河河患與前代同樣頻繁，從洪武至崇禎二百七十六年間，據今人的統計，有明總共發生大小河患一百一十二次，幾乎可說每隔二至三年即發生一次[110]，期間或改道，或決隄，河道的遷徙擺動，每次均造成嚴重的災害，田地家園損毀，人民流離失所，景況淒慘。換言之，整個明代，可說始終與河患為伍，實不為過。明初宋濂的〈治河議〉已認為「河源起自西北，去中國為甚遠，其勢湍悍難制，非多為之委以殺其流，未可以力勝也。」因此主張治理黃河首要在分其流，流分則其勢自平。[111]徐有貞主張「置水閘、分支流、濬運河」，目的在「引水分流」。稍後潘季馴認為分流是造成黃河河身淤塞潰堤的原因，主張疏濬舊河故道，改採「築堤束水，以水攻沙」的治水方式。[112]而正德年間治水專家劉天和（1497-1545）著有《問水集》六卷，書中論及「今之治河也，

---

109 （清）閻若璩撰：《尚書古文疏證》（上海：上海古籍出版社，1987年12月），卷6下，〈第九十三言蔡傳灉沮二水解不屬兗州〉，頁43下。

110 今人鄒逸麟（1935-）說：「據黃委會所編《黃河水利史述要》統計，從洪武至宣德年間（1368-1431）的63年中，共發生河患27次，平均2.3年一次。正統至弘治年間（1436-1505）的69年中，共發生河患32次，平均2.1年一次。正德至隆慶年間（1508-1571）的63年中，共發生河患21次，平均3年一次。萬曆至崇禎年間（1573-1642）的69年中，共發生河患32次，平均3.1年一次。」見鄒逸麟撰：〈明代治理黃運思想的變遷及其背景——讀明代三部治河書體會〉，《陝西師範大學學報》（哲學社會科學版）第33卷5期（2004年9月），頁21。

111 〈治河議〉見（明）陳子龍編：《明經世文編》（北京：中華書局，1997年6月），卷2，頁1上-4上。

112 見潘季馴撰：《宸斷大工錄·治河節解》，《明經世文編》，卷377，頁9上-下。

以漕焉耳」，治河就是治漕，他說：

> 惟運河國計所繫，凡宗廟軍國之需，營建宴賞之費，與夫四夷
> 薄海之朝貢，京師萬姓之仰給，舉由是以達，而所慮為運河之
> 患者，則惟黃河而已。[113]

劉氏指出治河的根源原因在治漕，怕黃河潰決影響運河的漕運作業。
「惟當權其輕重緩急，先濬運河，以通漕舟，補築長堤，以防黃河，
以保運河」[114]，然而黃河河患，歷代皆有，不獨明代為然，何以有明
之難治甚於前代，實際上除慮漕之外，尚有護陵的任務，近人鄒逸麟
就清楚指明原因所在，他說：

> 明代治河必須遵循兩個原則：一是明代黃河走徐、沛入淮，從
> 徐州至淮陰一段黃河即運河，治河即治運。明代建都北京，每
> 年從東南運漕糧四百萬石至京師，運河通塞，事關政權大計，
> 故治河著眼在治運。二是要保護在泗州的祖陵和在鳳陽的皇
> 陵。故黃河不能南決，南決會危及兩陵。黃河也不能北決，北
> 決會在張秋沖潰山東運河，阻斷漕運。最後歸結出來的治河方
> 針，即千方百計要將黃河河道維持在徐淮一線上。[115]

治河的目的在維持運河航道的順暢，以免漕運阻礙影響京師糧餉軍需
的供給。又要保護在泗州的祖陵和在鳳陽的皇陵，導致治河官員必須

---

113 （明）劉天和撰，盧勇校注：《問水集校注》（南京：南京大學出版社，2016年3
　　月），卷5，〈治河功成舉劾疏〉，頁104-105。

114 （明）劉天和撰，盧勇校注：《問水集校注》（南京：南京大學出版社，2016年3
　　月），卷5，〈治河功成舉劾疏〉，頁104。

115 鄒逸麟撰：〈明代治理黃運思想的變遷及其背景──讀明代三部治河書體會〉，《陝
　　西師範大學學報》（哲學社會科學版）第33卷5期（2004年9月），頁21-22。

拼命維持黃河不能南決與北決，有這兩重困難，造成明代河患災害接連不斷，治河工程比起前代相對來得更艱難。明末崇禎時，陳子龍（1608-1647）在為夏允彝《禹貢古今合註》寫序時說：

> 今天下之大患在於國貧，而國之所緣貧者，田功之不治，水利之不脩也。……今人主之所急莫大於強兵，欲強兵莫先於富國，欲富國莫若盡地利，盡地利莫先於治水，治水之道，古今則有異矣。[116]

陳子龍認為晚明國家貧弱，肇因於田功不治、水利不修所造成。若欲富國強兵首先就必須治水以盡地利。陳子龍又說：

> 禹之時，九州同溢，患其泛濫而無所歸，故必先治其大者，而後溝澮可成、田賦可定。今也患於隱伏而不為人用，其淫溢為災者止黃河耳，然西北之田功不立，則漕不可省，漕不可省，勢不得不用河，而河終不可得而治矣，故曰今日之治水，必先治其小者，而後大者可理也。[117]

〈禹貢〉記錄禹治理的經過，其治水策略是，先治其大者而後細小之溝澮有所歸而不為患。而明代西北農田水利不興，導致時刻仰賴漕糧運補供給所需，故治水的方法與禹不同，應先衡量時世遷移情況，當先治其小者。夏允彝為解決河患問題，試圖從〈禹貢〉中去汲取治水的經驗，深入探索後，他認為禹治水有經、緯兩種方案，他說：

116　（明）陳子龍撰：《安雅堂集》（上海：上海古籍出版社，《續修四庫全書》影印明末刻本，2002年3月），第1387冊，卷3，〈夏子禹貢註序〉，頁32上-33下。

117　（明）陳子龍撰：《安雅堂集》，卷3，〈夏子禹貢註序〉，頁33下-34上。

昔禹之治水，堅則鑿之，盛則釃之，淺則瀹之，大則決之，急
則排之，而其要有二：曰經，曰緯。夫漢之南入，江之北匯，
非楚水大經乎？然漢則東為滄浪過三澨，乃至大別。江則東別
為沱。至於澧，過九江，至東陵迆迤北而匯焉。隨地注瀉，使
游波寬緩不相激薄，何其緯之有緒也。[118]

夏氏又說：

禹所患者，經不足以持緯，治之宜先緯而後經。今所患者，緯
不足以受經，治之宜後經而先緯。《周禮・稻人職》曰「稻人
掌稼下地，以瀦畜水，以防止水，以溝蕩水，以遂均水，以列
舍水，以澮寫水」，此雖主治澤田，實治水緯法也。阡陌既
變，故道淹沒，智巧之士，始隄而障之，築垣居水，雖自古所
譏，然亦有利有不利焉。惟察水勢，審土宜，堅為之隄以禦水
之經，而又分注以漕，使有所游蕩，服引取之，則經緯得理，
水奚從孽哉？[119]

夏氏認為禹治水的方法，主要採行「鑿之、釃之、瀹之、決之、排
之」，關鍵在維繫江河經緯有緒，寬緩不激。有明距禹時代遙遠，時
移世異，治水之法當有所不同，應細「察水勢，審土宜，堅為之隄以
禦水之經，而又分注以漕，使有所游蕩，服引取之」，才是較佳的策
略。

夏允彝鑒於黃河含沙量高，素有「河水濁，一石水，六斗泥」的
說法，泥沙量過高，沖刷不及，易造成淤塞，河堤就容易潰決，危害
百姓生靈。因此詳審王橫、元儒賈讓、歐陽玄及明儒徐有貞、潘季馴

---

118 （明）夏允彝撰：《禹貢古今合註》，卷2，頁44下-45上。
119 （明）夏允彝撰：《禹貢古今合註》，卷2，頁45上-45下。

諸家的治河理論，認為「以水刷沙」方法可行。夏允彝於「導河積石」段，討論「北播為九河，同為逆河，入于海」時，解釋禹治黃河水患之法何以要分為九河，他以為：

> 然則禹之導為九河也何居？蓋河不可分謂其上流耳。若入海之處泄之愈速，則河愈通利，又何害哉？今九河之下即為逆河，殆謂自此而下即海潮逆入矣。蓋名雖為河，其實海也。海水內吞，九河外灌，不唯藉水力以刷沙，而海之潮淤亦藉河力以敵之，禹之以水治水，所為不可及也。後世不知其說而徒欲棄地以授河，其名則大，豈知水性哉？[120]

夏允彝以為世人「導河積石」段，論治黃河水患之法，他認為「是河不兩行，蓋以合流則迅，分流則緩；迅則力能刷沙，緩則泥沙日積，積久則河高不能行，下流淤則上流決。」[121]

（二）開渠勸農以省飛輓之勞

漕運為中國自古即有的水上運輸，國家「通過漕運，把徵收的稅糧及上供物資，或輸往京師，或實儲，或運抵邊疆軍鎮，以足需要，並藉此維護對全國的統治。」[122]可見漕運的興衰通暢，與政治、經濟、軍事具有緊密的關係，影響到國家的命脈。

長江流域幅員廣大，水量豐沛，氣候溫和，土壤肥沃，適合農作物生長，尤以長江中下流的地區為著，故本區自唐代以來即為全國糧食主要生產區域，明太祖定都南京，「漕粟所都，給官府廩實」，「四

120　（明）夏允彝撰：《禹貢古今合註》，卷4，頁27上。

121　（明）夏允彝撰：《禹貢古今合註》，卷4，頁26下。

122　參見李治亭（1942-）撰：《中國漕運史》（臺北：文津出版社，1997年8月），頁1。

方貢賦，由江以達京師，道近而易。」[123]首都所需糧食運送相當便利而快速。而自明成祖朱隸藉靖難之舉成功，順利登上帝位，將首都遷往北京後，朝廷政治中心北移，數目龐大的皇室宗族、文武百官及六軍之俸餉及開支，所需物資與糧食幾乎完全仰賴江南地區的供應，使得明代漕運極為發達。前人甚至有言「漕為國家命脈所關，三月不至則君相憂，六月不至則都人啼，一歲不至則國有不可言者。」[124]漕運成為維繫國家命脈的攸關所在。因此如何「引水通漕，四方轉運，以實京師」[125]，順利將南糧北調，成為明代執政者最重要的課題之一。

漕糧運送水道路程遙遠，為使漕糧水道常年維持通暢，是一件相當極為艱鉅的任務，花費甚鉅，明代萬曆間陸樹聲（1509-1605）就在所上陳的〈民運困極疏〉中，指出漕運層層剝削欺壓的情況，導致徵調來的民運業者經常被弄得家破人亡的窘境，紛紛逋逃以避此難，他說：

> 夫東南財賦之來，有軍運，有民運。軍運以充六軍之儲，民運以供百官之祿。人皆知軍運之重，而不知民運之苦，尤有深可憫者。夫軍運以十軍而運米四百石，或五百石。民運以一民而亦運米四百石，或五百石。軍運之船，皆官所造，而軍不知。民運之船，則民自顧，而官不知。軍運以軍法結為漕法，一呼百應，人莫敢犯。民運以田里小民，供役遠道，語言鄙俚，衣服村賤，而人人得而侮之。軍運經各該分司衙門，無抑勒需求之苦。民運經各該衙門，動以遲違情由，問擬工罪并諸雜色使

---

123 （清）張廷玉等纂：《明史》（臺北：鼎文書局，1979年12月），卷79，〈食貨志〉，頁1519。

124 （清）傅維麟撰：《明書》（臺南縣：莊嚴文化事業公司，《四庫全書存目叢書》影印清康熙三十四年本誠堂刻本，1997年2月），卷69，〈河漕志〉，頁2。

125 （明）王在晉撰：《通漕類編》（臺北：臺灣學生書局，1970年12月），〈凡例〉，頁1上。

用，每一處輒費銀十五六兩，少亦不下十兩。軍運過洪閘一錢
不煩，而洪夫閘夫共與挽拽。民運每過一洪用銀十餘兩，過一
閘用銀五六錢，所過共三洪五十餘閘，而費可知矣。其最苦
者，船戶皆江淮奸民，慣造此船，裝載白糧，每顧船價及撐駕
夫價，計不下二百餘兩。糧一入船，其驅使糧長，不啻奴婢。
每日供奉船長及撐駕夫，不啻奉其父母。蓋糧在船中，即糧長
身家所係吞聲忍氣，曲為順從，勢不得不然也。其最所畏者，
軍運每凌虐民運。有等豪惡之軍，故將己船撞擦民運之船，民
船板厚而軍船板薄，微有損傷，即便蜂攢簇擁，盡入民船，百
般挾詐，不厭其欲不已也，此其苦之在途者，縷縷若此。其他
入京攬頭之需索，入倉交納之艱難，又有不可勝言者，凡此皆
以供百官之祿也。盡斯民筋力之脂竭斯民噓喻之氣而米始就
倉，困苦極矣。至嘉靖十年以後，凡充是役，未有不破家者。
近來東南流離日眾，逋負日多，邑呈蕭條，盜賊滋起，莫不由
斯，根本重地，一至於此，此誠不可不深慮也。[126]

漕運的船隻，可分為軍運及民運兩類，軍運用以運補六軍儲糧，民運
則用以運補供百官俸祿。軍運船為官府所造，經行之處，官吏，人莫
敢犯，亦不敢苛扣刁難。民運船為民間自顧，傭工皆田里小民，「供
役遠道，語言鄙俚，衣服村賤，而人人得而侮之」。行經各地分司衙
門，動輒遭到延遲違約等理由，刁難勒索，苛扣銀兩。且每過洪閘，
洪夫、閘夫挽拽皆需銀兩打點。甚者遭奸民豪惡恐嚇，導致被徵調運
擔任漕運工作者，均破家，為逃避官府徵調，紛紛逃離家鄉，使鄉邑
蕭條，生活困難之餘，盜賊紛起。陸樹聲又說：

126　（明）陳子龍撰：《明經世文編》（北京：中華書局，1997年6月），卷291，〈民運
　　困極疏〉，頁9上-10下（總頁3072）。

國家財賦，全賴河漕。邇歲河工修而運道通，漕政舉矣。然黃
水之潰決無時，河渠之通塞難料，天時之飢穰不一。每當春
夏，運艘大集，嚴於催督，則商旅不行。萬一歲事不登，徵發
稍後，或河流淺澀，致稽期會，加以沿河夫役十二總，漕卒罷
悴，歲無息肩，而隄防之修培，運船之補造，歲費不給，不無
軫當事者之慮。聞之先臣丘濬建議，欲水陸並運，及兼行轉搬
之法。夫陸運費鉅，不可行矣，乃河漕可常恃也，不可不權其
變也；海運不可恃也，亦不可全廢也；轉搬支兌可兼行也，不
可執一也。視時豐歉，因勢變通，在司國計者宜權其便矣。此
漕運之所當議也。[127]

陸氏鑒於漕運開通，漕卒罷憊，歲無息肩，兼以隄防修培，運船補
造。民運船時遭勒索凌虐，致破家逋逃者日眾，鄉鎮蕭條，盜賊滋
起，造成社會動盪不安，陸氏因此建議司國計者應因勢變通，權宜兼
行轉搬之法。

夏允彝於徐州「大野既豬」句經文下，說解：

禹之時既鍾洙、泗、濟水而成，而泗通於淮，濟通於汶，淮通
於沂，汶通於洸，而泗之上源，又自大野而通於濟，則是大江
以北中原諸水，縱橫交織，皆於大野相聯，而當時入貢之路，
若清之浮汶，兗之浮濟，徐與揚之浮於淮、泗，亦皆於大野相
關，是大野在古已為貢道之要害矣。至國朝尤為漕粟所資。於
是設四水櫃以濟漕運，曰南旺，曰安山，曰馬場，曰昭陽，漕
河水漲則減水入湖，水涸則放水入河，各建閘壩以時啟閉。而

---

127 （明）陳子龍撰：《明經世文編》（北京：中華書局，1997年6月），卷291，〈敬獻
愚忠以備採擇疏〉，頁5下-6上。

南旺地形最高，為南北分水之脊，向非南旺，會通雖開，亦枯
瀆耳。是數千載久廢之大野，至今日復為利涉之大用也。而物
盛致蠹，致有沙淤、盜佃、決隄之三患生焉，此不漕河失
利，……是以有梁山泊之亂。今湖外皆民田也。若隄防稍廢，
則水將漫衍淹沒，復成宋季之患，而湖地開佃不及五百頃，所
得豈償所失哉？[128]

漕河北起北京，南抵杭州，長達三千餘里，沿途經北直隸、山東、南
直隸、浙江，聯繫南北軍事、政治、經濟重心，運道之通滯，牽涉明
代國運命脈之興衰，關係重大，故明代設置南旺、安山、馬場、昭陽
四大水櫃以調節汶、泗、洸、沂諸河的河水[129]，以維護此段漕河的通
暢，影響漕運甚鉅，然而明中期之後，漠視水櫃的功能，放任「沙
淤、盜佃、決隄」三種影響漕河患害之生，夏允彝清楚水櫃對漕河的
重要性，宋代梁山泊稻賊群聚作亂，造成對國家社會的傷害，主張為
維護此段漕河的通暢，必須恢復四大水櫃的調節功能，不應任其荒蕪
廢棄，否則眼光短視近利，未來將會得不償失。

五　結論

綜合上面幾節的論述，可得到以下幾點結論：

其一，夏允彝生當明末，眼見國家衰頹，岌岌可危之際，時思如
何拯弊救世，扶危定傾。其學務經世，撰寫《禹貢古今合註》，對於
〈禹貢〉書中「凡水泉之曲折，塗徑之分歧，必明晰而後已」，而於
「用兵險要、水利屯田、城池賦役，尤加詳焉」，至於「至水利、屯

128　（明）夏允彝撰：《禹貢古今合注》，卷2，頁6下-7上。
129　有關明代四大水櫃的討論，參見蔡泰彬撰：《明代漕河之整治與管理》（臺北：臺
　　灣商務印書館，1992年1月），頁139-194。

田、邊防、漕運尤詳其說，旁及鹽法、賦役，無不推其源流，酌其利
害」，是夏氏刻意獨存之處。夏允彝受晚明好奇炫博學風薰染，詮解
〈禹貢〉經文時，往往將蒐羅相關資料時，盡量將相關地理史料與山
川奇怪之談，全部網羅在一起，供當世有識之士參照外，益可供增廣
見聞。其寫作風格與清儒明顯差異，難免遭致清儒的嚴厲批評，致未
著錄該書，而僅將其歸入存目之中。

其二，明代秉持君子應志在民生世道，追求舉措安天下，以求能
潤澤黎民。當晚明朝廷內部黨派分立鬥爭時，朝廷外，北有女真虎視
眈眈，南有海盜肆虐，南寇北奴，日益滋大侵擾，明朝所面臨的情
況，極為危殆。當世有志之士，為謀拯救內憂外患之局，紛從經典找
尋救燃眉之急的辦法，學習漢儒通經致用的方法，遂爭相研究〈禹
貢〉以通地理、治天下，如：鄭曉、茅瑞徵、夏允彝、艾南英、許胥
臣、胡瓚等人〈禹貢〉學的著作，及清初顧祖禹《讀史方輿紀要》、
胡渭《禹貢錐指》等名著，紛紛出版，基本上都是當時經世致用的心
理的呈現。

其三，明代治理黃河，主要約可分為「引水分流，以濟運河」及
「築堤束水，以水攻沙」的兩種方式。明代河患較歷代難治，原因出
在害怕黃河潰決而影響漕運作業，換言之，治河即治漕。除此之外，
治河還負有保護在泗州的祖陵和在鳳陽的皇陵的任務。因此明代治河
必須遵循兩個原則：一是明代黃河走徐、沛入淮，從徐州至淮陰一段
黃河即運河，治河即治運。明代建都北京，每年從東南運漕糧四百萬
石至京師，運河通塞關乎政權興衰，所以故治河主要在治運。二是不
能讓黃河南決，南決會危及兩陵。黃河也不能北決，北決會在張秋沖
潰山東運河，阻斷漕運。治河方針只能竭盡所能將黃河河道維持在徐
淮一線上。有此兩重困難，造成明代河患災害接連不斷，治河工程比
起前代相對來得更艱難。

其四，夏氏研究〈禹貢〉治水方法，主要採行「鑿之、釃之、瀹

之、決之、排之」，關鍵在維繫江河經緯有緒，寬緩不激。而明朝距禹之世，時代遙遠，時移世異，治水方法應有所不同，當細「察水勢，審土宜，堅為之隄以禦水之經，而又分注以漕，使有所游蕩，服引取之」，才是較佳的策略。又鑒於黃河含沙量高，沖刷不及，易造成淤塞，河堤就容易潰決，危害百姓生靈。詳審諸家的治河理論，認為「以水刷沙」方法最可行。他認為河不兩行，因為河道若合流則迅，分流則緩；迅則力能刷沙，緩則泥沙日積，積久則河高不能行，下流淤則上流決。

第六章
明代《尚書》帝王學：
明代《尚書》經筵講章

第一節　魏校及其《尚書》經筵講義

一　前言

　　經筵為皇帝御前講席，也是一種特殊的教育制度與政治制度，深遠影響唐宋以來的政治情勢。程頤曾說：「人主居崇高之位，持威福之柄，百官畏懼，莫敢仰視，萬方承奉，所欲隨得。苟非知道畏義，所養如此，其惑可知。」[1]他又說：「天下重任，惟宰相與經筵，天下治亂係宰相，君德成就責經筵。[2]」可見它與國家社稷的關係相當密切。

　　明太祖朱元璋出身閭閻，自幼貧困失學，後透過自己超人毅力與艱苦卓絕的努力，刻苦學習，終能獲得成功，他深刻感受到教育學習對帝王領導統御的密切關聯，因此開國之初即規劃皇室子弟的教育，於洪武二年四月，「命克仁等授諸子經，功臣子弟亦令入學。」[3]當時明太祖朱元璋就說：

1　（宋）程頤撰：《河南程氏文集》，收入《二程集》（北京：中華書局，2006年9月），卷6，〈上經筵劄子〉，頁539-540。

2　（宋）程頤撰：《河南程氏文集》，《二程集》，卷6，頁539-540。又參見（清）畢沅等編撰：《續資治通鑑》（臺北：洪氏出版社，1981年5月），卷79，〈宋紀〉七十九，頁1994。

3　（清）張廷玉等撰：《明史》（臺北：鼎文書局，1979年12月），卷135，〈孔克仁傳〉，頁3924。

> 人有積金，必求良冶而範之；有美玉，必求良工而琢之。至於
> 子弟有美質，不求明師而教之，豈愛子弟不如金玉也？蓋師所
> 以模範學者，使之成器，因其材力，各俾造就。朕諸子將有天
> 下國家之責，功臣子弟將有職任之寄。教之道，當以正心為
> 本，心正則萬事皆理矣。苟道之不以其正，為眾欲所攻，其害
> 不可勝言。卿等宜輔以實學，毋徒效文士記誦辭章而已。[4]

朱元璋認為即使是積金美玉，質地精良異於凡品，仍須仰賴良工巧匠
的細心雕琢，才能成為完美的精美玉石，而皇儲貴冑或功臣子弟，將
來更負有保家衛國之重責大任，其美質應從小尋「明師而教之」，因
材施教，雕琢成器，不可任由其「為眾欲所攻」，導致成長過程受到
各種外來欲望的侵擾，養成偏差的思想人格，可見朱元璋對帝王或皇
儲教育的重視。朱元璋在潛心經藝，博求經史，讀書力求貫通，務得
書中要旨，鑒於《尚書》內容記載虞夏商周四代先王之事，疏通知
遠，長於政事，深受歷代君王及聖賢所重視，他親自規定「儒臣進講
《四書》，以〈大學〉為先；《五經》以《尚書》為先」[5]，足見他多
麼看重《尚書》裡所蘊涵的治國理念與方略。近代學者討論明代經筵
制度的文章，已有不少成果[6]，然大多著重在經筵制度的形成與政治
關係等層面論述，較乏從經書講義的內容分析。職是之故，本文擬從
魏校的《尚書》經筵講義內容作探索，以呈顯《尚書》在經筵發揮其
經世致用方面之情況。

4　（明）余繼登撰：《典故紀聞》（北京：中華書局，1997年12月），卷2，頁30-31。

5　（明）黃佐撰：《翰林記》（臺北：臺灣商務印書館，影印文淵閣《四庫全書》本，
　　1986年3月），卷9，〈講讀合用書籍〉，頁7上。

6　有關研究明朝經筵制度的碩士論文，有孟蓉：《明代經筵日講制度述論》（上海：上
　　海大學碩士論文，2005年5月）；蕭宇青：《明代的經筵制度》（廣州：華南師範大學
　　歷史文化學院碩士論文，2007年5月）；單篇論文有張英聘：〈試論明代的經筵制
　　度〉，《明史研究》第5輯；朱子彥：〈明萬曆朝經筵制度述論〉，《社會科學戰線》
　　2007年第2期（2007年2月）等。

二　魏校生平經歷及著作

　　魏校，字子才，江蘇崑山人。生於明憲宗成化十九年（1483）九月，卒於明世宗嘉靖二十二年（1543）三月，享年六十一。魏氏祖先本姓李，世居長州莎門之莊渠城，因而自號為莊渠，[7]人因稱為莊渠先生。魏校對於父母極為孝順，平日起居照顧，「夙興必省，夜必就寢所，晤語無恙乃即安。」如果偶爾遇到父母生病，他隨侍在旁，細心照料，甚至「晝夜目不交睫」。[8]

　　魏校自幼聰穎絕倫，讀書時四行俱下，博聞強記，學術淵深。弘治十七年（1504）舉應天鄉試第一，隔年進士及第。後授官南京刑部雲南司主事，遷陝西司員外郎、廣東司郎中。「每訊重囚，齋居默念，務期得情。凡獄之冤滯，人所不能決者，即片言決之。會審監刑眾，皆采衣即事，事畢，宴飲為樂，公則慘然澹服，是日不飲酒食肉。」[9]切實躬行曾子「哀矜勿喜」的教誨。魏校為人稟性耿直，不畏強權。武宗時，閹宦頭子劉瑾擅權，勢力正熾，威福任情，遍布廠衛校尉，搜集官僚細過，威脅逼迫，致官僚皆懾服，見風轉舵，奔赴盈門，阿諛附勢之態，媚俗市儈之容，充塞朝廷。時劉瑾之弟守備南京，倚勢作威，官員都望塵奔謁，只有魏校未前往。

　　明武宗正德十六年（1505）膺任廣東提學副使，於短短一年的任期內，「戮力以師道為己任，崇德行，略文詞，毀淫祠，興社學，禁火化，厚人倫」[10]，期望將儒學教育普及於廣東。

7　參見（明）陸鰲撰：〈嘉議大夫太常寺卿禮部右侍郎謐恭簡魏公行狀〉，收入（明）朱大韶編：《皇明名臣墓銘》，《明代傳記叢刊》（臺北：明文書局，1991年1月），卷2，頁509-526。

8　（明）尹守衡撰：《明史竊》（臺北：明文書局，《明代傳記叢刊》本，1991年1月），卷74，〈蔡陳林李魏列傳〉第五十二，頁8上-8下。

9　（明）焦竑編：《國朝獻徵錄》（臺北：明文書局，《明代傳記叢刊》本，1991年1月），卷70，〈太常寺卿魏公校傳〉，頁16上。

10　（明）焦竑編：《國朝獻徵錄》，卷70，〈太常寺卿魏公校傳〉，頁16下。

　　嘉靖八年，魏校由太常寺右少卿遷陞太常寺卿，掌國子監事。當時張璁（1475-1539）為相，恃氣凌物，卿大夫依例入謁相國，多踧踖隅坐，只有魏校神態悠閒自然，未表現出畏懼謙恭之態，致遭張璁妒恨。稍後經桂萼推薦，以國子祭酒為經筵講官。相國張璁意滋不悅，按照明代經筵講讀的慣例，「直講者前期進呈講章于輔臣，俟改而後講」[11]，然魏校所撰寫「故事講章先裁於相國，不贊一詞，而愈益嗛」[12]，後因進講不為明世宗所喜，不合帝旨意，又遭輔臣排擠，遂黯然下台，改派太常寺卿添註少卿。然魏氏所講《尚書》講義二章，時人仍稱其「皆闡明大猷，切靡聖治，而詞旨卓越，章不能贊一詞。」[13]足見魏校的經筵講章內容依舊受當世人所稱道，不因其經筵去職而貶低。

　　魏校生平著有《周禮沿革傳》、《大學指歸》、《六書精蘊》、《莊渠遺書》等書。所教授的弟子有唐順之、王應電、王敬臣等，為當世知名的學士儒臣，皆能傳其學。

三　明代經筵與日講制度

　　為古代帝王研讀經史典籍而特設的經筵講讀雖早在漢代已出現，經筵名稱的確立，則始於宋代。[14]爾後蒙元承宋代體制，宋、元兩代

11　參見陸鰲撰：〈嘉議大夫太常寺卿禮部右侍郎諡恭簡魏公行狀〉，收入（明）朱大韶編：《皇明名臣墓銘》，卷2，頁518。

12　（明）徐中行撰：〈明太常寺卿贈正議大夫資治尹禮部右侍郎恭簡魏公碑〉，收入黃宗羲編：《明文海》（臺北：臺灣商務印書館，影印文淵閣《四庫全書》本，1986年3月），卷444，頁15上。

13　見（明）陸鰲撰：〈嘉議大夫太常寺卿禮部右侍郎諡恭簡魏公行狀〉，收入（明）朱大韶編：《皇明名臣墓銘》，卷2，頁518。

14　有關經筵名稱之涵義、確立及其起源問題，可參閱朱瑞熙撰：〈宋朝經筵制度〉，《中華文史論叢》第55輯（上海：上海古籍出版社，1996年12月），頁1-52。及陳東撰：〈中國古代經筵概論〉，《齊魯學刊》2008年1期（總第202期，2008年1月），頁52-58。

的經筵制度施行的內容與形式，與明代並不盡相同。[15]明代經筵起始於明太祖朱元璋攻克婺州後，設「置中書分省，召諸名儒會食省中，日令二人進講經史，敷陳治道。」[16]傾聽當時名儒講讀經史典籍，「凡觀書史中有句讀字義未明者，必召翰林儒臣質之，雖有知書內侍、能文字人，不得近，蓋因是以延接賢士大夫，不特紬繹義理而已。[17]」透過講讀經史，吸收文化知識與治國方略。然起初因尚處於兵馬倥傯，事務匆忙繁劇階段，講讀並未有確定時間及所在，還無法形成固定制度。明代經筵制度，要等到英宗正統年間（1436-1449）始確立為常態的制度，根據《大明會典》的記載說：

> 國初經筵無定日，或令文學侍從之臣講說，亦無定所。正統初，始著為儀，常以月之二日，御文華殿進講，月三次，寒暑暫免。日講說於文華穿殿，其儀簡。……萬曆初，增定午講儀，視舊儀稍有損益。[18]

敘述明代經筵制度禮儀，從正統年間始擬定，以每月的二、十二、二十二日三日為進講日，寒、暑期間則暫時休息。此種做法實沿襲前代經筵典制，其中月講三次襲自元代，寒、暑輟講承自宋代。萬曆二年所增定的午講儀，排定「春講以二月十二日起，至五月初二日止；秋

---

15 有關元代經筵制度，可參閱王風雷撰：〈元代的經筵〉，《內蒙古大學學報》（哲學社會科學版）1993年第2期（1993年），頁26-33。

16 （明）黃佐撰：《翰林記》（臺北：臺灣商務印書館，影印文淵閣《四庫全書》本，1986年3月），卷9，〈御前講論經文〉，頁1上。

17 （明）黃佐撰：《翰林記》，卷9，〈講官趨召〉，頁13下。又見（明）黃佐、廖道南撰：《殿閣詞林記》（臺北：臺灣商務印書館，影印文淵閣《四庫全書》本，1986年3月），卷15，〈趨召〉，頁15下。

18 （明）李東陽等撰、申時行等重修：《大明會典》（揚州：廣陵書社，2007年1月），卷52，頁4下。

講以八月十二日起，至十月初二日止。」[19]

明代經筵與前代不同者，在經筵之外又有日講。「『經筵』又稱『大經筵』，是指御前講席的開講儀式和每隔十天左右舉行的大型的群臣聽講活動。『日講』有稱為『小經筵』，是指『經筵』期間每日（或隔日）為皇帝開設的個人功課。在不舉行經筵的季節則進呈經史講義。」[20]為陶冶君德，成就帝學，致君堯舜，經筵的規畫相當周詳完備，誠如薛瑄（1389-1464）〈上講學章〉也說：

> 命廷臣集議經筵，儀式務從簡約，不尚奢華，仍博選公卿侍從文學之臣，有學術純正、持己端方、謀慮深遠、才識超卓、通達古今、明練治體者一二十人，使之更代入直。恭遇皇上視朝之暇日，御便殿，即召各臣進講。其所講之書，先〈大學〉、《論語》、《孟子》、〈中庸〉，兼講《尚書》、《春秋》，諸史則《資治通鑑綱目》，務要詳細陳說聖賢修己治人之要，懇切開告帝王端心出治之方。以至唐虞三代漢、唐、宋以來人君行何道而天下治安，為何事而天下乖亂，與夫賞善罰惡之典，任賢去邪之道，莫不畢陳于前。如此，則勸講之臣，庶可日修其職。講讀官之職既修，雖皇上聰明上智之資，實由於天錫，而朝夕緝熙啟沃之力，亦有益于聖心。聖學日新，聖德日明，于以修治道，則正心以正朝廷，正朝廷以正百官，正百官以正萬民，而治道有修明之效。[21]

薛瑄的言論說出所有歷來大臣衷心的期盼，希望藉由「學術純正、持

---

19 （明）李東陽等撰、申時行等重修：《大明會典》，卷52，頁4下。

20 陳東撰：〈中國古代經筵概論〉，《齊魯學刊》2008年第1期，頁56。

21 （明）薛瑄撰：《薛瑄全集・文集》（太原：山西人民出版社，1990年8月），卷24，〈上講學章〉，頁951。

己端方、謀慮深遠、才識超卓、通達古今、明練治體」經筵講官，經由循循善誘，「陳說聖賢修己治人之要，懇切開告帝王端心出治之方」以及唐宋以前歷代君主「行何道而天下治安，為何事而天下乖亂」，苦口婆心的規勸，藉由「朝夕緝熙啟沃之力」，達成「聖學日新，聖德日明」的目標，然而理想與現實往往並不一定能相符，假若真正能按照上述規劃執行經筵與日講的進講，則明代的每個皇帝都博覽經史，嫻熟治國政略技巧，無論施政用人都堪稱許，然而實際上有明中晚期的皇帝，「大凡初即位時，由於各種複雜的原因，需要有經筵官這樣的朝臣介以輔助，所以多取勤政務學的態度，但隨著皇帝的長大成熟，政治經驗的豐富，不再需要這種為王者師的講官，凌駕於皇帝之上，對皇帝行為進行指責。」[22]史籍上屢屢見到大臣勸諫開經筵以勤學的奏疏，即可見一斑。例如：明武宗朱厚照生性好娛樂，喜游獵，「嗜酒而荒其志，好勇而輕其身」[23]，時常因嗜酒嬉樂而荒廢經筵學習，大臣屢次上奏疏勸諫，正德元年（1508）三月，內閣大學士劉建就進諫云：

> 自開講以來，不時傳旨暫免者，多以兩宮朝謁為詞。近又云：「擇日乘馬。」臣等愚見以為乘馬等事，似與講學兩不相妨。至於慈宮問安，往來不過頃刻，且兩宮以宗社為念，見皇上勤於講學，亦必喜動顏色。今以頃刻之問安，而廢一日之學業，恐非所以慰聖顏、承慈意也。伏乞日勤聽講，除舊例假日外，其餘尋常之日，不暫停免，使臣等得以少效涓埃，則聖德日隆，聖治日新矣。[24]

---

22 參見張英聘撰：〈試論明代的經筵制度〉，《明史研究》第5輯，頁147。

23 （清）夏燮撰：《明通鑒》（臺北：宏業書局，1989年5月），卷45，頁224。

24 （清）龍文彬編纂：《明會要》（北京：中華書局，1998年9月），卷14，〈經筵日講〉，頁224。又見（明）郭正域編：《皇明典禮志》（臺南縣：莊嚴文化事業公司，《四庫全書存目叢書》影印明萬曆刻本，1996年8月），卷13，頁1。

明武宗十五歲即位，係正值青春期活潑好動的少年，劉謹等太監想出歌舞、角抵等遊戲投其所好，為逃避深宮內繁瑣的規矩，及無趣又無聊的經筵講讀，遂想出以「兩宮朝謁」、「擇日乘馬」作為逃學的藉口。明代自明英宗以後，大都是「生於深宮之中，長於婦人之手」，不懂世務的君主，為逃避枯燥的「經筵」和「日講」學習，常借口身體不適，宣布暫停，時斷時續的講學情況，虛耗寶貴的時光，導致明中葉以後皇帝文化修養偏低，執政能力不足，連帶使得朝廷政局動盪不安，損及國家的安危。

四　經筵講義內容之分析

　　魏校擔任經筵講官的時間並不長，就因受人事干擾而去職，淵博學識無法有效的獲得發揮，在極短的講讀期間裡，留存的講章並不多，今其文集《莊渠遺書》中留存的經筵講章，有〈康誥〉講章二篇，〈說命〉講章一篇，〈洪範・皇極〉講章一篇，〈大學講義〉一篇，〈孟子講義〉二篇，〈論語講義〉二篇，〈列女傳講義〉一篇，〈內則講義〉一篇。其間的講義涉及《尚書》的僅有「〈康誥〉講章二」、「〈說命〉講章」及「〈皇極講義〉」三篇十一則而已。綜觀其寫作體例，其兩篇大致相同，應係為嘉靖皇帝進講的文稿。

　　各篇講章的寫作體例，魏校依照明代進呈經筵講章的撰寫慣例，先列《尚書》篇名，其次則摘錄講述的《尚書》各篇章經文，再次則先解題，如「這是〈商書・說命篇〉傅說戒高宗法天以治民的言語」等等，其次施加簡單說解文字，再次則開始講讀經文文意，闡釋所蘊涵之大義，其後進一步作推衍，引申經文的可有意義。最後表達講筵官對皇帝施政的關心與期望。經筵講官為帝王讀述經史，期待君王道德的養成，成就堯、舜事業，然常因受人事糾葛，環境干擾，使得是理想與事實相違離，魏校進講的經筵講章，內容與結果不盡理

想，可見其成效仍須視個別情況而定。為明白魏校的《尚書》經筵講章的情形，以下詳細分析其內容，藉以呈顯其思想義涵。

（一）理當踐履，見諸行事

綜觀歷代開國君主，大多憑藉天生的資質稟賦及卓越的領導統御能力，經過艱困的奮鬥，建立國家政權外，嗣位帝王自幼生長富貴之家，權位的獲得是理所當然之事，無須廣涉經籍，博覽子史，刻苦惕勵，以參加科舉考試獲取功名。帝王教育與經生學士的教育，兩者讀書的目的截然不同，教育的方法自然應有所差異。宋代范祖禹（1041-1098）就曾明白指出兩者讀書目的不同之處，他說：

> 人君讀書學堯、舜之道，務知其大指，必可舉而措之天下之民，此之謂學也。非若人析章句、考異同、專記誦、講應對而已。[25]

范氏以為為君者讀書目的在「學堯、舜之道」，瞭解典籍裡的精要旨意，學習如何掌握統治國家的技巧和對政事的處理能力，並將此道理實際運用在治理國家百姓，不必耗費精力在「析章句、考異同、專記誦、講應對」上面。徐鹿卿（1189-1250）也認為帝王學並非在從事於經文的章句訓詁及名物制度訓解，主要在「發明正理，開啟上心」，徐氏說：

> 讀〈禹貢〉一書，當知古人所以為民除患者如此其勞，疆理天下者如此其廣，立法取民者如此其審，尊所聞，行所知，不至

---

25 （宋）范祖禹撰：《帝學》（臺北：臺灣商務印書館，影印文淵閣《四庫全書》本，1986年3月），卷3，頁3下。

於古不止也。[26]

徐氏舉〈禹貢〉為例，說明閱讀〈禹貢〉並非食古不化的照搬經書
文字，一味抄襲模仿，而應汲取大禹治河的「疆理天下」、「立法取
民」的精神方法，如此才對君主治國理民有所助益。明代中葉，王鏊
就說：

> 或謂貴為天子矣，尚何事於學？殊不知庶人之學與不學，係一
> 家之興廢。人主之學與不學，係天下之安危。夫天人性命之
> 理，古今治亂是非得失成敗，皆具于書，未有不讀而能知者，
> 自古聖帝明王，未有不由學者也。[27]

王氏以為「天人性命之理，古今治亂是非得失成敗」，都備載於聖賢
典籍之中，帝王雖富有天下，貴為天子，不讀書就無法獲得足夠的知
識，以應付施政理民的需要。薛瑄（1389-1464）也認為應從大臣中
選擇「有學術純正、持己端方、謀慮深遠、才識超卓、通達古今、明
練治體者一二十人」，入值經筵進講《四書》、《尚書》等經史典籍，
進講時「務要詳細陳說聖賢修己治人之要，懇切開告帝王端心出治之
方。以至唐虞三代漢唐宋以來人君行何道而天下治安，為何事而天下
乖亂，與夫賞善罰惡之典，任賢去邪之道，莫不畢陳于前。」[28]充分
說明經筵講官的職責，在講解「聖賢修己治人之要」、「帝王端心出治
之方」，使皇帝可以獲得「朝夕緝熙啟沃之力」，達到「正心以正朝

---

26 徐鹿卿撰：《清正存稿》（臺北：臺灣商務印書館，影印文淵閣《四庫全書》本，
   1986年3月），卷4，頁1上。

27 （明）王鏊撰：《震澤集》（臺北：臺灣商務印書館，影印文淵閣《四庫全書》本，
   1986年3月），卷19，〈時事疏〉，頁12上-下。

28 （明）薛瑄撰：《薛瑄全集·文集》（太原：山西人民出版社，1990年8月），卷24，
   〈上講學章〉，頁951。

廷，正朝廷以正百官，正百官以正萬民」的功效。

　　魏校擔任經筵講官時，也秉持著緝熙啟沃君王之心，以為人君者，最重要在掌握經書典籍的義理要旨，注意大方向、大原則，不在枝枝節節上，他說：

> 夫義理有當汲汲講求者，有當闕疑而不必講者。蓋講求義理，正欲實踐履於身而見諸行事，故當汲汲。乃若文義有不可通者，則當闕之而不必解。若穿鑿牽彊，則反汩亂吾心之虛明，有害於聖學矣。[29]

魏校以為義理應分別何者當講求與不當講求者，君王讀書，首先應致力於道理的實踐履行，見諸行事。若遇到有經書文義不可通解之處，魏氏以為應秉持孔子：「多聞闕遺，慎言其餘」的精神，不可牽強附會，妄加解讀，以免汩亂心智。魏氏又說：

> 仰惟皇上聖質超越古今，正宜廓大胸襟，講求聖王心學之要，開天聰明，不宜屑屑於文義間鑿破混沌。臣竊見講官所說，多滯於小小浮泛文義，而於帝王全體大用之實，罕有發明。[30]

魏氏認為帝王教育是為培養治理國政的君王而設，首要在啟迪君王智慧，提升統治技巧，其成敗直接關係到整個國家的治亂興衰。帝王的全體大用，不在「屑屑於文義間鑿破混沌」，也不在「滯於小小浮泛文義」，也「不必於煩碎上用功」[31]，而是與經筵講官「每論經義，必

29　（明）魏校撰：《莊渠遺書》（臺北：臺灣商務印書館，影印文淵閣《四庫全書》本，1986年3月），卷2，〈御札〉，頁15上。

30　（明）魏校撰：《莊渠遺書》，卷2，〈御札〉，頁16上。

31　（明）魏校撰：《莊渠遺書》，卷2，〈皇極講章〉，頁14上。

問以今如何行？或訪時政，必問以此事與古合否？」實事求是，以踐
履實行為準則，就能夠「博通天下義理而施諸政事之間」。

（二）鑒別群臣，慎防欺曚

自古以來，為君者最痛恨的是大臣彼此勾結串聯形成朋黨，最忌
諱的也是臣下結成朋黨[32]，無論是任何人，一旦被指實為相互朋比，
集結私黨，必定遭到無情的打擊制裁，「小人之黨見疑於人主」、「君
子之黨亦見疑於人主」[33]，唐代李絳也說：「歷觀自古及今，帝王最惡
者是朋黨。」[34]可見歷代皇帝為求鞏固其掌握權力，凡是涉嫌結朋黨
者，就會採取最嚴厲的手段予以制裁。朱元璋為防他人窺伺皇權，強
化君權的威猛，在主持《大明律》的修訂時，就嚴格規定：「若在朝
官員，交結朋黨，紊亂朝政者，皆斬。妻、子為奴，財產入官。」[35]
「凡諸衙門官吏，若與內官及近侍人員互相交結，漏泄事情，夤緣作
弊，而符同奏啟者，皆斬。妻、子流放二千里安置。」[36]以防止臣僚
的結朋黨。儘管防範如此嚴厲，明代的黨爭的激烈傾軋，反而超過歷
史上的任何一個朝代，屢屢為當世有識之士所憂慮者。張萱在《西園
聞見錄》引于慎行分析朋黨的起因時說：

> 黨何為而成？成於私。私何為而起？起於利。利者，得失之心
> 也。有得失之心則愛憎之情入，有愛憎之惑則恩怨之跡明，有

---

32 有關朋黨形成原因及其對政治的不良影響，可參閱朱子彥、陳生民合著：《朋黨政
治研究》（上海：華東師範大學出版社，1992年3月）一書的論述。

33 此為明代王世貞之言，引文見（明）張萱撰：《西園聞見錄》，《明代傳記叢刊》（臺
北：明文書局，1991年1月），卷100，〈朋黨〉，頁16下。

34 （清）董誥等編：《全唐文》（北京：中華書局，1996年7月），第7冊，卷645，〈對
憲宗論朋黨〉，頁4下。

35 懷效鋒點校：《大明律》（北京：法律出版社，1999年9月），卷2，〈職制‧姦黨〉，
頁34。

36 懷效鋒點校：《大明律》，卷2，〈職制‧交結近侍官員〉，頁35。

> 恩怨之分則勝負之形立，有勝負之較則傾軋之機出矣。[37]

　　張氏認為黨派肇端於私利，為求私利必連帶產生得失、愛憎、恩怨、勝負等情緒，由此而生出「傾軋之機」。魏校在世宗朝時任經筵講官，黨爭傾軋時見，他深知大臣私結朋黨對國家社會所造成的影響，利用經筵講讀時，透過分析〈洪範〉經文「凡厥庶民，無有淫朋，人無有比德，惟皇作極」一段文字，詳細闡釋說朋黨對國家社稷的危害，他說：

> 淫朋比德，皆所謂私意偏見。道本天下公理，人惟各有私心，相與阿其所好，結成朋黨。自昔人君深惡朋黨而欲去之，忿疾愈甚，交結愈深，雖震以雷霆之威而不能去。[38]

朋黨的形成原因，緣由雖頗複雜，然主要都基於私心私利而勾結串聯一起，彼此聲援呼應，造成政局的動盪不安，因而「人君深惡朋黨而欲去之」，然而人君「忿疾愈甚，交結愈深」，朋黨形成，則積重難返，盤根錯節，即使以至高的權力威嚇，依舊無法解決問題。應該如何解決這個問題呢？由於朋黨之間，群體勢力龐大，往往互相牽引，彼此呼應，君主若無過人之智以辨之，就容易受其蒙蔽欺瞞。為防止人君受到朋黨的欺偽，魏校提出個人多年的觀察經驗，認為欲防臣下欺瞞之弊，首先須知道人臣欺瞞君主之由，他說：

> 歷代人君深惡人臣之欺而莫能禁者，其弊有三：一曰壅蔽，上情不能下宣，下情莫能上達，故欺蔽易生也。二曰猜疑，上以

37　（明）張萱撰：《西園聞見錄》，卷100，〈朋黨〉，頁18。
38　（明）魏校撰：《莊渠遺書》，卷2，〈皇極講義〉，頁9下-10上。

術防下，下亦以術待上，故欺蔽愈多也。三曰苛察，小事欲致詳，大事反多廢，故欺蔽愈甚也。[39]

魏校總結提出「壅蔽」、「猜疑」、「苛察」三種欺詐的弊端。由於受到權臣的蒙騙，導致「上情不能下宣」，而臣民的「下情莫能上達」，自然容易上下其手，肆意遂行個人私利。如此易造成君主對臣下不信任，以權術防範，而臣下亦以權術防範君王，彼此互相猜忌，進而於細微之事苛察刁難，反致國家大事遭致廢棄，成為社稷的危害。魏校主張「欲鑒別群臣，必取其忠信不欺者」，又能夠：

常於正大處推廣而毋察細微，常在道理上推廣而毋任術數。凡用一人，必先辯其人之心術，任賢勿貳，去邪勿疑。凡行一政，必先究其事之利弊，利則興之，弊則除之，慎重勿輕改。[40]

魏校認為皇帝用人能「任賢勿貳，去邪勿疑」，施政能夠「利則興之，弊則除之」，示以超然客觀、大公無私之襟懷，以廣納群臣，如此就能做到：

今使庶民無有淫朋，群臣無有比德，朋黨不待禁而自消，惟在人君建立大中至正之道，有以深服人心，《易》所謂「渙其群」，《禮》所謂「一道德而同風俗」也。君心若有偏邪，身先自陷於黨，邪人迎合附和，真為朋黨者不能覺悟，反猜疑正人以為朋黨，天下之禍從此始矣。[41]

---

39 （明）魏校撰：《莊渠遺書》，卷2，〈論語講義〉，頁27上-27下。
40 （明）魏校撰：《莊渠遺書》，卷2，〈孟子講義〉，頁21下。
41 （明）魏校撰：《莊渠遺書》，卷2，〈皇極講義〉，頁9下-10上。

君主若想消弭官員間的結黨營私風氣，需要先樹立「大中至正之道」的領導風格，大公無私，公正不阿，「舉直錯諸枉」[42]，自然能深服臣下之心，「子率以正，孰敢不正」，猶如《周易‧渙卦》六四爻辭「渙其群」，挽救渙散，促成團結，派系朋黨自然而然的消除。否則的話，人君心無法稟承中正至，稍有偏差，就會自陷於朋黨，以致為奸詐邪佞之人所欺騙，終日生活在身邊諛臣讒佞攀附迎和而不知，反而猜疑君子為朋黨，治亂興衰易位，將使朝廷陷入危機。

（三）欽哉恤刑，敬明乃罰

魏校自科舉登第後，首先派授的官職即為南京刑部雲南司主事，爾後陸續遷陞陝西司員外郎、廣東司郎中等職，均屬掌管刑獄訴訟事務。多年掌管刑獄經驗，讓他深知刑獄與百姓生命關係甚鉅，須謹慎將事。他每次審訊重囚，都先齋居默念，期求務必探索隱情。「凡獄之冤滯，人所不能決者，即片言決之。會審監刑眾，皆采衣即事，事畢，宴飲為樂，公則慘然澹服，是日不飲酒食肉。」眾人以審訊得情，解決一件疑案職務的心情，大肆宴飲慶祝為樂。魏校則能深體「哀矜勿喜」的教誨。他在進講〈康誥〉：「王曰：嗚呼！封。敬明乃罰，人有小罪非眚，乃惟終，自作不典。式爾，有厥罪小，乃不可不殺。乃有大罪非終，乃惟眚災，適爾。既道極厥辜，時乃不可殺。」一段經文時，魏校詳細說解：

> 「敬明乃罰」，這一句是綱，「人有小罪」以下這幾句是目。眚是不知誤犯，終是明知故犯，式爾是有意為之，災是不幸，適爾是無意為之，這都是分別其情之輕重也。刑罰本非得已，不可不盡心，必須以敬為主事，事務要推究分明，庶幾情真罪

42　（魏）何晏注、（宋）刑昺疏、朱漢民整理：《論語注疏》（北京：北京大學出版社，1999年12月），卷2，〈為政〉第二，頁21。

當，乃可加刑，但立法有經常，用法有權變，方能盡得人情。且如有人犯著小罪的，論法雖輕，推究其情，不是誤犯，乃是故犯，非人作孽，乃自作孽，公然出於有心，這等人姦惡可惡，最能敗常亂俗，不可不殺之，以示懲戒，此即帝舜之「刑故無小」也。又如有人犯著大罪的，論法雖重，推究其情，不是故犯，乃是誤犯，非自作孽，乃天降災，偶然出於無心。及到官府，又能輸情服罪，這等人昏愚可矜，宜從寬恤而不可殺之，此即帝舜之「宥過無大」也。[43]

明代皇權至上，君主為鞏固君權的至高無上，往往藉刑罰以樹立威權，導致濫權肆殺的情況。魏校稟承曾子「哀矜勿喜」的教誨，認為刑罰本不得已而用之，不可不謹慎小心，因此在經筵講述時，對君王的刑律酷虐，不忘殷殷叮嚀，勸導君主對於犯下罪責的人，在對其實施刑罰時，應該要極為謹慎細心，詳加察閱案情緣由，必須以敬為處事原則，任何事務一定要推究分明，案情確當，才可施加刑罰。立法雖有經常，但用法一定有權變，才不誤殺無辜。他又說：

是知凡欲定罪，必須得情；若欲得情，必須明理；若欲明理，必須存心。故武王提出箇敬字來說。〈舜典〉所謂「欽哉欽哉，惟刑之恤哉」，正此意也。[44]

又說：

臣嘗考之皋陶曰：「天討有罪，五刑五用哉！」可見人君用刑，只是代天行道。人臣用刑，又是代君行道，固不當有私

---

43 （明）魏校撰：《莊渠遺書》，卷1，〈康誥講章二〉，頁28上-28下。

44 （明）魏校撰：《莊渠遺書》，卷1，〈康誥講章二〉，頁28下。

> 惡，亦不當有私好，必須大公至正，合得民心，方纔合得天心。仰惟皇上事天如事親，時時對越；愛民如愛子，念念哀憐。更願以公平廣大之心，布愷悌慈祥之政，戒法吏之深刻而重循良，刪法令之繁苛而務寬大，使春生之德，每行於秋殺之中；陽舒之恩，常溢乎陰慘之外。和氣充塞，國祚靈長。〈呂刑〉云：「一人有慶，兆民賴之，其寧惟永。」[45]

魏校引皋陶之言：「天討有罪，五刑五用哉。」他以為天心即民心。人君施刑，是「代天行道」，「人君一身，終日是代上帝作事，口代天言，手代天工，賞是天命，罰是天討」，而「人臣用刑，又是代君行道」，從事賞罰當「平如秤，不得有偏重」，應效法古聖賢重法慎刑的作法，不可輕易施刑於臣民。由於上天是大公無私，人君人臣既是代天用刑，心理就不應有私惡或私好參雜其中，才合乎民心。他更提醒皇帝要以「公平廣大之心」，「戒法吏之深刻」，「刪法令之繁苛」，才能使朝野君臣和諧，國祚綿長。魏校經筵《尚書》講章，針對內容與義旨作一步的闡釋，能幫助後人瞭解經筵對《尚書》經世致用的作用有極大的助益。

（四）厚養治臣，以保節義

經筵講讀的《尚書》內容釋義，主要是採用南宋蔡沈《書集傳》的解釋，解釋幾乎都按照《書集傳》的說法，無什異說，也不注重經生讀經時那種章句訓詁方式，不僅重在「直說大義，惟在明白易曉」，而且要能根據經文大義申說經世致用的義涵。魏校也如同歷朝經筵官一樣，利用進講說解經文之際，對時政提出批評，如於《尚書‧洪範》皇極章：「人之有能有為，使羞其行，而邦其昌。凡厥正人，既富方穀。汝弗能使有好于而家，時人斯其辜。于其無好德，汝

45　（明）魏校撰：《莊渠遺書》，卷1，〈康誥講章二〉，頁28下-29下。

雖錫之福，其作汝用咎。」一段經文時說：

> 國家所賴惟在賢才，群臣之中，有能有為者，其才固可用矣。
> 人君更須鼓舞作興，使進其行，則才德兼全，必能保我子孫黎
> 民，國家自然隆盛。若有才而無德，心術不良，用之多生事喜
> 功，反敗壞國家元氣矣。人君代天養民，凡厥治事之臣，皆代
> 君養民，必須厚養以祿，保全其廉恥節義之心，方可責其為
> 善。若仰不足以事父母，俯不足以畜妻子，饑寒切身，如
> 《詩》所謂「室人交徧摧我」，則惟賢者為能至死不變，中人
> 而下必將喪其所守，而陷於罪戾矣。士風既壞，嗜利無恥，不
> 復知德之可好，於此輩無好德之人，而錫之以福，使其在位，
> 則必貽禍於民，是乃人君自用咎惡之人，不得辭其過矣。人君
> 不能體恤愛養群臣，其流弊必至於此，故《易》曰：「聖人養
> 賢，以及萬民。」[46]

魏校認為皇帝想要治理好國家，必須仰賴才德兼備的賢士，方能「保
我子孫黎民」，「國家自然隆盛」。賢士潔身自愛，難進而易退，他認
為皇帝是天之子，係代天養民，口代天言，手代天工，賞是天命，罰
是天討，凡是國家的治事大臣，都是代皇帝撫養人民之臣。此種代天
養民之臣，必須「厚養以祿」，讓他們生活安定，「仰足以事父母，俯
足以畜妻子」，平日無「饑寒切身」之累，惇養才德，自然「保全其
廉恥節義」，潔身自愛，也就能體恤愛養百姓。至於「有能有為者」，
雖然其才堪用，卻未知是否有德。若所任用者是「有才而無德，心術
不良」的臣子，他們大多不會體恤養護百姓，反而會生事喜功，貪圖
財祿，反而敗壞國家國運。

---

46 （明）魏校撰：《莊渠遺書》，卷2，〈皇極講議〉，頁11上-12上。

五　《尚書》經筵講義對帝王教育之成效

　　經筵講讀的教材，大多偏重在《四書》、《尚書》、《大學衍義》、《資治通鑑》等經史書籍，由於皇帝年齡及閱歷、興趣不同的影響，明代初期的帝王，馳騁沙場，身經百戰，領導統御的經驗豐富，對於經筵講授的經史書籍所蘊涵的政治理論、統御方法，較能心領神會，雖然經筵講讀的時間短暫，他們依舊能夠選取可供自己鑒戒的內容，從中吸收其經驗和教訓。從明代的史料文獻中，經常可以看到有關經筵講讀對國家重要決策的討論，例如黃佐《翰林記》就記錄：

> 祖宗時，講官於講書後，得言時政闕失及陳論所見。洪武中，大學士吳沈進講畢，進「去邪勿疑」之說，因曰：「小人中懷奸邪，甚似忠信，不可不察。」上曰：「然。」憲宗在東駕時，學士劉珝講《周書·無逸篇》:「文王懷保惠鮮」章，遂及時事數十，天顏豫悅，雖不言而深有契於心。未幾，嗣大位，即卻貢獻，減財賦，罷諸道鎮守官，皆昔所論也。弘治中，侍講學士李東陽大旱應詔言事，摘經筵所講《孟子》中要論切於治道者，析為數條，極論其理，而時政得失以類附焉，上嘉納之。雖非面陳，然均之為啟沃之義。[47]

經筵重在講書後闡述時政闕失及指陳所見，黃佐記載太祖、憲宗、孝宗三帝在舉行經筵講讀後，摘錄講章要論，條陳時政得失，三帝皆能虛心接受之例，用以說明經筵施行有具體的成效。而魏校則因進講未稱旨而被撤換，此例被記載在明代《殿閣詞林記》內：

> 講官魏校進《書經》「罪疑惟輕」章，上批云：「桂萼薦校善解

47　（明）黃佐撰：《翰林記》，卷9，〈講官陳論〉，頁14上-下。

經義，朕昨觀其講章，並未有過人者，且其前後率多諛詞，難居近侍，著吏部調南京用。」[48]

魏校所進講《尚書・大禹謨》：「罪疑惟輕」講章，經嘉靖皇帝的閱覽後，認為講章的內容解說並無特別過人見解，卑淺而無高論，再加上講章內容前後甚多阿諛奉承的詞句，引起明世宗龍顏相當不悅，因而立即要求吏部予以撤換。若由此事件表面看來，魏校不僅個人學識平庸，且係詭隨媚君之徒，似乎與大禮議時阿諛奉承明世宗以取寵奪權者同流。然魏校於科舉考試時，以《尚書》專經名列前茅躍登金榜，不應該於講解《尚書》時全無過人之處。若細部探究其緣由，實際上其中另有原因，根據明代同鄉陸粲（弘治進士）所撰寫的〈嘉議大夫太常寺卿贈禮部右侍郎諡恭簡魏公行狀〉的記錄：

明年轉國子祭酒，例謁輔臣，輔臣張璁恃氣傲物，卿佐入謁者多踧踖隅坐不安，先生至乃為正席，延上坐，先生弗辭，張色變，因從容與語，則亦憮然自失。及先生以祭酒為經筵講官，桂所崇薦也，張滋不悅。每上御經筵，直講者前期呈講章於輔臣，俟改而後入講。先生兩入經筵，所講《尚書》二章，皆闡明大猷，切劘聖治，而詞旨卓越，章不能贊一詞，然內益猜忌，先生自是不能安其位矣。經筵講畢，遽改太常寺添註少卿。[49]

魏校於嘉靖八年轉任國子祭酒，後桂萼推薦為世宗的經筵講官，因晉

---

48 （明）黃佐、廖道南撰：《殿閣詞林記》，卷15，〈月講〉，頁6上。此事又見（清）孫承澤撰、王劍英點校：《春明夢餘錄》（北京：北京古籍出版社，1992年12月），卷9，頁132。

49 （明）陸粲撰：〈嘉議大夫太常寺卿禮部右侍郎諡恭簡魏公行狀〉，收入（明）朱大韶編：《皇明名臣墓銘》，卷2，頁517-518。

見輔臣張璁時態度不卑不亢，又因所寫「講章先裁於相國，不贊一詞」[50]，遭致張璁的銜恨，最終遭到排擠出經筵講官行列。據沈佳《明儒言行錄》記錄為「以進講『敬明乃罰』章不合上旨」[51]遭到改用。而查繼佐《罪惟錄》則以為是「進講經筵，不狥呈稿內閣故事。偶上前或操吳音，上不說，改太常寺卿。」[52]

可見魏校不論是因進講《尚書·康誥》「敬明乃罰」章或「罪疑惟輕」章，於講章對相國張璁不贊一詞銜恨，又進講解說時，說話操南方吳音，不為明世宗所喜，輔臣藉機陰排之，導致他遭到排擠，而無法發揮所長，貢獻所學，實為令人感到惋惜。

六　結論

綜合上文的論述，有關魏校及其經筵講章研究，可作成以下幾點的結論：

其一，魏校聰穎絕倫，讀書博聞強記，學術淵深。出仕後歷任刑部官員。審訊重囚，皆能秉持「哀矜勿喜」的心情，詳細查核案情。凡冤滯刑獄，人所不能決者，他都能片言決之。曾任廣東提學副使，於短短一年任期內，戮力崇德行，略文詞，毀淫祠，興社學，禁火化，厚人倫，將儒學教育普及於廣東。為人稟性耿直，不畏強權。當閹宦劉瑾擅權，威福任情，遍布廠衛校尉，搜集官僚細過，威逼官僚懾服，致見風轉舵，奔赴盈門，阿諛附勢之態，媚俗市儈之容，充塞

50　（明）徐中行撰：〈明太常寺卿贈正議大夫資治尹禮部右侍郎恭簡魏公墓碑〉，收入黃宗羲編：《明文海》（臺北：臺灣商務印書館，影印文淵閣《四庫全書》本，1986年3月），卷444，頁15上。

51　（明）沈佳撰：《明儒言行錄》（臺北：臺灣商務印書館，影印文淵閣《四庫全書》本，1986年3月），卷7，〈魏校〉，頁49上。

52　（清）查繼佐撰：《罪惟錄》（臺北：明文書局，《明代傳記叢刊》本，1991年1月），卷10，〈魏校〉，頁1603。

朝廷，**魏校**均能潔身自愛，為才德兼俱的賢士。

其二，明代的經筵制度，分為經筵與日講兩種。「經筵」又稱「大經筵」，指御前講席的開講儀式和每隔十天左右舉行的大型的群臣聽講活動。經筵春講以二月十二日起，至五月初二日止；秋講以八月十二日起，至十月初二日止。每月以二、十二、二十二等三天進講。地點在文華殿。「日講」又稱「小經筵」，是指「經筵」期間每日（或隔日）為皇帝開設的個人講授功課，地點最初在文華偏殿，幾經遷移，最後改在文華殿。日講進講時要求「務要詳細陳說聖賢修己治人之要，懇切開告帝王端心出治之方。以至唐虞三代漢、唐、宋以來人君行何道而天下治安，為何事而天下乖亂，與夫賞善罰惡之典，任賢去邪之道，莫不畢陳于前。」在不舉行經筵的季節則進呈經史講義。明代中葉以後的皇帝，大都「生於深宮之中，長於婦人之手」，不懂世務，為逃避枯燥的「經筵」和「日講」，常借口身體不適，宣布暫停，斷續的情況，學習效果有限，導致明中葉以後皇帝文化修養偏低，執政能力不足，連帶使得朝廷政局動盪不安，國家的安危也受影響。

其三，**魏校**擔任經筵講官時，秉持著緝熙啟沃君心，陶冶君德，主張人君無論讀書或施政應掌握經書典籍的義理要旨，注意大方向、大原則，不在枝枝節節上鑽牛角尖。提醒皇帝注意朋黨，應慎加鑒別群臣，以防欺矇。也建議世宗刑罰本不得已而用之，要謹慎小心，對於犯罪的人，對其施刑要謹慎細心，詳加察閱案情緣由，凡事以敬為處事原則，任何事務都要推究分明，唯有當案情確定，才可施加刑罰，才不會誤殺無辜。

其四，**魏校**在從事經筵講授時，均能秉持《尚書》的篇章義旨去發揮經文中所蘊涵的要義，殷切叮嚀皇帝係「代天養民」，「人君一身，終日是代上帝作事，口代天言，手代天工，賞是天命，罰是天討」，從事賞罰當「平如秤，不得有偏重」，應效法古聖賢重法慎刑的

作法，不可輕易施刑於臣民。經筵《尚書》講授的內容與義旨闡釋，對《尚書》學的研究與瞭解有極大的助益。

其五，魏校學識才能俱佳，經過桂萼的推薦而被選為明世宗朝的經筵講官，但因為晉見輔臣張璁時的態度不卑不亢，再加上撰寫講章時，不願意在講章裡諛贊輔臣一詞，遭到張璁的銜恨，又因在經筵講讀時，說話操南方語音，不為明世宗所喜，輔臣遂藉機陰排擠他，遭到改任的命運。魏校本人不受世宗賞識，經筵講讀時間又相當短暫，無法充分發揮經書要旨，感格君心，貢獻所學，令人感到惋惜。

第二節　倪元璐及其《尚書》經筵講章

一　前言

明朝的開國君主朱元璋（1328-1398）出身民間，幼年貧困失學，憑藉機遇及個人的努力學習，師儒的輔佐，終獲成功，使他深感教育對帝王的領導統御的密切關聯。由於皇儲貴冑或功臣子弟，將來負有保家衛國之重責大任，他對皇儲教育格外重視。[53]他親自規定「儒臣進講《四書》，以〈大學〉為先；《五經》以《尚書》為先」[54]，足見他對帝王或皇儲教育的重視，也特別看重《尚書》裡所蘊涵的治國理念與方略。

---

53 朱元璋於洪武二年四月命教官授諸子經，而功臣子弟亦令入學，且說：「人有積金，必求良冶而範之；有美玉，必求良工而琢之。至於子弟有美質，不求明師而教之，豈愛子弟不如金玉也？蓋師所以模範學者，使之成器，因其材力，各俾造就。朕諸子將有天下國家之責，功臣子弟將有職任之寄。教之道，當以正心為本，心正則萬事皆理矣。苟道之不以其正，為眾欲所攻，其害不可勝言。卿等宜輔以實學，毋徒效文士記誦辭章而已。」參見（明）余繼登撰：《典故紀聞》（北京：中華書局，1997年12月），卷2，頁30-31。

54 （明）黃佐撰：〈講讀合用書籍〉，《翰林記》（臺北：臺灣商務印書館，影印文淵閣《四庫全書》本，1986年3月），卷9，頁7上。

　　《尚書》記錄古代聖君賢王治國理政的事蹟，古人因「二帝三王
治天下之大經大法皆載此書」[55]，「二帝三王之治本於道，二帝三王之
道本於心，得其心則道與治固可得而言矣」[56]，以為古聖帝王其治道
理法可藉以疏通知遠，適於執政者處理政事，因而受歷代君王及聖賢
所重視。《尚書》文字雖因時代久遠，後世閱讀起來，辭句艱澀古
奧，解讀惟艱，然仍被列為儒家《五經》之一，不僅為科舉考試時士
子選考的重要科目，也是歷代君王培育儲君時所必讀的典籍。經筵講
義係經筵講官們為皇帝講授經史時的講稿，歷來大半都亡佚，未能留
存。即使有部分經筵講官們將講義收錄進個人文集中，為數也相當
少，以致未受到應有的重視。近年來，經筵制度逐漸受到兩岸學界的
關注，然學術界研究經筵者雖然為數頗多，且已有不少成果[57]，卻大

55　（宋）蔡沈（1167-1230）撰，王豐先點校：《書集傳》（北京：中華書局，2018年2
　　月），〈九峰蔡先生書集傳序〉，頁13。

56　（宋）蔡沈撰，王豐先點校：《書集傳》（北京：中華書局，2018年2月），〈九峰蔡
　　先生書集傳序〉，頁13。

57　近年來有關研究明朝經筵制度的碩士論文，計有孟蓉撰：《明代經筵日講制度述論》
　　（上海：上海大學碩士論文，2005年5月）；蕭宇青撰：《明代的經筵制度》（廣州：
　　華南師範大學歷史文化學院碩士論文，2007年5月）；徐婷撰：《明代經筵講史與帝
　　王歷史教育研究》（曲阜：曲阜師範大學碩士論文，2013年4月）；宋興家撰：《明代
　　經筵日講中的聖王期待》（長春：東北師範大學碩士論文，2015年5月）。單篇期刊
　　論文有楊業敬撰：〈明代經筵制度與內閣〉，《故宮博物院院刊》1990年第2期（1990
　　年7月），頁79-87；張英聘撰：〈略述明代的經筵日講官〉，《邢臺師專學報（綜合
　　版）》1995年第4期（1995年11月），頁14-16轉頁45；張英聘撰：〈試論明代的經筵制
　　度〉，《明史研究》第5輯（1997年5月），頁139-148；朱子彥撰：〈明萬曆朝經筵制度
　　述論〉，《社會科學戰線》2007年第2期（2007年2月），頁122-128；朱鴻林撰：〈高拱
　　與明穆宗的經筵講讀初探〉，《中國史研究》2009年第1期（2009年2月），頁131-
　　147；晁中辰撰：〈明「經筵」與「日講」制度考異〉，《東岳論叢》2012年第7期
　　（2012年7月），頁95-99；文琦：〈明代經筵制度新論〉，《廣東技術師範學院學報》
　　2012年第5期（2012年8月），頁40-43；陳時龍撰：〈天啟皇帝日講考實〉，《故宮學
　　刊》2013年第2期（2013年6月），頁155-166；廖峰撰：〈顧鼎臣中庸首章經筵解
　　讀〉，《唐山師範學院學報》第32卷第3期（2010年5月），頁66-68；許靜撰：〈明清經
　　筵制度特點研究〉，《聊城大學學報(社會科學版)》2013年第2期（2013年3月），頁

多數著重在制度的形成與其對政治影響的關係的論述，較缺乏從經筵講官講讀時所撰寫的經書講義的內容，去作文獻實際的分析，以致易造成制度理論方面的論述，無法深入瞭解實際執行經筵教育的真正內容所在，實為美中不足之處。

　　倪元璐（1593-1644）為明末崇禎朝重要的政治家，其書法成就與黃道周（1585-1646）、王鐸（1592-1652）並稱晚明書法三大家，後代學者大都推崇其書法的成就，探究其書法成就及其書風形成的原因，缺乏探討倪元璐的學術思想及其他方面的成就。歷代經筵制度的研究，近年頗為興盛，然研究者幾乎都著重在經筵制度的形成，與其對政治影響的層面上，較缺乏對實際經筵講義內容的分析，職是之故，本文嘗試以倪元璐《尚書》經筵講義為例，探討倪元璐存留之《尚書》經筵講義內容，以說明經筵講章的實際內容、闡釋經文要義的形式，以及對崇禎皇帝施政的評議及殷殷勸戒之義，藉此以清楚瞭解其講授《尚書》時偏重的篇章，及《尚書》學對帝王教育試圖達成「德成而教尊，教尊而官正，官正而國治」的深刻意義，以呈顯《尚書》在經筵發揮其經世致用方面的真實面貌。

二　倪元璐與崇禎帝經筵講讀

　　倪元璐，字玉汝，別號鴻寶，又號園客，浙江上虞人。為明末崇

78-87；許靜撰：〈試論明清經筵制度的發展演變〉，《明清論叢》2014年第1期（2014年4月），頁143-156；廖峰撰：〈洪範經筵的政治性思考——以大禮議後期「汪佃事件」為中心〉，《貴州大學學報（社會科學版）》2014年第3期（2014年5月），頁15-18；唐華榮撰：〈明代經筵制度化成因新論〉，《現代企業教育》2015年1月下期（2015年1月），頁479-480；謝貴安撰：〈明熹宗經筵日講述論〉，《學習與探索》2015年第10期（總第243期；2015年10月），頁145-152；謝貴安撰：〈明代經筵和日講講官的選任條件〉，《明清論叢》第15輯（2015年12月），頁25-52；潘婧瑋撰：〈約束與反約束——明朝經筵特點分析〉，《黃岡職業技術學院學報》第18卷第3期（2016年6月），頁64-66等。

禎朝相當重要的政治家與書法家。生於明神宗萬曆二十一年（1593），
幼時即聰慧穎異，異於常人。五歲時，隨曹太夫人習《毛詩》，嫻熟
成誦。其父倪湅隨事命對，倪元璐皆能不假思索，應聲立就，表現其
傑出聰慧的才華。

明熹宗天啟二年（1622）中壬戌科進士，受到太史韓日纘
（1578-1636）賞識，與黃道周同出於韓日纘門下。[58]韓日纘治學嚴
謹，講求氣節，為官又剛正不阿，在天啟年間，宦官魏忠賢獨攬權
勢，在政壇上廣結黨羽，結黨營私，排斥異己，滿朝文武大臣為求貴
顯，紛紛獻媚歌頌其德，韓日纘卻不屑與之為伍，以道德術業為天下
人所稱仰。韓日纘崇高的氣節德業也深深影響著倪元璐的為人。

倪元璐後授翰林院庶吉士，任翰林院編修，充經筵展書官。崇禎
元年（1628），元璐請求毀去《三朝要典》，驅逐來宗道（萬曆32年進
士）、楊景辰（1580-1629）等閹黨。崇禎六年（1633），遷左諭德，
充日講官，進右庶子。崇禎七年（1634），以制實制虛各八策上疏，
指陳時政得失，為溫體仁（1573-1639）所忌。崇禎八年（1635），遷
國子監祭酒。崇禎九年（1636），溫體仁授意劉孔昭藉封典事訐發元
璐之私，因而遭到罷職，去官閒住。在家賦閒六年，悠遊田園生活。
爾後因李自成（1606-1645）、張獻忠（1606-1647）等流寇侵擾中
原，而北方滿清大舉進兵叩關。崇禎十五年（1644），重新任命元璐
為兵部右侍郎，兼翰林院侍讀學士。次年至京，面陳制敵機宜。五
月，破格提拔為戶部尚書，兼翰林院學士，仍充任日講官。崇禎十七
年（1644年）三月，李自成攻陷京師，倪元璐面對國家殘破局勢，深
感孤臣無力回天，於是整肅冠服束帶拜闕，大書案上曰：「南都尚可
為。死，吾分也，勿以衣衾斂。暴我屍，聊志吾痛。」遂南向坐，取
帛自縊而死。以死殉國，保全其名節。享年五十二歲。

---

58 （清）計六奇撰：〈倪元璐〉，《明季北略》卷21〈殉難文臣〉，引自（清）倪會鼎
　　撰、李尚英點校：《倪元璐年譜》（北京：中華書局，1994年3月），附錄，頁92。

倪元璐先後兩次擔任經筵日講官，第一次於崇禎六年（1633），元璐時年四十一歲，遷左諭德，充日講官。元璐初值講筵，依當時的慣例，進講的經筵講章，由講官自己撰寫，寫完後預先送給內閣審議，內閣大臣若有修改意見，講官通常都會照改。倪元璐講讀《孟子・梁惠王上》「派彼奪其民時」三節，講章後循例會針對該段經文闡發其蘊涵之義理，對朝廷施政有所規諫評議。講章中提及：「因考成而吏急催科，則非省刑；以兵荒死徙而賦額如初，則非薄斂。」溫體仁認為文章太長，抨擊到當時的朝政，欲加以刪除，又以不渾成命修改。倪元璐堅持不改，講章往返數次爭辯，元璐不得已說：

> 啟沃自講官事，此後不渾成，更有甚于此者，設有進規中堂之言，中堂亦命改乎？必欲改者，惟有自陳求罷耳。[59]

經筵講章闡述經典的意義及其引申闡發的義理，倪元璐堅持應由講官自己撰寫，內容的優劣得失也是由講官自己負責。而在經筵進講時，連帶直言進諫規勸以啟沃君德智慧，為歷來經筵講官的職責所在，其講章不容許他人干涉改動。倪元璐公然反抗溫體仁的意見，溫體仁表面上雖未惱羞成怒，也未明白劾參倪元璐，卻對倪元璐銜恨在心，始終隱忍，以俟機報復。經過幾年的等待，終於在崇禎九年（1636）找到機會，唆使劉孔昭予以參劾，導致倪元璐的人品受到皇帝懷疑，最後遭到罷免。

　　倪元璐最後一次擔任經筵講官在崇禎十五年（1642），倪元璐入宮進講《尚書》，為明思宗講解《尚書》的內容與義理，試圖提供君主經書中治國理民的統治綱領與方法。崇禎十七年（1644）時，倪元璐以大司農充日講講官，講《孟子》「生財有大道」一節，極力敷陳加派聚斂之害，崇禎疑其諷刺，質問元璐說：「書講得好，但今邊餉

59　（清）倪會鼎撰、李尚英點校：《倪元璐年譜》，卷1，頁20。

匱紲，壓欠最多，生之者眾，作何理會？君德成就責經筵，不宜奪漫。」元璐回答說：「聖明御世，不妨經權互用。臣儒者，惟知守道之誠，藏富于國耳。」崇禎不懌而罷。[60]倪元璐對於朝廷中所出現的弊端，均能秉持其耿直個性、忠君報國的信念，確實指陳施政缺失，絕不懷利以事君，得崇禎不以為忤，甚至獲得嘉許。然因晚明國家窮亂衰頹，社會動盪不安，倪元璐雖「持論侃侃，中立不阿」，終究與世齟齬而不能獲得大用，加上時局壞亂已極，始被任職，然當世貪吏橫行，嚴刑賦斂，益以崇禎急功近利，疑忌成性，啟告密紛紜之害，致倪元璐無所措其手，最後僅能「以身殉國，以忠烈傳于世」。

三　倪元璐《尚書》經筵講章內容分析

宋代程頤（1033-1107）曾說：「人主居崇高之位，持威福之柄，百官畏懼，莫敢仰視，萬方承奉，所欲隨得。苟非知道畏義，所養如此，其惑可知。」[61]他又說：「天下重任，惟宰相與經筵，天下治亂係宰相，君德成就責經筵。」[62]人君居至高之位，掌威福之柄，若恣意肆虐，百姓將生靈塗炭，民不聊生。唯有賴經筵對君德的養成與教導，可見它與國家社稷的關係相當密切。

倪元璐年少時的啟蒙老師為鄒元標（1551-1624），長大後又從遊於劉宗周（1578-1645）、黃道周諸名儒。從學均以古人相期許，而尤留心於經濟。擘畫設施，皆可見諸施行，非經生空談浮議者可比。其詩文奏疏所論多軍國大計、興亡治亂之所關。然當天啟、崇禎之時，

60　（清）倪會鼎撰、李尚英點校：《倪元璐年譜》，卷4，頁70。

61　（宋）程頤撰：〈上經筵劄子〉，收入（宋）程顥、程頤撰：《河南程氏文集》，收入《二程集》（北京：中華書局，2006年9月），卷6，頁539-540。

62　（宋）程顥、程頤撰：《河南程氏文集》，《二程集》，卷6，頁539-540。又參見（清）畢沅等編撰：《續資治通鑑》（臺北：洪氏出版社，1981年5月），卷79，〈宋紀〉七十九，頁1994。

朝廷君子小人並進，黨派恩怨相尋，置君國的安危於不顧而致力爭門戶利益。倪元璐於崇禎六年，入宮擔任經筵官進講《尚書》，為明思宗講解《尚書》的內容與義理，並嘗試從經書原典中抉發可以供君王治國理民的統治綱領與方法。

　　受限於朝廷政局的動盪及明思宗疑懼性格的影響，倪元璐前後擔任經筵講官的時間並不長，雖有心貢獻所學輔佐君王拯亂理民，卻因受奸佞權臣干擾而去職，以致淵博學識無法獲得有效的發揮。當時講讀期間所撰寫的講章應該為數不少，根據前人文章或筆記所記載的講題內容，均未見於《倪文貞講編》之中，可見所保存的講章並不完整，相當可惜。如今所存留的並不多，目前可見者僅有《倪文貞講編》三卷，內含經筵講章及日講講義兩部分。其內容均為講讀《尚書》及《孟子》講章。其中《尚書》講義今僅存〈皋陶謨〉、〈大禹謨〉、〈無逸〉及〈說命〉數篇而已。

　　綜觀《倪文貞講編》全卷《尚書》講義內容，各篇講章的寫作體例全部相同，均是先摘錄《尚書》篇章的經文，其次則用淺近口語約略解釋經文字辭的意義，再次則進一步講述經文的旨義，闡釋文字裡所蘊涵之微言大義，最後作者再據文義加以推衍，針對當時朝廷局勢及國家社會所遇到的重大問題，申述其意見及解決的方法以期能夠啟沃君主德智之話語，表達講筵官對皇帝施政的關心與期望。

　　倪元璐與當時名儒遊，從學均以古聖賢言行相期許，而尤留心於經濟。與晚明為求場屋僥倖中式，「務於捷得，不過於《四書》一經之中擬題一二百道，竊取他人之文記之，入場之日，抄謄一過」[63]的士子並不相同。其詩文奏疏所論多與軍國大計、興亡治亂之所關，非當時一般的經生空談浮議者可比。為確實瞭解其《尚書》經筵講章所呈顯的真實內容與思想義涵，以下就其經筵講章分析其詳細內容旨要。

63　（清）顧炎武撰，（清）黃汝成《集釋》，欒保群、呂宗力校點：《日知錄集釋》（石家莊：花山文藝出版社，1990年8月），卷16，〈三場〉，頁734。

（一）人君治道之綱領在知人與安民

書籍為古人一生智慧的結晶，世人要增進個人的智慧，最快的方法就是閱讀書籍。後世專門研究經學的學者，大都將眼光聚焦於文獻目錄中收錄的經學典籍及歷代知名經學家，很少會去關注歷代經筵講章的資料，推測其原因，不外乎兩點，首先是經筵講官很多不是經學史著作所講述的經學家，其次是經筵講章大都零散分布在經筵講官的個人文集中，資料蒐集起來，既費力又費時，一般經學研究者不願從事此種吃力不討好的事。然而經筵講官與經學家不同，經筵講章與經學典籍所闡釋的經義所差異。經生學士博覽子史，刻苦惕勵，讀書的目的在參加科舉考試以獲取功名利祿。而經筵講官講授對象為君主或未來儲君，讀書的目的與經生不同。君主或未來儲君，生長於富貴之家，掌握威福群臣之權柄，無須涉獵經籍以取功名。兩者讀書的方向目的迥然不同，學習的內容方法自然也應有所差異。宋代范祖禹（1041-1098）就指出兩者的不同之處，他說：

> 人君讀書學堯、舜之道，務知其大指，必可舉而措之天下之民，此之謂學也。非若人析章句、考異同、專記誦、講應對而已。[64]

為君者讀書目的在「學堯、舜之道」，深刻理解典籍要旨，學習掌握治國理民的技巧及處理的政事能力，並將此道理實際運用在治理國家百姓，而非耗費精力在無謂的「析章句、考異同、專記誦、講應對」上面。程頤亦云：

---

64 （宋）范祖禹撰：《帝學》（臺北：臺灣商務印書館，影印文淵閣《四庫全書》本，1986年3月），卷3，頁3下。

> 帝王之學與儒士異尚。儒生從事章句文義，帝王務得其要，措
> 之事業。蓋聖人經世大法，備在方策，苟得其要，舉而行之，
> 無難也。[65]

同樣以為帝王所學非如儒生的注重章句訓詁文義，而是在探討書中所保存的聖賢經世大法，並且將其理法施治於民。明代王鏊（1450-1524）也有類似觀點，他說：

> 或謂貴為天子矣，尚何事於學？殊不知庶人之學與不學，係一
> 家之興廢。人主之學與不學，係天下之安危。夫天人性命之
> 理，古今治亂是非得失成敗，皆具于書，未有不讀而能知者，
> 自古聖帝明王，未有不由學者也。[66]

天人性命之理，古今治亂是非得失成敗之由，皆具於書，難怪不讀書就無法獲得足夠的治國知識技能。薛瑄（1389-1464）也認為選擇「有學術純正、持己端方、謀慮深遠、才識超卓、通達古今、明練治體者」，值經筵，進講《四書》、《尚書》等經史典籍，「務要詳細陳說聖賢修己治人之要，懇切開告帝王端心出治之方。以至唐、虞、三代、漢、唐、宋以來人君行何道而天下治安，為何事而天下乖亂，與夫賞善罰惡之典，任賢去邪之道，莫不畢陳于前」。[67]經書中雖有「聖賢修己治人之要」、「帝王端心出治之方」，但是要如何擷取其精華，使皇帝能夠有「朝夕緝熙啟沃之力」，進而能達到「正心以正朝廷，

65　（明）胡廣等撰：〈聖學〉，《性理大全》（京都：中文出版社，1981年），卷65，頁19下引。

66　（明）王鏊撰：〈時事疏〉，《震澤集》（臺北：臺灣商務印書館，影印文淵閣《四庫全書》本，1986年3月），卷19，頁12上-12下。

67　（明）薛瑄撰：〈上講學章〉，《薛瑄全集・文集》（太原：山西人民出版社，1990年），卷24，頁951。

正朝廷以正百官，正百官以正萬民」的功效，是經筵講官們時刻存心以思的問題所在。

倪元璐在經筵為崇禎帝講述帝王為治的綱領時，舉《尚書·皋陶謨》篇所說「知人安民」一段為例，說明帝王為治綱領的關鍵所在，他說：

> 人君治道多端，其大者只有兩件，一在知人，一在安民。蓋人之才品不同，心術各別，若知之不明，如何得舉措民服，所以要知人。萬邦黎庶皆仰賴大君為主，若安之無道，如何得本固邦寧，所以要安民。[68]

倪元璐要言不繁的講明，由於每個人的才能品行不同，心術也有所差異，人君若要施政舉措使百姓心悅誠服，關鍵在舉用對的人，而要舉用對的人就必須能「知人」，而想要本固邦寧，首要就在「安民」。但如何做才能達到「知人安民」呢？倪元璐進一步解釋說：

> 蓋知不是淺淺的知，直把這個人的肺肝伎倆，分毫俱鑒別不差，何等明哲，以是而用人，則大小得宜。舉天下極不齊的人品，偏是他安頓妥當，這叫做「能官人」。安不是小小的安，直把民間所苦水旱盜賊等事，一一替他消弭無害，何等恩惠。由是萬邦黎庶，心生愛戴。若人人有個聖明天子在其胸中，這叫做「黎民懷之」。既哲且惠，智仁兼盡，此時眾賢集於朝，百姓和於野，人心丕變，邦本輯寧，雖有黨惡如驩兜者，亦皆改行從善矣，何足憂乎？有昏迷如有苗者，亦皆感化歸服矣，何必遷乎？有好言善色大包藏姦惡的人，亦皆變狡詐而為誠實

---

68 （明）倪元璐撰：〈經筵〉，《倪文貞講編》（臺北：臺灣商務印書館，影印文淵閣《四庫全書》本，1986年3月），卷1，頁1下-2下。

矣，又何足畏乎？蓋本計不失，則萬化俱臻。帝王所謂「得一
以為天下貞」者，道固如此。以臣觀之，二者之間，尤是知人
一件最為綱領。今皇上惕屬憂勤，切切然以剔蠹、懲貪、籌
兵、詰餉為憂，這都為安民之計。但安民的事業，件件是要好
臣子做的。若不得其人而用之，雖念念憂民，何益於治？若用
人而知之不真，或誤收匪類，或用違其長，雖日日用人，何益
於民？所以臣言知人是第一綱領。然在皇上的知人，第一要知
輔臣，而輔臣第一要知六部大臣。[69]

倪氏詳細解說〈皋陶謨〉篇內容，認為君主治理國家的方法雖多，最
主要僅有知人與安民兩項。知人在知輔臣，能知人自然能分辨明哲奸
佞，用人大小得宜。君主舉措得宜，自然獲得萬邦黎庶的心生愛戴。
倪氏又說：

帝王制治之法最為簡要，只是認定一個宰相，宰相得人，自然
正己率屬，同心集事，賢才輩出，治理日隆矣。然而百僚之
中，意見不齊，議論紛錯，若要相臣一一與之同心，誠有甚
難。臣謂惟在相臣以虛公之心，審別邪正而已。蓋其人是個正
人，雖或才有不逮，可以忠義激之。力有未盡，可以功令懼
之，黽勉同心，無不可者。若其人是個邪人，或敗名喪節，不
顧廉隅；或附逆保奸，敢犯公論者，如此之徒，雖欲與之同
心，而彼之所志必不在君父，所營必不在職業，勢必至于欺君
賣友，亂政殃民，豈可概示休容？惟有決計去之耳。昔舜相
堯，一日而除四凶；孔子相魯，七日而誅少正卯。今日執政大
臣必須有這等手段，然後可以救時致治。臣愚敢以知人善任望
之皇上，以抑邪扶正望之二三大臣。每蒙皇上申誡諸臣勿狥情

面，勿持兩可，惟於邪人不狥情面，斯於正人有同心之功，惟
於邪正不持兩可，斯於君德有匡正之益。二三大臣果能始終敬
承明命，追踪傳說，又何難哉？[70]

倪元璐再三強調人君為治綱領首要在知人，能知人自然「能官人」。
而「能官人」最簡要的做法，首先就是任用正人為宰相，充分授權，
分層負責，如此才能君臣同心，黽勉戮力為國。

　　倪元璐為何會在經筵進講時，特別針對知人與任用宰相兩點，不
厭其煩的詳細解說，其故何在？揆其因蓋當晚明之時，黨爭傾軋嚴
重，先有東林黨、閹黨相攻訐，稍後更有浙黨、秦黨、齊黨、楚黨、
昆黨、宣黨等彼此輪流上臺主政，卻為把持朝政，操縱人事大權，扶
持勢力，彼此互相攻訐，擾亂朝政，激烈鬥爭。[71] 天啟、崇禎之際，
朝廷君子小人並進，黨派恩怨相尋，置君國不顧而致力爭門戶。崇禎
即位於危難之際，隨時處在內憂外患之中，造成其性格猜忌多疑，用
人不專，內閣大臣更替頻繁，崇禎一朝十七年，據孫承澤（1592-
1676）《春明夢餘錄》所載錄崇禎帝任用的內閣大臣有五十人之多[72]，
「更換閣臣殆無虛日，致使中樞政事紊亂和敗壞。沒有一個穩定的中
樞機構又怎能統率百官？又怎能君臣協心？」[73]從倪元璐現存的經筵
講義觀之，可知他認為廟堂要務在端本澄源，平政刑，脩教化。提綱
挈領，主在企求君王能「辨別賢奸」的知人之策，專心不疑，才能使
國家本固安寧。

---

70 （明）倪元璐撰：〈日講〉，《倪文貞講編》，卷3，頁2下-3下。

71 有關明代黨爭的詳細情形及其原因，可參閱朱子彥撰：《中國朋黨史》（上海：東方
　　出版中心，2016年8月），第八章〈明朝中樞機構的黨爭〉，頁393-478。

72 （清）孫承澤撰、王劍英點校：《春明夢餘錄》（北京：北京古籍出版社，1992年12
　　月），卷23，〈內閣一〉，頁334。

73 秦愛叔撰：〈崇禎皇帝的性格缺陷與帝國的滅亡〉，《內蒙古農業大學學報（社會科
　　學版）》2010年第2期（總第50期，2010年4月），頁333。

（二）制治救亂之道，在強固根本，榮其枝葉

〈大禹謨〉一篇，漢代伏生所傳《今文尚書》二十九篇中無此篇，被收入孔壁所出《古文尚書》內。漢代流傳的各家今文、古文《尚書》，在經歷過西晉永嘉喪亂後，全部亡佚。現今所流傳的〈大禹謨〉，是東晉初年豫章內史梅賾所獻上五十八篇《古文尚書》的本子。梅賾獻本的五十八篇《古文尚書》，自宋代以來，吳棫（約1100-1154）、朱熹（1130-1200）等學者已開始懷疑《古文尚書》為偽。倪元璐並不視《古文尚書》為偽，反而將〈大禹謨〉的內容視為「分明是一篇保邦制勝的韜略」，他講說〈大禹謨〉「益曰：吁！戒哉！儆戒無虞」至「無怠無荒，四夷來王」一段文句時，他說「此一節書是虞廷憂盛危明之言，乃千古帝王惕勵保邦、戰勝廟堂的本務」，他認為帝王要保邦儆戒所應當注意的事項有「罔失法度」、「罔游于逸」、「罔淫于樂」、「任賢勿貳」、「去邪勿疑」、「疑謀勿成」、「百志惟熙」、「罔違道以干百姓之譽」、「罔咈百姓以從己之欲」八件事，這八件事君主「若能時時儆戒，無怠于心，無荒于事，則治道益隆，太平可保。」[74]緊接著他又說這八件事：

> 伯益此說分明是一篇保邦制勝的韜略，然卻不曾一言說及如何講武，如何詰戎，全在提挈廟堂上的精神，故其立言極有次第，先在克己省躬，次之進賢去邪，又次之審謀慎慮，終之以收拾民心，而控制四方之術已盡于是矣。[75]

倪元璐認為伯益所言極有層次，言談間雖不曾提及如何講武？如何詰戎？卻提出君主如果想要控制四方的方法，主要在「克己省躬、進賢

74　（明）倪元璐撰：〈經筵〉，《倪文貞講編》，卷1，頁4上-5下。

75　（明）倪元璐撰：〈經筵〉，《倪文貞講編》，卷1，頁5下-6上。

去邪、審謀慎慮、收拾民心」四點上面。倪元璐鑒於崇禎皇帝的為人，平日雖然「清心寡慾，視民如傷，又復宵旰孜孜，效法帝舜的治天下」，但當時天下的局勢卻是「秦、豫盜賊揭竿披猖，財盡民窮，兵驕將懦」[76]，國家社稷面臨如此危急艱難情勢，崇禎卻往往遇事挫折後，就容易猶豫退縮，召集閣臣儆戒咨嗟一番，即聽任其改變既有的原則與政策，無法堅定處事方針。倪元璐建議崇禎皇帝凡事應該從問題的根本方向去謀求解決方案，萬萬不可因為驚懼張皇，以致於一切苟且權宜，失去處理國政應有的原則，他說：

> 蓋臣聞制治救亂之道，有根本，有枝葉。何謂根本？振挈紀綱，激勵志氣，辨別賢奸，宣布德澤，昭明公道，此是根本。何謂枝葉？缺兵求兵，缺餉求餉，以兵治兵，以餉治餉，此是枝葉。枝葉雖不可廢，卻須本根強固，則枝葉自榮。[77]

倪元璐認為國家要尋求制治救亂之道，可分為「根本」與「枝葉」兩種方案。「根本」應該是指治本的解決方法，而「枝葉」應該是指暫時性的治標方法。倪元璐認為鑒於當時內憂外患兩相交逼的局面，若是單純尋求「缺兵求兵，缺餉求餉，以兵治兵，以餉治餉」，這只是頭痛醫頭，腳痛醫腳的權宜之計，僅能治標，不能治本，並非治理國家的長久之計。要想徹底解決朝廷的問題，應該要「振挈紀綱，激勵志氣，辨別賢奸，宣布德澤，昭明公道」，才是根本之策。倪元璐又勸告崇禎帝要事事以堯舜為師法對象，學習其治國理政的方法：

> 伏願皇上事事以堯舜為師，誠如《書》所稱，遵守成法，簡飭身心，好生為德，主善為師。不以君子之無速效而參用小人，

---

76 （明）倪元璐撰：〈經筵〉，《倪文貞講編》，卷1，頁6上。
77 （明）倪元璐撰：〈經筵〉，《倪文貞講編》，卷1，頁6上-6下。

不以邪人之有小能而流毒善類，不以小恩小善而傷國家之大
體，不以私喜私怒而逆天下之公心，如此則廟堂精神提挈於
上，施之刑政，自有條理，而又守之以恆，持之以慎，何憂不
治平乎！[78]

倪元璐殷切叮嚀崇禎帝「遵守成法，簡飭身心」，朝廷用人要舉用君
子而不可參用小人。處理政事不可因短期看不到成效，就因急於求成
果速效而參用小人。也絕不可因小人有些微才能就投機任用。不可因
個人的喜怒愛憎等私欲情緒而妨害天下之公心，「無以喜怒混淆吏
治，銓衡無以愛憎顛倒人才」[79]，這樣「小臣不敢萌攀附之心，大臣
不能施要結之術」[80]，端本澄源，平政刑，脩教化，這樣對國家社稷
才是根本解決的制治救亂之道。

（三）致亂之源在加派，圖治之道在省刑薄斂

明代自中期以後，由於明武宗正德「好逸樂」，「嗜酒而荒其志，
好勇而輕其身」[81]，不問政事，導致大權落入宦官之手，政治腐敗。
楊廷和（1459-1529）就批評說：「各處地方，水旱相仍，災異迭見，
歲賦錢糧，小民拖欠。各邊軍士奏請餉需，殆無虛日，欲徵之于民而
脂膏已竭，欲取之于官而帑藏已空。其畿內州縣及山東、河南、陝西
等處盜賊，千百成群，白晝劫掠。」[82]稍後明世宗嘉靖篤信方術，而
萬曆自十四年以後，怠於政事，「不肯上朝、接見大學士及面見大臣
商討國事，不親行時享太廟，不搞經筵日講，不及時處理大臣奏疏」

78　（明）倪元璐撰：〈經筵〉，《倪文貞講編》，卷1，頁6下。

79　（明）倪元璐撰：〈日講〉，《倪文貞講編》，卷3，頁7上。

80　（明）倪元璐撰：〈日講〉，《倪文貞講編》，卷3，頁6上-6下。

81　（清）夏燮（1800-1875）撰：《明通鑑》（臺北：宏業書局，1974年9月），卷45，頁
　　1703。

82　（清）夏燮撰：《明通鑑》，卷49，頁1829。

[83]，又好聚斂貪財，以榷稅、開礦、進奏等名義進行搜括聚斂，窖藏私蓄內帑，導致遼東努爾哈赤（1559-1626）起兵叛明時，朝廷欲徵調大軍前往征討，大臣卻苦於無處籌措糧餉，萬曆亦置之不理。當時御史張銓（1577-1621）就批評明神宗窖藏金銀不用之舉措：

> 辟之一身，遼東肩背也，天下腹心也。肩背有患，猶藉腹心之血脈滋灌；若腹心先潰，危亡可立待。竭天下以救遼，遼未必安而天下已危。今宜聯人心以固根本，豈可以朘削無已，驅之使亂。且陛下內廷，積金如山，以有用之物，置無用之地，與瓦礫糞土何異！乃發帑之請，叫閽不應，加派之議，朝奏夕可，臣殊不得其解。[84]

張銓質疑明神宗貪財聚斂，堆積如山，卻不顧國家社稷的安危，不知其搜括聚斂，讓金錢這種「有用之物，置無用之地」，對此現象張誠也是百思不得其解。其實早在萬曆十七年大理事評事雒于仁（萬曆十一年進士）就在上奏的〈酒色財氣四箴〉中，嚴厲批評明神宗患有「貪財」、「嗜酒」、「戀色」、「尚氣」四種毛病。[85] 明朝經過萬曆數十年的蹂躪摧殘，國家局勢可謂千瘡百孔，內外問題層出不窮。等到明思宗崇禎繼位，為挽救明朝危亡的頹弱局勢，勵精圖治，刷新吏治，整飭朝政。吳應箕（1594-1644）就評論崇禎帝曰：「求治之心甚亟，綜覈名實，虛己受言，凡在朝之士有所指陳時事者，往往朝奏疏而夕報行。」[86] 然當時「二患交劇，海內困敝，人材替落」[87]，兼且黨爭

---

83 參見湯綱、南炳文撰：《明史》（上海：上海人民出版社，2014年12月），下冊，頁647-652。

84 （明）夏燮撰：《明通鑑》（臺北：宏業書局，1974年9月），卷76，頁2953。

85 （明）夏燮撰：《明通鑑》（臺北：宏業書局，1974年9月），卷69，頁2696-2697。

86 （明）吳應箕（1594-1644）撰，章建文校點：《樓山堂遺文》，收入《吳應箕文集》（合肥：黃山書社，2017年2月），卷5，〈上龔按臺書〉，頁639。

內訌不斷，造成施政經常搖擺不定，無法達到預期的成績。

　　崇禎時期，由於外有後金騷擾，內有流寇叛變，當此內憂外患之際，為求弭平變亂，軍費糧餉支出自然增多。崇禎為籌措軍費，增加人民的稅賦，導致百姓無法負荷，叛變時起。倪元璐有鑒於此，經常在經筵講章中，透過對《尚書》經文的解讀，提出對當時施政的批評，他說：

> 皇上好生洽民，勵精宵旰，如傷若保，未或過之，而適當多事，民窮盜起，推其禍亂之源，總起于加派。[88]

倪元璐又說：

> 而今海內之民，日窮且亂者，其故總由于有司之不肖。夫不肖非僅貪吏也，如催科有常法，而惟事嚴刑；正賦有常供，而又加橫取。[89]

崇禎年間各地水旱災頻生，百姓窮困饑荒，民不聊生，以致於盜寇四起，倪氏究其根源是起於朝廷糧餉加派。崇禎年間，加派主要有三大項：一為遼餉之續增，二為剿餉之開徵，三為練餉之開徵。三項加派數額相當巨大，搜括殆盡，使得百姓無力負擔。再加上官吏藉催科之便，貪汙橫取，更使吏治敗壞。倪元璐藉機勸說崇禎要針對國家的「內治外寧」作改革，他說：

87　（明）吳應箕（1594-1644）撰，章建文校點：《樓山堂遺文》，收入《吳應箕文集》
　　（合肥：黃山書社，2017年2月），卷2，〈壽鄭玄岳冢宰序〉，頁572。
88　（明）倪元璐撰：〈經筵〉，《倪文貞講編》，卷1，頁8上。
89　（明）倪元璐撰：〈日講〉，《倪文貞講編》，卷3，頁5上。

內治必責之有司，有司之賢者，無事自能撫綏，有事自能守
禦。上有德意，必能宣布。上有苛令，必能調停。保甲農桑，
自然興舉，而風勵有司之道在明賞罰。今貪吏未盡懲治，誠使
內責銓衡，外責撫按，嚴甄別懲勸之法，而絕包苴竽牘之私，
以墨敗官者，立與糾劾，果有循卓異等者，加以殊擢，如此則
民受吏之福，不受吏之患矣。外寧者守邊，宜合數路連為首
尾，而勿聽其畫界自全，禦寇宜責巡撫，各保一方，而勿咎其
隣國為壑。蓋互相援，則聲以有所倚而壯，故守易為功。各自
守則賊以無所歸而窮，故勦易為力。因之廣屯鑄、勤募練，既
可寬省調運，又以安集流亡。至于馭將之法，尤貴明其賞罰，
責其致力于戰，而不敢縱暴于民，如此則民被兵之利，不被兵
之害矣，此目前切要之政也。惟在皇上振紀綱，修教化，信詔
令，一事權，求大奸而赦小過，惠京師以綏四方。[90]

他提出「內治必責之有司之賢者」，而「外寧者守邊，宜合數路連為
首尾，而勿聽其畫界自全，禦寇宜責巡撫，各保一方，而勿咎其隣國
為壑」，明賞罰，使將領致力於戰爭，而不敢施暴於良民，如此才能
大小諸臣齊盡心力，各盡其職。並勸告崇禎要愛惜人才，不要「急考
成而沒治行」。

四　結論

倪元璐生當明代末年，朝廷遭受著嚴重的內憂外患，社會政治動
盪不安，雖屢蒙崇禎帝徵召，擔任崇禎帝的經筵講官。其與皇帝間的
經筵講讀活動，透過其《尚書》經筵講章內容之解讀分析，可得到幾

---

90 （明）倪元璐撰：〈經筵〉，《倪文貞講編》，卷1，頁8下-9下。

點的結論：

其一，倪元璐自幼時即聰慧穎異，參加科舉考試時受到太史韓日纘賞識，與黃道周同出韓氏門下。倪元璐少時從師鄒元標，長大後又與劉宗周、黃道周諸名儒遊，諸人均以古人相期許。厭棄當世阿諛附勢之風，注重氣節。讀書博聞強記，留心經濟，對於軍國大計、興亡治亂之學尤所關注。最後面對大明國破家亡的局面，倪元璐深感無力回天，最後選擇殉國以明其心志，保全其名節，成為後世知識份子的典範。

其二，倪元璐認為控制四方之術在「克己省躬、進賢去邪、審謀慎慮、收拾民心」四點。倪元璐鑒於崇禎遇挫易退縮，改變既有原則，就建議崇禎處理國政應從問題的根本去解決，不可驚懼張皇，以致一切施政舉措，均採行苟且權宜之計，僅能治標不能治本，而應「振挈紀綱，激勵志氣，辨別賢奸，宣布德澤，昭明公道」，才是解決國家問題的根本長久之計。

其三，崇禎年間，北方有後金的騷擾，國內有流寇叛變，內憂外患交逼，為弭平變亂，加派人民的稅賦，以籌措軍費，官吏藉機混水摸魚，貪污橫生，導致百姓叛變時起。倪元璐有鑒於此，藉經筵講章對《尚書》經文的解讀，提出對當時施政的批評，省刑薄斂為國家圖治之道，並提出「內治必責之有司之賢者」，「外寧者守邊，宜合數路連為首尾，而勿聽其畫界自全，禦寇宜責巡撫，各保一方，而勿咎其隣國為壑」，明賞罰，使大小諸臣齊一心力，各盡其職。

第七章
明代科舉《尚書》學

第一節　明代《尚書》類科舉考試用書

一　前言

　　蘇軾（1037-1101）曾經說過：「科舉之文，風俗所繫，所重者天下莫不以為法，所棄者天下莫不以為戒。」[1]科舉考試方式的制定，關涉天下風俗的變化，文章去取更影響一代學風的走向。明代是科舉考試制度發展成熟且鼎盛的時期，明代朝廷的官員選拔主要都是透過科舉考試進行，當時「科目為盛，卿相皆由此出」[2]，強調「中外文臣皆由科舉而進，非科舉者毋得與官」[3]，天下士子為求獲得科考功名，除了需下足十年寒窗的苦讀，更需藉助能快速瞭解經書旨意的《四書》、五經講章圖書。

　　科舉考試用書是在「政府規定的考試內部和形式，書坊生產了幫助士子瞭解經書意旨的《四書》、五經講章，指導寫作《四書》文和五經文章法結構的制義、考據訓詁《四書》人物事物的參考書、八股文選本、古文選本、試律詩選本等林林總總的應舉用書。」[4]明朝科

1　（明）丘濬（1420-1495）撰，林冠群、周濟夫點校：《大學衍義補》（北京：京華出版社，1999年4月），卷9，〈正百官・清入仕之路〉，頁78。

2　（清）張廷玉（1672-1755）等撰：《明史》（臺北：鼎文書局，1979年12月），卷69，〈選舉志一〉頁1119。

3　（清）張廷玉等撰：《明史》（臺北：鼎文書局，1979年12月），卷70，〈選舉志二〉頁1696。

4　沈俊平撰：〈清代坊刻四書應舉用書探析〉，《武漢大學學報》第65卷第5期（2012年9月），頁84。

舉考試用書，晚明萬曆以來蓬勃發展，受到天下讀書人的歡迎，但在同時也受到朝廷官員及知名學者的嚴厲批評，多以「兔園冊子」稱之，以為是敗壞心術使學風浮華的最主要原兇。

明代科舉考試制度已發展得相當完善，成為明代主要選拔朝廷官員的方式。科考的形式及題型皆有定制，在參加考試人數眾多而錄取人數極少的激烈競逐下，伴隨著科舉考試制度的制定，圍繞著考試的相關行業也因之應運而產生。科舉用書的刊刻在宋代已大量出現，深深影響明清兩代。科舉用書真正普遍發展要到明代中晚期。明代出版業的興盛，與科舉用書的刊印有著極大的關係。黃宗羲（1610-1695）就曾說當時的讀書人「自離懷抱而入學舍，無有不誦《四書》者」，而所讀者幾乎都是書坊刊刻的《四書》講章，然而他雖「喜讀書，一見講章，便爾頭痛。」[5]可見科舉用書讓人又愛又恨的矛盾心理。

在明清科舉盛行時，八股文選集的刊印流傳，數量之眾，種類之多，難以計數，清代科舉末代探花商衍鎏（1875-1963）就曾感歎的說：「自明至清，汗牛充棟之文，不可以數計。但藏書家不重，目錄學不講，圖書館不收，停科舉廢八股後，零落散失，覆瓿燒薪，將來欲求如策論詩賦之尚存留于人間，入于學者之口，恐不可得矣。」[6]誠如所言，停罷科舉考試至今百來年，伴隨著科舉考試而產生的科舉文獻，已經遺佚零落泰半。商衍鎏所言《四書》八股文選集「藏書家不重，目錄學不講，圖書館不收」的情形，侯美珍在〈談八股文的研究與文獻〉一文針對八股文目前研究的困難，與科舉文獻的散佚情況已有詳細論述。[7]

---

5 （清）黃宗羲撰，平慧善校點：《南雷詩文集》，收入沈善洪主編：《黃宗羲全集》（杭州：浙江古籍出版社，1993年10月），第10冊，〈陳叔大四書述序〉，頁42。

6 商衍鎏撰，商志香覃校注：《清代科舉考試述錄及有關著作》（天津：百花洲文藝出版社，2005年10月），頁244。

7 侯美珍撰：〈談八股文的研究與文獻〉，《中國學術年刊》第30期（2008年3月），頁167-198。

近年來明、清科舉制度及相關的八股文體等議題，已有為數相當多的學者及文章進行探討，然因前人所關心者皆為科舉制度外圍的相關問題，罕及經義考試之實質核心內容。明代科舉採分經取士，《尚書》是科舉考試士子選考熱門的經書，本文嘗試從較少人關注的科舉考試用書入手，瞭解明代《尚書》類科舉考試用書編輯的形式，及其對明代的經學教育的發展影響究竟如何？我們今後當如何看待科舉用書？希望能對學界瞭解明代科舉制度及其相關的參考用書有所助益。

二　明代科舉《尚書》類考試用書的編纂及刊行

為配合科舉考試的需求，而應運產生的科舉考試用書，在宋代就已經出現且大量編纂刊印流傳，當時有「各種括套、類編、時文集、評點本，以及時文作法研究之類，專供攻舉業者誦習、揣摩甚至剽竊，有如今天『考試書店』所售各類參考資料、題解集及優秀作文選等等。」[8]

明代開國之初，由於社會經過長期戰亂的摧殘，導致人民流離失所，無法從事生產，民生凋敝，經濟蕭條。明太祖（1328-1398）為振興教育，廣設學校，然當時攸關文化發展的出版印刷業，普遍並不發達。當時典籍的出版，大都由官府刊刻，很少有民間的刻本，與明代後期印刷業蓬勃發展，書坊林立的情況，有極大的差別。據現存明代的資料考察，明代初年似乎尚無科舉參考圖書的出版，郎瑛（1487-1566）就說：

> 成化以前，世無刻本時文，吾杭通判沈澄刊《京華日抄》一
> 冊，甚獲重利，後閩省效之，漸至各省刊提學考卷也。……其

8　參見祝尚書撰：《宋代科舉與文學》（北京：中華書局，2008年12月），第十四章〈宋代的科舉用書〉，頁394。

　　流布于人間者，不過《四書》《五經》、《通鑑》、《性理》諸
　　書。[9]

　　成化（1465-1487）為明憲宗朱見深（1447-1487）的年號，從明
初到成化百年間，社會因經濟發展之故，世面上尚無八股時文選集的
刊印流傳。郎瑛以為時文選集的最早刊印，應該是杭州通判沈澄所刊
刻的《京華日抄》一書，沈澄依靠此書獲得頗豐厚的利潤回報，因而
引起從宋代以來就是出版重心的福建建陽府方面的傚傚，風氣一開，
逐漸影響到各省刊刻提學考卷以牟利，科舉參考用書自此在明代開
始廣泛流行。[10]郎瑛對此種現象深致慨歎，認為國家經濟富庶，印書
業日趨發展，卻使「富貴易溺，道義難行」，世道衰微，淳樸風氣一
去不再回，「近惟科目取人，舉業日盛，而經學淺也。人心尤入於
利，故賄賂公行而禮幣無，誌銘太甚而史書非，諂諛日盛而風俗薄，
在上者好古矯俗不能保其位，在下者特立操行不能存其身，真欲痛哭
流涕也。」[11]陸容（1436-1494）也在《菽園雜記》就談及明代出版的
情形，他說：

　　古人書籍，多無印本，皆自鈔錄。聞《五經》印版，自馮道
　　始，今學者蒙其澤多矣。國初書版，惟國子監有之，外郡縣疑
　　未有。觀宋潛溪〈宋東陽馬生序〉可知矣。宣德、正統間，書
　　籍印版尚未廣。今所在書版，日增月益，天下古文之象，愈隆
　　於前已。但今士習浮靡，能刻正大古書以惠後學者少，所刻皆

9　（明）郎瑛（1487-1566）撰：《七修類稿》（臺北：世界書局，1963年4月），卷24，
　　〈時文石刻圖書〉，頁370。

10　所謂「科舉用書」，張獻忠以為具體應包括：科舉考試範文、作文技法和應試技巧
　　類圖書、部分名人文集三大類。文章參見張獻忠撰：〈明中後期科舉考試用書的出
　　版〉，《社會科學輯刊》2010年第1期（總第186期，2010年3月），頁127-133。

11　（明）郎瑛撰：《七修類稿》，卷154，〈世道〉，頁223。

無益，令人可厭。[12]

宣德為明宣宗年號，正統為明英宗年號，正統（1436-1449）上距洪武初年已有八九十年，社會上仍然「書籍印版尚未廣」，士子的科舉考試用書不多。李濂（1488-1566）已說《紙說》：「比歲以來，書坊非舉業不刊，市肆非舉業不售，士子非舉業不覽。」[13]徐官《古今印史》：「比年以來，非程文類書，則士不讀而市不鬻。」[14]李詡（1506-1593）在《戒庵老人漫筆》曰：

> 余少時學舉子業，並無刊本窗稿。有書賈在利考朋友家，往來抄得燈窗下課數十篇，每篇謄寫二三十紙，到余家塾揀其幾篇，每篇酬錢或二文，或三文。憶昔荊川中會元，其稿亦是無錫門人蔡瀛與一姻家同刻。方山中會魁，其三試卷，余為慫恿其常熟門人錢夢玉以東湖書院活字印行。未聞有坊間板，今滿目皆坊刻矣。亦世風華實之一驗也。[15]

荊川是唐順之（1507-1560）的號，中嘉靖八年（1529）會試第一。方山是薛應旂（1500-1574）的號，中嘉靖十四年（1535）會魁。李詡回憶年少時，尚無舉業稿刊本，書商偶得科舉上榜者的文章，都是請人抄錄二三十篇，再轉賣給他，每篇費用「或二文，或三文」。唐

12　（明）陸容撰：《菽園雜記》（北京：中華書局，1997年12月），卷10，頁128-129。

13　（明）李濂撰：《嵩渚文集》（臺南縣：莊嚴文化事業公司，1997年6月，《四庫全書存目叢書》影印明嘉靖刻本）集部第70冊，卷43，〈紙說〉，頁7下。

14　（明）徐官撰：《古今印史》，收入（清）顧湘輯：《篆學瑣著》三十種（上海市：上海古籍出版社，2002年3月，《續修四庫全書》影印清道光二十年海虞顧氏刻本）「子部・藝術類」第1091冊，〈古今書刻〉，頁26下。

15　（明）李詡撰：《戒庵老人漫筆》（上海市：上海古籍出版社，2002年3月，《續修四庫全書》影印明萬曆刻本）「子部・雜家類」第1173冊，〈時藝坊刻〉，頁30下-31上。

順之、薛應旂在嘉靖年間中會元的程墨，也是李詡有人刻印，坊間尚無程文類書，則程文流行應在嘉靖後期。到正德、嘉靖年間坊間的程文類書已大量流行，形成「書坊非舉業不刊，市肆非舉業不售，士子非舉業不覽」的情況，以致引起朝廷官員的批評，奏請下令禁止。明孝宗弘治四年正月，南京國子間監祭酒謝鐸（1435-1510）上奏〈論教化六事疏〉：

> 竊謂國學所養之士，皆萬邦黎獻之臣，不取之歲貢，則取之鄉
> 科，是國學為養士之地，而科貢實取士之階，誠不可以不慎
> 也。今之所謂科舉者，雖可以得豪傑非常之士，而虛浮躁競之
> 習，亦莫此為甚。蓋科舉必本於讀書，今而不讀《京華日
> 鈔》，則讀《主意》；不讀《源流至論》，則讀《提綱》。甚者不
> 知經史為何書。……臣愚乞勅提學等官，凡此《日鈔》等書，
> 其板在書坊者，必聚而焚之，以永絕其根柢；其書在民間者，
> 必禁而絕之，以悉投於水火。[16]

謝鐸希望朝廷下令禁止民間書坊刊印時文讀物的建議顯然並未見達到成效，又在弘治十一年（1498）再次上奏禁止科舉用書在社會上的氾濫流行，他說：

> 革去《京華日抄》等書，誠有補於讀書窮理，然令行未久，而
> 夙弊茲甚。《日抄》之書未去，又益之以《定規》、《模範》、
> 《拔萃》、《文髓》、《文機》、《文衡》；《主意》之書未革，又益
> 之以《青錢》、《錦囊》、《存錄》、《活套》、《選玉》、《貫義》，

---

16 （明）謝鐸（1435-1510）撰：《桃溪淨稿文集》，收入天津圖書館編：《中國古籍珍本叢刊・天津圖書館卷》（北京：國家圖書館出版社，影印明嘉靖刻本，2015年6月），第39冊，卷25，〈論教化六事疏〉，頁3下-頁4上。

　　紛紜雜出，由禁之未盡得其要也。[17]

從謝鐸奏疏語意來看，可清楚知道《日抄》與《主意》兩部科舉參考書很明顯屬於不同類型的書籍。根據謝氏所羅列的《定規》、《模範》、《拔萃》、《文髓》、《文機》、《文衡》等書命名雖有所差異，顯然是與《京華日抄》同類型的書籍。至於《青錢》、《錦囊》、《存錄》、《活套》、《選玉》、《貫義》等書籍則應該是與名為《主意》科舉參考書相類似。兩大類型的書籍在當時得以再市場場廣泛流通，紛紜雜出，明顯受到市場讀者的支持與喜愛。

　　弘治年間，科舉考試競爭激烈，士子為求考試中式，順利進入仕途，以博取功名，對於有助於科舉考試的參考書，幾乎是來者不拒，造成科舉用書的大量流行。史科給事中許天錫（1461-1508）在弘治十二年（1499）十二月再次上奏禁止坊間八股文選本等科舉用書在社會上的氾濫，他建議將福建建陽書坊出版的八股科舉圖書盡行燒毀，他說：

　　　　晚宋文字及《京華日抄》、《論範》、《論草》、《策略》、《策海》、《文衡》、《文髓》、《主意》、《講章》之類，凡得於煨爐之餘者，悉皆斷絕根本，不許似前混雜刊行。仍令兩京國子監及天下提學等官，……遇有前項不正書板，悉用燒除。[18]

當時流行的科舉圖書「《京華日抄》、《論範》、《論草》、《策略》、《策海》、《文衡》、《文髓》、《主意》、《講章》之類」，大都是宋代編纂的

17　（明）黃佐撰：《南雍志》（上海：上海古籍出版社，2002年3月，《續修四庫全書》影印民國二十年江蘇省立國學圖書館影印明嘉靖二十三年刻增修本）〈史部・職官類〉第749冊，卷4，頁4上-4下。

18　《明孝宗實錄》（臺北：中央研究院歷史語言研究所，1968年），「弘治十二年十二月乙巳」條，頁2825-2827。

科舉用書。明代編纂的科舉用書則要到嘉靖以後才大量出現。顧炎武
（1613-1682）《顧亭林詩文集‧鈔書自序》：

> 當正德之末，其時天下惟王府官司及建寧書坊乃有刻板，其流
> 布於人間者，不過《四書》、《五經》、《通鑑》、《性理》諸書，
> 他書即有刻者，非好古之家不蓄。[19]

李維楨（1547-1626）在萬曆二十三年（1595）為王樵（1521-1599）
的《尚書日記》寫序時就說：

> 蓋昔之《書》有古文今文而今之解《書》者又有古義時義。明
> 高皇帝嘗御注〈洪範〉，命學士劉三吾等為《書傳會選》，其後
> 有《直指》、《輯注》、《會通》、《纂意》、《書繹》數十家，是為
> 古義。而經生科舉之文不盡用，自《書經大全》布在學官，獨
> 重蔡氏注，經生習之以為應試文，其主蔡氏而為之說者，坊肆
> 所盛行亦數家，皆便科舉之文，是為時義。[20]

《尚書》科舉用書的流行，到王樵萬曆年間已演變成有古義、時義兩
大類，分別以《書傳會選》、《書經大全》的注解為宗，科舉考試採
《書經大全》，坊肆數家盛行以《書經大全》的注解進行闡釋說解的
都是便利科舉文字。王樵（1521-1599）在萬曆十二年（1584）所撰
《書帷別記》序說：

19　（清）顧炎武撰：《亭林文集》，《顧亭林詩文集》（臺北：漢京文化事業公司，1984
　　年3月），卷2，〈鈔書自序〉，頁29。
20　（明）王樵撰：《尚書日記》（臺南縣：莊嚴文化事業公司，《四庫全書存目叢書》影
　　印明萬曆王啟疆等刻本，1997年2月），經部第51冊，〈尚書日記序〉，頁1上-1下。

舉業之陋，日甚一日，至有全不為義理而專為應舉之計者，章
擬而為題，題擬而為意。其所謂意者，未必經傳之意也。甚者
外取講學參禪之餘緒以為新意，致為知德知言者之所厭者久
矣。然科舉既未可廢，則業舉之言雖陋，無亦且導之，即所業
而求諸義理，即所得而正學以言乎？予先年《尚書》有
《記》，意頗在此，乃學者猶謂其不近於舉業，欲予更約言
之，則又為此編，誠能與《日記》相參考而熟玩焉，於先聖之
遺意，未必無所發明云。[21]

王樵不滿意坊間科舉用書「至有全不為義理而專為應舉之計者，章擬
而為題，題擬而為意」，隨意標注《尚書》旨意，以致標舉書中的主
意，往往未必是經傳之意，遂親自編纂《書帷別記》以供報考《書》
義者參考。程弘賓撰《徽郡新刊書經講義》不分卷，明嘉靖四十三年
新安程氏刻本：

今之經生治《書》者，自蔡《傳》外，率祖閩中所刻《心
法》、《正宗》、《資講》、《精蘊》，諸家之說，歷時既久，海內
操觚之士，各出意見，辭與理融，義與經合，於典謨訓誥之
奧，得其肯綮，殆有超於閩刻諸書之外者。[22]

《心法》指的是《書經心法》。《正宗》是指林雲同的《尚書正宗》。
《資講》應該是指黃瀾的《尚書資講》。《精蘊》應該是指林俊的《尚
書精蘊》。林雲同、黃瀾、林俊三人都是福建莆田人。程弘賓序文中

21　（明）王樵撰：《書帷別記》（臺南縣：莊嚴文化事業公司，《四庫全書存目叢書》影
　　印明萬曆王啟疆等刻本，1997年2月），經部第51冊，〈書帷別記序〉，頁1上-2上。
22　（清）朱彝尊（1629-1709）撰：《經義考》（上海：上海古籍出版社，2011年1月），
　　卷90，「書十九」，頁1675。

所說的都是當時流行於閩中的《尚書》類科舉參考用書，可見明代科舉用書已擺脫宋人，大量編寫明代士子所需的科舉用書。

三　明代科舉《尚書》類考試用書的種類

明代科舉制度確立以制義取士，在考試領導教學的前提之下，不僅學校教學為應付科舉而準備，在社會上也同樣吸引大量的人才投入與科舉考試的行業之中。當時的出版業蓬勃發展，出版科舉考試的書籍課本，以及各式各樣為輔佐考生能夠順利取得龍門之鑰的科舉參考用書，就是市場需求最大宗的出版品。大陸中州古籍出版社的岳鴛鴦在〈晚明科舉圖書的出版傳播〉說：

> 為了輔助士子「楷模文體，羽翼經傳」，而出版的各種科舉參考書，大體可分為以下九大類：一是《四書》類，為應對首場考試「《四書》義三道」而編輯出版的科舉參考書；二是五經類，為應對首場考試中任選五經之一的「五經義四道」而編輯出版的科舉參考書；三是八股文選本，即指導士子揣摩和研習的八股答卷標準形式，也就是前述的狹義的科舉時文（八股文範本），往往以圈點、眉批、夾批、總序、總評指點技法，甚至以朱墨套印方便閱讀；四是古文選本，即所謂「以古文為時文」，即通過經典古文的選評，指導士子在八股格式的基礎上運用古文的做法、融入古文的氣格；五是二三場試墨與範文匯編，以指導士子應對二三場考試中的論判詔誥表經史時務策等；六是翰林館課，經過殿試中式進入翰林院的庶吉士的館課詩文選編評點，作為士子二三場考試的參考範本等；七是通史類，擷取歷代史事以貫通古今的通史類參考書，以便士子記誦參酌、策論取法；八是類書，指導士子掌握古今百科事物，以

便在答卷時引經據典、博古通今的科舉類書；九是諸子匯編，以便士子臨場引用的科舉參考書。[23]

將晚明科舉圖書的出版分為：《四書》類、《五經》類、八股文選本、古文選本、二三場試墨與範文匯編、翰林館課、通史類、類書、諸子匯編九大類，岳氏文章重點在出版傳播的趨勢，無法作詳細精確的分析其類目中差異。

張獻忠則針對明代科舉書籍的編輯刊印特點作說明，他說：

> 明中後期刊刻的很多科舉考試用書中都有「奇珍」、「拔奇」、「粹言」、「玉圃珠淵」、「冠玉」、「玉圃龍淵」、「司南」、「精訣」、「卮言」之類的辭藻，這些辭藻或強調所刻之書內容新穎奇特，或強調是舉業的精粹，或強調具有指南和訣竅的性質，暗示讀者如果購買閱讀此書便可出奇制勝，順利通過考試。[24]

明代坊間書商已有市場競爭的市場區隔觀念，為迎合士子渴望更快速掌握典籍所記載的內容及其義理旨要所在，達到提綱挈領，事半功倍的效果，透過此類科舉參考書籍可以反映當時科舉考試社區的情況，成為研究明代科舉社會相當重要的書籍。出版時往往將科舉書籍的書名取為為「奇珍」、「拔奇」、「粹言」、「玉圃珠淵」、「冠玉」、「玉圃龍淵」、「司南」、「精訣」、「卮言」之類的辭藻，以吸引讀者的目光，強調其書「內容新穎奇特」、「舉業的精粹」、「具有指南和訣竅的性質」。以下就明代《尚書》類科舉書籍的編輯內容加以區分，大致可以分為三大類：

---

23 岳鴛鴦撰：〈晚明科舉圖書的出版傳播〉，《尋根》2011年第5期（2011年10月）頁40。

24 張獻忠撰：〈明中後期書商的市場意識和競爭策略〉，《江漢論壇》2012年第8期（2012年8月），頁115。

（一）刪節類參考用書

明代科舉考試，《尚書》義主蔡沈《書集傳》，參加科考的士子都是絞盡腦汁去試圖去記憶全部《尚書》的經文及蔡氏《傳》傳文，為幫助讀書人在最短時間快速掌握典籍記載的內容及義理旨要，往往針對考試命題方向編輯「刪節本」或「精簡本」，以達到事半功倍的效果。現典藏在美國哈佛大學哈佛燕京圖書館的（明）潘叔應撰《新校尚書減註》六卷（內頁題作：《蔡傳便蒙書經集註》六卷明萬曆間寶善堂刊本），編輯時就將蔡沈《書集傳》傳文中無關義理的文句予以刪去，以減少書籍的內容，精簡文字，以方便士子閱讀。謝廷贊（1557-？）撰《便蒙刪補書經翼》七卷（明崇禎間長庚館刊本）同樣刪減傳文，又在蔡沈《傳》文後將整段傳文大意，用淺近易懂的文字加以補充說解，以幫程度較淺的童蒙閱讀，減低閱讀的困難。

袁黃曾作《四書便蒙》、《書經詳節》，「大刪朱注而略存其可通者，於嘉靖乙卯年刻行」。「乙卯年」為嘉靖三十四年（1555）。兩書未署名，然出版後「遍傳天下」、「家家傳習」。書坊在五十年後將書名改為《四書刪正》和《書經刪正》重新出版，依舊造成社會的轟傳。

袁黃的《書經刪正》，從便利士子閱讀誦習的角度著眼，對蔡沈的《書集傳》的注釋文字進行刪簡，並對其改寫為更精簡的解釋。袁黃因有崇王抑朱的學術立場，遭到強力擁護傳統儒家學術人士刑部主事陳幼學（1541-1624）的批判攻擊，斥責袁黃「妄批削四書、書經集注」，且「駁正其書，抗疏論列」，結果導致兩部書皆遭查禁，「鏤板盡毀」。[25] 當時的禮部郎中蔡獻臣（1563-1641）「取其書細加翻閱，則將朱注妄行刪削，甚至並其注而僭改之，中間異說詖辭，又多有與紫陽抵牾者。」因此要求各地提學官「將袁黃《四書書經刪正》

---

25 （清）張廷玉等奉敕撰：《明史》（臺北：鼎文書局，1979年12月），卷281，〈陳幼學傳〉，頁7218。

同《火傳意見理解》等書原板盡行燒毀，其刊刻鬻賣書賈一並治罪，仍嚴諭生童不得為其所惑，藏留傳誦。」[26] 但是，「禁之愈嚴而四方學者趨之愈眾」，現在《四書刪正》典藏在日本內閣文庫，而《書經刪正》則在我們國家圖書館殘本留存。

（二）講章類參考用書

講章體《尚書》參考用書，據《四庫全書總目》所說目前所見應以元代陳悅道的《書義斷法》為最早。《四庫全書總目》著錄此書，其提要云：

> 書首冠以「科場備用」四字，蓋亦當時坊本，為科舉經義而設者也。其書不全載經文，僅摘錄其可以命題者載之。逐句詮解，各標舉作文之窾要。蓋王充耘《書義矜式》如今之程墨，而此書則如今之講章。後來學者揣摩擬題，不讀全經，實自此濫觴。錄而存之，知科舉之學流為剽竊，已非一朝一夕之故。[27]

據《四庫全書》所著錄的《書義斷法》來看，其書確實就像提要所說，「不全載經文，僅摘錄其可以命題者載之。逐句詮解，各標舉作文之窾要。」而後明代大部分的《尚書》參考用書在編纂時都模仿陳氏的作法，偶有不同的是明代講章類《尚書》參考用書，有全載經文，也有不全載經文的。如王樵《書帷別記》即不全載經文，有鑒於「舉業之陋，日甚一日，至有全不為義理而專為應舉之計者，章擬而為題，題擬而為意，其所謂意者，未必經傳之意也。」[28]因而以其

26　（明）蔡獻臣撰：《清白堂稿》（廈門：廈門大學出版社，2012年3月），頁75。

27　（清）紀昀等撰：《四庫全書總目》（臺北：藝文印書館，1979年12月），卷12，「經部・書類存目二・書義斷法」提要，頁9上。

28　（明）王樵《書帷別記》（臺南縣：莊嚴文化事業公司，《四庫全書存目叢書》影印明萬曆王啟疆等刻本，1997年2月），經部第51冊，〈書帷別記序〉，頁1上-1下。

《尚書日記》為據專門著意說明各段落篇章的要旨義理。

鍾庚陽（1540-1598）《尚書主意傳心錄》，鍾庚陽為明代知名經學家及醫藥大家王肯堂的老師，王肯堂之父王樵為其作序，稱其書「約而該，贍而覈，蓋舉業之正途，而明經之指南已。」[29]《續修四庫全書總目提要》說該書「分節為說，節又分段分截」。[30]鍾庚陽為何將書名取為「主意」？丘濬（1420-1495）說：「凡其所命之題，專主一說，謂之主意。」[31]大概是因鍾氏往往於書中點明全篇篇章旨意，並說明各段落之大義要旨，使讀者能夠在未讀經文之前，可以在最短時間內迅速掌握全篇內容旨意，把握住《尚書》篇章主旨，幫助讀者快速瞭解全篇內容以加深經傳義理的體會。又如鄒期楨撰《尚書揆一》六卷，《四庫全書總目》提要云：「是書專主蔡《傳》而雜引諸儒之說以發明之，蓋為科舉而作。」[32]沈偉撰《書經說意》十卷，《四庫全書總目》提要云：「是書分節總論，大旨不出講章之習，所標某句截、某句斷者尤陋。」[33]可見明代講章體類《尚書》科舉用書的大概內容情況。

明代科舉考試，《尚書》的註解，最初主南宋蔡沈《書集傳》及古註疏，表明漢、宋兼采。永樂年間纂修《四書五經大全》後，開始專主蔡沈《書集傳》，捨棄《尚書正義》的古註疏不用。明代中葉以

---

29 （明）王樵撰：〈鍾先生尚書傳心錄序〉，見（明）鍾庚陽撰：《刻嘉禾鍾先生尚書傳心錄》（北京：北京出版社，2000年1月，《四庫未收書輯刊》第貳輯影印明萬曆九年劉美刻後印本），第4冊，卷首，頁2上-2下。

30 中國科學院圖書館整理：《續修四庫全書總目提要》（北京：中華書局，1993年7月），「經部‧書類」，頁218。

31 （明）丘濬（1420-1495）撰，林冠群、周濟夫點校：《大學衍義補》（北京：京華出版社，1999年4月），卷9，〈正百官‧清入仕之路〉，頁80。

32 （清）紀昀等撰：《四庫全書總目》（臺北：藝文印書館，1979年12月），卷14，「經部‧書類存目二‧尚書揆一」提要，頁6下。

33 （清）紀昀等撰：《四庫全書總目》（臺北：藝文印書館，1979年12月），卷13，「經部‧書類存目一‧書經說意」提要，頁20上。

後，為輔助士子參加科舉考試的參考書逐漸流行。當時編寫的各種類科舉參考書籍的編輯者為適應當時社會的需求，內容普遍採用蔡沈（1167-1230）《書集傳》註解編寫，所以明代《尚書》類科舉用書，其講義內容基本遵循蔡《傳》去做解析。李維楨（1547-1626）就說：

> 蓋昔之《書》有古文今文而今之解《書》者又有古義時義。明高皇帝嘗御注〈洪範〉，命學士劉三吾等為《書傳會選》，其後有《直指》、《輯注》、《會通》、《纂意》、《書繹》數十家，是為古義。而經生科舉之文不盡用，自《書經大全》布在學官，獨重蔡氏注，經生習之以為應試文，其主蔡氏而為之說者，坊肆所盛行亦數家，皆便科舉之文，是為時義。[34]

明代所出版的科舉考試用書，數量究竟有多少，至今已難確計。《尚書》類的科舉用書，時至今日已亡佚泰半，尚存者有：程弘賓《徽郡新刊書經講義》不分卷（明嘉靖四十三年程氏刻本，現藏浙江省圖書館）、王肯堂《尚書要旨》三十六卷（明萬曆年間刻本）、盧廷選撰《（學古堂）尚書雅言》六卷（明萬曆年間刻本，現藏日本蓬左文庫）、盧廷選撰《（盧先生纂輯）尚書雅言》十一卷（明刻本，現藏日本尊經閣文庫）、胡承詔撰《新刻胡會魁纂輯書經講意冠玉》八卷（明萬曆間刻本）、湯顯祖撰《玉茗堂書經講意》十二卷（明刻本）、劉雨碩撰《劉季子書經講意》六卷（明萬曆二十一年桂香館刻本）、程弘賓撰《徽郡新刊書經講義》不分卷（明嘉靖四十三年新安程氏刻本）、張鼎輯《張太史纂著書經主意金丹》六卷（明版築居刻朱藍套印本），各書應該都是亡佚未盡，幸存於世者，為後人研究明代科舉

34　（明）王樵撰：《尚書日記》（臺南縣：莊嚴文化事業公司，《四庫全書存目叢書》影印明萬曆王啟疆等刻本，1997年2月），經部第51冊，〈尚書日記序〉，頁1上-1下。

圖書文獻相關重要的材料。

（三）擬題類參考用書

擬題類的參考用書，清代顧炎武（1613-1682）對其抨擊最為激烈，痛斥為壞天下所有人的心術與學問，顧氏說：

> 今則務於捷得，不過於《四書》一經之中擬題一二百道，竊取他人之文記之，入場之日，抄謄一過，便可僥倖中式，而本經之全文有不讀者矣。率天下而為欲速成之童子，學問由此而衰，心術由此而壞。[35]

又說：

> 明代科場之病，莫甚乎擬題。且以經文言之，初場試所習本經義四道，而本經之中，場屋可出之題不過數十，富家巨族延請名士館於家塾，將此數十題各撰一篇，計篇酬價，令其子弟及僮奴之俊慧者記誦熟習。入場命題，十符八九，即以所記之文抄謄上卷，較之風簷結構，難易迥殊。《四書》亦然。……天下之士，靡然從風，而本經亦可以不讀矣。[36]

顧炎武以為明代科場雖考三場，然「士子之精力多專於一經，略於考古，主司閱卷復護初場所中之卷，而不深求其二三場」[37]，以致給予

---

35 （清）顧炎武撰，黃汝成集釋，欒保群、呂宗力校點：《日知錄集釋》（上海：上海古籍出版社，2006年12月）卷16，〈三場〉，頁944。

36 （清）顧炎武撰，黃汝成集釋，欒保群、呂宗力校點：《日知錄集釋》（上海：上海古籍出版社，2006年12月）卷16，〈擬題〉，頁945-946。

37 （清）顧炎武撰，黃汝成集釋，欒保群、呂宗力校點：《日知錄集釋》（上海：上海古籍出版社，2006年12月）卷16，〈三場〉，頁943-944。

世人投機取巧的機會，請人就所業之經擬題，然後令子弟加以背誦以
便入場應試，可說導人入邪，壞人心術。實際上，就所業之經擬題以
為程墨的始於元代王充耘的《書義矜式》一書。清代《四庫全書》館
臣對於科舉類圖書持鄙棄的態度，大都將其歸入存目而不予著錄，
《四庫全書總目》則予以著錄：

> 此乃所作經義程式也。自宋熙寧四年，始以經義取士，當時如
> 張才叔《自靖人自獻於先王義》，學者稱為不可磨滅之文。……
> 元仁宗皇慶初，復行科舉，仍用經義，而體式視宋為小變。綜
> 其格律，有破題、接題、小講，謂之冒子。冒子後入官題。官
> 題下有原題，有大講，有餘意，亦曰從講。又有原經，亦曰考
> 經。有結尾。承襲既久，作者以冗長繁複為可厭，或稍稍變通
> 之。而大要有冒題、原題、講題、結題，則一定不可易。充耘
> 即所業之經，篇摘數題，各為程文，以示標準。雖于經旨無所
> 發明，而一時場屋之體稱為最工，存之亦可以見風尚。[38]

《四庫全書》著錄王充耘的《書義矜式》，係王充耘所作經義程式為
場屋最為工巧，以作為後世《尚書》經義的典範，亦可見學術風尚的
變遷。

明代擬題類科舉參考用書，如今尚存世可見者有日本名古屋蓬左
文庫及傅斯年圖年圖書館所典藏的陳雅言《書義卓躍》六卷一書。陳
雅言為元明間江西永豐人。元朝末年以茂材薦，辭弗就。入明後曾典
教縣學，後以母老辭官歸隱。

38　（清）紀昀等撰：《四庫全書總目》（臺北：藝文印書館，1979年12月），卷12，「經
　　部・書類存目二・書義矜式」提要，頁9上。

《書義卓躍》「融會傳釋，分截題旨」[39]，據《四庫全書總目》提要：「《墓表》稱其著述多所發明，有《四書一覽》、《大學管窺》、《中庸類編》、《書義卓躍》行於世。今其他書未見，此書則殊無可觀。蓋元代以經義取士，遂有擬題之書，以便剿竊。此書蓋亦其一。故每段必以『此題』二字冠首。所論亦皆作文之法，於《經》旨無所發明。楊士奇《跋》亦稱其專為科舉設云。」[40]評論陳雅言《書義卓躍》該書的內容摘出《尚書》中可出題的段落，且每段必以「此題」二字開頭說明「分截題旨」所在及其應注意的要點，純然配合元代科舉以經義取士制度，專門為科舉設計，以方便士子學習《尚書》內容，掌握書中各篇的命題要點及答題技巧。《四庫全書總目》認為書內設有「擬題」之條目，是在方便士子剿竊，「所論亦皆作文之法，於《經》旨無所發明。」

四 《尚書》類科舉考試用書對官員出身的影響

根據《明史·選舉志》的記載：「選舉之法，大略有四：曰學校，曰科目，曰薦舉，曰詮選。學校以教育之，科目以登進之，薦舉以旁招之，詮選以布列之，天下人才盡於是矣。」[41]明代選拔官員來源的方面，雖然有薦舉、科舉、學校和詮選四種途徑，然而薦舉僅僅在明太祖當政的洪武年間實行，明英宗正統年間就不實行。而後隨著政局的發展，形成以科舉考試為主，以學校作為教育人才的基礎，吏員則作為補充官員，此即所謂「進士為一途，舉貢等為一途，吏員為

---

39 （明）彭最撰：〈新刊書義卓躍敘〉，《新編書義卓躍》（日本名古屋蓬左文庫藏明鈔本），頁首。

40 （清）紀昀等撰：《四庫全書總目》（臺北：藝文印書館，1979年12月），卷13，「經部·書類存目二·書義卓躍」提要，頁10上。

41 （清）張廷玉（1672-1755）等奉敕撰：《明史》（臺北：鼎文書局，1979年12月），卷69，〈選舉志一〉，頁1675。

一途」的「三途並用」方式。[42]表面上是「三途並用」，實際上只有進
士一科獨受重視，明人文徵明（1470-1559）就說：

> 國家入仕之制雖多途，而惟學校為正。學校之升，有進士，有
> 鄉貢，有歲貢。歲貢云者，有司歲舉一人焉，鄉貢率三歲一舉，
> 合一省數郡之士群數千人而試之，拔其三十之一，升其得雋者
> 曰舉人。又合數省所舉之士群數千人而試之，拔其十之一，升
> 其得雋者曰進士。凡今之名臣碩輔，與夫建功植德顯名當世者，
> 皆進士也。故凡今之高官要職，非進士不畀，進士尚矣。其次
> 則鄉貢，鄉貢率起自冗散，其得邑往往鄙小，其畀授率下進士
> 一等，其能建功植德，自拔而埒於進士者，蓋有之矣，然非銖
> 積寸累，矻矻自守，鮮不敗者。非聲名隆赫，突過進士，不得
> 顯官，而浮沉常調終於下位者比比也。故有志當時思自樹立
> 者，往往厭薄不屑，必需進士以升，此其所志良是矣。[43]

明代科舉考試錄取的人數相當少，士子間的競爭極為激烈。然而朝廷
用人的原則是「非進士不入翰林，非翰林不入內閣」，舉凡朝廷上的
高官要職，不是進士不授予官職。而舉人鄉貢幾乎都授予最多偏遠地
區的冗散官員，其得邑往往鄙小，「率下進士一等」。清人趙翼（1470-
1559）也說云：

> 有明一代，終以進士為重。凡京朝官清要之職，舉人皆不得
> 與。即同一外選也，繁要之缺必待甲科，而乙科僅得邊遠簡小

42　（清）張廷玉等奉敕撰：《明史》（臺北：鼎文書局，1979年12月），卷71，〈選舉志
　　三〉，頁1715。

43　（明）文徵明撰：《莆田集》（臺北：臺灣商務印書館，1986年3月），卷17，〈送周
　　君振之宰高安敘〉，頁6上-6下。

之缺。其陞調之法亦各不同。甲科為縣令者，撫按之卓薦，部院之行取，必首及焉，不數年即得御史、部曹等職。而乙科沉淪外僚，但就常調而已。積習相沿，牢不可破。[44]

由文、趙二人的意見，可見進士與舉人兩者之間無論受到的待遇，或未來宦途前程的差異，均極為懸殊，明白其間的分別，就會瞭解何以明代士子無論如何都往窄門擠，希望能藉此獲得魚躍龍門的甲榜身分，也為何協助士子的科舉考試用書會如此蓬勃發展，坊間印刷業會盛行。

清代皮錫瑞（1850-1908）論及科舉取士採用經義：

科舉取士之文而用經義，則必務求新異，以歆動試官；用科舉經義之法而成說經之書，則必創為新奇，以煽惑後學。經學宜述古而不宜標新；以經學文字取人，人必標新以別異於古。一代之風氣成於一時之好尚，故立法不可不慎也。[45]

皮錫瑞認為科舉取士策驗文章而採用經義，會導致士子為求能獲得青睞，必然會在經義上務求標新立異以有別於人。皮氏甚至批評：

明時所謂經學，不過蒙、存、淺、達之流；即自成一書者，亦如顧炎武云：「明人之書，無非盜竊。弘治以後，經解皆隱沒古人名字，將為己說而已。」[46]

---

44 （清）趙翼撰，曹光甫校點：《陔餘叢考》（上海：上海古籍出版社，2011年12月），卷18，〈有明進士之重〉，頁327。

45 （清）皮錫瑞（1850-1908）撰：《經學歷史》（北京：中華書局，2008年8月），第九章〈經學積衰時代〉，頁277。

46 （清）皮錫瑞（1850-1908）撰：《經學歷史》（北京：中華書局，2008年8月），第九章〈經學積衰時代〉，頁277-278。

皮錫瑞所說的「蒙存淺達」，指的是蔡清《四書蒙引》、林希逸《四書存疑》、陳琛《四書淺說》、蘇濬《四書達說》四部福建所出版的《四書》科舉用書。皮錫瑞語氣內含鄙夷之意，以為都是一些高頭講章之流，毫無價值。

　　吾人試翻閱《四庫全書總目》提要對明人經學著作的鄙視即可知其對待科舉用書的態度。明莊昶（1437-1499）就批評：

> 科舉之學，其害甚於楊墨佛老者，人豈知哉？……蓋夫必也屬聯比對而點綴紛華，某題立某新說，某題主某程文，皮膚口耳，媚合有司，五經四書，擇題而出。變風變雅，學《詩》者不知。喪弔哭祭，學《禮》者不知。崩薨卒喪，學《春秋》者不知。嗚呼，此何學哉？富貴而已，利達而已，覬覦剽竊而已。[47]

弘治、正德年間的孫緒（弘治十二年〔1499〕進士，1514前後在世）在談及明代士子科舉考試情形述說：

> 近日士習專以苟簡捷徑為事，支離碎破，漫無根本。業《書》者，讀〈禹貢〉惟讀《便蒙》；業《易》者，類不讀程《傳》；業《春秋》者，胡《傳》外，問之諸傳，茫然不知。《詩》之變風，《禮》之〈檀弓〉、〈喪禮〉諸篇，不讀者尤多。其意無非欲早竊一第，所以矻矻勤苦者，姑為應舉地耳。弘治間，又刻《禹貢節要》，與《便蒙》同附入《書傳》，共成一書，而蔡《傳》遂廢，數十年後即以此為傳，不復知有九峰《禹貢傳》矣。[48]

47　（明）莊昶（1437-1499）《定山集》（臺北：臺灣商務印書館，影印文淵閣《四庫全書》，1986年3月），集部第1254冊，卷6〈送戴侍御提學陝西序〉，頁10下-頁11上。

48　（明）孫緒撰：《沙溪集》（臺北：臺灣商務印書館，1986年3月，影印文淵閣《四庫全書》本），第1264冊，卷12，〈無用閒談〉，頁2下-3上。

莊昶、孫緒紛紛憂心士子平日不讀全本經典，只研讀經書的節本，導致篤實的學風敗壞，究其緣由，實際上與考試制度的設計，以及與考官出題方式有相當大的關係。[49]

科舉用書是否全然毫無價值？何以晚明科舉圖書會如此的暢銷，閱讀群眾如此龐大，甚至連湯賓尹（1567-？）高官都下海參與編輯？萬曆間禮部儀制司主事陳立甫就是閱讀科舉參考書考上進士：

> 立甫瞻屬甚高，意不可一世，……於二三兄弟獨若駸駸浮慕余者。常謂不佞：「子操業與人同，而下筆不休，抑何蘊藉弘深也？」不佞謂：「子文微傷簡古耳。譬以蝌蚪治爰書，趨時謂何？吾文芻狗，第取說主司目，終當覆瓿耳。」立甫悅其言，為易絃轍，盡棄古文詞，日市坊間舉子業，讀之三年，足不出戶，目不窺園。……比試，督學使者今錢塘金公、昆山陳公並賞其文，置高等。壬午舉於鄉，癸未成進進士。[50]

錢謙益（1582-1664）〈春秋匡解序〉也說：

> 余為兒時，受《春秋》於先夫子。先夫子授以《匡解》一編，曰：「此安成鄒汝光先生所刪定也。」……余鄉、會二試，以先生之書得雋，雖未及親炙先生，而余之師固有出先生之門者。[51]

---

49 有官考試命題與學風的互動關係，可參看侯美珍撰：〈明代鄉會試《尚書》義出題考察：以考官出題偏重為主的討論〉，《中國文哲研究集刊》第47期（2015年9月）頁137-172。

50 （明）費尚伊撰：《費太史市隱園集選》，《四庫未收書輯刊》（北京：北京出版社，2000年9月）第5輯23冊，卷20，〈故禮部儀制司主事陳立甫行狀〉，頁779。

51 （清）錢謙益撰、錢曾箋注，錢仲聯標校：《牧齋初學集》（上海：上海古籍出版社，1985年9月），卷29，〈春秋匡解序〉，頁876。

清儒經常批評明代科舉考試制度對學術思想的惡劣影響，對士子心靈
的斲喪，造成極為深遠的影響。也同樣怪罪科舉用書毫無價值，然而
透過錢謙益受益於科舉用書而得考中進士，以廁身翰林，足見科舉用
書也並非全然無益。楊晉龍就曾引清末楊鍾羲（1865-1939）為〈春
秋應舉輯要〉提要說：

> 科舉既廢，士多荒經，誠不如貢舉盛行，雖鄉曲之士，於肄習
> 舉業之時，猶得聞《春秋》大義。[52]

為求科舉考試能夠中式，金榜題名，光耀家族，是明清時代所有士子
共同的心願與理想。讀書人平日為準備參加科舉考試，終日閱讀科舉
圖書，透過不斷接觸由《四書》、《五經》改編而成的科舉圖書，讀書
人在研讀的過程中，日夜薰陶，「猶得聞《春秋》大義」，總勝過罷廢
科舉制度後，讀書人失去奮鬥的目標與方向，乾脆將經書全部「束之
高閣」，廢棄不讀書。

五　結論

　　有關於明代《尚書》類科舉考試用書，綜合前面的論述，可以有
以下幾點結論：

　　其一，明代是科舉考試制度發展成熟時期，朝廷的官員選拔主要
透過考試進行，當時偏重進士科，朝廷卿相皆出於此，又強調「中外
文臣皆由科舉而進，非科舉者毋得與官」，使得天下士子為求獲得科
考功名，必須通過艱難的科舉考試，然加考試的人數年年增加，如何
在僧多粥少的情況下，順利登上龍門，成為天下所有士子的希望。士

52　（清）楊鍾羲（1865-1939）撰：〈春秋應舉輯要〉提要，《續修四庫全書總目提要》
　　（北京：中華書局，1993年7月），上冊，經部春秋類，頁762。

子在經歷十年寒窗的苦讀之餘，往往盼望藉助科舉圖書來更快速瞭解經書旨意，《四書》、《五經》講章類圖書就應運而生。

其二，明代科舉考試用書的出版，根據現存的書籍種類來看，可分為：《四書》類、《五經》類、八股文選本、古文選本、二三場試墨與範文匯編、翰林館課、通史類、類書、諸子匯編九大類。《尚書》屬五經類圖書。《尚書》類科舉用書，根據其編輯內容，大略分為刪節類、講章類及擬題類三大類。刪節類主要著眼於便利士子閱讀誦習，對蔡沈的《書集傳》的注釋文字進行刪簡，並改寫更精簡的解說，以便研讀。講章類著重在點明書中篇章旨意，說明段落大義要旨，使讀者能夠在未讀經文之前，即可迅速掌握全篇內容旨意，把握住《尚書》篇章主旨，幫助讀者瞭解全篇內容以加深經傳義理的體會。擬題類則蒐集明代科舉考試的命題方向與重點，將有利考生的寫作技巧及答題方式，將要訣完整的合盤托出，以方便士子學習《尚書》內容參使用。

其三，明太祖當政選拔人才，以科舉考試為主，以學校作為教育人才的基礎，吏員則作為補充官員，形成進士、舉貢、吏員「三途並用」的方式，然因政局的演變發展，朝廷用人的原則採「非進士不入翰林，非翰林不入內閣」，朝廷上的高官要職，非進士不授官職，而舉人鄉貢僅得偏遠地區的冗散官員，得邑鄙小，下進士一等，形成只重進士一科。明代士子為求能金榜題名，魚躍龍門，在競爭異常激烈的情形之下，紛紛藉助於能快速幫助掌握經書義理要旨及寫作方法的科舉圖書，無形中促銷坊間印刷業的蓬勃發展。

其四，根據《明史・選舉志》記載，選拔人才的方式雖然有學校、科目、薦舉、詮選四種。明代選拔官員來源的方面，雖然有薦舉、科舉、學校和詮選四種途徑，「學校以教育之，科目以登進之，薦舉以旁招之，詮選以布列之」，然而薦舉僅在洪武年間實行，明英宗正統年間就不實行。而後隨著政局的發展，形成以科舉考試為主，

以學校作為教育人才的基礎，吏員則作為補充官員，表面上是「三途並用」，實際上只有進士一科受重視。然科舉考試所錄取的進士人數相當少，士子間的競爭極為激烈。而朝廷用人原則「非進士不入翰林，非翰林不入內閣」，舉凡朝廷上的高官要職，不是進士不授予官職。而舉人、鄉貢幾乎都授予最多偏遠地區的冗散官員，其得邑往往鄙小，皆低於進士一等，瞭解這個道理，就會知悉科舉考試錄取與否，不僅影響士子的功名利祿，也對官員出身的高低影響相當大。也就會知道明代官員屢次上奏朝廷銷毀科舉圖書，以導正當時學風的提議，始終收不到效果。《尚書》類科舉圖書依舊如此暢銷，閱讀群眾仍然如此龐大的原因。

第二節　明代《尚書》科舉用書探究

一　前言

科舉取士制度是我國古代政府遴選人才的方法之一，肇端於隋唐，發展於宋，定型於明。明代科舉考試制度已發展得相當完善，成為明代主要選拔朝廷官員的方式。科考的圖書及題型皆有定制，伴隨著科舉考試制度的產生，圍繞著考試的相關行業因之而產生。在古代記錄人類知識及文化的載體，媒介主要是文字，記錄的文字若要流傳後世則尚需依賴印刷出版。古代的雕版印刷雖然源起於隋唐，宋代已大量用於刻印書籍，但真正普遍發展要到明代。明代出版業的興盛，與科舉用書的刊印有著極大的關係。

八股文文獻資料，數量多到可以用「汗牛充棟」成語來形容的八股科舉文獻，因長期遭致到世人的批評鄙視，八股文獻資料「藏書家

不重，目錄學不講，圖書館不收」[53]，近代以來，評論明、清學術者成就極眾，然大都盛稱清人學術卓著，而鄙薄明人，以為學風空疏不學，衰頹已極，往往歸咎於刻印八股時文的科舉用書。自清光緒停止科舉，大量的八股文獻資料毀壞消失。八股文獻雖不若明代科舉的鄉試錄、會試錄與登科錄，載錄明代人物及科舉制度的第一手資料，卻也是研究明代科舉制度及社會發展演變相當重要的文獻。

近年來，史學界研究明代學術的趨勢，蓬勃發展，或偏重於教育制度的探討，或偏重於政治制度方面，或著重在科舉制度方面的探究，或偏向社會史方面的探研，或關心士大夫階層的心態討論，或偏重論述宮廷藏書狀況，學術著作數量相當多，難以詳舉。

明代科舉制度，自臺灣的《明代登科錄彙編》[54]、大陸出版《清代硃卷集成》[55]、《天一閣藏明代科舉錄選刊·登科錄》[56]、《天一閣藏明代科舉錄選刊·會試錄》[57]，《中國考試史文獻集成》[58]等大型科舉文獻先後整理或影印出版，使得研究科舉制度相較以往便利許多，影響所及，對於明代科舉考試制度的探討，逐漸受到學術界的重視。相繼有《明代科舉制度研究》[59]、《明史選舉志箋正》[60]、《明史選舉志考論》[61]、《明代科舉史事編年考證》[62]、《明代進士登科錄研

53 商衍鎏（1875-1963）撰：《清代科舉考試述錄及有關著作》（天津：百花文藝出版社，2004年7月），頁244。

54 屈萬里、劉兆祐主編：《明代登科錄彙編》（臺北：臺灣學生書局，1969年12月）。

55 顧廷龍主編：《清代硃卷集成》（臺北：成文出版社，1992年11月）。

56 天一閣博物館編：《天一閣藏明代科舉錄選刊·登科錄》（寧波：寧波出版社，2006年11月）。

57 天一閣博物館編：《天一閣藏明代科舉錄選刊·會試錄》（寧波：寧波出版社，2006年12月）。

58 楊學為主編：《中國考試史文獻集成》（北京：高等教育出版社，2003年7月）。

59 黃明光撰：《明代科舉制度研究》（桂林：廣西師範大學出版社，2000年3月）。

60 郭培貴撰：《明史選舉志箋正》（呼和浩特：內蒙古大學出版社，1997年8月）。

61 郭培貴撰：《明史選舉志考論》（北京：中華書局，2006年11月）。

62 郭培貴撰：《明代科舉史事編年考證》（北京：科學出版社，2008年12月）。

究》[63]及《明代科舉文獻研究》、《明代科舉制度考論》專著出版，對
瞭解明代教育及科舉制度有相當大幫助。然諸家著作大都偏重在制度
面上的探討，或著重在史料的箋疏考辨，缺乏對進士經義典籍的探
討，無法全面瞭解科舉考試用書之實際內容為何？科舉考試用書對明
代的經學的發展影響究竟如何？顧炎武及《四庫全書總目》等對科舉
用書的批評，其實際詳情為何？我們今後當如何看待科舉用書？由於
前人所關心者皆為科舉制度外圍的相關問題，罕及經義考試之實質核
心內容。《尚書》為現存最古的史書，係一部講述「二帝三王之道」
的政書，受到歷代學者普遍重視。本文嘗試從《尚書》類科舉用書作
探討，以拓展學界對《尚書》學研究的命題面向。

二 明代科舉制度的設置及其意義

朱元璋在趕走元人建立大明王朝，亟需各種官員人才協助助理國
家政務及地方事務，遂特別在洪武三年頒初設科舉條格詔：「特設科
舉，以取懷材抱德之士，務在經明行修，博古通今，文質得中，名實
相稱。其中選者，朕將親策于廷，觀其學識，品其高下，而任之以
官，果有材學出眾者，待以顯擢。使中行文武，皆由科舉而選，非科
舉毋得與官。」[64]朱元璋初設的科舉取士制度，根據《明太祖實錄》
洪武三年（1370）八月乙酉日的記載：

> 京師及各行省開鄉試，自初九日始試初場，復三日試第二場，
> 又三日試第三場。……考試之法大略損益前代之制，初場《四

---

63 陳長文撰：《明代進士登科錄研究》（濟南：山東大學出版社，2008年3月）及《明
代科舉文獻研究》（濟南：山東大學出版社，2008年3月）

64 （明）王世貞撰，魏連科點校：《弇山堂別集》（北京：中華書局，1985年12月），
卷81，〈科試考一〉，頁1539。

書》疑問，本經義及《四書》各一道，第二場論一道，第三場
策一道。中式者後十日復以五事試之，曰騎射書算律。騎觀其
馳驅便捷，射觀其中之多寡，書通於六義，算通於九法，律觀
其決斷。[65]

朱元璋始開鄉試的考試內容，要求所錄取之士能夠文武兼具，《明太
祖實錄》對於要考試的科目內容記載較為簡略，無法瞭解其詳細實
情，明代中後期的史學家王世貞（1526-1590）在他史著中就將科舉
條格及鄉、會試文字程式記錄的很清楚[66]。稍有不同者，首場雖然是
考《四書》及《五經》義各一道，唯《四書》所考的內容係「經疑」
而非「經義」，由《皇明貢舉考》所載錄的洪武四年會試題目，《四
書》科正是考《四書》疑問題。[67]

---

65 中央研究院歷史語言研究所編：《明太祖實錄》（臺北：中央研究院歷史語言研究
所，1964年4月），卷55，「洪武三年八月乙酉」條，頁1084-1085。

66 王世貞云：「鄉試會試文字程式：第一場試《五經》義，各試本經一道，不拘舊
格，惟務經旨通暢，限五百字以上。《易》程、朱氏註、古註疏，《書》蔡氏
《傳》、古註疏，《詩》朱氏《傳》、古註疏，《春秋》左氏、公羊、穀梁、胡氏、張
洽《傳》，《禮記》古註疏。《四書》義一道，限三百字以上。第二場試禮樂論，限
三百字以上，詔誥表箋。第三場試經史時務策一道，惟務直述，不尚文藻，限一千
字以上。第三場畢後十日面試，騎觀其馳驟便捷，射觀其中數多寡，書觀其筆畫端
楷，律觀其講解詳審。殿試時務策一道，惟務直述，限一千字以上。」（明）王世
貞撰，魏連科點校：《弇山堂別集》（北京：中華書局，1985年12月），卷81，〈科試
考一〉，頁1540。又《客座贅語》：「洪武三年五月初一日初設科舉條格詔，內開第
一場《五經》義，各試本經一道，限五百字以上。《易》程、朱氏註，《書》蔡氏
傳，《詩》朱氏傳，俱兼用古註疏。《春秋》左氏、公羊、穀梁、胡氏、張洽傳，
《禮記》專用古註疏。《四書》義一道，限三百字以上。」（明）顧起元（1565-
1628）撰：《客座贅語》（北京：中華書局，1997年11月），卷1，頁1。

67 （明）張朝瑞輯：《皇明貢舉考》：「孟子曰：由堯、舜至於湯五百有餘歲，若禹、皋
陶則見而知之。若湯則聞而知之。夫禹、皋陶、湯於堯、舜之道，其所以見知聞知
者，可得而論與？孟子又言伊尹樂堯、舜之道，《中庸》言仲尼祖述堯、舜。夫伊尹
之樂，孔子之祖述，其與見知聞知者，抑有同異歟？請究其說。」（臺南縣：莊嚴
文化事業公司，1997年6月，《四庫全書存目叢書》影印明萬曆刻本），卷2，頁2。

朱元璋又於洪武十七年（1384）三月命禮部頒布科舉成式：

> 凡三年大比，子午卯酉年鄉試，辰戌丑未年會試，舉人不拘額
> 數，從實充貢。鄉試八月初九日第一場，試《四書》義三道，
> 每道二百字以上；經義四道，每道三百字以上。未能者許各減
> 一道。《四書》義主朱子《集註》。經義：《詩》主朱子《集
> 傳》，《易》主程、朱《傳》、《義》，《書》主蔡氏《傳》及古註
> 疏，《春秋》主左氏、公羊、穀梁、胡氏、張洽《傳》，《禮
> 記》主古註疏。十二日第二場，試論一道，三百字以上，判語
> 五條，詔誥章表科一道。十五日第三場，試經史策五道，未能
> 者許各減二，俱三百字以上。[68]

根據《明史‧選舉志二》記載的考試科目與寫作方法，云：

> 科目者，沿唐、宋之舊，而稍變其試士之法，專取四子書及
> 《易》、《書》、《詩》、《春秋》、《禮記》五經命題試士。蓋太祖
> 與劉基所定。其文略仿宋經義，然代古人語氣為之，體用排
> 偶，謂之八股，通謂之制義。[69]

《明史‧選舉志》又說：

> 初設科舉時，初場試經義二道，《四書》義一道；二場，論一
> 道；三場，策一道。中式後十日，復以騎、射、書、算、律五

---

68 中央研究院歷史語言研究所編：《明太祖實錄》（臺北：中央研究院歷史語言研究
　　所，1964年4月），卷160，「洪武十七年三月戊戌」條，頁2467。
69 （清）張廷玉（1672-1755）等奉敕撰：《明史》（臺北：鼎文書局，1979年12月），
　　卷70，〈選舉志二〉，頁1693。

事試之。後頒科舉定式，初場試《四書》義三道，經義四道。
《四書》主朱子《集註》，《易》主程《傳》、朱子《本義》，
《書》主蔡氏《傳》及古註疏，《詩》主朱子《集傳》，《春
秋》主左氏、公羊、穀梁三傳及胡安國、張洽《傳》，《禮記》
主古註疏。永樂間，頒《四書五經大全》，廢註疏不用。其
後，《春秋》亦不用張洽《傳》，《禮記》止用陳澔《集說》。二
場試論一道，判五道，詔、誥、表、內科一道。三場試經史時
務策五道。[70]

顧起元（1565-1628）於所撰《客座贅語》也有相同的記載。[71]明成祖
詔令胡廣等編《四書五經大全》，并於永樂十五年頒發全國各級學
校，作為各級學校教學指定的教本，情形為之改變，程、朱等人對於
《四書》、《五經》的注解和意見，從此一躍成為全國學子們的必讀指
導思想，科舉考試也以它作為出題範圍，在功令利祿的引誘下，學士
日夜誦習者皆是《四書五經大全》，導致程朱理學變成明代一統全國
各地學校教育的局面，也從此確立程朱之學在明清學術上的統治地
位。

---

70 （清）張廷玉等奉敕撰：《明史》（臺北：鼎文書局，1979年12月），卷70，〈選舉志
二〉，頁1694。

71 （明）顧起元撰：《客座贅語》：「十七年三月初一日命禮部頒行科舉成式。始定子
午卯酉年鄉試，辰戌丑未年會試制，第一場試《四書》義三道，二百字以上。經義
四道，三百字以上，未能者許減一道。《四書》主朱子《集註》，《易》主程、朱傳
義，《書》主蔡氏傳及古註疏，《詩》主朱氏《集傳》，《春秋》主《左氏》、《公
羊》、《穀梁》、胡氏、張洽傳，《禮記》主古註疏。按此兼用古注疏及諸家傳，聖制
彰明，後不知何緣，遂斥古注疏不用。《春秋》止用胡氏傳為主，《左氏》、《公》、
《穀》，第以備考。張洽傳，經生家不復知其書與其人矣。《禮記》專用陳澔《集
說》，古注疏盡斥不講。近日舉子文，師心勦說，浮蔓無根，誠舉初制一申明之，
使通經博古者得以自見亦盛事也。」見（明）顧起元撰：《客座贅語》（北京：中華
書局，1997年11月），卷1，頁1。

　　朱元璋在洪武年間設立的科舉三場考試，各自蘊含有其考試目的，王鏊（1450-1524）說：

> 國家設科取士之法，其可謂正密矣。先之經義，以觀其窮理之學；次之論表，以觀其博古之學；終之策問，以觀其時務之學。士誠窮理也，博古也，識時務也，尚何求哉？[72]

楊慎（1488-1559）云：

> 初場在通經而明禮，次場在通古而贍辭，末場在通今而知務。[73]

祝允明（1460-1526）說：

> 三試皆因言以審心，詳外以測中，本之初場，求其性理之原，以論觀其才華，詔誥表判觀其詞令，策問觀其政術。[74]

王世貞說：

> 明興而始三試士，各以其日，為經書義以觀理，為論以觀識，為表以觀詞，為策以觀蓄，然其大要重於初日，以觀理者，政本也。[75]

---

[72] （明）王鏊撰，吳建華點校：《王鏊集》（上海：上海古籍出版社，2013年9月），卷33，〈雜著‧擬罪言〉，頁469。

[73] （明）楊慎撰：《升庵集》（臺北：臺灣商務印書館，1986年3月，影印文淵閣《四庫全書》本），第1270冊，卷3，〈雲南鄉試錄序〉，頁5下-6上。

[74] （明）祝允明撰：《懷星堂集》（臺北：臺灣商務印書館，1986年3月，影印文淵閣《四庫全書》本），第1260冊，卷11，〈貢舉私議〉，頁9上。

[75] （明）王世貞撰：《弇州四部稿》（臺北：臺灣商務印書館，1986年3月，影印文淵閣《四庫全書》本），第1280冊，卷70，〈四書文選序〉，頁27下。

（明）張孚敬（1475-1539）〈會試錄序〉曰：

> 觀經義之文多發理致，不事浮夸，知初試之變也。觀詔誥表論
> 判之文多率循典實，不事奇怪，知再試之變也。觀五策之文多
> 經略世故，不事剽竊，知三試之變也。[76]

即使到清代的學者黃中堅說：

> 夫先之以經義以觀其理學，繼之以論以觀其器識，繼之以判以
> 觀其斷讞，繼之以表以觀其才華，而終之以策以觀其通達乎事
> 務。以是求士，豈不足以盡士之才，天下之士果有能與其選
> 者，豈不足以當公卿之任而佐國家之治，故曰：折衷至善而為
> 具之至備者，無如明制也。[77]

國家事務繁雜，非僅一方，欲治理朝政，需要各種人才。朝廷要評選
出適當的人才，來為國家服務，需觀察人才各個面向的能力表現，不
可偏執一方，以免失之交臂。而明代科舉考試制度，實際係參酌宋、
元科舉制度而設計定案，三場考試各有其欲測試的目的，經義在觀其
窮理之學，論表觀其博古之學，策問在觀其時務之學。然明代科舉專
取四子書及《易》、《書》、《詩》、《春秋》、《禮記》五經命題試士，歷
來無異議。然《明史・選舉志》說此種制度是「蓋太祖與劉基所
定。」郭培貴參證明代各種相關史籍的記載，均未有科舉取士是太祖

---

76 （明）張孚敬撰：《太師張文忠公集》（臺南縣：莊嚴文化事業公司，1997年6月，
  《四庫全書存目叢書》影印明萬曆四十三年張汝紀等刻增修本），集部第77冊，卷
  2，〈會試錄序〉，頁2。

77 （清）黃中堅撰：《蓄齋集》（北京：北京出版社，1997年12月，《四庫未收書輯
  刊》影印清康熙五十年棣華堂刻五十三年增修本），第八輯第27冊，卷5，〈制科策
  第二〉，頁4上-4下。

與劉基所定的講法，很顯然《明史・選舉志》的說法是不正確。《明
史・選舉志》又說「其文略仿宋經義，然代古人語氣為之，體用排
偶，謂之八股，通謂之制義。」將明代科舉考試「代古人語氣為之，
體用排偶」的寫作文體專門稱為「八股」，廣泛通稱為「制義」。明太
祖訂定科舉成式，規定考試科目及題目專門取自《四書》及《五經》
之內容，文章寫作時需「代古人語氣立言」，體用排偶，然未有所謂
「八股文」稱謂，清初顧炎武（1613-1682）就說：

> 經義之文，流俗謂之八股，蓋始於成化以後。股者對偶之名
> 也。天順以前，經義之文不過敷衍傳注，或對或散，初無定
> 式。[78]

成化（1465-1487）為明憲宗朱見深的年號，距洪武元年已百年，在
這一百年間科舉制義基本依循朱元璋的規定，未聞有八股之說，而流
俗卻將明成化以後逐漸形成的寫作體式稱為八股文，後人含混的將前
百年間的科舉文體也統稱為八股文，實際上是名實不符，此種說法有
待進一步釐清。清代的胡鳴玉（乾隆年間人）在所著的《訂譌雜錄》
就說：

> 今之八股文，或謂始於王荊公，或謂始於明太祖，皆非也。案
> 《宋史》熙寧四年罷詩賦及明經諸科，以經義論策試進士，命
> 中書撰大義式頒行。所謂經大義，即今時文之祖，然初未定八
> 股格，即明初百餘年，亦未有八股之名，故今日先輩八股文，
> 若天順、景泰、正統、宣德、洪熙、永樂、建文、洪武百年

78　（清）顧炎武撰，欒保群、呂宗力校點：《日知錄集釋》（上海：上海古籍出版社，
　　2006年12月），卷16，〈試文格式〉，頁951。

中，無一篇傳也。[79]

胡氏認為明代科舉以經義論策考進士，係仿照宋代「經大義」而來，然從未稱為八股文，即使明代立國從洪武至天順已百餘年，仍未有八股文之名，後世將成化以後變相發展的八股文，承訛襲謬，強加在明代中期以前百年間的繁雜制式時文，觀念實有待釐清。

三　明代科舉用書之出版情形

明代開國之初，社會經過長期戰亂的摧殘，民生凋敝，經濟蕭條，文化出版事業的印刷業，普遍並不發達，當時出版的典籍，大都由官府刊刻，較罕民間刻本，與明代後期印刷業蓬勃發展，書坊林立的情況，有極大的差別。陸容（1436-1494）在《菽園雜記》就談及明代出版的情形，他說：

> 古人書籍，多無印本，皆自鈔錄。聞《五經》印版，自馮道始，今學者蒙其澤多矣。國初書版，惟國子監有之，外郡縣疑未有。觀宋潛溪〈宋東陽馬生序〉可知矣。宣德、正統間，書籍印版尚未廣。今所在書版，日增月益，天下古文之象，愈隆於前已。但今士習浮靡，能刻正大古書以惠後學者少，所刻皆無益，令人可厭。[80]

宣德（1426-1435）、正統（1436-1449）上距洪武初年已有八九十年，社會上仍然「書籍印版尚未廣」，士子的科舉考試用書不多。稍

---

79 （清）胡鳴玉撰：《訂譌雜錄》（臺北：臺灣商務印書館，1986年3月，影印文淵閣《四庫全書》本），卷7，〈八股文緣起〉，頁2上-下。

80 （明）陸容撰：《菽園雜記》（北京：中華書局，1997年12月），卷10，頁128-129。

後的郎瑛（1487-1566）同樣提及明憲宗成化（1465-1487）以前，經濟發展之故，尚無大量八股時文的印行，他說：

> 成化以前，世無刻本時文，吾杭通判沈澄刊《京華日抄》一冊，甚獲重利，後閩省效之，漸至各省刊提學考卷也。[81]

郎瑛以為時文的刊印，最早是杭州通判刊刻《京華日抄》，因獲得極高利潤，引起福建建陽府方面傚傚，風氣逐漸影響各省刊刻提學考卷，科舉用書在明代自此開始流行。[82]郎瑛因此感慨經濟富庶，印書業日驅發展，卻使「富貴易溺，道義難行」，世道衰微，淳樸風氣一去不再回，「近惟科目取人，舉業日盛，而經學淺也。人心尤入於利，故賄賂公行而禮幣無，誌銘太甚而史書非，諂諛日盛而風俗薄，在上者好古矯俗不能保其位，在下者特立操行不能存其身，真欲痛哭流涕也。」[83]

　　經過百餘年的休養生息，明代中葉以後，由於生產力發達，經濟繁榮，營業的書坊林立，彼此競爭相當激烈，書商謀求經營之道，為求「能迎合顧客心理，書坊主人自己或請人編寫了很多舉業切要的八股文試集、字書、韻書、雜書、類書、小說、戲曲及帶圖書。為了識字教育與初學入門，建陽書林刊印了《天下難字》、《千家姓》、《初學繩尺》、《聲律發蒙》、《詩對押韻》等。為了考試，《四書》就有白文、集注、傍注、大全、纂疏、通考、通證、音考、句解、輯釋、發

81　（明）郎瑛（1487-1566）撰：《七修類稿》（臺北：世界書局，1963年4月），卷24，〈時文石刻圖書〉，頁370。

82　所謂「科舉用書」，張獻忠以為具體應包括：科舉考試範文、作文技法和應試技巧類圖書、部分名人文集三大類。文章參見張獻忠撰：〈明中後期科舉考試用書的出版〉，《社會科學輯刊》2010年第1期（總第186期，2010年3月），頁127-133。

83　（明）郎瑛撰：《七修類稿》，卷154，〈世道〉，頁223。

明、章圖等。《五經》中各經的注釋更多。」[84]《尚書》有提要、日記、別記、講意、便蒙、主意金丹等名稱。社會上勢階層讀者的需求，書坊出版為數眾多的科舉參考用書，導致部分應舉士子為求梯航之助以期能儘快科舉中式，捨棄皓首苦讀經籍，尋求科舉用書的幫助，更快速找出考試的重點或題目，此舉卻引起有識之士的憂慮，擔心從此學風敗壞，士子再也不肯篤實研讀經典。弘治四年（1491）春正月，時任國子祭酒的謝鐸（1435-1510）上奏明孝宗，希望朝廷禁止科舉用書在社會上的氾濫流行，他說：

> 夫國學為養士之地，而科貢實取士之階，不可不慎也。蓋科舉必本於讀書，今而不讀《京華日抄》則讀《主意》，不讀《源流至論》則讀《提綱》，甚者不知經史為何物。……甚者不知舉業為何物，宜勅提學等官，凡《日抄》等書，在書坊者焚之，在民間者禁之。……如此庶幾國學之所養者皆賢矣。[85]

謝鐸希望朝廷下令禁止民間書坊刊印時文讀物的建議顯然並未見效，遂又在弘治十一年（1498）再次上奏禁止科舉用書在社會上的氾濫流行，他說：

> 革去《京華日抄》等書，誠有補於讀書窮理，然令行未久，而夙弊茲甚。《日抄》之書未去，又益之以《定規》、《模範》、《拔萃》、《文髓》、《文機》、《文衡》；《主意》之書未革，又益

---

84 張秀民撰：《中國印刷史》（上海：上海人民出版社，1989年9月），頁386-387。

85 （明）黃佐撰：《南雍志》（上海：上海古籍出版社，2002年3月，《續修四庫全書》影印民國二十年江蘇省立國學圖書館影印明嘉靖二十三年刻增修本）〈史部‧職官類〉第749冊，卷4，〈奏言修明教化六事〉，頁36上。又見（明）黃訓編：《名臣經濟錄》（臺北：臺灣商務印書館，1986年3月，影印文淵閣《四庫全書》本），卷26，〈奏修明教化事〉，頁25上。

之以《青錢》、《錦囊》、《存錄》、《活套》、《選玉》、《貫義》，紛紜雜出，由禁之未盡得其要也。[86]

弘治年間，科舉考試競爭激烈，士子為求考試中式，順利進入仕途，以博取功名，對於有助於科舉考試的參考書，幾乎是來者不拒，造成科舉用書的大量流行。李維楨（1547-1626）在萬曆二十三年（1595）為王樵（1521-1599）所撰寫的《尚書日記》寫序時就說：

> 蓋昔之《書》有古文今文而今之解《書》者又有古義時義。明高皇帝嘗御注〈洪範〉，命學士劉三吾等為《書傳會選》，其後有《直指》、《輯注》、《會通》、《纂意》、《書繹》數十家，是為古義。而經生科舉之文不盡用，自《書經大全》布在學官，獨重蔡氏注，經生習之以為應試文，其主蔡氏而為之說者，坊肆所盛行亦數家，皆便科舉之文，是為時義。[87]

明代所出版的科舉考試用書，數量究竟有多少，至今已難確計，不過根據侯美珍〈談八股文的研究與文獻〉所引述：

> 八股文的影響，實不容輕估。晚明陳際泰（1567-1641）嘗言：「聚天下之刻文，便可塞今日常山缺口。」清初吳肅公（1626-1699）云：「明有天下，以時藝設科，時文之以億萬計。」晚清龔自珍（1792-1841）形容坊間時文刻本之多「如

---

86 （明）黃佐撰：《南雍志》（上海：上海古籍出版社，2002年3月，《續修四庫全書》影印民國二十年江蘇省立國學圖書館影印明嘉靖二十三年刻增修本）〈史部·職官類〉第749冊，卷4，頁4上-4下。

87 （明）王樵撰：《尚書日記》（臺南縣：莊嚴文化事業公司，《四庫全書存目叢書》影印明萬曆王啟疆等刻本，1997年2月），經部第51冊，〈尚書日記序〉，頁1上-1下。

山如海」。在科舉掛帥的時代，時文選本泛濫書坊，八股文也無孔不入地滲透進明清社會。[88]

明代八股時文的出版數量為數眾多，難以估計，《尚書》僅為經義選考科目《五經》之一，出版的科舉考試參考書數量自然無法與八股時文相比，但在《五經》的選考的科目中，仍然是較受應試士子青睞的一科，人數自然也較多，根據沈俊平在《舉業津梁：明中葉以後坊刻制舉用書的生產與流通》中引述董立平的統計資料說：

> 明代進士應試所選的本經以《詩經》、《易經》、《書經》人數較多，各占統計人數34.69%、27.23%、22.52%。以《禮記》和《春秋》為本經的進士甚少，各占統計人數7.2%、8.54%。[89]

董氏的論文寫於二十幾年前，當時所能利用的資料較少，無法全面反映實際情況，但透過董氏的文章，仍然可看出明代讀書的士子選考《五經》經義時，以選考《詩經》、《易經》、《書經》三經的人數較多。明代科舉用書，出版時為求吸引人注意，命名時常喜標新立異，聳動聽聞，以期招來讀者的購買。據謝鐸所述，大都取名為《日抄》、《定規》、《模範》、《拔萃》、《文髓》、《文機》、《文衡》、《主意》、《青錢》、《錦囊》、《存錄》、《活套》、《選玉》、《貫義》之類，可謂名稱繁多。《尚書》類的科舉用書，時至今日已亡佚泰半，《中國古籍總目》尚載錄有：胡承詔撰《新刻胡會魁纂輯書經講意冠玉》八卷、湯顯祖撰《玉茗堂書經講意》十二卷、劉雨碩撰《劉季子書經講

---

88 侯美珍撰：〈談八股文的研究與文獻〉，《中國學術年刊》第30期（2008年3月），頁170。

89 沈俊平撰：《舉業津梁：明中葉以後坊刻制舉用書的生產與流通》（臺北：臺灣學生書局，2009年6月），頁202-203。

意》六卷、程弘賓撰《書經虹臺講義》十二卷、程弘賓撰《徽郡新刊書經講義》不分卷、張鼎輯《張太史纂著書經主意金丹》六卷，應該是亡佚未盡，幸而存世者，值得後人重視與研究。

四　明代《尚書》科舉用書分析

　　清代初年經學家朱鶴齡（1606-1682）說：「《尚書》者，帝王之心法，治法所總而萃也。後世大典章大政事，儒者朝堂集議多引《尚書》之文為斷據。」[90]《尚書》是施政治法的總萃，被歷代帝王規劃為君臣必讀的經書。明代的科舉考試第一場的經義，雖是「分經取士」制，《尚書》為應試士子比較喜歡選考的科目之一。《尚書》的註解，最初主南宋蔡沈《書集傳》及古註疏，漢、宋兼采。永樂間纂修《四書五經大全》後，開始專主蔡沈《書集傳》，捨棄漢古註疏不用。明代中葉以後，輔助科舉考試的參考書逐漸流行，為適應當時社會的需求，科舉考試而編寫的各種類參考書籍也逐漸普遍。《尚書》義的書籍，一依蔡沈（1167-1230）《書集傳》內容編寫，《尚書》類科舉用書，其內容基本遵循蔡《傳》去做解析，朱鶴齡云：「古人治經，患在多異說；今人治經，又患在專一說。」[91]卻長期以來遭受學者的嚴厲批評，認為是「高頭講章」、「兔園冊子」，實不足一觀，猶如雞肋，食之無味，棄之可惜。筆者嘗試就可見的明人科舉用書，析論其內容，希望在詈罵之餘，試圖瞭解其實際內容如何，何以明清世人視之為枕中秘寶，以下分項述之：

90　（清）朱鶴齡撰、虞思徵點校：《愚菴小集》（上海：華東師範大學出版社，2010年6月），卷7，〈尚書埤傳序〉，頁135。

91　（清）朱鶴齡撰、虞思徵點校：《愚菴小集》，卷10，〈寄徐太史健菴論經學書〉，頁219。

（一）統括篇章旨意

科舉用書係應科舉考試而編撰，目的在指引準備參加科舉考試士子的參考書。《尚書》科舉用書，則為幫助選考《尚書》的應考士子們理解經文大旨而編，在編撰時，內容方面往往加強篇章旨意的說明，如鍾庚陽《尚書主意傳心錄・禹貢》：

> 一篇之中，只以治水貳字為主。蓋分州域，別州境，隨山刊木，皆為治水張本，而山之可旅、隩之可宅，至于物性之遂，土田之辨，貢賦之定，道路之通，以至建官弼服，皆因水治而後成。至于「祇台德先」之一語，則又大禹治水之根本，而聲教四訖之大機括也。故〈禹貢〉一書雖記平水土、制貢賦等事，而曰「祇德」、曰「朕行」、曰「文教」、曰「聲教」，則躬行教化之精微寓焉，其視後之山經地志與服財用之書，蓋有大不侔者矣。[92]

鍾庚陽認為〈禹貢〉全篇主旨在「治水」二字，文章中舉凡敘述「分州域，別州境，隨山刊木，皆為治水張本，而山之可旅、隩之可宅，至于物性之遂，土田之辨，貢賦之定，道路之通，以至建官弼服」，都可說因為水治而後能成功。〈禹貢〉篇除記「平水土、制貢賦」等事情外，文章中皆蘊涵教化的意涵，經鍾氏點明全篇篇章旨意，能把握全篇主旨，對全篇內容就有更深入的體會。鍾庚陽在論〈皋陶謨〉篇說：

> 按此篇史臣記皋陶陳謨于舜之始末也，然帝舜無言而禹獨相為

---

92 （明）鍾庚陽撰：《刻嘉禾鍾先生尚書傳心錄》，《四庫未收書輯刊》第貳輯（北京：北京出版社，2000年1月，影印明萬曆九年劉美刻後印本）第4冊，卷3，頁1上-1下。

問答者，何哉？蓋互相發明於帝舜之前，正寓責難于帝之意耳。通篇大旨，知人為安民之先務，知人安民二事為一篇之體要，而迪德一言，又為知人安民之綱領也。本而言之，則敬之一字足以盡之，觀皋陶言知人而終於兢業之語，言安民而終于敬哉之語，可見矣。是知人者，敬以知之也。安民者，敬以安之也。慎修而允迪，即所謂脩己以敬者也。家齊國治而天下平，即所謂脩己以安人、安百姓者也。

鍾氏統括〈皋陶謨〉全篇的旨意，為知人、安民二事為整篇體要所在，而知人又為安民之先務，進一步闡述君主欲安民，使天下國家平治，需隨抱持著一顆恭敬虔誠，兢兢業業之心去實行，自然能像古代的聖君賢相做到「脩己以安人，脩己以安百姓」。

（二）分析《尚書》篇章段落旨意

《尚書》記錄為二三千年歷史的文獻檔案，文字艱澀難解，作為科舉考試的參考用書，如何協助考生快速明白篇章結構，掌握全篇旨意，成為首要目標。明代《尚書》類科舉用書大都每篇篇題下解說全篇經文的段落意旨。王樵的《書帷別記》，《四庫全書總目》認為此書「為科舉而作。曰別記者，所以別於日記也。」《尚書日記》重在詮釋經文詞義及制度名物，補充蔡沈《書集傳》不足或不詳之處，進而發明全篇經旨。然《尚書日記》內容旁徵博引，考據精密，論斷精當。王樵考慮到當代「舉業之陋，日甚一日，至有全不為義理而專為應舉之計者，章擬而為題，題章而為意。其所謂意者，未必經傳之意也。甚則外取講學參禪之餘緒以為新意。致為知德知言者之所厭久矣。然科舉既未可廢，則業舉之言雖陋，無亦導之。即所業而求諸義

理，即所得而正學以言乎！」[93]為世俗士子科舉而設，特別撰寫《書帷別記》說明《尚書》義的篇章段落旨意，指導一般士子的困難。如解說《尚書·益稷》：「其弼直」至「予違汝弼」節，王樵說：

> 首節載禹之陳謨，重在君心。弼直之義，意在交修，帝有感其言，發諸詠歎，以見弼直之義，如此其重而不可忽。又言臣所以為鄰之義，而末乃深責之。「禹安汝止」二句，題雖不帶，而所謂「弼直」者，弼此而已，則工夫之在帝者，帝固已深領之，禹而不俟言矣。其專發「臣鄰」一義者，求助之已耳。若如時俗之見，則帝置戶己工夫而專望臣鄰，所以自任者輕乎？[94]

蔡沈《書集傳》云：「左右輔弼之臣，又皆盡其繩愆糾繆之職，內外交修，無謬，無有不至。」又說：「『臣哉鄰哉，鄰哉臣哉。』反復嘆詠，以見弼直之義，如此其重而不可忽。……申結上文『弼直』、『鄰哉』之義，而深責之禹者如此。」[95]王樵詮釋時，掌握住蔡《傳》闡述此段文字重在「臣鄰」、「弼直」之義，說明「禹之陳謨，重在君心。弼直之義，意在交修」的主意所在，讓讀者能清楚全段文字的旨意。

鍾庚陽（1540-1598）《尚書主意傳心錄》說明〈堯典〉篇時說：

> 孔子定書，斷自唐虞者何？……及堯與舜，適當一元文明之會，因時立政，著見功績而可為典常也，讀二典者不可不知。按此篇統而觀之，當作三大段看。「曰若」二條是第一段，記

---

93 （明）王樵撰：《書帷別記》（臺南縣：莊嚴文化事業公司，《四庫全書存目叢書》影印明萬曆王啟疆等刻本，1997年2月），經部第51冊，〈書帷別記序〉，頁1上-1下。

94 （明）王樵撰：《書帷別記》，經部第51冊，卷1，頁52上。

95 （宋）蔡沈撰，嚴文儒校點：《書集傳》，收入朱傑人主編：《朱子全書外編》（上海：華東師範大學出版社，2010年9月），卷1，〈益稷〉，頁36-37。

其盛德大業之實也。「乃命」六條是第二段，記其敬天勤民之實也。「疇咨若時」四條是第三段，記其為天下得人之實也。析而觀之，當作五段看。「曰若」至「時雍」是第一段，言堯德業之盛千萬世道學治法之統皆起于此。「乃命羲和」至「咸熙」是第二段，言堯之上理天道。「疇咨若時」至「象恭滔天」是三段，言堯之中理人道。「湯湯洪水」至「弗成」是第四段，言堯之下理地道。「朕在位」至末是第五段，言堯禪讓之事也。要而言之，則不外乎「欽」之一字。曰「欽明」、曰「允恭」、曰「欽若」、曰「敬授」、曰「寅賓」、曰「敬致」、曰「寅餞」、曰「往欽」、曰「欽哉」，諄諄以「欽、恭、敬」為言，信乎敬者，帝王傳心之要法也。[96]

鍾庚陽為王樵之子王肯堂的老師，王樵稱其書「約而該，贍而覈，蓋舉業之正途，而明經之指南已。」[97]鍾氏將〈堯典〉全篇經文段落予以析分，並說明各段落之大義要旨，使讀者能夠在未讀經文之前，可以在最短時間內迅速掌握全篇內容旨意，條理清析，有助於讀者瞭解《尚書》篇章旨意。〈禹貢〉篇為《尚書》夏書中的一篇，記錄大禹治理水土，敘事「始終本末，綱紀秩然」，簡核有法[98]，古今學者推尊

96　（明）鍾庚陽撰：《刻嘉禾鍾先生尚書傳心錄》（北京：北京出版社，2000年1月，《四庫未收書輯刊》第貳輯第4冊影印明萬曆九年劉美刻後印本），卷1，頁1上-1下。

97　（明）王樵撰：〈鍾先生尚書傳心錄序〉，見（明）鍾庚陽撰：《刻嘉禾鍾先生尚書傳心錄》（北京：北京出版社，2000年1月，《四庫未收書輯刊》第貳輯第4冊影印明萬曆九年劉美刻後印本），卷首，頁2上-2下。

98　明代薛瑄以為「古人敘事之文極有法，如〈禹貢〉篇首以敷土奠高山大川為一書之綱，次冀州，以王畿為九州之首；次八州，次導山，次導水，以見經理之先後。次九州四隩九川九澤四海，以結經理之效。次制貢賦立宗法，祗台德先，分五服以述經理之政事，而終之以聲教，訖於四海執圭以告厥成功，始終本末，綱紀秩然，非聖經其能然乎？」見《欽定書經傳說彙纂》（臺北：臺灣商務印書館，1986年3月，影印文淵閣《四庫全書》本），卷首下，頁29下-30上。

為我國地理學書之祖，受到歷代學者普遍重視。鍾庚陽分析〈禹貢〉
篇時：

> 按〈禹貢〉一篇當作五段看，「禹敷土」三句是第一段，記禹
> 施治水之功之要，以其成功之所自也。「冀州」至「西戎」是
> 第二段，分記禹逐州治水之成功也。「導岍及岐」至「又東北
> 入于河」是第三段，詳記禹條派治水之成功也。「九州攸同」
> 至「成賦中邦」是第四段，總結禹上文所治之成功也。「錫土
> 姓」至末是第五段，又悉記禹建官弼服使天下迪德，以終其治
> 水之成功者，而復命於帝舜也。[99]

將〈禹貢〉經文大略分為五大段落，並指陳各段落之大意所在，簡潔
明瞭，可謂要言不煩，使初學者及成學者都易於學習瞭解。〈召誥〉
篇講述營洛邑的情形，蔡沈以為「宅洛者武王之志，周公成王成之，
召公實先經理之。」洛邑建築成後，召公致書告成王，「其書拳拳於
歷年之久近，反復乎夏商之廢興，究其歸，則以誠小民為祈天命之
本，以疾敬德為誠小民之本，一篇之中屢致意焉，古之大臣其為國家
長遠慮蓋如此。」[100]分析〈召誥〉篇時說：

> 按此篇最有條理，當作四段看。「惟二月」七節是第一段，史
> 臣記周召作洛之事也，如冒頭然。「太保乃以」節是第二段，
> 召公托周公以誥王之辭也，如起講然。「嗚呼皇天」十五節是
> 第三段，第以三嗚呼為眼目。「嗚呼皇天」四節，言天命不常
> 欲王敬德誠民以祈天永命。「嗚呼有王」六節，言元子任重欲

---

99 （明）鍾庚陽撰：《刻嘉禾鍾先生尚書主意傳心錄》，卷3，頁1上-1下。
100 （宋）蔡沈撰，王豐先點校：《書集傳》（北京：中華書局，2018年2月），卷5，
〈召誥〉，頁207。

王敬德誠民以祈天永命。「嗚呼若生」五節，言初服當謹欲王
敬德誠民以祈天永命，如大講然。末節總承一篇之意而結之，
如繳束然。[101]

中國古書的文字，大都是通篇連書，未有分段解構，使初學者讀起來
往往不得其意。鍾庚陽為指導士子如何快速掌握閱讀《尚書》的訣竅
方法，在書內往往先針對《尚書》的篇章，先進行分析其篇章結構，
使章節段落分明，眉目清晰，方便士子的理解。以〈周書〉的〈召
誥〉為例，鍾庚陽將〈召誥〉全篇細分為四大段。「惟二月」七節為
第一大段，記錄周公、召公作洛之事。「太保乃以」至「御事」節是
第二大段，記錄周公將歸宗周，召公拜托周公藉機誥戒成王之辭。
「嗚呼皇天」至「受天永命」十五節為文章的第三大段。「嗚呼皇
天」至「稽謀自天」四節，說明天命不常，希望成王能敬德誠民以祈
天永命。「嗚呼有王雖小」至「王乃初服」六節，文章是說「元子任
重欲王敬德誠民以祈天永命。」「嗚呼若生」至「受天永命」五節，
文章是說「初服當謹欲王敬德誠民以祈天永命」。「拜手稽首」至文章
結束是第四大段，「總一篇大旨，申前奉幣致誥之意，威命應勿以淫
用非彝節以敬德而施之于政令者也。」[102]以經義八股文章的寫作方式
來作類比，四大段猶如文章寫作的「冒頭、起講、大講、繳束」。原
本艱澀難懂的〈召誥〉，透過鍾氏對篇章段落的解析，使經典文章的
段落條理分明，眉目清晰，不僅使讀者對內容旨意有大致的瞭解，也
幫助士子快速掌握寫作科舉文章的要領。

（三）指明科考命題重點及文法所在

　　明朝中葉以後，參加科舉考試的士子人數逐年增加，而錄取的名

101　（明）鍾庚陽撰：《刻嘉禾鍾先生尚書主意傳心錄》，卷3，頁1上-1下。
102　（明）鍾庚陽撰：《刻嘉禾鍾先生尚書主意傳心錄》，卷3，頁20上。

額又往往限制在三百名至四百名的情況下，在競爭異常激烈的情形之下，參加科舉應考的士子要如何能夠在眾多考生中脫穎而出，一舉中式，成為士子們首要關心的事項。書商抓住學子渴望中式的心理，也為書坊謀求更高利益下，出版種類繁多的各類科舉考試參考用書，以應科考士子購買閱讀的需要。在市場的強烈需求下，書坊主人紛紛邀請人編撰科舉考試用書，以期能滿足讀者的需求。[103]在協助準備參加科舉考試的士子們而刻印出版的參考書籍，除指示初學者入門門徑，方便士子學術外，更要協助重點提示及模擬試題，以作為舉業窮經之捷徑。如元末明初陳雅言的《書義卓躍》，《四庫全書總目》云：「蓋元代以經義取士，遂有擬題之書，以便剿竊，此書蓋亦其一，故每段必以『此題』二字冠首，所論亦皆作文之法，於經旨無所發明。楊士奇（1364-1444）跋亦稱其專為科舉設云。」[104]如〈舜典〉「汝作司徒，敬敷五教，在寬。」下云：

> 此題是舜命契之辭，兩句分截，上截是命之以掌教之職，下截是告之以敷教之道。蓋敷教之道必主於敬而猶在於寬。敬以處己，則人不敢慢；寬以待人，則人易於從。二者不可偏廢。苟一於敬，則或失之於急迫；一於寬，則或失之於縱弛，皆不可。史臣紀舜歷試諸難之事，曰「慎徽五典」，慎有敬敷之意，徽有在寬之意，此二字千萬世掌掌教者不能易也。聖人之言，辭簡意盡，於此可見。[105]

---

103 有關科舉考試用書的編撰問題，可參閱沈俊平撰：《舉業津梁：明中葉以後坊刻制舉用書的生產與流通》（臺北：臺灣學生書局，2009年6月），第4章〈坊刻制舉用書的編撰者〉，頁115-180。

104 （清）紀昀等撰：《四庫全書總目》（臺北：藝文印書館，1979年12月），卷13，〈經部書類存目一〉「《書義卓躍》條」，頁10上。

105 （明）陳雅言撰：《書義卓躍》（中央研究院傅斯年圖書館藏明藍格鈔本），卷1，頁20。

陳雅言《書義卓躍》皆是從《尚書》篇章中選取重要的篇章，擬題以發揮全段之經義所在，全書體裁皆如此，舉一可概其餘。陳氏的經義首先將整段文字作細部分析，接著緊抓住全段句眼作闡述，以達成重點提示門徑的作用。王樵的《書帷別記》在〈益稷〉：「其弼直」至「予違汝弼」下即註云：

> 出題者專取弼字相應，而節去上截，已為侮經。若作文者復不能發此大道理而隨題輳合，不又重得罪于聖經乎！[106]

王肯堂（1549-1613）《尚書要旨》，張雲章（1648-1726）也以為其書「蓋原本家學而為學士家剌經訓故之用者也。」[107]《四庫全書總目》則批評王肯堂撰寫《尚書要旨》「鈔撮緒言，敷衍其說，以備時文之用」[108]，總歸一句，王肯堂的《尚書要旨》為應舉的考生所寫的科舉考試用書。

五　明代科舉用書的利弊得失

　　明代科舉制度優劣得失，在當時已有許多學者提出意見。明代科舉用書的種類繁多，前人大多以「高頭講章」、「兔園冊子」稱呼它，貶抑意味相當濃厚。科舉用書自成化年間開始出版，至萬曆年間在市場大行其道，至明亡而不衰，可謂與明王朝相始終，在明、清兩代雖屢遭抨擊指責，其功過得失不論，一種圖書的存世不亡必有其存在的

106　（明）王樵撰：《書帷別記》，卷1，頁52上-52下。

107　（清）朱彝尊撰，林慶彰等主編：《經義考新校》（上海：上海古籍出版社，2010年12月），卷91，頁1695。

108　（清）紀昀等撰：《四庫全書總目》，卷13，〈經部書類存目一〉「《尚書要旨》條」，頁2上。

道理，然卻很少世人願意平心靜氣去分析指陳其利弊得失所在為何。科舉用書在明代有稱讚它的，也有批評指責它的。譽之者，「國家以經術取士，自《五經》、《四書》、《性》、《鑑》、正史而外，不列於學宮，不用以課士。而經書傳註又以宋儒所訂為準，蓋即古人罷黜百家，獨尊孔氏之旨。」[109]林希元（1482-1567）：「（明）經義融會題意，依經講解，絕無碎破之病，其法視宋實為過焉。」[110]又說：「自科舉之學興，天下之士始則浮華于文詞，終則破碎于經義，遂失渾厚之體。」[111]「是其所壞者，不只文體一節，而亦于世道人心大有關係。」[112]林希元以為科舉之學雖有其弊端，但關涉到世道人心，不能僅以所壞者概之。陸容曾在《菽園雜記》談及明代科舉經義，《易經》解說兼主程、朱兩家，可是中葉以後，科舉考試的情形，「近年以來，場屋經義，專主朱說取人，主程《傳》者皆被黜。」流風所及，竟至「程《傳》遂至全無讀者」，即使想要購買兼有程頤《易傳》的《周易傳義》，竟然遍尋整個杭州城書店都找不到。[113]而弘治、正德年間的孫緒（弘治十二年〔1499〕進士，1514前後在世）在談及明代士子科舉考試情形述說：

> 近日士習專以苟簡捷徑為事，支離碎破，漫無根本。業《書》者，讀〈禹貢〉惟讀《便蒙》；業《易》者，類不讀程《傳》；業《春秋》者，胡《傳》外，問之諸傳，茫然不知。《詩》之

---

109 （明）馮琦（1558-1604）撰：《宗伯集》（北京：北京出版社，《四庫禁燬書叢刊》影印明萬曆間刻本，2000年1月），集部第16冊，卷57，〈為重經術祛異說以正人心以勵人材疏〉，1下。

110 （明）林希元撰：《同安林次崖先生文集》（臺南縣：莊嚴文化事業公司，1997年6月），卷7，〈新刊《宋策》序〉，頁11上-11下。

111 （明）林希元撰：《同安林次崖先生文集》，卷7，〈王一矐先生文集序〉，頁21上。

112 （明）王世貞撰、魏連科點校：《弇山堂別集》（北京：中華書局，1985年12月），卷84，〈科試考四〉，頁1596。

113 （明）陸容撰：《菽園雜記》，卷15，頁181。

變風，《禮》之〈檀弓〉、〈喪禮〉諸篇，不讀者尤多。其意無非欲早竊一第，所以矻矻勤苦者，姑為應舉地耳。弘治間，又刻《禹貢節要》，與《便蒙》同附入《書傳》，共成一書，而蔡《傳》遂廢，數十年後即以此為傳，不復知有九峰《禹貢傳》矣。[114]

考生在一切以考試為導向的功利目的下，《尚書》閱讀《書經便蒙詳解》之類，〈禹貢〉則讀《禹貢節要》一類書籍，《詩經》的變風，《禮記》的〈檀弓〉、〈喪禮〉諸篇，因內容不吉利，考試時主考官不予以出題，應考的士子們偷懶也都捨去全本經書不讀。李詡（1505-1593）在談及明代坊間科舉參考書籍時說：

余少時學舉子業，並無刊本窗稿。有書賈在利考，朋友家往來，鈔得鐙窗下課數十篇，每篇謄寫二三十紙，到余家塾，揀其幾篇，每篇酬錢或二文或三文。憶荊川中會元，其稿亦是無錫門人蔡瀛與一姻家同刻。方山中會魁，其三試卷，余為慫恿其常熟門人錢夢玉以東湖書院活字印行，未聞有坊間板。今滿目皆坊刻矣，亦世風華實之一驗也。[115]

舉子經書不讀，至於二三場的策論時文，坊間書肆也將範文刊板行世，以供士子們觀摩參考。科舉考試的科目既然坊間樣樣有現成的範本，偷懶的學生自然投機取巧，背誦範本以應試，省時省力，何樂而不為。陸容說：

---

114 （明）孫緒撰：《沙溪集》（臺北：臺灣商務印書館，1986年3月，影印文淵閣《四庫全書》本），第1264冊，卷12，〈雜著：無用閒談〉，頁2下-3上。

115 （明）李詡撰，魏連科點校：《戒庵老人漫筆》（北京：中華書局，1997年12月），卷8，〈時藝坊刻〉，頁334。

今吏部每選考試監生作經義，有不能記本題者，任意書平日所記文字塞白，名曰請客文章，亦得除授有司一職云。此風自宣德以來已有之矣。[116]

楊慎云：

本朝以經學取人，士子自一經之外，罕所通貫。近日稍知務博以嘩名苟進，而不究本原，徒事末節。《五經》諸子則割取其碎語而誦之，謂之「蠡測」。歷代諸史則抄節其碎事而綴之，謂之「策套」。其割取抄節之人，已不通經涉史，而章句血脈皆失其真，有以漢人為唐人、唐事為宋事者，有以一人析為二人、二事合為一事者。余曾見考官程文，引「制氏論樂」，而以「制氏」為「致仕」。又士子墨卷引《漢書·律歷志》「先其算命」作「先算其命」。近日書坊刻布其書，士子珍之，以為秘寶，轉相差訛，殆同無目人說詞話。噫！士習至此，卑下極矣。[117]

楊慎又云：

我太祖高皇帝科舉詔，令舉子經義無過三百字，不得浮詞異說，百八十餘年遵之。近時舉子之文，冗贅至千有餘言者，不根程、朱，妄自穿鑿，破題謂之「馬龍頭」，處處可用也。又謂「舞單槍鬼」，一跳而上也。起語百餘言謂之「壽星頭」，長而虛空也。其中例用「存乎，存乎」、「謂之，謂之」、「此之

116　（明）陸容撰：《菽園雜記》，卷8，頁94。

117　（明）楊慎撰：《丹鉛總錄》，（臺北：臺灣商務印書館，1986年3月，影印文淵閣《四庫全書》本），第1270冊，卷10，〈舉業之陋〉，頁13上-13下。

謂，此之謂」、「有見乎，無見乎」，名曰「救命索」。不論與題合否，篇篇相襲，師以此授徒，上以此取士，不知何所抵止也，可以為世道長太息矣。[118]

何良俊（1506-1573）也說：

太祖時，士子經義皆用註疏，而參以程、朱傳註。成祖既修《五經、四書大全》之後，遂去漢儒之說，而專以程、朱傳註為主。夫漢儒去聖人未遠，學有專精，其傳授豈無所據？況聖人之言廣大淵微，豈後世之人單辭片語之所能盡。……自程、朱之說出，將聖人之言死死說定，學者但據此略加敷演，湊成八股，便取科第，而不知孔、孟之書為何物矣。以此取士，而欲得天下之真才，其可得乎？嗚呼！朝廷求士之心，其切如此，而有司取士之術，其乖如彼，余恐由今之日以盡今之世，但用此輩布列有位，而欲致隆古之治，是猶以酖毒愈疾，日就羸憊，必至於不可救藥而後已耳。嗚呼！惜哉！[119]

陸容、楊慎、何良俊三位主要生活在明武宗正德（1506-1521）、明世宗嘉靖（1522-1566）年間的學者，對當時科舉考試發生士子不務時學，而隨世浮沉趨時模擬背誦坊刻時文，以便考場剽竊之用，都不約而同紛紛發出世道衰微的悲嘆。「天下之人惟知此物可以取科名，享富貴，此之謂學問，此之謂士人，而他書一切不觀。」[120]桂萼（？-1531）：

118　（明）楊慎撰：《升庵集》（臺北：臺灣商務印書館，1986年3月，影印文淵閣《四庫全書》本），卷52，〈辭尚簡要〉，頁20下-21上。

119　（明）何良俊撰：《四友齋叢說》（北京：中華書局，1997年12月），卷3，〈經〉三，頁1-2。

120　（明）顧炎武撰，欒保群、呂宗力校點：《日知錄集釋》，卷16，〈十八房〉，頁936。

諸生業舉子，志在仕進。經書初解章句，便擬題目作文字，競
為浮華放誕之言，以便有司之口。遂至破裂經傳，不特買櫝還
珠而已。若此之類，雖名曰士人，其設心與壟斷之徒何異！故
近代作為科舉活套，亦自稱「絕江綱」。是甘以市井小人自
居，恬不以為恥也。[121]

晚明以後的書肆，到處充斥著時文制舉之書，如萬曆年間刊刻的《鉤
玄錄》，天啟、崇禎年間刊刻的張溥《五經文字》、鄭墨陽《四十名
家》、陳溧陽《名家制義》等均為應科舉考試的八股文選本。[122]

若依照諸家的看法，明中葉以後，所有應舉士子皆競為浮華放
誕，束書不觀，荒疏淺陋，士人如暮靄沈沈，如同「以酖毒愈疾，日
就羸憊，必至於不可救藥」，衰敗滅亡，乃旦夕之事。然若進一層反
思，陸容、楊慎、何良俊、孫緒、李詡諸人，難道沒參加過科舉考
試，都沒讀過科舉用書，何以天下士子皆浮華放誕，束書不觀，荒疏
淺陋，而諸人卻否。生活於明代中晚期的許多學者如：王鏊（1450-
1524）、王守仁（1472-1529）、董其昌（1555-1636）、李時珍（1518-
1593）、徐宏祖（1587-1641）、宋應星（1587-1666）、湯顯祖（1550-
1616）、徐渭（1521-1693）、袁宏道（1568-1610）、張溥（1602-
1641）、黃道周（1585-1646）、倪元璐（1593-1644）、陳子龍（1608-
1647）、錢謙益（1582-1664）、吳偉業（1609-1671）等，皆係從科舉
中出身者，何以在各領域仍然成就卓躍，影響後世。批評明人最厲害
者，當屬顧炎武，顧氏云：

---

121 （明）桂蕚撰：《桂文襄公奏議》（臺南縣：莊嚴文化事業公司，《四庫全書存目叢
書》影印明嘉靖二十三年桂載刻本，1996年8月），史部第60冊，卷3，〈論修明學
政疏〉，頁6下-7上。

122 （清）阮葵生撰：《茶餘客話》（上海：上海古籍出版社，《續修四庫全書》，2002
年3月），子部雜家類第1138冊，卷16，〈科舉〉，頁1上、2下。

予聞昔年《五經》之中，惟《春秋》止記題目，然亦須兼讀四傳。又聞嘉靖以前，學臣命《禮記》題，有出〈喪服〉以試士子之能記否者。百年以來，〈喪服〉等篇皆刪去不讀，今則並〈檀弓〉不讀矣。《書》則刪去〈五子之歌〉、〈湯誓〉、〈盤庚〉、〈西伯戡黎〉、〈微子〉、〈金縢〉、〈顧命〉、〈康王之誥〉、〈文侯之命〉等篇不讀，《詩》則刪去淫風變雅不讀，《易》則刪去〈訟〉、〈否〉、〈剝〉、〈遯〉、〈明夷〉、〈睽〉、〈蹇〉、〈困〉、〈旅〉等卦不讀，止記其可以出題之篇，及此數十題之文而已。「讀《論》惟取一篇，披《莊》不過盈尺」。「因陋就寡，赴速邀時」。昔人所須十年而成者，以一年畢之。昔人所待一年而習者，以一月畢之。成於勦襲，得於假倩，卒而問其所未讀之經，有茫然不知為何書者。故愚以為八股之害，等於焚書，而敗壞人材，有甚於咸陽之郊所坑者但四百六十餘人也。[123]

顧炎武明科舉考試制度採取八股文，八股文坊間到處有擬題，有範本，所以古人需要「十年而成者，以一年畢之」，進士的取得是「成於勦襲，得於假倩」，故「八股之害，等於焚書」，而其敗壞人材之害，更是甚於始皇的焚書坑儒。似乎言之成理，然而顧炎武在《日知錄》中對明代的批評，實充滿著情緒性的語言，實不足視為確論。顧氏將明王朝的滅亡歸於《四書五經大全》及八股取士制度。明朝的滅亡，有多方面的原因，萬曆至崇禎的內憂外亂，天災人禍，黨爭紛擾，崇禎看似勤政，剛愎自用，優柔寡斷，疑心病過重，在位十七年，宰相換掉五十位，足見其無知人、用人之明，適足以加速明朝的滅亡。

123　（清）顧炎武撰、黃汝成集釋、欒保群、呂宗力校點：《日知錄集釋》，卷16，〈擬題〉，頁945-946。

李調元（1734-1803）在《制義科瑣記》說：

> 國初，試題取經書中大道理、大制度係人倫治道者出以課士，
> 當時題目無多，士專心於大且要者，用功有倫序，得以餘力及
> 他經子史。[124]

科舉考試旨在為朝廷選拔適才適位的人才，最初「試題取經書中大道
理、大制度係人倫治道者出以課士」，士子可專心研讀。「科舉必由學
校，而學校起家可不由科舉」，「非進士不翰林，非翰林不入內閣」，
等到中晚期以後，考試人數增加，錄取名額並未隨著增加，導致考試
變困難，考官為求淘汰過多的學生，往往出題刁難考生，余繼登（萬
曆五年進士）敘述明英宗天順三年間，浙江溫州府永嘉縣教諭雍懋言
上奏批評當時科考官員出題刁難考生，說：

> 「朝廷每三年開科取士，考官出題多摘裂牽綴，舉人作文亦少
> 純實典雅。比者浙江鄉試《春秋》，摘一十六股，配作一題，
> 頭緒太多，及所鏤程文，乃太簡略而不純實。且《春秋》為
> 經，屬詞比事，變例無窮，考官出題，往往棄經任傳，甚至參
> 以己意，名雖搭題，實則射覆，遂使素抱實學者，一時認題與
> 考官相左，即被黜去。乞勅自後考官出題，舉子作文，一惟明
> 文是遵，有不悛者，罪之。」英宗善其言，命禮部議行。[125]

《春秋經》為編年體經籍，經文簡潔扼要，各年記事並不相同，理解

---

124 （清）李調元撰：《制義科瑣記》（上海：上海古籍出版社，2002年3月，《續修四
　　庫全書》影印清刻本），卷1，〈題目無多〉，頁1。
125 （明）林堯俞等修撰：《禮部志稿》（臺北：臺灣商務印書館，影印文淵閣《四庫
　　全書》本，1986年3月），卷71，頁22上-22下。又見（明）余繼登撰：《典故紀聞》
　　（北京：中華書局，1997年12月），卷13，頁236。

已屬不易，若取以作為考題，考生答題難免費心。如今出題者竟然將《春秋經》十六段經文綴連一起當作一題考士子，中心主旨難以掌握，可說是故意出題為難雄生，難怪雍懋上疏抨擊。明英宗同意雍懋的建言，禁止主考官出題時割裂題目文字以故意刁難考生。在讀書人的出路只有科舉的年代裡，如此變態的作法，逼迫一般的士子放棄本業，去追逐科場較容易錄取的方法，最簡便捷得的方法，不讀全經，改讀精選的科舉用書，用心於揣摩擬題，影響所及，造成大部分學生無全經觀念，遂予人普遍明代士子經學荒陋的刻板印象。

六　結論

明代科舉考試是明代所有讀書人求取功名最重要的管道，是其一生事業的起始點。科舉考試的極度盛行，形成粥少僧多的情況，為謀求躍龍門關卡的順利，伴隨著科舉考試而產生的科舉考試用書，在明中葉以後大量出版，幾乎所有欲參加科舉考試的考生人手一冊的盛況，對當時及後代的社會產生極深遠的影響，根據前面的論述，我們可得出以下幾點結論：

其一，明代科舉考試沿襲宋代而僅取其進士科，專取四子書及《易》、《書》、《詩》、《春秋》、《禮記》五經命題試士。其文略仿宋經義，然代古人語氣為之，體用排偶，謂之制義。據洪武十七年間頒布的科舉定式，初場試《四書》義三道，經義四道。《四書》主朱子《集註》，《易》主程《傳》、朱子《本義》，《書》主蔡氏《傳》及古註疏，《詩》主朱子《集傳》，《春秋》主左氏、公羊、穀梁三傳及胡安國、張洽《傳》，《禮記》主古註疏。永樂間，頒《四書五經大全》，廢註疏不用。《春秋》亦不用張洽《傳》，《禮記》止用陳澔《集說》。二場試論一道，判五道，詔、誥、表、內科一道。三場試經史時務策。三場考試各有其欲測試的目的，經義在觀其窮理之學，論表

觀其博古之學，策問在觀其時務之學。今人多將「代古人語氣為之，體用排偶」的文章，成為八股，通謂之制義。明代科舉經義論策考進士，係仿照宋代「經大義」而來，洪武至天順已百餘年，當時未有八股文之名，後人將成化以後變相發展的八股文體，承訛襲謬，強加在明代中期以前百年間的繁雜制式時文，觀念實有待釐清。

其二，明代中葉以後，生產力發達，經濟繁榮，書坊林立，競爭激烈，書商為求經營，迎合顧客心理，書坊主人自己或請人編寫了很多舉業切要的八股文試集、字書、韻書、雜書、類書、小說、戲曲及帶圖書。為考試需求編寫的經書，《四書》就有白文、集注、傍注、大全、纂疏、通考、通證、音考、句解、輯釋、發明、章圖等。《五經》中各經的注釋更多。有《便蒙》、《主意》、《講意》等。連帶編寫許多初學入門書籍：《天下難字》、《千家姓》、《初學繩尺》、《聲律發蒙》、《詩對押韻》等。社會上勢階層讀者的需求，書坊出版了為數眾多的科舉參考用書，導致部分應舉士子為求梯航之助以期科舉中式，捨棄皓首苦讀經籍，尋求科舉用書的幫助，更快速找出考試的重點或題目，此舉卻引起有識之士的憂慮，擔心從此學風敗壞，士子再也不肯篤實研讀經典。

其三，《尚書》記載帝王心法、治法，政府的典章制度，朝堂論議的基礎。明代科舉採「分經取士」制，《尚書》註解採用南宋蔡沈的《書集傳》。《尚書》為應試士子比較喜歡選考的科目之一。書坊《尚書》類科舉用書，義旨內容依循蔡沈《書集傳》內容去編寫，書名《尚書主意傳心錄》、《劉季子書經講意》、《書帷別記》、《書經主意綱目》、《尚書刪補》、《尚書副墨》、《書經便蒙詳節》、《彙輯諸名家書經主意寶珠》等名稱，長期以來受學者嚴厲批評，視為是「高頭講章」、「兔園冊子」，不足一觀。然詳細分析《尚書主意傳心錄》、《劉季子書經講意》、《尚書副墨》、《書帷別記》、《尚書要旨》等科舉用書，科舉用書的內容普遍著重在：隱括篇章旨意、分析《尚書》篇章

的段落大意、指明科考命題重點及文法所在等方面，提醒參加科舉應考的士子擬題及該題應注意發明經旨的地方，作為窮經之捷徑。由於書中已幫忙歸納出篇章要旨及擬題重點所在，難免會使性好投機取巧的學生，不務篤實讀書，浮華放誕。

其四，明代的科舉制度優劣得失，在當時已有許多學者提出批評，將所有弊病歸結為士子閱讀各類科舉用書，導致士子浮華不實，學識低落。甚者將明代滅亡委過於科舉用書的出版，屢屢上疏朝廷禁止書坊出版，可說本末倒置。明代科舉弊端叢生，肇因於古代讀書人僅有科舉入仕一途，「科舉必由學校，而學校起家可不由科舉」，「非進士不翰林，非翰林不入內閣」，在科考名額有限，應考的士子人數卻逐年增加，導致錄取率極低，錄取困難，為謀求科考中的，轉而乞靈於科舉用書的協助。而考官為求淘汰過多的學生，往往出怪題或難題來刁難考生，考生為追逐最簡便捷得的錄取方法，莫過於擬題抓重點，風氣影響所及，遂造成學生不讀全經，改讀精選簡本，遂予人普遍士子經學荒陋。

第三節　明代科舉與《尚書》的關係
——以《會試錄》為探討中心

一　前言

明代經學為中國經學史發展演變過程中相當重要的階段，上承唐、宋學術，下啟清代學術之基，是二千餘年經學學術發展不可或缺的一個重要環節，然而受到清代顧炎武、朱彝尊等著名學者抨擊貶抑，明人經學空疏荒陋的印象深植人心，給予研究中國經學者認為明代經學無價值，長期遭到忽視與誤解，研究成果相較其他朝代，顯得缺少許多，以致後人對明代經學發展的實際面貌與演變情形缺乏清晰瞭解。

明以經術取士，科舉習氣深入天下士子之心，改變其價值觀與讀書態勢。明代此種用科舉考試選拔人才方式，影響層面相當深遠，卻迭受後人批評，何以不將其廢止？清初方苞（1668-1749）就說：

> 制義之興七百餘年，所以久而不廢者，蓋以諸經之精蘊，匯涵於四子之書，俾學者童而習之，日以義理浸灌其心，庶幾學識可以漸開，而心術群歸於正也。[126]

制義長期盛行而不被廢止，原因是執政者希望藉由讓學者從小學習《四書》、《五經》，經書中的聖賢思想浸灌其心，使其生活濡染在聖賢義理的浸灌，自然而然養成其醇正典雅的人格。清初錢大昕（1728-1804）也認為說：「科舉之法行，士大夫習其業者，非孔孟之書不觀，非程朱之說不用，國無異學，學無它師，真所謂一道德以同俗矣。」「自通都大邑，以至窮鄉僻徼，無不知誦《四書》，尊程朱」[127]，達成國家同一思想宗風的境地。

明代政府遴選人才的方法，源起於隋唐，至宋、元發展成熟定制，明代就宋、元科舉考試方式稍作修改，採行鄉試、會試、殿試三級考試方式，爾後遂成為明代主要選拔朝廷官員的方式。對於明代科舉考試制度，明儒王鏊（1450-1524）以為：「國家取士，鄉簡其秀儲之學，三歲大比，則兩畿十三省之士，各萃於所司，所司者三試之，又簡其秀以上禮部。禮部以聞，合兩畿十三省前後所貢，三試之，又簡其秀以獻。天子臨軒親策之，定其高下，則謂之進士，進士之選，今日之所甚重焉者也。」所有欲入仕為官者，「名臣碩輔，端貞鯁

---

126 （清）方苞撰，劉季高校點：《方苞集・集外文》（上海：上海古籍出版社，1983年5月），卷2，〈進四書文選表〉，頁579。

127 （清）錢大昕撰，呂友仁標校：《潛研堂文集》（上海：上海古籍出版社，1989年11月），卷49，〈布衣陳君墓碣〉，頁865。

亮，聲蹟蔚然，昭焯中外者，必進士也，即非焉，十百之一耳。」
「不由是者不謂之正途」。[128]國家取士，以進士為重，天下讀書人視
參加鄉試、會試、殿試三級考試出身者乃為官正途，視為無比之榮
耀，為晉身公卿大夫之門徑。

　　清初邵廷采（1648-1711）也說：「自科舉取士以來，名臣良吏，
多出舉業，揚名榮親，道無逾此。」[129]

　　明代科舉考試之鄉試、會試兩級，例分三場試士，據洪武十七年
《科舉程式》規定，初場試經義，為《四書》義三道，經義四道。其
中《四書》義三道為考生共同必考，而經義則由應試者於《五經》中
各選一經應試，出題四道。記錄明代歷次科舉考試的實際物證原始資
料即是現今尚留存的進士登科錄、會試錄、鄉試錄等，被世人統稱為
登科錄。實際上「登科錄」、「會試錄」、「鄉試錄」三種所載錄的內容
並完全相同。「登科錄」的內容，詳載本人姓名、字號、籍貫、出生
年歲及家庭人員等資料。登科錄、會試錄、鄉試錄，三場試題，舉人
程文或進士對策等資料，王鏊（1450-1524）就說：

> 會試錄者，錄會試之程文、士之中式洎百執事之姓名，登諸天
> 府，傳之天下者也。[130]

《會試錄》翔實載記士子資料，遂成為後人研究明代人物歷史、科舉
制度及經書闡釋相當重要的第一手文獻資料。

　　明代科舉考試留下的登科錄、會試錄、鄉試錄制度，近年來，海

---

128 （明）王鏊撰，吳建華點校：《王鏊集》（上海：上海古籍出社，2013年9月），卷
　　11，〈會試錄後序丙辰〉，頁196。

129 （清）邵廷采（1648-1711）撰，祝鴻杰點校：《思復堂文集》（杭州：浙江古籍出
　　版社，2010年1月），卷1，〈姚江書院訓約〉，頁35。

130 （明）王鏊撰，吳建華點校：《王鏊集》（上海：上海古籍出社，2013年9月），卷
　　33，〈雜著‧擬罪言〉，頁469。

峽兩岸相繼彙集出版，先後有《明代登科錄彙編》[131]、《天一閣藏明代科舉錄選刊・登科錄》[132]、《天一閣藏明代科舉錄選刊・會試錄》[133]、《天一閣藏明代科舉錄選刊・鄉試錄》[134]、《中國科舉錄匯編》[135]等大型科舉文獻影印出版。而與考試制度相關的文獻也經整理標點後，輯為《中國考試史文獻集成》七卷[136]出版，使得研究科舉制度相較以往便利許多，影響所及，對於明代科舉考試制度的探討，逐漸受到學術界的重視。相繼有《明代科舉制度研究》[137]、《明史選舉志箋正》[138]、《明史選舉志考論》[139]、《明代科舉史事編年考證》[140]、《明代進士登科錄研究》[141]及《明代科舉文獻研究》、《明代科舉制度考論》、《八股文與明清文學論稿》[142]、《明清科舉與小說》[143]、《明代八股文史》等專著出版。綜觀諸家著作內容論述，主要都偏重在考試制度層面的探討，或著重在史料的箋疏考辨，或偏重在科舉與文學、小說方面的探究，對於關係到無數考生命運的考試內容──《四書》、《五經》經義

---

131 屈萬里、劉兆祐主編：《明代登科錄彙編》（臺北：臺灣學生書局，1969年12月）。

132 天一閣博物館編：《天一閣藏明代科舉錄選刊・登科錄》（寧波：寧波出版社，2006年11月）。

133 天一閣博物館編：《天一閣藏明代科舉錄選刊・會試錄》（寧波：寧波出版社，2006年12月）。

134 天一閣博物館編：《天一閣藏明代科舉錄選刊・鄉試錄》（寧波：寧波出版社，2006年12月）。

135 姜亞沙主編：《中國科舉錄匯編》（北京：全國圖書館文獻縮微複製中心，2010年11月）。

136 楊學為主編：《中國考試史文獻集成》（北京：高等教育出版社，2003年7月）。

137 黃明光撰：《明代科舉制度研究》（桂林：廣西師範大學出版社，2000年3月）。

138 郭培貴撰：《明史選舉志箋正》（呼和浩特：內蒙古大學出版社，1997年8月）。

139 郭培貴撰：《明史選舉志考論》（北京：中華書局，2006年11月）。

140 郭培貴撰：《明代科舉史事編年考證》（北京：科學出版社，2008年12月）。

141 陳長文撰：《明代進士登科錄研究》（濟南：山東大學出版社，2008年3月）及《明代科舉文獻研究》（濟南：山東大學出版社，2008年3月）。

142 黃強撰：《八股文與明清文學論稿》（上海：上海古籍出版社，2005年7月），542頁。

143 王玉超撰：《明清科舉與小說》（北京：商務印書館，2013年5月），514頁。

缺乏內容的探討，致影響瞭解科舉考試之實際內容為何？對瞭解明代經學教育及科舉制度有所不足。

　　近年來，明代經學的研究在林慶彰先生的極力鼓吹帶領下，此種情況已有顯著改善。[144]以往少有學者涉及的科舉文獻《鄉試錄》《會試錄》探討，近年來，隨著觀念的改變以及科舉資料的影印出版，使得學者相較容易獲得研究所需的文獻，先後有侯美珍等學者從事科舉鄉會試的探討，撰〈明代會試《詩經》義出題研究〉[145]、〈明代鄉會試《詩經》義出題的考察〉[146]、〈明代鄉會試《禮記》義的出題及影響〉[147]、〈科舉視角下的明清《禮記》學——《禮記》義考試之流弊、批評與回應〉。[148]透過科舉錄實物文獻的研究，明代科考制度初場經義的命題及內容，後人才逐漸有較為深入的瞭解。唯明代科舉考試採「分經取士」制度，各經實際情況及各種論題，仍有待後學的賡續探討。筆者研經學多年，將研究重心大都側重在宋、明《尚書》學及明代經學史的研究上。對於影響明代近三百年歷史的明代科舉制度及其與明代經學之間的關係，長期受到學術界所忽視，深以為憾。為求對明代科舉《尚書》義在鄉試、會試《尚書》出題的情形為何，及考試時經書題目與傳註間的實際內容為何？期能藉由探討會試錄《尚書》義內容與《尚書》間的關係，增加對明代《尚書》學發展的瞭解，釐清明代經學與科舉文化間的真實面貌。

---

144 近年來，林慶彰先生召開「明代經學國際學術研討會」，並出版《明代經學國際學術研討會論文集》，此後相繼有林先生的《明代經學研究論集》、楊晉龍《明代詩經學研究》、張曉生的《郝敬及其四書學研究》及筆者《五經大全纂修研究》等專書及博士學位論文出版。至於單篇論文，可參見林慶彰先生主編之《經學研究論著目錄（1912-1987）》、《經學研究論著目錄（1988-1992）》、《經學研究論著目錄（1993-1997）》、《經學研究論著目錄（1998-2002）》等經學研究目錄。

145 見《臺大中文學報》第38期（2012年9月），頁203-256。

146 見《國文學報》第55期（2014年6月），頁131-164。

147 見《臺大中文學報》第38期（2014年12月），頁89-138。

148 見《國文學報》第57期（2015年6月），頁145-178。

二　明代科舉制度的實際內容及其涵義

明英宗年大臣呂原（1418-1462）在〈天順四年會試錄序〉曰：

> 我朝學校徧於天下，設科取士必試以義論詔誥表判策者，蓋因
> 歷代明經、射策、博學、宏詞、明法諸科之制，合而一之，宜
> 乎得賢之盛，非漢唐宋之可及也。夫治天下以賢為本，得賢雖
> 係於教養選舉，而尤本於上之人躬行之實。[149]

呂原認為明代科舉取士，其考試科目「義論詔誥表判策」，實際上是
參考歷代明經、射策、博學、宏詞、明法諸科之制，將其融合為一，
取其長去其短所設計出的考試方法。明正德、嘉靖間名儒王鏊
（1450-1524））曰：「夫科目之設，天下之士群趨而奔向之，上意所
向，風俗隨之，人才之高下，風之醇漓，率由是出。」[150]使天下之人
共趨向於此，並藉以轉移天下的風俗。

　　明代的士子雖視科考進士出身乃為官之正途，然明代選拔官吏人
才的方式，並非一開始即採取科舉制度，中間曾有幾次轉折改變。朱
元璋在建國之初，雖然採行進士、薦貢、雜流三途並用，然《明史·
選舉志》：「選舉之法，大略有四：曰學校，曰科目，曰薦舉，曰銓
選。學校以教育之，科目以登進之，薦舉以旁招之，銓選以布列之，
天下人才盡於是矣。」[151]由於亟需各種官員人才協助治理國家政務，
取士制度以科舉為主，旁以學校。朱元璋為求招攬「懷材抱德之士，

149　（明）呂原撰：〈天順四年會試錄序〉，見天一閣博物館編：《天一閣藏明代科舉錄
　　選刊·會試錄》（寧波：寧波出版社，2006年12月），頁2下-3上。

150　（明）王鏊撰，吳建華點校：《王鏊集》（上海：上海古籍出社，2013年9月），卷
　　33，〈雜著·擬罪言〉，頁469。

151　（清）張廷玉等撰：《明史》（臺北：鼎文書局，1979年12月），卷69，〈選舉志一〉，
　　頁1675。

務在經明行修，博古通今，文質得中，名實相稱。」採用科舉取士制，使人才「皆由科舉而選，非科舉毋得與官。」[152]實行三場試士制[153]，考試內容要求錄取之士能夠文武兼具。後於洪武十七年（1384）三月命禮部頒布科舉成式：

> 凡三年大比，子午卯酉年鄉試，辰戌丑未年會試，舉人不拘額數，從實充貢。鄉試八月初九日第一場，試《四書》義三道，每道二百字以上；經義四道，每道三百字以上。未能者許各減一道。《四書》義主朱子《集註》。經義：《詩》主朱子《集傳》，《易》主程、朱《傳》、《義》，《書》主蔡氏《傳》及古註疏，《春秋》主左氏、公羊、穀梁、胡氏、張洽《傳》，《禮記》主古註疏。十二日第二場，試論一道，三百字以上，判語五條，詔誥章表科一道。十五日第三場，試經史策五道，未能者許各減二，俱三百字以上。[154]

《明史‧選舉志》的說法與《明太祖實錄》記載的內容大致上相同[155]，僅在後面補充「永樂間，頒《四書五經大全》，廢註疏不用。

---

152 （明）王世貞撰，魏連科點校：《弇山堂別集》（北京：中華書局，1985年12月），卷81，〈科試考一〉，頁1539。

153 據《明太祖實錄》洪武三年（1370）八月乙酉日的記載：「京師及各行省開鄉試，自初九日始試初場，復三日試第二場，又三日試第三場。……考試之法大略損益前代之制，初場《四書》疑問，本經義及《四書》各一道，第二場論一道，第三場策一道。中式者後十日復以五事試之，曰騎射書算律。騎觀其馳驅便捷，射觀其中之多寡，書通於六義，算通於九法，律觀其決斷。」文見中央研究院歷史語言研究所編：《明太祖實錄》（臺北：中央研究院歷史語言研究所，1964年4月），卷55，「洪武三年八月乙酉」條，頁1084-1085。

154 中央研究院歷史語言研究所編：《明太祖實錄》（臺北：中央研究院歷史語言研究所，1964年4月），卷160，「洪武十七年三月戊戌」條，頁2467。

155 （清）張廷玉（1672-1755）等奉敕撰：《明史》（臺北：鼎文書局，1979年12月），卷70，〈選舉志二〉，頁1694。

其後，《春秋》亦不用張洽《傳》，《禮記》止用陳澔《集說》」一段文字。朱元璋所頒發的科舉成式，此後成為祖制，規定科舉考試舉行的日期時間、科目內容及字數限制。

唐代編修《五經正義》時，以漢、魏、晉儒者的傳註為宗。而明代《五經》經義的考試，傳註則選用宋儒程、朱之註解，另外在參用古註疏。稍後明太宗「靖難」後，趕走明惠帝，篡位成功，除大肆編修《永樂大典》外，又詔令胡廣（1369-1418）等編《四書五經大全》，傳註全採用宋儒程頤（1033-1107）、朱熹（1130-1200）一系的經書註解，廢棄註疏不用，完成後并於永樂十五年頒發全國各級學校，作為各級學校教學指定的教本，科考情形為之改變，宋儒程、朱等人對於《四書》、《五經》的注解和意見，一躍成為全國學子們的必讀指導思想，科舉考試也以它作為出題範圍，在功令利祿的引誘下，學士日夜誦習者皆是《四書五經大全》，導致程、朱理學變成明代一統全國各地學校教育的局面，也從此確立程朱之學在明清學術上的統治地位。

至於明代科舉考試的科目及其寫作方法，根據《明史‧選舉志》記載：

> 科目者，沿唐、宋之舊，而稍變其試士之法，專取四子書及《易》、《書》、《詩》、《春秋》、《禮記》五經命題試士。蓋太祖與劉基所定。其文略仿宋經義，然代古人語氣為之，體用排偶，謂之八股，通謂之制義。[156]

唐、宋兩代科舉考試科目，雖有所因襲，分為常科、制科兩大類，然其具體科目又有所不同。唐代常科主要有秀才、明經、進士、明法、

---

156 （清）張廷玉（1672-1755）等奉敕撰：《明史》（臺北：鼎文書局，1979年12月），卷70，〈選舉志二〉，頁1693。

明書、明算等六科[157]，宋代常科主要有進士、《九經》、《五經》、《開元禮》、《三史》、《三禮》、《三傳》、學究、明經、明法等科。[158]明代考試科目雖「沿唐、宋之舊」，實際僅取其進士科而已。而考試科目的內容是專取《四書》及《易》、《書》、《詩》、《春秋》、《禮記》五經。寫作的方法明言要應試士子須「代古人語氣為之」，而體裁「用排偶」，世俗將它稱為「八股」、「制義」。王世貞（1526-1590）在他史著中就將科舉條格及鄉、會試文字程式記錄的很清楚。[159]稍有不同者，首場雖然是考《四書》及《五經》義各一道，唯《四書》所考的內容係「經疑」而非「經義」，由《皇明貢舉考》所載錄的洪武四年會試題目，《四書》科正是考《四書》疑問題。[160]

---

157 有關宋代科舉考試科目的詳細敘述，可參閱金瀅坤撰：《中國科舉制度通史：隋唐五代卷》（上海：上海人民出版社，2015年9月）。

158 有關宋代科舉考試科目的詳細敘述，可參閱張希清撰：《中國科舉制度通史：宋代卷》（上海：上海人民出版社，2015年9月）。

159 王世貞云：「鄉試會試文字程式：第一場試《五經》義，各試本經一道，不拘舊格，惟務經旨通暢，限五百字以上。《易》程、朱氏註、古註疏，《書》蔡氏《傳》、古註疏，《詩》朱氏《傳》、古註疏，《春秋》左氏、公羊、穀梁、胡氏、張洽《傳》，《禮記》古註疏。《四書》義一道，限三百字以上。第二場試禮樂論，限三百字以上，詔誥表箋。第三場試經史時務策一道，惟務直述，不尚文藻，限一千字以上。第三場畢後十日面試，騎觀其馳驟便捷，射觀其中數多寡，書觀其筆畫端楷，律觀其講解詳審。殿試時務策一道，惟務直述，限一千字以上。」（明）王世貞撰，魏連科點校：《弇山堂別集》（北京：中華書局，1985年12月），卷81，〈科試考一〉，頁1540。又《客座贅語》：「洪武三年五月初一日初設科舉條格詔，內開第一場《五經》義，各試本經一道，限五百字以上。《易》程、朱氏註，《書》蔡氏傳，《詩》朱氏傳，俱兼用古註疏。《春秋》左氏、公羊、穀梁、胡氏、張洽傳，《禮記》專用古註疏。《四書》義一道，限三百字以上。」（明）顧起元（1565-1628）撰：《客座贅語》（北京：中華書局，1997年11月），卷1，頁1。

160 （明）張朝瑞輯：《皇明貢舉考》：「孟子曰：由堯、舜至於湯五百有餘歲，若禹、皋陶則見而知之。若湯則聞而知之。夫禹、皋陶、湯於堯、舜之道，其所以見知聞知者，可得而論與？孟子又言伊尹樂堯、舜之道，《中庸》言仲尼祖述堯、舜。夫伊尹之樂，孔子之祖述，其與見知聞知者，抑有同異歟？請究其說。」（臺南縣：莊嚴文化事業公司，1997年6月，《四庫全書存目叢書》影印明萬曆刻本），卷2，頁2。

　　明代學者稱譽洪武十七年所頒行之「科舉成式」,「其法比前加密,而取士之道,視唐、宋以來科舉之制尤盡善矣。」[161]明嘉靖年間,張璁（1475-1539）就說:「國家用人以科舉為重,而有司選士以鄉舉為先」[162],科舉考試成為朝廷官吏選任的主要來源。唯明代科舉設立考三場試的目的何在？袁宏道（1568-1610）談及明代士子科舉文字情形,袁氏說:

　　　　夫高皇帝範圍天下之道,託于經傳,而章程于宋儒,此其中自
　　　　有深意。故洛閩之學脈窮,則高皇帝之法意衰,臣見天下之以
　　　　令甲為兒嬉,而變更之無日也。[163]

袁宏道以為明太祖「範圍天下之道,託于經傳,而章程于宋儒」,「其中自有深意」,深意為何,袁氏雖未明言。明人頗多明言可考取士深意所在。呂原〈天順四年會試錄序〉曰:「取士惟擇其文理之純者。蓋以文即其言,而言乃心之聲、行之表,言純乎理,則其用心於內,有志於行,概可驗矣。」[164]科考制度採以文取士方式,三場的作用各有不同,根據王鏊說:

　　　　國家設科取士之法,其可謂正密矣。先之經義,以觀其窮理之
　　　　學；次之論表,以觀其博古之學；終之策問,以觀其時務之

161　（明）梁儲（1451-1527）撰:〈會試錄序〉,《正德九年會試錄》,收入天一閣博物
　　　館編:《天一閣藏明代科舉錄選刊・會試錄》（寧波:寧波出版社,2006年12月）,
　　　頁1下。
162　（明）張璁撰:〈會試錄序〉,《嘉靖八年會試錄》,收入天一閣博物館編:《天一閣
　　　藏明代科舉錄選刊・會試錄》（寧波:寧波出版社,2006年12月）,頁1下。
163　（明）袁宏道撰,錢伯城箋校:《袁宏道集箋校》（上海:上海古籍出版社,2008
　　　年4月）,卷54,〈陝西鄉試錄序〉,頁1530-1531。
164　（明）呂原撰:〈天順四年會試錄序〉,見天一閣博物館編:《天一閣藏明代科舉錄
　　　選刊・會試錄》（寧波:寧波出版社,2006年12月）,頁4上-4下。

學。士誠窮理也，博古也，識時務也，尚何求哉？[165]

王氏認為經義可觀察其「窮理之學」，論表可考檢測其「博古之學」；策問可考瞭解其「時務之學」，祝允明（1460-1526）說：

> 三試皆因言以審心，詳外以測中，本之初場，求其性理之原，以論觀其才華，詔誥表判觀其詞令，策問觀其政術。[166]

稍後楊慎（1488-1559）也說：

> 初場在通經而明禮，次場在通古而贍辭，末場在通今而知務。[167]

王世貞在隆慶四年（1570）〈山西鄉試錄後序〉曰：

> 夫訓經而發其旨之謂義，辨志而當於理之謂論，標情而達於上之謂表，決法而傳於經之謂判，陳見而宜於用之謂策，此五者不失一焉。[168]

王世貞說：

> 明興而始三試士，各以其日，為經書義以觀理，為論以觀識，

165　（明）王鏊撰，吳建華點校：《王鏊集》（上海：上海古籍出版社，2013年9月），卷33，〈雜著・擬罪言〉，頁469。

166　（明）祝允明撰：《懷星堂集》（臺北：臺灣商務印書館，1986年3月，影印文淵閣《四庫全書》本），集部第1260冊，卷11，〈貢舉私議〉，頁9上。

167　（明）楊慎撰：《升庵集》（臺北：臺灣商務印書館，1986年3月，影印文淵閣《四庫全書》本），集部第1270冊，卷3，〈雲南鄉試錄序〉，頁5下-6上。

168　（明）王世貞撰：《弇州四部稿》（臺北：臺灣商務印書館，1986年3月，影印文淵閣《四庫全書》本），第1280冊，卷70，〈山西鄉試後序〉，頁2下。

為表以觀詞，為策以觀蓄，然其大要重於初日，以觀理者政本
也。……凡論而表而策，最近古而易撰。其於經書義稍遠而難
古。天下之為力於論表策者十之三，而為力於經書義者十之七
而猶不足。[169]

王世貞以為三場試士，「訓經發旨」、「辨志」、「標情」，目的在「為經
書義以觀理，為論以觀識，為表以觀詞，為策以觀蓄」。三場試士實
際皆蘊涵有其測試的目的性。而前人屢屢認為首場的經義測試最重
要，因為經義內容為古先王聖賢經典之遺存。透過經義所發揮之思
想，可觀察應試士子通經之義理之學，是個人思想義理所在，也是根
本的政治理念。

可知明代科舉考試制度，實際係參酌宋、元科舉制度改良而設計
出之方案，三場考試各有其欲測試的目的，經義在觀其窮理之學，論
表觀其博古之學，策問在觀其時務之學。朝廷要評選出適當的治理朝
政人才，來為國家服務，因為「惟天下之廣，固非一人所能治，必得
天下之賢共理之」[170]，選拔適當人才，需從各個面向觀察人才的能力
表現，不可偏執一方，以免失之交臂。然此種制度在長期施行後逐漸
產生弊端，明神宗萬曆十五年（1587），時任禮部尚書的沈鯉（1531-
1615）在〈正文體疏〉奏請：

近年以來，科場文字漸趨奇詭，而坊間所刻及各處士子之所肄
業者，更益怪異不經，致誤初學，轉相視效。及今不為嚴禁，
恐益灌漬人心，浸尋世道，其為患害甚於異端。蓋人惟一心，

---

169 （明）王世貞撰：《弇州四部稿》（臺北：臺灣商務印書館，1986年3月，影印文淵
閣《四庫全書》本），集部第1280冊，卷70，〈四書文選序〉，頁27下。

170 《明太祖實錄》（臺北：中央研究院歷史語言研究所，1964年4月）卷35，「洪武元
年九月癸亥」條，頁629。

方其科舉之時，既可用之以詭遇獲禽，逮其機括已熟，服役在官，苟可得志，何所不為，是其所壞者不止文體一節，而亦於世道人心大有關係相應。……言者，心之聲，而文者言之華也，其心坦夷者，其文必平正典實。其心光明者，其文必通達爽暢。其不然者反是。是文章之有驗於性術也。唐初尚靡麗而士趨浮薄；宋初尚鉤棘，而人習險譎，是文章之有關於世教也。……今鄉會試進呈錄文必曰中式，則典雅切實文理純正者，祖宗之式也。今士子之為文何式乎？自臣等初習舉業，見有用六經語者，其後引用《左傳》《國語》矣。又數年而引用《史記》、《漢書》矣，《史》、《漢》窮而用諸子，諸子窮而用百家，甚至取佛經、道藏，摘其句法口語而用之。鑿朴散淳，離經叛道，文章之流弊，至是極矣。其文體尤恥循矩矱，喜創新格，以清虛不實講為妙，以艱澀不可讀為工。用眼底不常見之字，謂為博聞；道人間不必有之言，謂為玄解。苟奇矣，理不必通；苟新矣，題不必合。斷聖賢語脈以就己之鋪敘，出自己意見以亂道之經常，白日青天之下，為杳冥魍魎之談，此世間一怪異事也。夫出險僻奇怪之言，而謂其為正大光明之士；作玄虛浮蔓之語，而謂其為典雅篤實之人也，可乎？[171]

又說：

邇來士子雖皆以經書為本業，而務明理淹貫者鮮矣。高者工藻績，下者習剽竊，巧者務摘題，拙者專記誦。即有孳孳矻矻以窮年，佼佼錚錚稱雋才者，猶或家不蓄史鑒，目不睹性理，而已衰然與計偕、預廷對，及問以他事，則茫不能知焉，直至登

171　（明）沈鯉撰：《亦玉堂稿》（臺北：臺灣商務印書館，影印文淵閣《四庫全書》本，1986年3月），集部第1288冊，卷1，〈正文體疏〉，頁17上-18下。

第後，始幡然有意學古，亦晚矣。[172]

科場競爭激烈，士子為求科考中式，科場文字逐漸趨向奇詭，而坊間
書坊紛紛刊刻市場通俗科舉用書，更加增益詭僻浮薄，怪異不經，初
學者卻轉相倣傚。禮部尚書馮琦（1558-1604）也上疏說：

> 國家以經術取士，自《五經》、《四書》、《性》、《鑑》、正史而
> 外，不列於學宮，不用以課士，而經書傳註又以宋儒所訂為
> 準，蓋即古人罷黜百家，獨尊孔氏之旨，此所謂聖真，此所謂
> 王制也。自人文向盛，士習寖漓，始而厭薄平常，稍趨纖靡，
> 纖靡不已，漸趨新奇；新奇不已，漸趨詭僻，始猶附諸子以立
> 幟，今且尊二氏以操戈，背棄孔孟，非毀程朱，惟《南華》、
> 西竺之語是宗，是兢以實為空，以名教為桎梏，以紀綱為贅
> 疣，以放言恣論為神奇，以蕩棄行檢掃滅是非廉恥為廣大，取
> 佛經言心言性略相近者竄入於聖言，取聖言有空字無空字者，
> 強同於禪教。嗟乎！聖經果如此解乎？士子制義以聖人口氣傳
> 聖人之神耳，聖人之世曾有此語意否乎？夫學官所列至要亦至
> 詳言，童而習之，白首未必能窮，世間寧有經史不能讀，而於
> 經史之外博極群書之理？棄本業之精髓，拾遺教之殘膏，譬如
> 以中華之貴雜，魋結之語，語道既為踳駁，論文又不成章，，
> 世道潰於狂瀾，經學幾為榛莽。[173]

朝廷設科取士，本旨在「罷黜百家，獨尊孔氏之旨」，最後士習

---

172 （明）沈鯉撰：《亦玉堂稿》（臺北：臺灣商務印書館，影印文淵閣《四庫全書》
　　本，1986年3月），集部第1288冊，卷3，〈學政條陳疏〉，頁8上-8下。

173 （明）馮琦撰：《宗伯集》（北京：北京出版社，《四庫禁燬書叢刊》影印明萬曆間
　　刻本，2000年1月），集部第16冊，卷57，〈為重經術袪異說以正人心以勵人材
　　疏〉，頁1下-2上。

浸漓，由厭薄平常進而追求纖靡奇，詭僻以附諸子二氏，背棄孔孟，非毀程朱，可說是始料不及者。萬曆年間，儒學生員為數眾多，人人都希望透過科舉考試以入仕行道，然名額有限，致競爭相當激烈，嚴嵩（1480-1567）就曾說「祿與位，世所慕以為榮者也。父母以是望其子，子之欲孝者，以謂非是無以慰悅其父母之心，讀書為學，鑽言為文，凡以為仕祿之具而已。故雖賢者，不能以自振也。」[174]科舉取士試以經義，「使八股文經學化，可驅使天下讀書人去熟讀精研儒家經典，使其在儒家經典的日浸月染之下，自覺地接受儒家思想觀念。」[175]最後卻因科場文字的日趨浮靡詭僻，士習也日驅澆漓，風氣變得虛偽浮夸。以致科舉取士被後人批評為箝制思想的制度，與秦始皇焚書坑儒相提並論，清初顧炎武就批評「秦以焚書而《五經》亡，本朝以取士而《五經》亡。」又說：「八股之害等於焚書，而敗壞人材，有甚於咸陽之郊所坑者但四百六十餘人也。」「自八股行而古學棄，《大全》出而經說亡。」[176]顧氏之言雖屬激憤不實之言，不完全符合實際情況，然其所提出的論調仍值得後人深思，值得後學加以關心深入探究。

三　《書集傳》與明代科舉之關係

根據洪武十七年（1384）所頒行之「科舉成式」所定，「考試之法，大略損益前代之制」[177]，考試內容及考試範圍多沿襲元制，首場

174　（明）嚴嵩撰：《鈐山堂集》（臺南縣：莊嚴文化事業公司，《四庫全書存目叢書》影印明嘉靖二十四年刻增修本，1997年6月），集部第56冊，卷19，〈贈胡用甫序〉，頁174。

175　龔篤清撰：《明代八股文史》（長沙：嶽麓書社，2015年1月），頁13-14。

176　（清）顧炎武撰、黃汝成集釋、欒保群、呂宗力校點：《日知錄集釋》，卷16，〈擬題〉，頁945-946。

177　《明太祖實錄》（臺北：中央研究院歷史語言研究所，1966年），卷55，頁6。

經義試以《四書》及五經，傳註以宋儒之說為宗，又皆參用古註疏。
《書》主蔡氏《傳》及古註疏，等到永樂年間頒行《四書五經大
全》，《書傳大全》刪去古註疏不附，專主蔡沈《書集傳》。清代《四
庫全書總目》云：

> 案明科舉之例，諸經傳註皆因元制用宋儒，然程子作《春秋
> 傳》未成，朱子又未註，《春秋》以胡安國學出程子，張洽學
> 出朱子，《春秋》遂定用二家。蓋重其所出之淵源，非真有見
> 於二人之書果勝諸家也。後張《傳》以文繁漸廢，胡《傳》竟
> 得孤行，則又考官舉子共趨簡易之故，非律令所定矣。[178]

館臣以為《四書》、《五經》的傳註，皆遵循宋儒一家之說為主，惟有
《春秋經》，程子、朱子皆未有《春秋》的註解，又以胡安國學出程
子，張洽學出朱子，《春秋》不得已採用胡安國、張洽二家之傳。《四
庫全書總目》又云：「有明二百餘年，雖以經文命題，實以傳文立
義。」[179]《尚書》義以《尚書》刪去古註疏不讀，專主蔡沈《書集
傳》，《書》義寫作義理闡釋專以蔡沈《書集傳》為主。

南宋大儒朱熹（1130-1200），祖述二程學說，於《四書》及
《易》、《、《詩》、《禮》各有注解，唯獨於《書》、《春秋》二經未有
注解。晚年嘗欲仿《詩集傳》撰寫《書集傳》，唯晚年精力衰耗，無
力再整理注解事宜，先後命門人李時可、李相祖、陳埴、謝誠之等人
編撰《書集傳》。「逮卒前一年，見蔡仲默（沈）研習《尚書》有成，
堪託付，乃專屬諸蔡。」[180]蔡沈（1167-1230）於慶元五年己未

---

178 （清）紀昀等撰：《欽定四庫全書總目》（臺北：藝文印書館，1969年3月），第1
　　冊，卷31，「春秋類存目」，頁49上-49下。
179 （清）紀昀等撰：《四庫全書總目》，卷28，「《春秋大全》條」，頁230。
180 見程元敏先生撰：〈朱熹蔡沈師弟子《書序辨說》板本微孚〉，《經學研究論叢》第
　　三輯（1995年4月），頁62。

（1199）承朱子之命撰書，參考眾說，融會貫通經傳義理，歷經十年時間，至嘉定二年己巳（1209）成書。其子蔡抗云：「此書皆是朱熹之意。朱熹晚年訓傳諸經略備，獨《書》未有訓解。以先臣從游最久，遂授以大意，令具稿而自訂正之。今朱熹刪改親筆，一一具存。」[181]宋宗室修撰兼侍講趙汝騰（？-1261）也在〈後省看詳〉稱譽其書說：「蔡君沈《書解》得於朱文公之指授，義理周浹，事證精切，多諸儒之所未講。其言聖賢傳心之法，帝王經世之具，天人會通之際，政治沿革之原，世變升降，民心離合，莫不得其指要，真足以垂世傳遠。」[182]宋末元初之際，受朱熹學術廣泛傳播於大江南北之影響，蔡沈《書集傳》得到接受，進而得以普遍流傳。逮及元任宗皇慶二年（1313）下詔規定科舉程式，《書》義規定用蔡沈《書集傳》，並兼用古註疏。從此之後，《書集傳》成為元、明、清三代數百年間科舉考試《尚書》的定本。[183]

　　明代科舉制度中之鄉試及會試，例分三場試士，首場試經義，除《四書》義必考外，五經屬「分經取士」，經義屬選考性質，應試者可於《五經》中任選一經應考，《尚書》長期以來均為明代士子選考頗多的學科。古代眾多學者常告訴我們「明代儒生以時文為重，時文以《四書》為重。」[184]今人又有專文研究重首場現象[185]，然明人張元禎

---

181 見蔡抗撰：〈淳祐丁未八月二十六日臣抗面對延和殿所得聖語〉，文見（宋）蔡沈撰，嚴文儒點校：《書集傳》，收入《朱子全書外編》（上海：華東師範大學出版社，2010年9月），〈附錄一〉，頁271。

182 趙汝騰撰：〈後省看詳〉，文見（宋）蔡沈撰，嚴文儒點校：《書集傳》，收入《朱子全書外編》（上海：華東師範大學出版社，2010年9月），〈附錄一〉，頁272。

183 有關元人經注纂修及蔡沈《書集傳》地位提升問題，可參見廖穎撰：《元人諸經纂疏研究》（上海：華東師範大學碩士論文，2006年）及許育龍撰：《宋末至明初蔡沈《書集傳》文本闡釋與經典地位的提升》（臺北：臺灣大學中國文學研究所博士論文，2012年6月）。

184 （清）紀昀等撰：《四庫全書總目》，卷37，「《四書人物考》條」，頁14上。

185 參見侯美珍撰：〈明清科舉取士「重首場」現象的探討〉，《臺大中文學報》第23期（2005年12月）頁323-368。

（1437-1506）在〈弘治十八年會試錄序〉云：「命題惟明白正大，不困以所難知。校閱雖本之初試，而去留實以中末二試決焉。」[186]以往傳統學術觀點告訴我們，明人對於《四書》、《五經》，認為士子大都專注於《四書》研讀，以致較忽略經籍的研讀，經義數量遠不及《四書》，精熟程度亦不及《四書》。明代陳弘緒（1597-1665）就說：「今帖括家往往以全力用之《書》藝，而以餘力及其所治之經，故經藝恆減《書》藝之半。」《書》藝指《四書》義，說明明代士子因《四書》義為所有人必考的科目，遂用全力準備《四書》藝，才以餘力治經，遂導致五經經義數量遠不及《四書》藝。明代科舉取士所留下的經義數量，雖未有精確統計，數量仍相當多。限於時間只能以《會試錄》留下來《尚書》義，探討《尚書》經義內容，及應舉士子如何闡述蔡沈《書集傳》內容。

四　《尚書》義內容之分析

清初方苞（1668-1749）《進四書文選表》：

> 明人制義，體凡數變：自洪、永至化、治，百餘年中，皆恪遵傳註，體會語氣，謹守繩墨，尺寸不踰。至正、嘉作者，始能以古文為時文，融液經史，使題之義蘊，隱顯曲暢，為明文之極盛。隆、萬間，兼講機法，務為靈變；雖巧密有加，而氣體苶然矣。至啟禎諸家，則窮思畢精，務為奇特，包絡載籍，刻雕物情，凡胸中所欲言者，皆借題以發之；就其善者，可興可觀，光氣自不可泯。凡此數種，各有所長，亦各有其蔽。[187]

186　（明）張元禎撰：〈弘治十八年會試錄序〉，見天一閣博物館編：《天一閣藏明代科舉錄選刊‧會試錄》（寧波：寧波出版社，2006年12月），頁4上。

187　（清）方苞撰，劉季高校點：《方苞集‧集外文》（上海：上海古籍出版社，1983年5月），卷2，〈進四書文選表〉，頁579-580。

明代科舉分三場試士，由於「凡論而表而策，最近古而易撰。其於經書義稍遠古而難工。天下之為力於論表策者十之三，而為力於經書義者十之七而猶不足。」[188]後二場近古而易撰，而經書義稍遠古而難工，天下讀書人都致力於初場經書義的專研學習。又因「時義之為經五而為書四，《五經》人各治一，而《四書》則共治之」，以致天下的讀書人將全部精力的十之七都用在《四書》義的探究學習。明代科舉經義，制採取分經士，《尚書》為五經選考科目之一，自明初以來即為士子選考的熱門經書科目。[189]明代會試的錄取額數，各科人數不一。少者僅三十二人（洪武二十四年辛未科），多者達四百七十二人（洪武十八年乙丑科及永樂二年甲申科）。錄取試卷今大多已不可見，可見者僅有保存在《會試錄》中優秀佳者。丘濬（1420-1495）曾說：

> 文章關氣運之盛衰，而科場之文為基。蓋科場之文，乃一世所尚者。上以此取人，以為一代輔治之具；下以此為業，以為一生進用之階，非徒取其能文而已。蓋將因其文以叩其人心之所蘊，才之所能，識之所及。由是用之，將藉之以輔君澤民，修政立事，不苟然也。[190]

丘氏認為科場文章為天下讀書人所共同崇尚追求者，朝廷以此選拔人才，作為施政輔治之具。而士子則以此為業，作為「一生進用之階」，文章關係到國家氣運的盛衰，關涉政治的治亂安危之機，古人莊重看

188　（明）王世貞撰：《弇州四部稿》（臺北：臺灣商務印書館，1986年3月，影印文淵閣《四庫全書》本），集部第1280冊，卷70，〈四書文選序〉，頁27下。

189　明代選考五經的情形，可參閱侯美珍所撰：〈明代會試《詩經》義出題研究〉，《臺大中文學報》第三十八期（2012年9月），頁10-15。

190　（明）丘濬撰，林冠群、周濟夫校點：《大學衍義補》（北京：京華出版社，1999年4月），卷9，〈正百官：清入仕之路〉，頁77。

待這一代盛典，其中自有深意在。分析現存明代各科《會試錄》所刊
載的《尚書》題目及程文，其文章的風格及其選錄情形為何？

（一）闡發《尚書》經義，須融會傳註以成文

科舉制度係國家用以選拔各層級統治管理人才，屬一代隆重盛
典。其命題、評閱試卷及錄取事務，例由禮部職掌，而翰林院官員負
責兩京鄉試及會試主考，以及《鄉試錄》、《會試錄》的編選及程文審
閱修訂工作，影響明代科舉文風。科舉考試競爭相當激烈，參加考試
的士子人數眾多，而錄取員額相當有限，為求中式錄取，造成試場文
風的轉變。科舉文字雖隨時代不同而有所差異，文詞或「簡而質」，
或「雅而暢」，或「蔚以昌」，然大原則在「經書傳註以宋儒所訂為
準」，「經義融會題意，依經講解」。此種意見屢見於考試官的評語
中。林希元（1482-1567）就說：「（明）經義融會題意，依經講解，
絕無碎破之病，其法視宋實為過焉。」[191]明代《尚書》義考試題目雖
出自《尚書》經文，而註解則規定以宋儒蔡沈《書集傳》及古註疏為
準，考生可根據傳註的解釋，掌握傳註義旨去進行經義內容的闡述。

綜觀現今傳世之《會試錄》，其選錄之《尚書》義考生範文，常
可見考試官評語屢屢點出該題作文之關要處，且說明作者能融會傳註
而成文者。如明英宗天順七年（1463）會試，《會試錄》選用第十二
名考生文深的墨卷，當年考題為：〈善無常主，協于克一。俾萬姓咸
曰大哉王言，又曰一哉王心〉，題目出自偽古文〈咸有一德〉。同考試
官黎淳對文深試卷的評語為：「此題本易曉，場中作者多詞勝理，求
其融會傳註而成文者，僅此篇耳。」黎淳以為《尚書》義試題內容要
求考生據傳註之釋義去作詞理兼具的闡釋，然而大多數考生均無法融
會傳註而成文，以致造成「詞勝理」的現象，黎淳明白點出寫作的要

---

191 （明）林希元撰：《同安林次崖先生文集》（臺南縣：莊嚴文化事業公司，1997年6
月），卷7，〈新刊《宋策》序〉，頁11上-11下。

點，供天下士子作為學習參考。

又明孝宗弘治十二年（1499）會試，《尚書》義題目為：〈德無常師，主善為師。善無常主，協于克一〉。考生王蓋的試卷內容為：

> 博而求之于眾理，約而會之于一原，此取人為善之要也。
>
> 蓋取善貴乎博而能約也，使知有以求之而不知所以會之，亦豈得其要也哉！昔伊尹之告太甲，若曰
>
> 天下之理，自一本而殊觀之，其分布散見之在人者，未嘗一也。求之不博，則所得有限而無積累之地，其為德也狹矣。故德之所在，不可執一以為師也，惟善之是主焉。善在此而吾師之，則此之善即我之善也。善在彼而吾師之，則彼之善亦我之善也。旁求遠采，無一善之不聞；並蓄兼收，無一善之不獲。夫如是，則理之在人者取之多而能博矣。
>
> 天下之理，自萬殊而反觀之，其本原統會之在我者，未嘗不一也。斂之不約，則所得雖多而無歸宿之處，其為善也泛矣。故善之所在，不可執一以為主也，惟一能協焉。善無小大而能協之，則吾心之善皆天下之善也。善無多寡而能協之，則天下之善即吾心之善也。匯同包括，有以盡其大而無餘。契合渾融，有以極其純而不雜。夫如是，則理之在我者貫于一而能約矣。始焉求其理於萬殊，終焉達其妙於一本，取人為善之要，豈復有餘蘊哉？抑尹之斯言，聖學之序也。
>
> 蓋其處也，誦詩讀書，樂堯舜之道而有得于精一之旨。
>
> 其出也，以之左右成湯，咸有一德而極乎致澤之功。
>
> 其去也，復以之而告太甲。其堯舜君民之心，不以去就老壯而或異也。太甲守尹之訓，而克終厥德，為商令王，是又萬世為人主者之所當取法歟？

王蓋為會試第三名，全文共四七一字，同考試官趙士賢對其試卷的評語：「此題義本精密，場中士子多體認不切，獨此作融會傳意，寫主善協一處甚明白，蓋亦文之精密者。」而另同考試官費宏的批語為：「取善之要，夫人能言之，然耳剽臆度，類無定見，獨此說理透徹，造語渾成，必用心於內之士。」[192]考官趙士賢以為場中士子對題目旨意關鍵之處多認識不夠貼切，無法針對題目主意「主善」、「協一」進行透徹而精闢的闡述。費宏亦認為題旨在取善之要，參考士子多數為「耳剽臆度，類無定見」，無法用心體認，說理透徹。

　　類似的評語要求，時常出現在《會試錄》中，可見當時對經義寫作的規範要求。至於其各經情形也大致相同，如正德九年（1514）會試時，當年《易》義試題：「君子敬以直內，義以方外，敬義立而德不孤。」考官孫紹先在批閱霍韜（1487-1540）《易》義試卷時，其批語云：「經生作經義，務引經語入講，令經旨反晦，甚或平日取經史成句屬辭，累牘相率為傳誦蹈襲，致經學益膚淺可厭。如是作者，何嘗旁引一字句，而詞旨故自邃密，良究心於獨得者，錄之。」[193]另兩位同考試官高洤批語云：「題本平易，傳義尤為明備，此作組織成文，而親切有味，蓋深有得乎君子之學者也。」翰林院編修景暘批語則云：「深邃典雅，經義之美，無如此篇，非徒騁浮辭而無得於內者所可到也。」[194]無論是孫、高、景三位評語側重點雖有所不同，但在要求進行《易》義寫作時，要根據傳義取「組織成文」，不可一味「徒騁浮辭而無得於內者」，也不可「務引經語入講」，反而造成經旨隱晦不明。

---

192 《明弘治十二年（1499）會試錄》，收入《天一閣藏明代科舉選刊‧會試錄》（寧波：寧波出版社，2006年12月），頁124上。

193 《正德九年會試錄》，收入《天一閣藏明代科舉選刊‧會試錄》（寧波：寧波出版社，2006年12月），頁9上。

194 《正德九年會試錄》，收入《天一閣藏明代科舉選刊‧會試錄》（寧波：寧波出版社，2006年12月），頁9上。

何良俊嘗說：「夫經術所以經世務，故經術，本根也，世務皆由此出，不由經術而求世務之當，得乎？」[195]丘濬（1420-1495）也說：

> 今世科舉，初場試士以《五經》、《四書》，即此「習先聖之術」；終場策士以時務，即此「明當世之務」。[196]

經書記載為聖賢往行思想之經典，明代學者深信通經術則可以經綸世務，故明太祖設科舉以取士，初場考經書義理，目的在得經明行修之士，以作為治國之人才。薛瑄（1389-1464）就曾在〈會試錄序〉說：

> 為治莫先于得賢，養士不本于正學，而正學者復其固有之性而已。性復則明體適用，大而負經濟之任，細而釐百司之務。[197]

透過會試錄保存之卷子，可見明代藉科舉考試經典評閱，強烈要求士子深體經書傳註之義涵，發揮聖賢之理，遵循聖賢之言行行事，「隨所學以就功名」[198]，以養士於正學，最後普遍形成明代士子的風骨與氣節。

（二）文體以醇正典雅明白通暢為主

明太祖興兵驅逐胡元，建立新政府，鑒於元代文壇奇博的積弊，

195　（明）何良俊撰：《四友齋叢說》（北京：中華書局，1997年11月），卷1，頁1。

196　（明）丘濬撰，林冠群、周濟夫校點：《大學衍義補》（北京：京華出版社，1999年4月），卷9，〈正百官：清入仕之路〉，頁75。

197　（明）薛瑄撰：《薛文清公文集》（臺北：臺灣商務印書館，1973年12月），卷17，〈會試錄序〉，頁17上。

198　（明）薛瑄撰：《薛文清公文集》（臺北：臺灣商務印書館，1973年12月），卷17，〈會試錄序〉，頁17上。

凡是任用擢升詞臣，皆要求詞臣文字以「渾厚醇正」為宗。[199]且明言古人寫作文章，「或以明道德，或以通當之世務，如典謨之言，皆明白易直，無深怪險僻之語」。[200]受到朱元璋的要求，明代初期的科舉文風崇尚質樸，辭理明暢。如《建文二年會試錄》《書》義題目：「惟王不邇聲色，不殖貨利，德懋懋官，功懋懋賞。用人惟己，改過不吝，克寬克仁，彰信兆民。」（《尚書·仲虺之誥》）刊刻時程文選錄第三十二名考生鄭鎬的試卷，考官的評語「詞理明暢」、「皆平正」。而《宣德五年會試錄》《書》義考官評語為「經義貴平正精實，無浮詞，無冗意」。《宣德八年會試錄》《書》義考官評語則為「深得經意，辭理明暢」，皆呈現出明初科場文字崇尚辭理平正明暢，文字質樸的典雅風氣。

隨著明代科舉考試競爭激烈，士子為求科考中式，竭盡心思，務為奇特險怪以試圖博取考官的青睞。自中葉以後，士子寫作風氣的發展，常隨著科場文風的變化而產生變化，無論在思想內容、寫作技巧以及辭藻修飾，逐漸詭僻浮華。當時官員屢次針對科場文體弊端提出批判，上奏朝廷要求予以糾正。嘉靖十一年（1532）禮部尚書夏言（1482-1548）就針對「變文體以正士習」提出建言，他說：

> 國家建學校聯師儒，以教養天下之學者，既乃設科目較文藝，以網羅天下之成材。自祖宗以來，百六十年于茲，造士求才之法可謂盡善極美是以經術日明文運日昌。蓋至於成化、弘治間科舉之文號稱極盛，凡會試及兩京鄉試所刻文字，深醇典正，蔚然炳然，誠所謂治世之文矣。近年以來，士大夫學為文章，日趨卑陋，往往剽掇摹擬《左傳》、《國語》、《戰國策》等書，

---

199 （明）黃佐撰：《翰林記》（臺北：臺灣商務印書館，影印文淵閣《四庫全書》本），1986年3月），集部第596冊，卷11，〈正文體〉，頁9上。

200 《明太祖實錄》卷40，「洪武二年三月戊申」條，頁811。

蹈襲衰世亂世之文，爭相崇尚，以自矜眩。究其歸，不過以艱
深之詞飾淺近之說，用奇僻之字蓋庸拙之文，如古人所謂減
字、換字之法云耳。純正博雅之體，優柔昌大之氣，蕩然無
有，蓋自正德末年而此風始熾。[201]

夏氏認為成化、弘治年間為科舉文章極盛時期，文字「深醇典正，蔚
然炳然」，而正德、嘉靖之間，士大夫所撰寫的文章，文風逐步由典
雅平正趨向浮靡卑陋，又往往喜愛「剽掇摹擬《左傳》、《國語》、《戰
國策》等書」文字，爭相傚傚蹈襲，「以艱深之詞飾淺近之說，用奇
僻之字蓋庸拙之文」相矜眩，互相標榜。徐階（1503-1583）在嘉靖
三十二年（1553）〈會試錄序〉就明白將明代士子科舉文風演變劃分
為三個階段，徐氏說：

嘗購往時所謂舉業之文觀之，大抵宣德以前，其詞簡而質。弘
治以前，其詞雅而暢。至正德間，其詞蔚以昌矣。然厭棄師說
而流於詭僻鶩於怪奇者亦間有之。乃今閱多士所為文，率能發
抒所自得，而實未嘗違背經傳及逸而出於繩墨。[202]

徐氏認為舉業文風在「宣德以前，其詞簡而質。弘治以前，其詞雅而
暢。至正德間，其詞蔚以昌矣。」徐氏認為科場文字「厭棄師說而流
於詭僻鶩於怪奇者」的風氣開始產生於明武宗正德年間。自此以後，
江河日下。針對科場弊端，朝廷屢次諭示，嘉靖六年（1527）奏准
「科場文字務要平實典雅，不許浮華險怪，以壞文體。」嘉靖十七年

---

201 （明）夏言撰：《夏桂洲先生文集》（臺南：莊嚴文化事業公司，1997年6月，《四
　　庫全書存目叢書》影印明崇禎十一年吳一璘刻本），集部第74冊，卷12，〈請變文
　　體以正士習等事疏〉，頁27下。

202 （明）徐階撰：〈會試錄序〉，《嘉靖三十二年會試錄》，收入《天一閣藏明代科舉
　　錄選刊・會試錄》（寧波：寧波出版社，2006年12月），頁3下-4上。

（1538）題准「會試校文，務要醇正典雅，明白通暢，合于程式者方許取中。其有似前駕虛翼偽、鉤棘軋苗之文，必加黜落。」[203]。

　　袁宏道（1568-1610）在萬曆三十七年（1609）典試陝西鄉試時，撰〈陝西鄉試錄序〉談及明代士子科舉文字情形，以為經義文風可分為三個階段，袁氏說：

> 洪、永之文簡質，當時之風習，未有不儉素真至者也。弘、正而後，物力漸繁，而風氣漸盛，士大夫之莊重典則如其文，民俗之豐整如其文，天下之工作由朴而造雅如其文。嘉、隆之際，天機方鑿，而人巧方始。然鑿不累質，巧不乖理，先輩之風猶十存其五六，而今不可得矣。臣嘗以今日之時藝，與今日之時事相比較，似無不合者。士無蓄而藻繢日工，民愈耗而淫巧奇麗之作日甚。薄平淡而樂深隱，其頗僻同也；師新異而騖徑捷，其跳越同也。[204]

袁宏道將明代分洪武、永樂以後，弘治、正德以後，嘉靖、隆慶之際，三個階段，科場文風由洪、永「簡質」，轉為弘、正「莊重典則」，進而嘉靖、隆慶之際「淫巧奇麗」，士子普遍形成「薄平淡而樂深隱」，「師新異而騖徑捷」的險怪詭僻文風。

　　明代翰林院官員由於兼管試務，也負有矯正文風的責任。對當時的科場風氣，翰林官員就時常藉著鄉試、會試命題閱卷時，將規範文風的意見書寫於考生的試卷評語上，藉著《鄉試錄》、《會試錄》的刊

203　（明）申時行（1535-1614）等修，趙用賢（1535-1596）等撰：《大明會典》（上海：上海古籍出版社，《續修四庫全書》影印明萬曆內府刻本，2002年3月），史部第790冊，卷77，〈科舉〉，頁15下。

204　（明）袁宏道撰，錢伯城箋校：《袁宏道集箋校》（上海：上海古籍出版社，2008年4月），卷54，〈陝西鄉試錄序〉，頁1530。

載流通全國，其衡文的思想觀念也流傳於全國，影響天下士子的閱讀及寫作習慣，此種文風變化的現象也可透過《會試錄》考官的評語也可以觀察到。如《正統十三年會試錄》，考官徐珵評考生李英《書》義：「經義之作，所以明理，貴乎辭足以達而已，奚以新奇為哉？連日閱卷，作者固多，然非冗則巧，令人厭之。此卷七篇純潔如一，不巧不冗，而考績一題於主意尤有發明，故表而出之。」徐氏認為經義文章，貴在明理辭達，不必追求新奇。

又如《成化十一年會試錄》《尚書》義試題「三載考績，三考，黜陟幽明。」（《尚書・舜典》）同考試官劉元評說：「此題最平易，但作者不冗則略，不腐則奇，辭當理盡，僅見此篇，是宜錄出。」另一同考試官編修尹龍批第二名金楷的程文：「此篇明爽通暢，琅然一誦，人人能知而能道之，但場中諸作能彷彿者少，是用錄出，以矯近時詭異艱深之弊。」兩位考官分別針對當時士子的流弊提出批判，劉元指責士子經義文字易流於浮冗的惡習。而尹龍則批評當時文字喜追求詭異艱深之弊病。

明代士子寫作風氣的發展，常隨著科場文風的變化而產生變化，《弘治十二年會試錄》《尚書》義：「次五曰建用皇極」一題，考生卜同的程文，趙士賢批語〈弘治十二年會試錄序〉：「此題義本精密，場中士子多體認不切，獨此作融會傳意，寫主善偽一處甚明白，蓋亦文之精密者。」費宏語在另一題：「今王惟曰先王……子子孫孫永保民」，評說：「長題不難成篇，諸作多亂雜可厭，其務為簡短者，則又將題上字一併節去，惟此篇豐約中度，經義之優者也。」[205]通過趙士賢、費宏兩考官的評語，分別點出當時天下士子大多數為文已不能「融會傳意」，又喜愛浮夸繁冗，以致文章顯得亂雜，令人厭觀。」通過觀察上述幾條《會試錄》考官評語，顯示明代科場文風，從明初

205　（明）費宏撰：〈弘治十二年會試錄序〉，《弘治十二年會試錄》，收入《天一閣藏明代科舉錄選刊・會試錄》（寧波：寧波出版社，2007年11月），頁3上-3下。

的質樸明白篤實，經過百餘年時間的變化，已變得詭異艱深、繁冗浮雜，士子靡然成風，另人厭觀的地步。文風的頹壞必然使士風趨向浮誕詭僻，古人常云言為心聲，行為心跡，「文之在人，實關乎行，在天下則政治繫之。」[206]文章記載人類的思想言行，經義文風的良窳，關涉到士習風教，影響所及會改變讀書人的價值觀念，士子經科考入仕，最終將會導致整政治的敗壞。明代從中期以後，有識之士就不斷上陳朝廷端正文體文風以糾正士習，實基於「純正典雅之詞，不出傾邪側媚之口；怪誕險詖之說，必非坦夷平直之衷。」[207]嘉靖年間，張天復（1513-1573）就說：

> 國朝取士之制，去古雖遠，要於孔氏之科為近也。其所定時義，將以羽翼六經而黜百家，是以專主宋儒之論，而典要歸於說理。夫說理者屏浮夸、絕綺麗，與詞賦之習異。士之肆之者，探蘊奧，約指趣，隱括以程度而敷暢之，故意精而詞粹，氣融而格嚴者，世以為雅馴，而獨稱正傳。[208]

馮琦（1558-1604）就說：

> 國家以經術取士，自《五經》、《四書》、《性》、《鑑》、正史而外，不列於學宮，不用以課士。而經書傳註又以宋儒所訂為準，蓋即古人罷黜百家，獨尊孔氏之旨。[209]

---

206 （明）李東陽撰：〈弘治十二年會試錄序〉，《弘治十二年會試錄》，收入《天一閣藏明代科舉錄選刊・會試錄》（寧波：寧波出版社，2007年11月），頁5上-6上。

207 《明神宗實錄》卷275，「萬曆二十年七月己卯」條，頁5087。

208 （明）張天復撰：《鳴玉堂稿》（上海：上海古籍出版社，《續修四庫全書》影印明萬曆八年陳文燭刻本，2002年3月），集部第1348冊，卷1，〈刻四書正傳選義引〉，頁18上-18下。

209 （明）馮琦撰：《宗伯集》（北京：北京出版社，《四庫禁燬書叢刊》影印明萬曆間

明代科舉取士，初場以經義試士，後人屢有批評，甚者以為是明太祖的作法，使「士以為爵祿所在，日夜竭精敝神以攻其業。自《四書》一經外，咸束高閣，雖圖史滿前，皆不暇目，以為妨吾之所為。」[210]是明太祖愚天下人民的工具，以僵固天下士子的思想。從張天復、馮琦兩人站在維護朝廷立場的說法，明代以經術取士，「《五經》、《四書》、《性》、《鑑》、正史而外，不列於學宮，不用以課士」，又經書傳註又專主以宋儒所詮釋者為準，目的在羽翼儒家經典，罷黜百家，使經書明義理的功能得以發揮。明代留存下來的《會試錄》中，考官的評語，不僅指陳理解經書章句意旨的要點，也經常強調經義文章除要融會傳註成文外，再三標榜文體寫作要「醇雅平正」、「明白通暢」。透過觀察《會試錄》載錄的考生經義及考官評語，可反映出明代科場文風的變化與發展情形。

五　結論

根據前面的論述，我們可得出以下幾點結論：

其一，明代科舉考試目的在透過科舉考試取才的方式，選拔符合理想治國才俊之士，以所學措諸行事，尋找「經明行脩，博古通今，文質得中，名實相稱」者。三場試士目的在「為經書義以觀理，為論以觀識，為表以觀詞，為策以觀蓄」，首場的經義，因經義內容先王聖賢經典。透過經義所發揮之思想，可觀察應試士子通經致用之義理之學，士子中心思想所在，也是其根本的政治理念所在。

其二，明代科舉考試科目沿襲宋元，專取四子書及《易》、

刻本，2000年1月），集部第16冊，卷57，〈為重經術袪異說以正人心以勵人材疏〉，頁1下。

210　（清）廖燕（1644-1705）撰，林子雄點校：《廖燕全集》（上海：上海古籍出版社，2005年3月），卷1，〈明太祖論〉，頁13。

《書》、《詩》、《春秋》、《禮記》五經命題試士。文略仿宋經義，文體代古人語氣為之，體用排偶，謂之制義。據科舉定式，初場試《書》義，《書》主蔡氏《傳》及古註疏。永樂間，頒《四書五經大全》，廢註疏不用，《書》才專主蔡沈《書集傳》。

其三，《尚書》記載帝王心法、治法，政府的典章制度，朝堂論議的基礎。明代科舉採「分經取士」制，《尚書》註解採用南宋蔡沈的《書集傳》。《尚書》為應試士子比較喜歡選考的科目之一。考生考試時，依經傳註講解，意見屢見於考試官的評語中。

其四，明代科場風氣，因士子參加應考人數眾多，競爭激烈，為求中式入仕，士子經義文字常互相傚效模仿，造成浮冗詭異艱深之弊病。考官時常藉著鄉試、會試命題閱卷時，批評文風的意見書寫於考生的試卷評語上，要求士子寫作文章應以融會傳註，說理明爽通暢，辭當理盡，平正明理，以矯正當時詭異艱深之弊病。

附錄：五經錄取人數排名表

年號	錄取人數	易	書	詩	禮	春秋	排列先後
建文2年	109	19	35	33	5	17	書詩易春秋禮
宣德5年	100	21	32	24	11	12	書詩易春秋禮
宣德8年	100	22	30	26	12	10	書詩易禮春秋
正統元年	100	18	30	26	15	11	書詩易禮春秋
正統4年	100	19	28	27	14	12	書詩易禮春秋
正統7年	150	27	43	42	20	18	書詩易禮春秋
正統10年	150	27	42	41	20	20	書詩易禮春秋
正統13年	150	25	42	42	19	18	書詩易禮春秋
景泰2年	200	34	59	59	24	24	書詩易春秋禮
景泰5年	350	65	107	100	39	39	書詩易春秋禮
天順4年	150	27	42	47	18	16	詩書易禮春秋
天順7年	250	46	73	80	24	27	詩書易春秋禮
成化2年	350	64	96	117	34	39	詩書易春秋禮
成化8年	250	47	70	83	24	26	詩書易春秋禮
成化11年	300	57	83	104	27	29	詩書易春秋禮
成化17年	300	63	78	107	25	27	詩書易春秋禮
成化20年	300	61	78	109	25	27	詩書易春秋禮
成化23年	350	74	88	135	25	28	詩書易春秋禮
弘治15年	300	76	70	112	21	21	詩易書春秋禮
弘治18年	300	78	70	108	23	21	詩易書禮春秋
正德3年	350	87	82	130	27	24	詩易書禮春秋
正德6年	350	92	80	134	23	21	詩易書禮春秋
正德9年	400	106	90	151	26	27	詩易書春秋禮
正德12年	350	95	79	129	22	25	詩易書春秋禮
正德15年	350	89	77	122	20	23	詩易書春秋禮
嘉靖2年	400	109	85	151	25	30	詩易書春秋禮
嘉靖8年	320	86	71	116	21	26	詩易書春秋禮
嘉靖11年	320	89	71	114	19	27	詩易書春秋禮
嘉靖20年	300	84	64	108	19	25	詩易書春秋禮

年號	錄取人數	易	書	詩	禮	春秋	排列先後
嘉靖23年	320	90	70	114	20	26	詩易書春秋禮
嘉靖26年	300	88	60	105	21	26	詩易書春秋禮
嘉靖29年	320	94	65	111	22	28	詩易書春秋禮
嘉靖32年	400	121	81	140	26	32	詩易書春秋禮
嘉靖35年	300	91	62	104	19	24	詩易書春秋禮
嘉靖38年	300	88	62	106	20	24	詩易書春秋禮
嘉靖41年	300	89	62	106	19	24	詩易書春秋禮
嘉靖44年	400	122	78	142	26	32	詩易書春秋禮
隆慶2年	400	122	78	145	26	29	詩易書春秋禮
隆慶5年	400	124	77	143	26	30	詩易書春秋禮
萬曆2年	300	90	61	106	19	24	詩易書春秋禮
萬曆5年	300	93	61	104	20	22	詩易書春秋禮
萬曆14年	350	108	71	122	22	27	詩易書春秋禮
萬曆29年	300	91	64	102	10	23	詩易書春秋禮

結論

　　儒家的經學，自漢代被朝廷立於學官，成為學術思想核心之後，經歷兩千餘年的歷史發展，經歷多次的學術大轉變，清代編纂《四庫全書》時，在《四庫全書總目》「經部總序」將其歸納為六次大的學術轉折，各代的經學面貌與精神各有不同，可以說是一代有一代之經學。宋、明兩代的經學研究雖承漢唐學術脈絡而來，呈現的經學精神面貌相當懸殊的情況。宋代經學的研究，學者投入鑽研者眾多，相對的成果也自然繁多豐碩，明代經學研究相對起來少很多，近年來情況已有所改善，然而學術仍有許多議題缺乏關注，如〈禹貢〉學的發展，經筵講義內容實際情形，及科舉與《尚書》經義的關係等，筆者多年來嘗試就個人能力所及，針對上述議題，試圖去加以分析，提出個人的淺見解說。

　　全書篇章結構共分為兩編九章，除首尾緒論及結論外，中間實際七章。上編三章探究宋代《尚書》學，下編四章討論明代《尚書》學。

　　第一章「張九成及其《尚書》學」，敘述程門高弟楊時門下弟子張九成，係二程再傳弟子，以未發之中為宗旨詮解的經書，在學說在當時「家置其書，人習其法」，流傳甚廣，對當時學術具有極大影響力。南宋以後，遭受到朱熹等後學的強烈批判，詆毀為禪者之解經，為禍甚於洪水猛獸，導致著作大都散亡。經籍詮釋傳世者僅剩《孟子傳》。而其《尚書詳說》被黃倫收入《尚書精義》中，自《尚書精義》輯出張九成詮解《書》說，可作為探討張九成經學思想的資料。

　　張九成《尚書詳說》解經方法，著重在發揮《尚書》的義理，且常引證史實去證經，陳振孫稱其「援引詳博，文義瀾翻」、「務欲開廣

後學之見聞」，對後學研讀《尚書》有極大的幫助。張九成的哲學思想，強調「窮一心之理以通天下之理」，他認為明經術，目的在窮聖賢之心以證吾心，將「心」作為一切的根本，視天下萬事皆自心中來。以此闡論《尚書》義理，認為天道應從禮與德去體察，德就是民心，能得民心者得天下，而是否得天下需從其是否一德去觀察。能一德者就是天與民歸之機。將政治的興衰治亂與心相結合，充分呈現宋明理學家崇尚心性之學的傾向。「《書》以道事」，《尚書》本是傳述歷史上重要政治事務、人事經驗，以作為後鑒戒之用。張九成在詮釋《尚書》時，往往會結合經文情境，闡述古代人臣諫諍的方法，以及感慨時政，寓論政於疏解，鼓勵高宗勿忘徽、欽二帝被擄之事，將國家禍患，視為上天對人的考驗與開悟，發奮圖強，以期洗刷國家之恥辱。他觀察歷史上放逐、篡弒事件層出不窮，體悟出《尚書·堯典》篇所述的堯舜傳賢不傳子的禪讓制度，實為防止政治亂亡較好的制度。張氏的觀點對後世研究《尚書》學者仍有參考的價值。

　　第二章「黃度及其《尚書》學」，探究宋儒黃度《尚書說》，該書在流傳過程，因刊刻者不解書內注中夾注之用意，以至於誤將小注下的雙行夾注全部刪除，使得黃氏具有深意而議論精闢的見解不存，使《尚書說》內容不完整，本意因語焉不詳而遭到誤解。《尚書說》全書解經的方式，基本上依循孔《傳》詮釋，或補孔《傳》之不足，或訂正其謬誤，或以經傳史籍證經，或考辨名物制度，雖所訓解方法與前人並無多大差異。文辭簡潔扼要，要言不繁，顯示宋儒對名物制度較不感興趣的學術特性，而偏愛於發揮經書的義理。

　　黃度詮解《尚書》大體依循孔安國《傳》，主旨仍在闡明聖人之心，用以彰顯夏商周三代聖王之事功。為君者治國君民應當先求正君心而後修身敬天，處事要「制治于未形，保邦于未危」。選用官員方面，主張「小大長短，各當其任」，因能器使，讓「賢者在位，能者在職」，而忌用利口奸佞之人。

　　君主施政應掌握大體，不可瑣碎繁雜。庶獄採傳統明德慎罰方法。對待外族應採行「柔遠能邇，惇德允元，而難任人」政策，不宜貿然以武力解決。可看出黃度《尚書》學宗旨，實以經世致用作為最高原則，其思想對當世及後代的政治領導者仍具有重要參考價值。

　　第四章「劉三吾編纂《書傳會選》及其相關問題探究」，敘述探討由朱元璋親自下令劉三吾等所編纂《書傳會選》，其修纂動機而言，起因於明太祖與大臣討論日月五星運行時，發現與蔡氏之說與其師朱子《詩傳》的說法不同，與其他儒者所論，間有未安者，有感於《蔡傳》仍有釋義不妥之處，詔諸儒正定其缺失。就修纂人員而言，《太祖實錄》的修纂官員人數與《書傳會選》書前記載頗多相異。朱彝尊與《四庫全書總目》兩家皆認為係《太祖實錄》經兩次重修塗改所致，造成靖難相關資料內容舛謬，資料頗多不足採信。唯修纂人數差異，究竟係因連類而被刪去抑或修纂草草而被刪，仍無法確指，目前仍應以明刻本所列較為可據。

　　再則就刪改資料而言，清代以來的學者均未詳細核對，只根據《書傳會選》書前〈凡例〉所說，以為僅僅糾正六十六條。實際上，《書傳會選》扣除〈召誥〉篇不算外，全書共刪改資料九十九條。

　　再次，就增補資料而言，《書傳會選》全書共徵引先儒四十二人，引用資料有三七二條，連同未註明出處的三十四條，及書籍名稱被引用的四條合計，全書總共徵引的疏解資料四百一十條。增補資料的方式，可歸納為：申釋字句之義、考訂篇章字句之誤、申釋篇章段落大義、增補他家說法，卻不注明出處者等四種情況。

　　再次，就〈召誥〉刪改情形而言，《書傳會選》編者將〈召誥〉篇註解幾乎全篇刪改，而〈書傳會選序〉未提及，致使後人誤以為「五十八篇之傳，有非蔡氏之舊者，別而出之，凡六十六條」。實際上，〈召誥〉篇因理解不同，劉三吾等幾將蔡《傳》註解刪除殆盡，改易解說，大多著重在疏解經文大意，且全未註明來源出處，亦未列

入更易數目之中。

第五章「通經以致用：明代〈禹貢〉學」，分為「茅瑞徵及其《禹貢匯疏》」及「夏允彝及其《禹貢古今合註》」兩節，說明晚明士人如何在面臨國家存亡之際，從〈禹貢〉經典中利用通經致用之法，探求「通地理以達治天下」的方法。

〈禹貢〉文字精煉，記載古代中國的各州之疆域、山水、土壤貢賦內容，為《尚書》中相當重要的篇章。孔子曾說「〈禹貢〉可以觀事」，漢代獨尊儒家經典，崇尚通經致用，視《尚書》篇章內容蘊涵著執政者治理國家的大經大法，盛行著以〈禹貢〉治河的觀念。自宋代以來，由於河患頻仍，為害甚烈，影響民生極劇，「河事利害半天下，上繫宗社，下繫數十州人命」，宋代開始已有學者將其視為「治水之書」，從《尚書》中單獨抽出，進行專門解釋，試圖從中尋求治水的方法。明代學風承襲宋代而來，〈禹貢〉學的發展愈加成熟發達，研究著作增加，如：鄭曉《禹貢圖說》、《禹貢要註》、王鑒的《禹貢山川郡邑考》，胡瓚的《禹貢備遺》，茅瑞徵《禹貢匯疏》，夏允彝《禹貢古今合註》，艾南英《禹貢圖註》，孫承澤《禹貢九州山川考》，朱鶴齡《禹貢長箋》等著作紛紛出現。

晚明天啟、崇禎年間，國家局勢動盪不安，內則河患頻仍，災害間斷發生，農作物歉收，糧食不足，造成百姓流離失所。外有流寇、東北女真擾亂，朝廷內外交迫，為抵禦外敵，連年加派征餉，催科繁重，造成國匱民困的窘迫局面。茅瑞徵目睹明末國家亂亡頹敝，學習漢儒通經致用的方法，試圖從經典〈禹貢〉通地理、治天下，以找尋救燃眉之急的辦法。他蒐集相關經籍資料，舉凡有關乎經濟發展，軍事用兵險要之地，屯田水利，城池賦稅及邊防漕運之處，只要與經文相關涉者，都特別著意去蒐羅，旁徵博引，詳加解說，彙為全書，以作為讀其書或執政者參考。

針對晚明的貢賦問題，提出「有土斯有財，而斂財以賦，經制稍

一濫觴,將流毒民生,國計何所底止」,主張千古理財在「底慎」,其要則在「物土之宜」。

由於明代治河需兼負有保護在泗州的祖陵和在鳳陽的皇陵的任務。以致茅瑞徵對於治理黃河意見,著眼於對朱元璋祖陵、皇陵的利害與否為優先考量。更提出「黃河者,運道之賊也。用之一里則有一里之害,避之一里則有一里之利。以二百六十里之迦河,避三百三十里之黃河,當不勞費治之。」可見茅氏對於黃河河患的治理見解,傾向以「不治治之」,採行賈讓「不與水爭尺寸之利也。」

明成祖遷都北京後,北京雖然「東控遼碣,西連三晉,背負關嶺,瞰臨河朔,南面以臨天下」,為海內形勝之要區,卻會形成政治中心在北,經濟中心在南,兩地距離,相隔千里。其糧食物資仰賴東南漁米富庶省分漕運運補,而黃河水患問題衝擊漕運水系,首先必須面臨的難題就是京師糧食如何順暢平穩的供應,茅瑞徵針對此問題,贊同丘濬的意見,採用海運與河漕並行的方案,不僅可解決萬一河漕運道被阻的危險,可省去轉漕軍夫長運兌支耗損之缺失,才能防患未然。

夏允彝出生雖稍晚於茅瑞徵,對明末國家岌岌可危的處境,同樣懷抱著志士仁人經世濟民、扶危定傾之志向,其《禹貢古今合註》一書,詳考書中「凡水泉之曲折,塗徑之分歧,必明晰而後已」,而於「用兵險要、水利屯田、城池賦役,尤加詳焉」,至於「至水利、屯田、邊防、漕運尤詳其說,旁及鹽法、賦役,無不推其源流,酌其利害」,是夏氏刻意獨存之處。

明代治理黃河,主要採行「引水分流,以濟運河」及「築堤束水,以水攻沙」的兩種方式。夏氏研究〈禹貢〉治水方法,主要採行「鑿之、醳之、瀹之、決之、排之」,他認為明朝距禹之世,時代遙遠,時移世異,治水方法應有所不同,當細「察水勢,審土宜,堅為之隄以禦水之經,而又分注以漕,使有所游蕩,服引取之」,才是較

佳的策略。又鑒於黃河含沙量過高，水流若沖刷不及，就容易造成淤塞，河堤易潰決，危害百姓生靈。他審視諸家的治河理論，認為採取「以水刷沙」方法較為可行。他認為河不兩行，河道若合流則迅，分流則緩；迅則力能刷沙，緩則泥沙日積，積久則河高不能行，下流淤則上流決。

茅瑞徵、夏允彝受晚明好奇炫博學風薰染，詮解〈禹貢〉經文時，喜歡將所蒐羅典籍裡有關漕運、賦稅、糧食種種問題與君國治民方法的相關資料時，都盡量呈現在相關章節裡，甚至有關地理史料與山川奇怪之談也全部羅列在一起，提供為政者理政治安的方策，治理水災的方案，也提供閱讀者增廣見聞。著重在經世致用的寫作風格，明顯與清儒有所不同，也因此屢屢遭致清儒的嚴厲批評，而將其書歸入《四庫存目》之中。

第六章「《尚書》帝王學：明代《尚書》經筵講章」，分兩節論述，第一節「魏校及其《尚書》經筵講義」，第二節「倪元璐及其《尚書》經筵講義」。闡述中國傳統中國教育史較少涉及經書帝王學議題。由於第三章「宋代《尚書》帝王學：徐鹿卿及其《尚書》經筵講義」議題與第六章相同，合併在一起說明。

傳統中國教育史的研究，都將視角著重在士大夫平民的階層，很少涉及帝王的讀書學習概況。帝王擁有權勢名位，不需要參加科舉考試求取功名，也不必從事「析章句、考異同、專記誦、講應對」等煩瑣費神的訓詁上面。經筵是為皇帝講授經史而特設的御前講席，為君王學習統治技巧、處理政務能力及道德養成的教育制度，既是一種教育制度，也是一種特殊的政治制度。經筵講義即是當時經筵講官們為皇帝講授經史時的講稿。讓帝王勤讀經籍，博覽子史，主要在學習統治技巧和對政事的處理能力，讀書只求知典籍的旨意，將道理實際運用在治理國家，統治天下百姓，最終目的在「學堯、舜之道」。

經筵制度在西漢漢昭帝時已有類似講說形式，逐漸演變至宋代始

成定制。程頤曾說：「人主居崇高之位，持威福之柄，百官畏懼，莫敢仰視，萬方承奉，所欲隨得。苟非知道畏義，所養如此，其惑可知。」他又說：「天下重任，惟宰相與經筵，天下治亂係宰相，君德成就責經筵。」足見它與國家社稷的關係。

藉由析論徐鹿卿《尚書》經筵講義內容，瞭解帝王之學與經生之學士相異。經生讀書在「從事於章句訓詁」之考據，瞭解名物制度，考明經典內容，抉發其義理，明白讀書作文及為人之道，最終參加科舉考試，獲取功名利祿，以進取仕途達到兼善天下的目標。帝王之學讀書只求明白經書大義，可舉而施政於天下百姓就可以，不須像一般讀書人斤斤計較於章句訓詁的學習方式。

宋代經筵教育透過德望夙著之通儒，為君王講解經書要義，以達到感格君心的目的。為達此目的，舉凡歷朝歷代治亂興衰得失之典故，都可以隨事進言規諫，如徐鹿卿講解〈五子之歌〉歌辭大義，特別拈出「欽哉」一語為古聖王堯、舜、禹三聖相承一意傳心之密旨，殷切叮嚀「敬心、肆心」是政事治亂興衰的關鍵，不能懈怠。此外徐鹿卿藉講論〈禹貢〉經文意義之便，評議朝政，以為皇帝即位二十二年，然而「國本未建，邊境驛騷，財計空虛，人民離散，盜賊竊發，幾無一事卓然植立」者，明言皇帝登基掌政以來，無論內政外交、財政經濟等各個方面，幾乎都一事無成，君王身繫天下人民，「一事之未理，一害之未除，一物之未遂」，都是君王的責任。苦口婆心勸導，冀望君王能勵精圖治，改善施政的闕失。經筵官之職責雖為御前講讀官，卻可本於知識份子關懷國家興亡的襟懷，經常藉進講《尚書》內容引申發揮，隨事發表意見，向皇帝奏陳對當時政事的得失觀點，或對大臣的品評意見，以達到通經致用影響君王施政決策的功能。

明代的經筵制度承襲自宋代，制度又稍有更改，分為經筵與日講兩種。經筵又稱大經筵，指皇帝御前講席開講儀式和每隔十天左右舉

行的大型的群臣聽講活動。經筵分春、秋兩季舉行，春講以二月十二日起，至五月初二日止；秋講以八月十二日起，至十月初二日止。每月以二、十二、二十二等三天進講。地點在文華殿。日講，又稱為小經筵，指「經筵」期間每日（或隔日）為皇帝開設的個人講授功課，地點最初在文華偏殿，幾度遷移，最後改在文華殿。講讀的教材以《皇明祖訓》、《帝鑑圖說》、《大學衍義》、《四書》、《五經》、二典三謨、《通鑑直解》諸書，每日講讀或三條，或五條，詳細解說，剖白文章主張意識。除此要求，更要求講官「務要詳細陳說聖賢修己治人之要，懇切開告帝王端心出治之方。以至唐虞三代漢、唐、宋以來人君行何道而天下治安，為何事而天下乖亂，與夫賞善罰惡之典，任賢去邪之道，莫不畢陳于前。」甚至要講官「皇上聽講之餘，凡有未明，輒賜清問。凡聖賢之指，帝王之道，人臣之孰為忠邪？政事之孰為得失？天下何因而治亂？歷代何因而興亡？皆一一講明，必使聖心洞明而後已。」[1]

明代經筵講官的選薦條件，要求經筵官是「心術正大，容貌端莊，才學該博，音吐宏暢者，始勝其任」，條件相當嚴格。魏校讀書博聞強記，學術造詣湛深。為人稟性耿直，不畏強權。當閹宦劉瑾擅權，威福任情，遍布廠衛校尉，搜集官僚細過，威逼官僚懾服，致見風轉舵，奔赴盈門，阿諛附勢之態，媚俗市儈之容，充塞朝廷，魏校均能潔身自愛。魏校在經筵講授時，講解《尚書》簡淺明白，篇章旨義秉持去發揮經文中所蘊涵的要義，殷切叮嚀皇帝係「代天養民」，「人君一身，終日是代上帝作事，口代天言，手代天工，賞是天命，罰是天討」，從事賞罰當「平如秤，不得有偏重」，告誡明世宗應效法古聖賢重法慎刑的作法，不可輕易施刑於臣民。

魏校任經筵講官時，秉持著緝熙啟沃君心，陶冶君德，主張人君

1　此為明孝宗弘治初年少詹事楊守陳（1425-1489）〈進講學聽政疏〉之文，引自（明）張萱撰：《西園聞見錄》（臺北：明文書局，1991年月），卷29，〈經筵日講〉，頁196。

無論讀書或施政應掌握經書典籍的義理要旨，注意大方向、大原則。提醒皇帝注意朋黨，應慎加鑒別群臣，以防欺矇。

從倪元璐《尚書》經筵講章，可知倪元璐鑒於崇禎遇挫易退縮，改變既有原則的毛病，藉《尚書》經筵講述，建議崇禎處理國政應從問題的根本去解決，控制四方之方法，在「克己省躬、進賢去邪、審謀慎慮、收拾民心」四點，才是解決國家問題的根本長久之計。倪元璐殷切叮嚀崇禎帝「遵守成法，簡飭身心」，朝廷用人要舉用君子而不可參用小人。處理政事不可因短期看不到成效，就因急於求成果速效而參用小人。也絕不可因小人有些微才能就投機任用。不可因個人的喜怒愛憎等私欲情緒而妨害天下之公心，「無以喜怒混淆吏治，銓衡無以愛憎顛倒人才」。

崇禎間，流寇叛變，後金的騷擾，內憂外患交逼，為弭平變亂，籌措軍費，頻繁加派稅賦，倪元璐藉經筵提出制治救亂之道，在強固根本，榮其枝葉。而致亂之源在加派，而省刑薄斂才是國家圖治之道。

唯經筵講讀是否有成效，仍端賴皇帝心性如何而定。如魏校才識俱佳，經桂萼舉薦而被選用，然因晉見輔臣張璁時態度不謙恭，又因撰寫講章不願諛贊輔臣一詞，遭到張璁的銜恨，經筵講讀時，說話操南方語音，不為明世宗所喜，輔臣遂藉機陰排擠他，以致遭到外調，因而無法發揮所長，貢獻所學。

第七章「明代科舉《尚書》學」，分三節：「明代《尚書》類科舉考試用書」、「明代《尚書》科舉用書探究」、「明代科舉與《尚書》的關係」。分別討論《尚書》類科舉考試用書的類別，科舉用書內容指歸，以及藉由《會試錄》來探討明代科舉與《尚書》間的關係。

科舉考試是我國古代政府遴選人才的一種方法，肇端於隋唐，定制於宋朝，至明代考試取士制度已發展得相當完善，成為明代主要選拔朝廷官員的方式。朱元璋在洪武年間頒布〈設科取士詔〉，開科取士，希望「中外文臣皆由科舉而選，非科舉者毋得與官」，希望透過

科考取才選拔出符合自己理想的經邦治國的才俊之士，以所學措諸行事，輔佐治理國家。永樂間纂輯《五經、四書大全》，作為教誨學子的教科書，也用作科舉考試的的標準本，使程朱學術思想成為明代主流思想。科舉考試以之作為出題範圍，在功令利祿的引誘下，「家有其書，人習其業」，讀書學子日夜誦習者皆是集程、朱學術大成的《五經、四書大全》，導致漢唐古注疏因缺少科舉考試的動力而乏人閱讀。

「明代《尚書》類科舉考試用書」討論明代所出版的《尚書》類科舉用書，根據其書籍內容，大略可分為刪節類、講章類及擬題類三大類。刪節類主要刪簡蔡沈的《書集傳》的注釋文字，便利士子閱讀。講章類重在點明書中篇章旨意，說明段落大義，使讀者能夠在未讀經文之前，即可迅速掌握全篇內容旨意，把握住《尚書》篇章主旨，幫助讀者加深經傳義理的體會。擬題類則蒐集明代科舉考試的命題方向與重點，將有利考生的寫作技巧及答題方式，將要訣完整的合盤托出，以方便士子學習《尚書》內容參使用。

晚明士子流行閱讀經書節本及科舉參考用書，究其原因與考試制度設計、考官出題方式關聯甚大。此外，晚明科舉圖書何以會如此的暢銷，閱讀群眾為何如此龐大？主要原因科舉考試重進士科。朝廷用人原則「非進士不入翰林，非翰林不入內閣」，舉凡朝廷上的高官要職，均授予進士，而舉人、鄉貢幾乎都授予偏遠地區的冗散官員，不僅得邑鄙小，影響官員出身的高低所致。

「明代《尚書》科舉用書探究」一篇，側重說明明代中葉以後，社會安定，生產力發達，書坊林立，競爭激烈，書商為求經營，迎合顧客心理，書坊主人自己或請人編寫許多與舉業切要的八股文試集、字書、韻書、雜書、類書、小說、戲曲及帶圖書。為考試需求編寫的經書，《四書》就有白文、集注、傍注、大全、纂疏、通考、通證、音考、句解、輯釋、發明、章圖等。《五經》中各經的注釋更多。有

《便蒙》、《主意》、《講意》等。

　　《尚書》科舉用書的內容普遍著重在：隱括篇章旨意、分析《尚書》篇章的段落大意、指明科考命題重點及文法所在等方面，提醒參加科舉應考的士子擬題及題目重點及應注意發明經旨寫作的地方，作為考試窮經的捷徑。由於書中已幫忙歸納出篇章要旨及擬題重點所在，難免會使得性好投機取巧的學生，不肯靜下心來篤實讀書，造成學風的放誕浮華，僅讀會考的篇章，止記其可以出題的篇章。

　　「明代科舉與《尚書》的關係」一文，《會試錄》是記錄明代歷次科舉會試考試最真實的原始資料，透過分析《會試錄》的資料，瞭解明代科舉考試，三場試士目的在「為經書義以觀理，為論以觀識，為表以觀詞，為策以觀蓄」。明代科舉採「分經取士」制，首場試經義，係因經義內容先王聖賢經典。透過經義所發揮之思想內容，可觀察應試士子通經致用之義理之學，士子中心思想所在，也是其根本的政治理念所在。

　　《尚書》記載帝王心法、治法，是政府的典章制度，朝堂論議的基礎。《尚書》經義註解採用南宋蔡沈的《書集傳》。《尚書》為應試士子比較喜歡選考的科目之一。考生考試時，依經傳註講解，意見屢見於考試官的評語中。又因明代科場風氣，應考人數眾多，競爭激烈，為求中式，士子經義文字常互相倣效模仿，造成浮冗詭異艱深之弊病。考官時常會藉著鄉試、會試命題閱卷時，將批評文風意見書寫於考生試卷評語上，要求士子文章應融會傳註，說理明暢，辭理平正，以矯正當時詭異艱深之弊病。

參考書目

一　專書

甲　經部

《周易本義》　（宋）朱熹撰　廖名春點校

　　北京　中華書局　2012年11月

影印南宋官版《尚書正義》　（唐）孔穎達撰

　　北京　北京大學出版社　2017年6月

《尚書正義》　（漢）孔安國《傳》、（唐）孔穎達《正義》、黃懷信整理

　　《十三經注疏》　上海　上海古籍出版社　2007年12月

《東坡書傳》　（宋）蘇軾撰

　　影印《文淵閣四庫全書》本　臺北　臺灣商務印書館　1986年3月

《尚書全解》　（宋）林之奇撰

　　影印《文淵閣四庫全書》本　臺北　臺灣商務印書館　1986年3月

《東萊書說》　（宋）呂祖謙撰

　　影印《文淵閣四庫全書》本　臺北　臺灣商務印書館　1986年3月

《書集傳》　（宋）蔡沈撰　嚴文儒校點

　　《朱子全書外編》　上海　華東師範大學出版社　2010年9月

《書集傳》　（宋）蔡沈撰　王豐先校點

　　北京　中華書局　2018年2月

《尚書說》　（宋）黃度撰

　　影印《文淵閣四庫全書》本　臺北　臺灣商務印書館　1986年3月

《尚書詳解》　（宋）夏僎撰

　　影印《文淵閣四庫全書》　臺北　臺灣商務印書館　1986年3月

《尚書詳解》　（宋）陳經撰

　　影印《文淵閣四庫全書》本　臺北　臺灣商務印書館　1986年3月

《禹貢說斷》　（宋）傅寅撰

　　影印《文淵閣四庫全書》　臺北　臺灣商務印書館　1986年3月

《書蔡傳纂疏》　（元）陳櫟撰

　　影印《文淵閣四庫全書》本　臺北　臺灣商務印書館　1986年3月

《書蔡傳輯錄纂註》　（元）董鼎撰

　　影印《文淵閣四庫全書》本　臺北　臺灣商務印書館　1986年3月

《書義卓躍》　（明）陳雅言撰

　　明抄本　日本名古屋市蓬左文庫藏

《書傳會選》　（明）劉三吾撰

　　影印《文淵閣四庫全書》本　臺北　臺灣商務印書館　1986年3月

《書傳會選》　（明）劉三吾撰　陳冠梅點校

　　《劉三吾集》　長沙　嶽麓書社　2013年8月

《書傳大全》　（明）胡廣等撰

　　明永樂內府刊本

《尚書日記》　（明）王樵撰

　　影印《文淵閣四庫全書》本　臺北　臺灣商務印書館　1986年3月

《書帷別記》　（明）王樵撰

　　《四庫全書存目叢書》影印明萬曆王啟疆等刻本　臺南縣　莊嚴
　　文化事業公司　1997年2月

《刻嘉禾鍾先生尚書主意傳心錄》　（明）鍾庚陽撰

　　《四庫未收書輯刊》第貳輯影印明萬曆九年劉美刻後印本　北京
　　北京出版社　2010年9月

《禹貢圖說》　（明）鄭曉撰

《續修四庫全書》影印明刻項皋謨校本　上海　上海古籍出版社
2002年3月

《禹貢要註》　（明）鄭曉撰

《續修四庫全書》影印清光緒十年朱氏刻朱墨套印本　上海　上
海古籍出版社　2002年3月

《禹貢圖》一卷《尚書禹貢說》　（明）鄭曉撰

《四庫全書存目叢書》影印明嘉靖四十三年書帶草廬刻本　臺南
縣　莊嚴文化事業公司　1997年2月

《禹貢說長箋》　（明）鄭曉撰

《四庫全書存目叢書》影印明鈔本　臺北　莊嚴文化事業公司
1997年2月

《禹貢匯疏》　（明）茅瑞徵撰

《續修四庫全書》影印明崇禎刻本　上海　上海古籍出版社
2002年3月

《禹貢古今合註》　（明）夏允彝撰

《四庫全書存目叢書》影印明萬曆王啟疆等刻本　臺北　莊嚴文
化事業公司　1997年2月

《禹貢圖註》　（明）艾南英撰

《四庫全書存目叢書》影印清道光十一年六安晁氏木活字《學海
類編》本　臺南縣　莊嚴文化事業公司　1997年2月

《歷代禹貢文獻集成》　文清閣編委會編

西安　地圖出版社　2006年1月

《書經傳說彙纂》　（明）王頊齡等奉敕撰

影印《文淵閣四庫全書》　臺北　臺灣商務印書館　1986年3月

《尚書古文疏證》　（清）閻若璩撰

上海　上海古籍出版社　1987年12月

《尚書今古文集解》　（清）劉逢祿撰

臺北　臺灣商務印書館　1977年2月

《尚書今古文注疏》　（清）孫星衍撰　陳抗、盛冬鈴點校
　　北京　中華書局　2004年2月
《今文尚書考證》　（清）皮錫瑞撰　盛冬鈴、陳抗點校
　　北京　中華書局　2004年2月
《尚書孔傳參正》　（清）王先謙撰　何晉點校
　　北京　中華書局　2011年9月
《尚書誼略》　（清）姚永樸撰
　　《續修四庫全書》影印清光緒三十一年刻《集虛草堂叢書》甲集
　　本　上海　上海古籍出版社　2002年3月
《尚書集釋》　屈萬里撰
　　《屈萬里全集》　臺北　聯經出版事業公司　1986年1月
《尚書正讀》　曾運乾撰
　　上海　華東師範大學出版社　2011年7月
《尚書易解》　周秉鈞撰
　　上海　華東師範大學出版社　2010年6月
《尚書周書牧誓洪範金縢呂刑篇義證》　程元敏撰
　　臺北　萬卷樓圖書公司　2012年3月
《尚書周誥十三篇義證》　程元敏撰
　　臺北　萬卷樓圖書公司　2017年5月
《尚書學史》　程元敏撰
　　臺北　五南圖書出版公司　2008年6月
《尚書學史》　劉起釪撰
　　北京　中華書局　1989年6月
《尚書研究要論》　劉起釪撰
　　濟南　齊魯書社　2007年1月
《毛詩注疏》　（漢）毛亨《傳》、（漢）鄭玄《箋》、（唐）孔穎達
　　《正義》、朱傑人、李慧玲整理
　　《十三經注疏》　上海　上海古籍出版社　2013年12月

《詩集傳》 （宋）朱熹撰 趙長征點校

　　北京 中華書局 2017年1月

《春秋左傳正義》 （晉）杜預《注》、（唐）孔穎達《正義》、浦衛

　　忠等整理

　　北京 北京大學出版社 1999年12月

《春秋左氏傳舊注疏證》 （清）劉文淇撰

　　臺北 明倫出版社 1985年5月

《春秋左氏傳舊注疏證續》 吳靜安撰

　　長春 東北師範大學出版社 2005年5月

《春秋左傳注》 楊伯峻撰

　　臺北 洪葉文化事業公司 2007年9月

《春秋胡氏傳》 （宋）胡安國撰 錢偉彊點校

　　杭州 浙江古籍出版社 2010年4月

《春秋學史》 趙伯雄撰

　　濟南 山東教育出版社 2004年4月

《明代春秋學研究》 林穎政撰

　　臺北 致知學術出版社 2014年6月

《清代漢學與左傳學：從「古義」到「新疏」的脈絡》 張素卿撰

　　臺北 里仁書局 2007年3月

《禮記正義》 （漢）鄭玄《注》、（唐）孔穎達《正義》、呂友仁整理

　　《十三經注疏》 上海 上海古籍出版社 2008年9月

《三禮通論》 錢玄撰

　　南京 南京師範大學出版社 1996年10月

《四書章句集注》 （宋）朱熹撰

　　北京 中華書局 2003年6月

《大學衍義補》 （明）丘濬撰 林冠群、周濟夫校點

　　北京 京華出版社 1999年4月

《經學通論》 （清）皮錫瑞撰 吳仰湘點校
　　北京 中華書局 2017年5月
《經學通論》 葉國良等著撰
　　臺北 大安出版社 2014年8月
《經學歷史》 （清）皮錫瑞撰 周予同注釋
　　北京 中華書局 2008年8月
《中國經學史》 吳雁南、秦學頎、李禹階主編
　　福州 福建人民出版社 2001年9月
《中國經學史的基礎》 徐復觀撰
　　《徐復觀論經學史二種》 上海 上海書店出版社 2002年4月
《先秦經學史》 程元敏撰
　　臺北 臺灣商務印書館 2013年11月
《漢經學史》 程元敏撰
　　臺北 臺灣商務印書館 2018年3月
《宋人疑經改經考》 葉國良撰
　　臺北 國立臺灣大學出版委員會 1980年6月
《走出漢學：宋代經典辨疑思潮研究》 楊世文撰
　　成都 四川大學出版社 2008年6月
《明代考據學研究》 林慶彰撰
　　上海 華東師範大學出版社 2015年6月
《明代經學研究論集》 林慶彰撰
　　臺北 文史哲出版社 1994年5月
《清初的群經辨偽學》 林慶彰撰
　　臺北 文津出版社 1990年3月
《中國經學研究的新視野》 林慶彰撰
　　臺北 萬卷樓圖書公司 2012年12月
《近世中國學術思想抉隱》 嚴壽澂撰
　　上海 上海人民出版社 2008年12月

《經學、科舉與宋代古文》　方笑一撰
　　杭州　浙江大學出版社　2017年11月

乙　史部

《史記》　（漢）司馬遷撰
　　北京　中華書局　2007年8月
《漢書》　（漢）班固撰
　　北京　中華書局　2007年8月
《後漢書》　（劉宋）范曄撰
　　北京　中華書局　2007年8月
《隋書》　（唐）魏徵等撰
　　北京　中華書局　2007年8月
《宋史》　（元）脫脫等撰
　　北京　中華書局　2007年8月
《明史》　（清）張廷玉等撰
　　北京　中華書局　2007年8月
《帝學》　（宋）范祖禹撰
　　影印文淵閣《四庫全書》本　臺北　臺灣商務印書館　1986年
　　3月
《國榷》　（清）談遷撰
　　臺北　鼎文書局　1978年7月
《明書》　（清）傅維麟撰
　　《四庫全書存目叢書》影印清康熙三十四年本誠堂刻本　臺南
　　縣　莊嚴文化事業公司　1997年2月
《續資治通鑑》　（清）畢沅等編撰
　　臺北　洪氏出版社　1981年5月
《明通鑑》　（清）夏燮撰
　　臺北　宏業書局　1974年9月

《明史紀事本末》 （清）谷應泰撰

　　臺北　三民書局　1985年9月

《春明夢餘錄》 （清）孫承澤撰、王劍英點校

　　北京　北京古籍出版社　1992年12月

《明儒言行錄》 （明）沈佳撰

　　影印文淵閣《四庫全書》本　臺北　臺灣商務印書館　1986年
　　3月

《翰林記》 （明）黃佐撰

　　影印文淵閣《四庫全書》本　臺北　臺灣商務印書館　1986年
　　3月

《國朝典故》 （明）鄧士龍輯　許大齡、王天有主點校

　　北京　北京大學出版社　1993年4月

《禮部志稿》 （明）黃佐撰

　　影印文淵閣《四庫全書》本　臺北　臺灣商務印書館　1986年
　　3月

《宋朝諸臣奏議》 （宋）趙汝愚編　北京大學中國中古史研究中心
　　校點整理

　　上海　上海古籍出版社　1999年12月

《歷代名臣奏議》 （明）黃淮、楊士奇編

　　影印永樂十四年內府刻本　臺北　臺灣學生書局　1964年12月

《續文獻通考》 （明）王圻撰

　　《續修四庫全書》史部政書類第761-762冊影印明萬曆三十年
　　松江府刻本　上海　上海古籍出版社　2002年3月

《宋會要輯稿》 （清）徐松輯

　　臺北　新文豐出版公司　1976年10月

《大明會典》 （明）李東陽撰　申時行等重修

　　揚州　廣陵書社　2007年1月

《明會要》 （清）龍文彬編纂
　　北京　中華書局　2007年8月
《崇禎長編》 不著撰人
　　臺北　臺灣銀行　1969年4月
《幸存編》 （明）夏允彝撰
　　《臺灣文獻史料叢刊》第六輯　臺北　臺灣大通書局　1969年4月
《幸存編》 （明）夏允彝撰
　　《續修四庫全書》史部雜史類第440冊影印復旦大學圖書館藏
　　清抄本　上海　上海古籍出版社　2002年3月
《續幸存編》 （明）夏完淳撰
　　《續修四庫全書》史部雜史類第440冊影印復旦大學圖書館藏
　　清抄本　上海　上海古籍出版社　2002年3月
《弇山堂別集》 （明）王世貞撰　魏連科點校
　　北京　中華書局　1985年12月
《酌中志》 （明）劉若愚撰　馮寶琳點校
　　北京　北京古籍出版社　1994年5月
《春明夢餘錄》 （明）孫承澤撰　王劍英點校
　　北京　北京古籍出版社　1992年12月
《玉堂叢語》 （明）焦竑撰
　　北京　中華書局　2007年8月
《典故紀聞》 （明）余繼登撰
　　北京　中華書局　1997年12月
《萬曆野獲編》 （明）沈德符撰
　　北京　中華書局　1997年11月
《庚己編》 （明）陸粲撰　譚棣華、陳稼禾點校
　　北京　中華書局　1997年11月
《客座贅語》 （明）顧起元撰　譚棣華、陳稼禾點校
　　北京　中華書局　1997年11月

《西園聞見錄》　（明）張萱撰

　　《續修四庫全書》影印民國二十九年哈佛燕京學社印　上海
　　上海古籍出版社　2002年3月

《明經世文編》　（明）陳子龍等選輯

　　北京　中華書局　1997年6月

《閩書》　（明）何喬遠撰、廈門大學古籍整理研究所及歷史系古籍
　　整理研究室校點

　　福州　福建人民出版社　1994年8月

《東林列傳》　（清）陳鼎撰　《東林列傳》整理委員會整理

　　揚州　廣陵書社　2007年11月

《東事答問》　（明）茅瑞徵撰

　　《四庫禁燬書叢刊補編》影印明天啟刻本　北京　北京出版社
　　2005年8月

《讀史方輿紀要》　（清）顧祖禹撰，賀次君、施和金點校

　　北京　中華書局　2006年8月

《明太祖實錄》　（明）姚廣孝、夏原吉等修

　　臺北　中央研究院歷史語言研究所　1962年

《明太宗實錄》　（明）張輔、楊士奇等修

　　臺北　中央研究院歷史語言研究所　1962年

《二十二史劄記》　（清）趙翼撰　曹光甫校點

　　上海　上海古籍出版社　2011年12月

《倪元璐年譜》　（清）倪會鼎撰、李尚英點校

　　北京　中華書局　1994年3月

《明清史講義》　孟森撰

　　臺北　里仁書局　1982年9月

《明史》　南炳文、湯綱撰

　　上海　上海人民出版社　2014年12月

《逸齋先秦史論文集》　陳恩林撰
　　長春　吉林文史出版社　2015年3月
《北宋文化史述論》　陳植鍔撰
　　北京　中國社會科學出版社　1992年3月
《宋代文化史》　姚瀛艇主編
　　開封　河南大學出版社　1999年12月
《宋代治國理念及其實踐研究》　陳峰等撰
　　北京　人民出版社　2015年3月
《宋代政治文化舉隅：經筵、文獻及其他》　鄒賀撰
　　西安　陝西人民出版社　2012年11月
《宋代地理學的觀念體系與知識興趣》　潘晟撰
　　北京　商務印書館　2014年4月
《明代科舉錄彙編》　屈萬里主編
　　臺北　臺灣學生書局　1969年
《天一閣藏明代科舉錄選刊・登科錄》　天一閣博物館編
　　寧波　寧波出版社　2006年11月
《天一閣藏明代科舉錄選刊・會試錄》　天一閣博物館編
　　寧波　寧波出版社　2006年12月
《天一閣藏明代科舉錄選刊・鄉試錄》　天一閣博物館編
　　寧波　寧波出版社　2006年12月
《中國考試史文獻集成》　楊學為主編
　　北京　高等教育出版社　2003年7月
《清代科舉考試述錄及有關著作》　商衍鎏撰　商志驔校注
　　天津　百花洲文藝出版社　2005年10月
《中國科舉制度史》　王凱旋撰
　　瀋陽　萬卷出版公司　2012年9月
《中國考試制度史》　沈兼士撰
　　臺北　臺灣商務印書館　1980年6月

《中國考試制度史》　謝青、湯德用主編
　　合肥　黃山書社　1995年2月
《選舉社會：秦漢至晚清社會形態研究》　何懷宏撰
　　北京　北京大學出版社　2017年10月
《南宋科舉制度史》　何忠禮撰
　　北京　人民出版社　2009年11月
《舉業津梁：明中葉以後坊刻制舉用書的生產與流通》　沈俊平撰
　　臺北　臺灣學生書局　2009年6月
《明代科舉制度研究》　王凱旋撰
　　瀋陽　萬卷出版公司　2012年9月
《明代科舉文獻研究》　陳長文撰
　　濟南　山東大學出版社　2008年3月
《明代科舉制度研究》　黃明光撰
　　桂林　廣西師範大學出版社　2000年3月
《明代學校與科舉制度研究》　趙子富撰
　　北京　北京燕山出版社　2008年5月
《明代的科舉與經學》　陳時龍撰
　　北京　中國社會科學出版社　2018年3月
《清代科舉與經學關係研究》　馮建民撰
　　武漢　華中師範大學出版社　2016年12月
《閱讀變遷與知識轉型：晚清科舉考試用書研究》　曹南屏撰
　　北京　社會科學文獻出版社　2018年10月
《明太祖的治國理念及其實踐》　朱鴻林編
　　香港　香港中文大學出版社　2010年
《多維視角下的皇權政治》　朱子彥撰
　　上海　上海人民出版社　2007年11月
《「大禮議」與明廷人事變局》　胡吉勛撰
　　北京　社會科學文獻出版社　2007年8月

《名分禮秩與皇權重塑：大禮議與嘉靖政治文化》　尤淑君撰

　　臺北　國立政治大學歷史學系　2006年

　　高雄　復文圖書出版公司　2006年6月

《正德十六年：「大禮議」與嘉隆萬改革》　田澍撰

　　北京　人民出版社　2013年12月

《嘉靖革新研究》　田澍撰

　　北京　中國社會科學出版社　2002年

《明朝嘉靖時期國家祭禮改制》　趙克生撰

　　北京　社會科學文獻出版社　2006年6月

《嘉靖閣臣顧鼎臣研究》　廖峰撰

　　成都　巴蜀書社　2012年5月

《明代中央政治制度》　楊樹藩撰

　　臺北　臺灣商務印書館　1978年5月

《明代政治制度研究》　張治安撰

　　臺北　聯經出版事業公司　1992年

《明代制度史論叢》　吳緝華撰

　　臺北　作者發行　1971年

《明代國家機構研究》　王天有撰

　　北京　故宮出版社　2014年3月

《明代政治制度研究》　關文發、顏廣文撰

　　北京　中國社會科學出版社　1996年

《明代政治史》　張顯清・林金樹主編

　　桂林　廣西師範大學出版社　2003年

《中國政治制度通史》第九卷（明代）　杜婉言、方志遠撰

　　北京　人民出版社　1996年

《中國古代制度略論》　鄭欽仁主編

　　合肥　黃山書社　2012年3月

《明朝典制》　張德信撰

　　長春　吉林文史出版社　1996年1月

《明代監察制度研究》　張治安撰

　　台北　五南圖書出版公司　2000年

《洪武皇帝大傳》　陳梧桐撰

　　鄭州　河南人民出版社　1993年6月

《洪武皇帝大傳》　呂景琳撰

　　北京　中國社會科學出版社　2008年1月

《明代文官銓選制度研究》　潘星輝撰

　　北京　北京大學出版社　2005年5月

《明代內閣制度史》　王其榘撰

　　北京　中華書局　1989年

《明代內閣政治》　譚天星撰

　　北京　中國社會科學出版社　1996年

《明代宦官政治》（增訂本）　衛建林撰

　　石家莊　花山文藝出版社　1998年

《明初的宦官政治》　何偉幟撰

　　香港　網上電子出版有限公司　2000年

《明代密疏研究》　王劍撰

　　北京　中國社會科學出版社　2005年

《明代宗族研究》　常建華撰

　　上海　上海人民出版社　2005年

《中國的宗族與國家禮制》　（日）井上徹撰，錢杭譯

　　上海　上海書店出版社　2008年

《朱元璋與鳳陽》　夏玉潤撰

　　合肥　黃山書社　2003年

《明靖難史事考證稿》　王崇武撰

　　臺北　台聯國風出版社　1975年

《朱明王朝史論文輯──太祖、太宗篇》　張奕善撰

　　臺北　國立編譯館　1991年

《明成祖與永樂政治》　朱鴻撰

　　臺北　國立台灣師大歷史研究所專刊　1998年

《永樂皇帝》　商傳撰

　　北京　北京出版社　1989年

《明成祖傳》　晁中辰撰

　　北京　人民出版社　1994年

《明成祖史論》　毛佩琦、李焯然撰

　　臺北　文津出版社　1994年

《永樂皇帝大傳》　毛佩琦撰

　　瀋陽　遼寧教育出版社　1994年

《明代州縣官群體》　柏樺撰

　　天津　天津人民出版社　2003年

《明代州縣政治體制研究》　柏樺撰

　　北京　中國社會科學出版社　2003年

《明代縣政研究》　何朝暉撰

　　北京　北京大學出版社　2006年

《明清社會史論》　何炳棣撰、徐泓譯注

　　臺北　聯經出版事業公司　2013年12月

《十七世紀江南社會生活》　錢杭、承載撰

　　杭州　浙江人民出版社　1996年3月

《漕運・群體・社會：明清史論集》　吳琦撰

　　武漢　湖北人民出版社　2007年12月

《明代後期社會轉型研究》　張顯清主編

　　北京　中國社會科學出版社　2008年11月

《愛晚廬隨筆》　張舜徽撰

　　武昌　華中師範大學出版社　2005年12月

《黃河通考》　申丙撰

　　臺北　中華叢書編審委員會　1960年

《黃河變遷史》　岑仲勉撰

　　北京　中華書局　2004年4月

《明清治河概論》　張含英撰

　　北京　水利電力出版社　1986年2月

《中國漕運史》　李治亭撰

　　臺北　文津出版社　1997年

《中國歷代黨爭史》　王桐齡撰

　　北京　中國書籍出版社　2016年1月

《中國朋黨史》　朱子彥撰

　　上海　東方出版中心　2016年8月

《顧頡剛古史論文集》　顧頡剛撰

　　北京　中華書局　1993年10月

丙　子部

《性理大全》　（明）胡廣等撰

　　京都　中文出版社　1981年

《論衡校釋》（附：劉盼遂《論衡集解》）　（漢）王充撰，黃暉校釋

　　北京　中華書局　1995年5月

《困學紀聞》　（宋）王應麟撰，（清）翁元圻等注　欒保群、田松
青、呂宗力校點

　　上海　上海古籍出版社　2008年12月

《齊東野語》　（宋）周密撰，張茂鵬點校

　　北京　中華書局　2012年2月

《七修類稿》　（明）郎瑛撰

　　上海　上海書店出版社　2009年4月

《酌中志》 （明）劉若愚撰　馮寶琳點校
　　北京　北京古籍出版社　1994年5月

《焦氏筆乘》 （明）焦竑撰　李劍雄點校
　　上海　上海古籍出版社　1986年4月

《日知錄集釋》 （清）顧炎武撰，（清）黃汝成集釋　欒保群、呂
　　宗力校點
　　上海　上海古籍出版社　2006年12月

《蛾術編》 （清）王鳴盛撰　顧美華標校
　　上海　上海書店出版社　2013年5月

《無邪堂答問》 （清）朱一新撰，呂鴻儒、張長法點校
　　北京　中華書局　2002年6月

《越縵堂讀書記》 （清）李慈銘撰　由雲龍輯、上海書店出版社重編
　　上海　上海書店出版社　2000年6月

《算法纂要校釋》 （明）程大位撰，李培業校釋
　　合肥　黃山書社　1986年9月

《兩漢三國學案》 （清）唐晏撰　吳東民點校
　　北京　中華書局　2008年1月

《宋元學案》 （清）黃宗羲原撰、（清）全祖望補修　陳金生、梁
　　運華點校
　　北京　中華書局　1986年12月

《明儒學案》（修訂本） （清）黃宗羲撰　沈芝盈點校
　　北京　中華書局　2008年1月

《清儒學案》 （清）徐世昌等編纂　沈芝盈、梁運華點校
　　北京　中華書局　2008年10月

《晚明思潮》（增訂版） 龔鵬程撰
　　北京　商務印書館　2008年6月

《權力的毛細管作用：清代的思想、學術與心態》（修訂版）　王汎

　　森撰

　　臺北　里仁書局　2014年6月

丁　集部

《蘇軾文集》　（宋）蘇軾撰　孔凡禮點校

　　北京　中華書局　1996年2月

《二程集》　（宋）程顥、程頤撰

　　北京　中華書局　2006年9月

《曾鞏集》　（宋）曾鞏撰　陳杏珍、晁繼周點校

　　北京　中華書局　1984年11月

《清正存稿》　（宋）徐鹿卿撰

　　影印《文淵閣四庫全書》本　臺北　臺灣商務印書館　1986年3月

《橫浦集》　（宋）張九成撰

　　《文淵閣四庫全書》影印本　臺北　臺灣商務印書館　1986年3月

《張九成集》　（宋）張九成撰　楊新勛整理

　　杭州　浙江古籍出版社　2013年12月

《朱熹集》　（宋）朱熹撰　郭齊、尹波點校

　　成都　四川教育出版社　2013年12月

《宋濂全集》　（明）宋濂撰　黃靈庚校點

　　北京　人民文學出版社　2014年6月

《劉三吾集》　（明）劉三吾撰　陳冠梅點校

　　長沙　嶽麓書社　2013年8月

《遜志齋集》　（明）方孝孺撰　徐光大校點

　　寧波　寧波出版社　1996年10月

《薛瑄全集》　（明）薛瑄撰

　　太原　山西人民出版社　1990年

《震澤集》（明）王鏊撰

　　　　影印文淵閣《四庫全書》本　臺北　臺灣商務印書館　1986年
　　3月

《王鏊集》　（明）王鏊撰　吳建華點校
　　　　上海　上海古籍出版社　2013年7月

《顧鼎臣集》　（明）顧鼎臣撰　蔡斌點校
　　　　上海　上海古籍出版社　2013年9月

《端簡鄭公文集》　（明）鄭曉撰
　　　　《四庫全書存目叢書》影印明萬曆28年（1600）鄭心材刻本　臺
　　南縣　莊嚴文化事業公司　1997年2月

《懷麓堂集》　（明）李東陽撰
　　　　影印文淵閣《四庫全書》本　臺北　臺灣商務印書館　1986年3月

《耿定向集》　（明）耿定向撰　傅秋濤點校
　　　　上海　華東師範大學出版社　2015年9月

《王畿集》　（明）王畿撰、吳震編校整理
　　　　南京　鳳凰出版社　2007年3月

《懷星堂集》　（明）祝允明撰
　　　　影印文淵閣《四庫全書》本　臺北　臺灣商務印書館　1986年3月

《椒邱文集》　（明）何喬新撰
　　　　影印文淵閣《四庫全書》本　臺北　臺灣商務印書館　1986年3月

《東園文集》　（明）鄭紀撰
　　　　影印文淵閣《四庫全書》本　臺北　臺灣商務印書館　1986年3月

《震川先生集》　（明）歸有光撰　周本淳點校
　　　　臺北　源流出版社　1983年4月

《袁宏道集箋校》　（明）袁宏道撰　錢伯城箋校
　　　　上海　上海古籍出版社　2008年4月

《隱秀軒集》　（明）鍾惺撰　李先耕、崔重慶點校
　　　　上海　上海古籍出版社　2017年7月

《倪文貞講編》　（明）倪元璐撰

　　影印文淵閣《四庫全書》本　臺北　臺灣商務印書館　1986年
　　3月

《陳子龍全集》　（明）陳子龍撰　王英志點校

　　北京　人民文學出版社　2011年6月

《天傭子集》　（明）艾南英撰

　　《四庫禁燬書叢刊補編》第72冊　濟南　齊魯書社　2004年3月

《吳應箕文集》　（明）吳應箕撰，章建文校點

　　合肥　黃山書社　2017年2月

《夏完淳集箋校》　（明）夏完淳撰　白堅箋校

　　上海　上海古籍出版社　2016年3月

《歸莊集》　（明）歸莊撰

　　上海　上海古籍出版社　1984年6月

《居易堂集》　（明）徐枋撰　黃曙輝、印曉峰點校

　　上海　華東師範大學出版社　2008年4月

《牧齋初學集》　（清）錢謙益撰、錢曾箋注　錢仲聯標校

　　上海　上海古籍出版社　1985年9月

《牧齋有學集》　（清）錢謙益撰、錢曾箋注　錢仲聯標校

　　上海　上海古籍出版社　1996年9月

《牧齋雜著》　（清）錢謙益撰、錢曾箋注　錢仲聯標校

　　上海　上海古籍出版社　2007年6月

《愚庵小集》　（清）朱鶴齡撰　虞思徵點校

　　上海　華東師範大學出版社　2010年6月

《田間文集》　（清）錢澄之撰　彭君華校點

　　合肥　黃山書社　1998年8月

《魏叔子文集》　（清）魏禧撰　胡守仁、姚品文、王能憲點校

　　北京　中華書局　2003年6月

《呂晚邨文集》 （清）呂留良撰
　　臺北　臺灣商務印書館　1977年3月
《廖燕全集》 （清）廖燕撰　林子雄點校
　　上海　上海古籍出版社　2005年12月
《戴名世集》 （清）戴名世撰　王樹民編校
　　北京　中華書局　1986年2月
《方苞集》 （清）方苞撰　劉季高點校
　　上海　上海古籍出版社　1983年5月
《青溪集》 （清）程廷祚撰　宋效永校點
　　合肥　黃山書社　2004年12月
《劉大櫆集》 （清）劉大櫆撰　吳孟復點校
　　上海　上海古籍出版社　1990年12月
《全祖望集彙校集注》 （清）全祖望撰　朱鑄禹彙校集注
　　上海　上海古籍出版社　2008年12月
《小倉山房詩文集》 （清）袁枚撰　周本淳點校
　　上海　上海古籍出版社　1988年3月
《潛研堂集》 （清）錢大昕撰　呂友仁點校
　　上海　上海古籍出版社　1989年11月
《經韻樓集》 （清）段玉裁撰　鍾敬華點校
　　上海　上海古籍出版社　2008年4月
《校禮堂文集》 （清）淩廷堪撰　王文錦點校
　　北京　中華書局　1986年2月
《焦循詩文集集》 （清）焦循撰　劉建臻點校
　　揚州　廣陵書社　2009年9月
《頤志齋文集》 （清）丁晏撰
　　上海　上海古籍出版社　2008年3月
《葉德輝文集》 （清）葉德輝撰　印曉峰點校
　　上海　華東師範大學出版社　2010年12月

《長水聲聞》　周振鶴撰

　　上海　復旦大學出版社　2010年8月

《宋代刻書產業與文學》　朱迎平撰

　　上海　上海古籍出版社　2008年3月

《葉向高與明末政壇》　冷東撰

　　汕頭　汕頭大學文獻出版社　1996年1月

《明末清初文人結社研究》　何宗美撰

　　上海　上海三聯書店　2016年10月

《晚明士風與文學》　夏咸淳撰

　　北京　中國社會科學出版社　1994年7月

《陳子龍及其時代》　朱東潤撰

　　北京　人民文學出版社　2007年1月

《明代士人生存狀態研究》　劉曉東撰

　　長春　吉林文史出版社　2002年8月

《明清之際士大夫研究》　趙園撰

　　北京　北京大學出版社　1999年1月

《制度‧言論‧心態：明清之際士大夫研究續編》　趙園撰

　　北京　北京大學出版社　2006年11月

《八股文史》　孔慶茂撰

　　南京　鳳凰出版社　2008年12月

《明代八股文史探》　龔篤清撰

　　長沙　湖南人民出版社　2005年9月

《明代八股文史》　龔篤清撰

　　長沙　嶽麓書社　2015年1月

《八股文鑒賞》　龔篤清撰

　　長沙　嶽麓書社　2006年8月

《復社研究》　丁國祥撰

　　南京　鳳凰出版社　2013年12月

《中國古代文體形態研究》（第三版）　吳承學撰

　　北京　北京大學出版社　2013年9月

《六經皆文：經學史/文學史》　龔鵬程撰

　　臺北　臺灣學生書局　2008年12月

二　學位論文

《宋代尚書學案》　蔡根祥撰

　　臺北　臺灣師範大學國文研究所博士論文　1994年6月

《宋代經筵制度研究》　鄒賀撰

　　西安　陝西師範大學博士論文　2012年5月

《五經大全纂修研究》　陳恆嵩撰

　　臺北　東吳大學中國文學研究所博士論文　1998年6月

《「大禮」議與明嘉靖初期的政治》　朱鴻撰

　　臺北　國立台灣師範大學歷史研究所碩士論文　1978年

《明代經筵日講制度述論》　孟蓉撰

　　上海　上海大學碩士論文　2005年5月

《明代的經筵制度》　蕭宇青撰

　　廣州　華南師範大學歷史文化學院碩士論文　2007年5月

《明代經筵講史與帝王歷史教育研究》　徐婷撰

　　曲阜　曲阜師範大學碩士論文　2013年4月

《明代皇帝學習制度》　唐華榮撰

　　濟南　山東大學碩士論文　2014年5月

《明代經筵日講中的聖王期待》　宋興家撰

　　長春　東北師範大學碩士論文　2015年5月

《明英宗經筵研究》　潘婧瑋撰

　　重慶　西南民族大學碩士論文　2015年5月

《清代經筵制度研究》　陳東撰

　　濟南　山東大學博士論文　2006年5月

《明代鄉會試考試官研究》　李義英撰

　　長春　東北師範大學碩士論文　2014年5月

《明代科舉士子備考研究》　吳恩榮撰

　　長春　東北師範大學碩士論文　2011年6月

《明清八股文程式研究》　金春嵐撰

　　上海　華東師範大學博士論文　2013年3月

《明代會試錄研究》　陳之林撰

　　福州　福建師範大學碩士論文　2017年6月

《災害與明代政治》　鞠明庫撰

　　武漢　華中師範大學博士論文　2008年5月

三　期刊論文

〈宋代《尚書》學文獻述評〉　王小紅撰

　　《宋代文化研究》第15輯　2008年3月

〈宋代《尚書》學的偏失與創獲〉　劉世明撰

　　《宋史研究論叢》2015年第2期　2015年12月

〈蔡元定之《尚書》學及其相關問題之研究〉　蔡根祥撰

　　《高雄師大學報》第17期　2004年6月

〈張九成《尚書》學研究〉　蔡根祥撰

　　《高雄師大學報》第22期　2007年6月

〈五經大全之修纂及其相關問題探究〉　林慶彰撰

　　《中國文哲研究集刊》第1期　1991年3月

〈印刷與考試：宋代考試用參考書初探〉　劉祥光撰

　　《國立政治大學歷史學報》第17期　2000年5月

〈宋代的時文刊本與考試文化〉　劉祥光撰
　　《臺大文史哲學報》第75期　2011年11月
〈清代坊刻四書應舉用書探析〉　沈俊平撰
　　《武漢大學學報》第65卷第5期　2012年9月
〈明中後期科舉考試用書的出版〉　張獻忠撰
　　《社會科學輯刊》2010年第1期（總第186期）　2010年3月
〈袁黃與科舉考試用書的編纂：兼談明代科舉考試的兩個問題〉　張
　　獻忠撰
　　《西南大學學報》（社會科學版）第36卷第3期　2010年5月
〈二十世以來明代科舉研究述評〉　郭培貴撰
　　《中國文化研究》2007年秋之卷　2007年
〈明代科舉研究述評〉　王紅春撰
　　《寧波職業技術學院學報》2007年第6期　2007年12月
〈明代科舉三級考試探議〉　王凱旋撰
　　《遼寧大學學報》（哲學社會科學版）第37卷第4期　2009年7月
〈明科場由尊《大全》到不讀《大全》考〉　侯美珍撰
　　《中國文化研究》2016年夏之卷　2016年
〈明代會試初探〉　黃明光撰
　　《廣西右江民族師範高等專科學校學報》第12卷第4期　1999年
　　12月
〈明代會試試經考略〉　吳宣德、王紅春撰
　　《教育學報》第7卷第1期　2011年2月
〈明代會試判卷標準考〉　鶴成久彰撰　陳狒譯
　　《考試研究》第6卷第1期　2010年1月
〈明清會試十八房制度源流考〉　汪維真撰
　　《史學月刊》2011年第12期　2011年12月
〈明代會試分區配額制考察〉　汪維真、牛震宇撰
　　《史學月刊》2016年第10期　2016年

〈明代三級科舉錄的文獻價值：以天一閣藏明代《登科錄》、《會試錄》
《鄉試錄》為中心〉　龔延明撰
　　《文獻》（雙月刊）2016年第5期　2016年9月

〈明代八股文的初期形態〉　劉尊舉撰
　　《勵耘學刊》（文學卷）2012年第1期　2012年7月

〈宋代的〈禹貢〉之學：從經學傳註走向地理學〉　潘晟撰
　　《歷史研究》2009年第3期　2009年3月

〈明代〈禹貢〉學中的通經致用思想：以茅瑞徵的《禹貢匯疏》為主
　　要考察對象〉　陳韋哲撰
　　《中國文學研究》第31期　2011年1月

〈晚明中國地理學的近代化的兩個表徵〉　周振鶴撰
　　《長水聲聞》　上海　復旦大學出版社　2010年8月

〈公與私：明代大禮議的名分意義〉　尤淑君撰
　　《明代研究》第8期　2005年12月

〈宋朝經筵制度〉　朱瑞熙撰
　　《中華文史論叢》第55輯

〈明代經筵制度與內閣〉楊業敬撰
　　《故宮博物院院刊》1990年第2期　1990年7月

〈略述明代的經筵日講官〉　張英聘撰
　　《邢臺師專學報》（綜合版）1995年第4期　1995年11月

〈試論明代的經筵制度〉　張英聘撰
　　《明史研究》第5輯　1997年5月

〈明萬曆朝經筵制度述論〉　朱子彥撰
　　《社會科學戰線》2007年第2期　2007年2月

〈高拱與明穆宗的經筵講讀初探〉　朱鴻林撰
　　《中國史研究》2009年第1期　2009年1月

〈明「經筵」與「日講」制度考異〉　晁中辰撰
　　《東岳論叢》2012年第7期　2012年7月

〈明代經筵制度新論〉　文琦撰

　　《廣東技術師範學院學報》2012年第5期　2012年8月

〈天啟皇帝日講考實〉　陳時龍撰

　　《故宮學刊》2013年第2期　2013年6月

〈崇禎皇帝的性格缺陷與帝國的滅亡〉　秦愛叔撰

　　《內蒙古農業大學學報》（社會科學版）2010年第2期（總第50
　　期）　2010年4月

〈顧鼎臣中庸首章經筵解讀〉　廖峰撰

　　《唐山師範學院學報》2010年第3 期　2010年5月

〈清前中期皇帝典學述論〉　稷若撰

　　《故宮博物院院刊》1998年第2期（總第80期）　1998年

〈明清經筵制度特點研究〉　許靜撰

　　《聊城大學學報》（社會科學版）2013年第2期　2013年3月

〈試論明清經筵制度的發展演變〉許靜撰

　　《明清論叢》2014年第1期　2014年4月

〈洪範經筵的政治性思考──以大禮議後期「汪佃事件」為中心〉
　　廖峰撰

　　《貴州大學學報》（社會科學版）2014年第3期　2014年5月

〈明代經筵制度化成因新論〉　唐華榮撰

　　《現代企業教育》2015年1月下期　2015年1月

〈明熹宗經筵日講述論〉　謝貴安撰

　　《學習與探索》2015年第10期（總第243期）　2015年10月

〈明代經筵和日講講官的選任條件〉　謝貴安撰

　　《明清論叢》第15輯　2015年12月

〈約束與反約束──明朝經筵特點分析〉　潘婧瑋撰

　　《黃岡職業技術學院學報》第18卷第3期　2016年6月

經學研究叢書・經學史研究叢刊 0501025

禹貢、經筵、科舉：宋明《尚書》學新探

作　　者　陳恆嵩
責任編輯　林以邠
特約校稿　龔家祺

發 行 人　陳滿銘
總 經 理　梁錦興
總 編 輯　陳滿銘
副總編輯　張晏瑞
編 輯 所　萬卷樓圖書股份有限公司
排　　版　林曉敏
印　　刷　百通科技股份有限公司
封面設計　百通科技股份有限公司

發　　行　萬卷樓圖書股份有限公司
　　　　　臺北市羅斯福路二段 41 號 6 樓之 3
　　　　　電話 (02)23216565
　　　　　傳真 (02)23218698
　　　　　電郵 SERVICE@WANJUAN.COM.TW
香港經銷　香港聯合書刊物流有限公司
　　　　　電話 (852)21502100
　　　　　傳真 (852)23560735

ISBN 978-986-478-275-8
2019年4月初版一刷
定價：新臺幣 520 元

如何購買本書：

1. 劃撥購書，請透過以下郵政劃撥帳號：
　　帳號：15624015
　　戶名：萬卷樓圖書股份有限公司
2. 轉帳購書，請透過以下帳戶
　　合作金庫銀行　古亭分行
　　戶名：萬卷樓圖書股份有限公司
　　帳號：0877717092596
3. 網路購書，請透過萬卷樓網站
　　網址 WWW.WANJUAN.COM.TW

大量購書，請直接聯繫我們，將有專人為
您服務。客服：(02)23216565 分機 610

如有缺頁、破損或裝訂錯誤，請寄回更換

國家圖書館出版品預行編目資料

禹貢、經筵、科舉：宋明《尚書》學新探 /
陳恆嵩著.-- 初版.-- 臺北市：萬卷樓,
2019.04
面；　公分.-- (經學研究叢書. 經學史研究叢
刊；501025)
ISBN 978-986-478-275-8(平裝)
1.書經　2.研究考訂　3.宋代　4.明代

621.117　　　　　　　　　　　108001760